Encheduanna
Verschlüsselt – Verschollen – Verkannt

Tempelhymnen Nr. 20 – 42 mit neuen Geheimen Offenbarungen

Entschlüsselt, übersetzt und kommentiert von

Dr. Hermann Burgard

Dr. Hermann Burgard

Encheduanna

Verschlüsselt - Verschollen - Verkannt

Cover-Motiv: Die „Weiße Frau von Uruk", Alabasterkopf, ca. 3.000 v. u. Z., farblich verfälscht

„Encheduanna – Verschlüsselt – Verschollen – Verkannt"
1. Auflage August 2014

Ancient Mail Verlag Werner Betz
Europaring 57, D-64521 Groß-Gerau
Tel.: 00 49 (0) 61 52/5 43 75, Fax: 00 49 (0) 61 52/94 91 82
www.ancientmail.de
Email: ancientmail@t-online.de

Umschlaggestaltung: Sandra Schmidt
Druck: Digital Print Group O. Schimek GmbH

ISBN 978-3-95652-089-1

Encheduanna: Verschlüsselt - Verschollen - Verkannt

Wegleitung

Die Bibel berichtet: Gott hat die Verkündung der zehn Gebote mit den Worten eingeleitet „Du sollst keine anderen Götter neben mir haben“. Damit erhob JHVE einerseits einen Alleinstellungsanspruch, gab andererseits aber gleichzeitig zu, dass er einer Gruppe von ähnlichen Wesenheiten angehört.

Aus der Bibel geht auch hervor, dass der Erzvater Abraham anfangs eine Vielheit von Göttern verehrte. Es waren dies die Gebieter, denen sein Vater Terach im Tempel von Ur ergeben als Priester diente. Terach selbst stand dort etwa 200 Jahre nach der Hohen Priesterin Encheduanna in deren Nachfolge. Die Götter, die er anbetete, waren die von Encheduanna in ihren Tempelhymnen beschriebenen Dingir.

Auch JHVE, der Gott der zehn Gebote, war ein Dingir im echten Wortsinn, ein „Gebieter, der sich mit einem Flugapparat bewegt“ …

Offen bleibt in den Tempelberichten, woher die hochtechnisch ausgestattete Besatzungstruppe kam, die von einem auserwählten Volk Unterwerfung forderte.

Verschlüsselt - Verschollen - Verkannt

Encheduanna heißt sie auf Deutsch, wobei das ch wie in Bach gesprochen werden muss. Auf Englisch wird sie fälschlicherweise Enheduanna genannt. Sie schrieb auf Sumerisch ihren priesterlichen Weihenamen mit den Keilschriftzeichen *en-che$_2$-du$_7$-an-na*. Damit war sie *Die dem Herrn der vollkommenen himmlischen Gaben Geweihte.*[1)] (Diese Hochzahlen verweisen auf sumerologische Endnoten.)

Vor etwa 4.300 Jahren hat sie ihren Text mit einem genial einfachen Trick **verschlüsselt**. Fünfhundert, sechshundert Jahre später war er **verschollen**. Als er ab Ende des neunzehnten Jahrhunderts der Neuzeit langsam und zersplittert wieder auftauchte, wurde sein wahrer Inhalt in allen bisherigen Übersetzungen **verkannt**, weil die Kunstlehre Sumerologie noch zu unreif war.

* * *

Sumerisch ist eine tote alte Sprache *ohne direkten Zugang. Alle, die sie einst gesprochen haben, sind seit beinahe vier Jahrtausenden nicht mehr von dieser Welt. Was wir haben, sind Überlieferungen von Texten, die auf Tontafeln und Steinen in Keilschrift niedergeschrieben worden sind. Vor ihrer Fixierung in einer für uns lange unlesbaren Schrift sind sie ihrerseits bereits meist durch die Irrungen und Wirrungen einer mündlichen Überlieferung gegangen. Seilschaften von Forschern versuchen, sich gegenseitig absichernd, durch einen Dschungel aus assyrischen, babylonischen und akkadischen Texten den Weg immer weiter zurück in das Denken der Sumerer zu finden. Es gibt für diesen Weg keinen sicheren Kompass, da jeder Schritt zurück in die Vergangenheit mit den bis dahin gefundenen Ergebnissen nicht im Einklang zu stehen braucht. Die Sicht wird dabei durch akademische Denkschulen und Konventionen behindert. Das schwächste Glied in den jeweiligen Seilschaften bestimmt - auch mit seinen Fehlurteilen - das Ergebnis. Die Kunstlehre Sumerologie gehört entrümpelt zu werden.*

* * *

Da man nicht davon ausgehen kann, dass alle Leser, die sich diesem Buch zuwenden, den ersten Teil der „Geheimen Offenbarungen" - vgl. Quellenhinweise unter (33) - gelesen haben, drängen sich einige Vorbemerkungen auf.

Mit der Zeit tauchten im Euphrat-Tigris-Raum und insbesondere dem heutigen Irak bei den archäologischen Ausgrabungen des 19./20. Jahrhunderts immer mehr Tontafeln auf, deren Keilschrifttexte sich in sumerischer Sprache auf diesen und jenen Tempel bezogen. Ein Teil dieser Keilschrifttexte folgte in seiner inneren Logik einem bestimmten Gedankenschema und endete jeweils mit formal vergleichbaren Schlussaussagen. Die Tafeln und Bruchstücke gehörten irgendwie zusammen, doch konnte das Puzzle zunächst nicht zu einem Gesamtwerk gefügt werden. Um 1960 waren es schließlich 37 Tontafeln oder kleinere Bruchstücke. 3 waren in der heiligen Euphrat-Stadt Ur entdeckt worden, 34 stammten aus dem nicht weit entfernten Nippur. Gemäß einem der Bruchstücke waren die Texte von einem oder einer Encheduanna geschrieben worden.

Man wusste, dass im alten Sumer nur Könige in einem geschriebenen Text ihren Namen als Verfasser nennen durften - kein Dichter oder normaler Geschichtenerzähler konnte so etwas wagen. Daher nahm man zunächst an, der Name bezeichne einen König. Doch mit der Zeit wurde klar, Autor war eine Hohe Priesterin, die diesen Rang um etwa 2.300 vor unserer westlichen Zeitrechnung (v.u.Z.) gleichzeitig in den zwei Haupttempeln des Landes innehatte. Indem diese Encheduanna das königliche Platzrecht in Anspruch nahm, erklärte sie offen ihren Anspruch, eine Tochter aus königlichem Hause zu sein, wollte insbesondere aber sichern, dass ihr Text der Nachwelt erhalten bleibt.

Die zu uns gekommenen Tafelreste sind 3.800 bis 4.000 Jahre alt und stammen aus babylonischen Archiven. Den aufgefundenen Wildwuchs versuchte ab 1958 der Jesuit Dr. Eugen Bergmann zu ordnen. Die äußerst mühsame und langwierige Arbeit war nach sieben Jahren noch unvollendet, als er im August 1965 starb. Ake W. Sjöberg übernahm das weitere Zusammentragen von zusätzlich gefundenen Tafelbruchstücken, deren Einordnen in das erkannte Gerippe und ihr Umschreiben aus Keilschriftzeichen in abc- Buchstaben - schließlich auch einen Übersetzungsversuch. Fertig war die beachtliche Mammutleistung Mitte 1967.

Die umfassende wissenschaftliche Arbeit wurde dann 1969 unter den Namen von Sjöberg und Bergmann veröffentlicht (2). Sie bietet - zumindest auf den ersten Blick - eine verhältnismäßig vertrauenswürdige Umschreibung der Keilschriftzeichen für alle zusammengestellten Tempeltexte in moderner Buchstabenschrift mit äußerst dankenswerter umfangreicher Auflistung der für die Interpretation so wichtigen Textvarianten. Hinzu kommt eine zumindest vordergründig glatte Übertragung ins Englische mit weitgehend sakral/ritualen Deutungen. Doch bleiben aus unserer Sicht - u.a. wegen dieser frömmelnden Grundausrichtung, wegen einigen Dutzend unerkannten Hörfehlern der späteren babylonischen Kopierer, wegen unerlaubter subjektiver Einengungen bei der Umschrift von Keilschrift in Buchstabenschrift, wegen für die modernen Bearbeiter rätselhaften, unverständlichen Zeichenkombinationen, wegen Unkenntnis der Grammatik und fehlendem Wortverständnis usw. – überwiegend vom Sinn her nicht kohärente Passagen und zahlreiche weiße Stellen, an denen die Kunst der Übersetzer versagte. Auch wurden Verben und Halbsätze ganz einfach „vergessen", wo der uralte Text sich nicht sakral umbiegen lies.

Nach den uns überlieferten Keilschriftzeichen zu urteilen, hat Encheduanna tatsächlich die Tempelberichte so verfasst, dass man sie in **geschriebener** Form oft im sakral/ritualen Sinn und insbesondere naturmalend verstehen konnte, doch ergeben die **gesprochenen** und somit **gehörten** Texte wegen der **vielfachen** Bedeutung bestimmter in Sumerisch **gleichklingender** Laute - der sog. Homophone, durch Fußzahlen zu unterscheiden – andere Interpretationsmöglichkeiten, die geeignet sind, unser Wissen über Sumer wesentlich zu verändern. Nachdem dies nach einigen Fehlansätzen erkannt worden war, begann ein langwieriger Versuch der Dekodierung und Neuübersetzung. Größter Wert wurde dabei auf Vollständigkeit der Übersetzung und den sog. Kontext gelegt, die gedankliche Übereinstimmung mit den jeweils vorausgehenden und nachfolgenden Zeilen.

Was sich dabei als „Geheime Offenbarung" der Encheduanna herauskristallisiert hat, ist eine Art Glaubensbekenntnis des sumerisch-akkadischen Staatskultes aus dem vierundzwanzigsten Jahrhundert vor unserer Zeitrechnung (v.u.Z.). **Damit gehören die „Tempelhymnen" oder besser Tempelberichte der Priesterfürstin Encheduanna zum wichtigsten Kulturgut der Menschheit**. Immerhin spiegeln sich gefundene Vorstellungen von einem „Himmel" und einer „Hölle", von einer zürnenden und strafenden – hier *Dingir* genannten – Gottheit, von „Gaben des Himmels" und „ergeben dienenden Priestern" **später** auch in jüdischer Bibel, christlichem Glauben und dem Koran des Islam.

Wer nach einer Verbindung sucht, der sei darauf verwiesen, dass sich diese drei Religionen alle irgendwie auf den Urvater Abraham beziehen. Nun war dieser Abraham aber ein Sohn von Terach, einem Priester, der etwas mehr als zweihundert Jahre nach Encheduanna in deren Stadt und Tempel Ur in deren religiöser Nachfolge stand.

Doch in dem dekodierten, übersetzten und kommentierten Text der Encheduanna offenbaren sich noch ganz andere Aussagen, die betreffend Persönlichkeiten, Baugestaltung, Ereignissen und insbesondere technologischen Errungenschaften so konkret sind, dass die Priesterfürstin sie nicht aus der Luft gegriffen haben kann. So darf man davon ausgehen, dass der Kern ihrer Aussagen einen gewissen geschichtlichen Wert hat.

Bisher gefundene Kernaussagen

Die in Teil I übersetzten Zeilen der Tempelberichte der Priesterfürstin können etwa wie folgt zusammengefasst werden, wobei wir wörtliche Übersetzungen nur teilweise kennzeichnen:

- In der vorgeschichtlichen Zeit landeten vor einer „Großen Flut" im Vorderen Orient intelligente menschenähnliche Wesen. Sie wurden zur Zeit der Niederschrift der „Offenbarungen", kurz vor 2.300 v.u.Z., und in den folgenden Jahrhunderten von den Sumerern als DI.IN.GIR/dingir = „Entscheider die sich mit Fluggeräten bewegen" oder DI.BUR/di.bur = „Die mit den Urteils-Schalen" bezeichnet.
- Zu ihnen gehörte im Weltall ein nicht zur Landung auf der Erde bestimmtes „Gerät", über dessen Ursprung nichts bekundet wird. Mit dieser Raumstation wickelten sie mit einem kleineren „Gerät" auf- und absteigenden Verkehr ab. Das „Gerät" im All hatte bei den Sumerern die nicht von uns erfundene Bezeichnung „Himmel", das Verbindungs-„Schiff" nannten diese unter anderem das „Licht" oder den „Neben-das-Gerät-Geher".
- Für das „Licht", auch „Zweitgrößtes Gerät" oder „Großer Glänzer" benannt, wird von Encheduanna berichtet, es habe beim Aufstieg sogar „zur Mittagszeit durch sein Leuchten mit der Sonne rivalisiert". Das Andocken am „Himmel" erfolgte in einer Landebucht, die sich „wie eine Falle schloss" sobald das „Drehen" des Verbindungsschiffes aufgehört hatte.

- Zwischen Erde und „Gerät=Himmel“ wurde ein „Pfad“= Standardroute durch „die ewige Nacht“ befahren. Vor Reiseantritt bzw. unmittelbar nach der Ankunft wurden wie bei der NASA „Reinigungen“ vorgenommen, um keine „Unreinheiten“ hin oder her zu befördern. Die „Entscheider aus den Fluggeräten“ erzeugten für sich „reines Wasser“ und „reine Nahrung“.
- Die Landetruppe schuf ein Netz von Erdbasen, deren Gebäude später normalerweise „Tempel“ genannt wurden. Sie erhielt dabei „in der Frühzeit“ tatkräftige Hilfe vom „Himmel“.
- Die „Entscheider“ sahen das „All“ als „unwirtlich“ an, als für das Großwerden ihrer Kinder „nicht geeignet“ und errichteten deshalb zeitweilig eine Art zentrale Kinderstube im Zweistromgebiet in Nippur. Die männlichen Dingir konnten Haupt- und Nebenfrauen haben, die weiblichen wechselnden freien oder angetrauten Partner. Ihr Erbfolgerecht gab Kindern von Halbgeschwistern den Vorzug. Die bearbeiteten Tempelberichte lassen bezüglich der Familienbeziehungen des obersten Clan-Zirkels jedoch eine ganze Reihe von Fragen offen. Auch bleibt unklar, ob die auf der Erde errichteten „Gebärhäuser“ für den Clan reserviert waren oder vielmehr der genetischen Veränderung der Menschen dienten. Immerhin wird erwähnt, das „Leben“ sei vom „Himmel“ herab gebracht worden.
- Ihre Bauwerke werden teils als stufenförmig aufsteigend, teils als mit rundem Querschnitt beschrieben. Manche hatten oben eine Plattform, andere auf der Plattform kleinere Gebäude, wieder andere schlossen als runde Stufenpyramide (!) mit einer Metallkuppel ab.
- Sie benutzten zum Bauen behauene Steine, polierte Steine, gebrannte Kunststeine und luftgetrocknete Lehmziegel. An den Bauten und bei der Konstruktion von Flugapparaten verwendeten sie Silber, Kupfer und „Glanzmetall“, das teils als „Blaumetall“ näher erläutert wird. Der nicht genau bestimmbare Begriff SU.GAN könnte verschiedene Legierungen abdecken. Auch der „Himmel“ war aus „Glanzmetall“.
- Flugverkehr wurde nicht nur durch das „Licht“ mit dem „Himmel“ abgewickelt, sondern mit mehreren anderen, näher beschriebenen Fluggeräte-Typen auch rege zwischen den Erdbasen betrieben. Erwähnenswert erscheinen insbesondere manchmal als Mehrzahl auftretende rauchende und stinkende kleinere Fluggeräte, die wegen ihres Gestankes an „Skorpione“ erinnerten und deshalb von den Sumerern

auch so getauft wurden. Für einige der Erdbasen wird ausdrücklich festgehalten, dass sie dem Bau, dem Unterhalt oder der Reparatur der Fluggeräte dienten.

- Start oder Landung erfolgten teils nach oben aus einem Bau bzw. von oben in ein Gebäude, öfters von den erwähnten oberen Plattformen aus, manchmal von Rampen am Fuß der Tempel, manchmal von einem Seitenflügel oder einer Seitenrampe. Für Öffnungen zum Starten nach oben werden Kupferplatten als bewegbare Abdeckung beschrieben. Für Eridu im Süden Sumers, dem von der Berichterstatterin für die Zeit vor einer „zerstörerischen Flut" die Auftakthymne gewidmet wird, ist für die Fluggeräte ein „großes Startgerüst" erwähnt, für andere Stellen eine konkave wallartig hochgezogene Baukonstruktion aus gebrannten Steinen.
- Zwischen den Erdbasen und mit dem „oben schwebenden Gerät" gab es Sprechfunkverbindungen. Wichtige Nachrichtenzentren existierten dafür insbesondere in Eridu, Nippur und Ur.
- Von den „Fürsten" der „Entscheider" geschaffene Nachgeordnete, von den Sumerern später *a-nun-na* genannt, berechneten auf der Erde in abgedunkelten Räumen Flugbahnen und Umläufe von Himmelskörpern.
- Eine der Erdbasen diente als Flugleitstelle für den Luftraum unmittelbar über der Erde. Andere Orte waren mit Peilfunk versehen und wurden als „Umkehrstellen" benutzt.
- Als Treibstoff für den Flugverkehr wird auf der Erde mit einem einfachen Verfahren aus Kalkstein Karbid zur Herstellung von Karbidgas = Azetylen erzeugt und zumindest in bestimmten Fällen im Flugbetrieb mit einem Erdölabkömmling vermischt. Das von der Priesterfürstin mit seinen einzelnen Stufen genau beschriebene Produktionsverfahren wird am Ende dieser Einführung physikalisch und chemisch dargelegt. Für zwei der Erdbasen - Ur und Isin - wird eingelagertes Öl ausdrücklich erwähnt.
- Die Erdbasen erhielten vom „Himmel" Anleitungen für Wissens- und Machtinstrumente, in Sumer *me* genannt. Vor allem in der ersten Zeit nach der Ankunft wurden *me*-Apparate auch vom „Himmel" auf die Erde geliefert.
- Als zu diesen *me* gehörend werden von der Berichterstatterin Rechner, Gegensprechanlagen, Wiedergabegeräte, Abtaststrahlen, Kontrollra-

dar, Laserkanonen, Hitzeerzeuger usw. konkret für diesen oder jenen Tempelbereich im Betrieb beschrieben.

- Überwacht wurde das von der Besatzungstruppe besetzte Gebiet und das „Feindesland" von den „Entscheidern" mit Strahlen und Flugkörpern, wobei unklar bleibt, wer die Feinde gewesen sein sollen. Im Zusammenhang mit der Treibstoffproduktion anfallender „zerstörerischer Staub" wurde über dem „Feindesland" abgelassen. Das „Licht" wurde nicht nur auf der „Route" von und zum „Himmels-Gerät" eingesetzt, sondern auch als „Zermalmer der Feindesländer" benutzt.
- Im besetzten Gebiet hatten die Menschen bedingungslos zu gehorchen und zu dienen. Die oberste Menschenklasse „diente ergeben" in den Herrschaftsgebäuden der Besatzer als „Priester". Der sumerische Name ihrer Kleidung deutet „Gefahr" und „Leiden" an, was mit Strahlung bzw. Risiken bei Start- und Landevorgängen zu tun haben dürfte.
- Menschliche „Fachleute" wirkten bei Pflege und Überarbeitung der Fluggeräte kräftig mit. „Arbeiter" wurden mit Ladearbeiten betraut.
- Für die gefahrvolle und gesundheitsschädliche Produktion von Karbid wurden durch die technologisch überlegenen Besatzer Menschen ihrer Freiheit beraubt und abkommandiert. Dabei kam es mindestens zu einem riesigen Explosionsunglück mit Feuer und Zerstörung, das so gewaltig war, dass es ins Gedächtnis der Menschen als „Hölle" einging.
- Irgendwann wurden die Menschen in Sumer von diesem gefährlichen Produktionsdienst befreit. Die *Dingir* machten anderswo „Gefangene", die sie „deportierten", um von ihnen unter lebensbedrohenden und gesundheitsschädlichen Umständen Karbid und Azetylen erzeugen zu lassen. Auch scheint ein wichtiger Produktionsort von Sumer weg in die „Berge" verlegt worden zu sein.
- In Nippur tagte ein Gericht dieses Clans, das schuldhafte Menschen aburteilte. Die Strafe konnte auch darin bestehen, dass der Verurteilte einem „zermalmenden Fluss" übergeben wurde, in dem er entweder umkam oder dem er entrinnen konnte.
- Es bleibt offen, ob der Grund der Landung ein „Muss" war, dessen Ursache im „Himmel" oder dessen Herkunft lag, oder ein „Wollen", die Erfüllung eines den Menschen unbekannten Zwecks. Über die Beziehungen des „Himmels" zu dessen Herkunftsort wird nichts geof-

fenbart bzw. ist zumindest in Teil I keine gesicherte Aussage aus den vorliegenden Fassungen zu entnehmen.

- Sicher ist nur, dass von der Erde zum „Himmel" regelmäßig Gold eines bestimmten „Reinheitsgrades" zu liefern war. Dieser Reinheitsgrad wurde vom „Herrn im Himmel" persönlich überprüft. Im Gegenzug wurden nach bestandener Reinheitsprüfung der Lieferstelle auf der Erde mit dem „Licht" besondere Produkte zugeteilt, die am „Überfluss des Himmels" teilnehmen ließen, auch „Gaben des Himmels" genannt wurden.
- Gemäß einem neu entdeckten Berichtsteil wurde eine „zerstörerische Flut" von den „Entscheidern" entweder bewusst herbeigeführt - zumindest aber ihr Kommen den Menschen verschwiegen. Dabei bleibt offen, ob die Folgen für die Menschheit einfach hingenommen wurden oder die Menschen oder ein Teil von ihnen bestraft oder gar vertilgt werden sollten.
- Die Flut kam zumindest für den Teil der *Dingir*, der am „Ort der Gerichtssprüche" weilte, stärker oder schneller als erwartet, weshalb sie nur mit Notmaßnahmen genügend Treibstoff produzieren konnten, um, sich rettend, von einem „Kai der Flucht" starten zu können.
- Nach der „Flut" kehrten die *Dingir* wieder in den Euphrat-Tigris-Raum zurück. Es bleibt jedoch zum Teil unklar, ob die zitierten Standorte im Einzelnen sowohl vor als auch nach der „Flut" Bestand hatten.
- Die Verfasserin der „Offenbarungen" geht in anderen von ihr geschriebenen Texten davon aus, zu ihren Lebzeiten hätten die „Entscheider" und insbesondere eine konventionell *In.an.na* Genannte noch auf das Erdenleben eingewirkt.

Wir werden diese Zusammenfassung am Ende dieser zusätzlichen Untersuchung im Licht der neuen Findungen überprüfen und ergänzen. **Hier schon aber wird unterstrichen, dass drei Punkte der bisherigen Ausführungen im Einzelnen zu hinterfragen sind**. Erstens ist uns letztlich kein schlüssiger Beweis bekannt, dass die *Dingir* den Erdboden zuerst an der heute als Eridu bekannten Stelle betreten haben. Zweitens lässt sich eine im Anschluss an Hinweise von Archäologen gefundene Aussage allein schon wegen Definitionsproblemen nicht halten: Kulaba (oder wie immer man diese Bezeichnung modern schreiben will) ist keine eng umgrenzte Stelle unter dem „Weißen Tempel" in Uruk, sondern das ganze frühe Uruk oder - bei anderer Lesart - der wallumkränzte Abkühlungs- und Ruhebau für das „Licht"/den „Stier", der bisher auch nicht ahnungsweise geortet werden kann. Drittens hat eine eigene Lesung der originalen Keilschriftzeichen ergeben, dass von Encheduanna eindeutig kein Hinweis auf die Plejaden als *Dingir*-Herkunft abzuleiten ist.

Hinweise

Während vom Autor die letzte Hand an Teil I der „Geheimen Offenbarungen" gelegt wurde bzw. während der damaligen Suche nach einem Verlag erschien in den USA auf Englisch eine weitere größere Arbeit über die sog. Tempelhymnen der Encheduanna von Betty De Shong Meador (28). Die jahrelange Arbeit war von 6 Stiftungen gesponsert worden und wurde angeblich von vielen helfenden Köpfen unterstützt. Die Verfasserin betont zwar, keine Neuübertragung angestrebt zu haben, erfindet indessen frei von der Leber weg an vielen Stellen vom Original abweichende blumige Geschichten. Die auf Englisch wohlklingende Arbeit zeichnet sich aus durch einen vom sumerischen Original weitgehend losgelösten bewusst poetischen Text ohne Hinweise auf Probleme bei der Lesung sumerischer Zeichen oder auf Hindernisse bei der Übertragung in eine moderne Sprache. Das Buch ist leicht zu lesen und liefert viele zusätzliche und interessante Details zu den Tempeln und den behaupteten „Göttern" und deren geschichtlicher Entwicklung. Zu diesem Zweck ist es überreichlich ausgestattet mit Literaturzitaten und zugehörigen Quellenangaben. Leider bleibt es ganz allgemein und nahe der sakral-ritualen Annäherung der ursprünglichen Standardübersetzung von Sjöberg und Bergmann (2) verbunden und geht daher am Sinn der uralten Berichte total vorbei. Denn die gelernte Psychoanalytikerin erfindet zudem - insbesondere aus feministischer, soziologischer und Unterwelt-Sicht - Zusammenhänge, die einer Hinterfragung keineswegs standhalten. Auch wäre etwas weniger Gefühlsduselei nicht von Schaden gewesen. Wir beziehen uns auf dieses Buch mit der Abkürzung BM, wenn wir mit unserer Übertragung fortfahren.

Die Quelle (2) wird wie bisher mit SB zitiert, die Quelle (3), weitgehend eine Art unkommentierter Abklatsch von SB, weiterhin mit KJ.

Wir sind SB außerordentlich zu Dank verpflichtet. Wer versucht, die zu uns in die Neuzeit gekommenen Keilschrifttafeln der Tempeltexte zu übersetzen, kann nur dann rational arbeiten, wenn er sich mit dem Kommentar auseinandersetzt, der bei SB die Übertragung begleitet. Die auf den Tontafeln gefundenen Texte strotzen nämlich nur so von Varianten, weil die nach dem Gehör Kopierenden vor rd. 4.000 Jahren mit dem Gehörten schon oft nicht mehr zu Recht kamen. Es ist das große Verdienst von SB, diese Varianten zwar noch nicht - wie inzwischen weitgehend üblich - als sog. Partitur aufbereitet zu haben, aber doch in Fußnoten und im Kommentar gesichert zu hinterlassen. Sie selbst konnten wegen der sakralen Annäherung und dem bei ihnen unbewältigten Problem der gleichklingenden sumerischen Worte davon nicht profitieren bzw. treffen subjektiv begründete Auswahlen. Geht man indessen vom technologisch bestimmten Kontext aus und klopft die Varianten systematisch ab, dann öffnet sich plötzlich das Geschriebene als Gehörtes und man beginnt mit dem geistigen Auge zu sehen, was Encheduanna mit Worten zu malen versuchte.

Ein ernstes Problem bei der Interpretation der gefundenen Keilschrifttafeln aber tritt auf, weil sich just zu Lebzeiten von Encheduanna die Bedeutung der einzelnen Schriftzeichen z.T. grundsätzlich geändert hat. Von einer Verwendung als **Wort**zeichen - mit oft vielschichtiger Aussage und zahlreichen überlieferten Zeichennamen - ging man dazu über, mit einzelnen Zeichen **eingeengt** einen konkreten **Laut**wert darzustellen. Texte aus ihrer Zeit in ursprünglicher Schrift stellen daher meist Misch-Schreibungen dar, wobei man vorweg nicht weiß, ob das gefundene Zeichen als Wortzeichen oder als Lautzeichen zu nehmen ist. Bezüglich der Zeichen-Deutung - die Sumerologen sprechen von „Lesung" - wird damit schon bei der Umschreibung in moderne Buchstaben-Schrift großes Feingefühl verlangt. Die Sumerologie hat sich nun zwar grundsätzlich darauf geeinigt, Wortzeichen mit Großbuchstaben umzusetzen und Lautzeichen mit Kleinbuchstaben. Doch halten sich die Fachleute beim Umsetzen in Druckschrift oft nicht an diese Konvention, sondern versuchen meist, Wortzeichen einengend zu „lesen" und als Lautzeichen in abc-Kleinschrift wiederzugeben. **Damit aber fließt schon vorweg unweigerlich ihre persönliche, vorgefasste Meinung einengend in die spätere Übersetzung ein.**

Dem Leser, der Englisch versteht, wird es zunächst vielleicht erstaunen, bei uns durchgehend mindestens zwei Schreibweisen zu finden, die vom Englischen abweichen. Erstens geht es um das *ch* in sumerischen Wörtern, das wir auf Deutch dem nackten englischen *h* vorziehen, weil es näher an der sumerischen Aussprache liegt. Zweitens schreiben wir aus dem gleichen Grund nicht *sh*, sondern *sch*, weshalb der Ort, der auf Englisch Ki*sh* geschrieben wird, z.B. bei uns als Ki*sch* zu finden ist.

Als der erste Entwurf zum ersten Teil der Untersuchung begonnen wurde, ahnten wir übrigens nur unzureichend, wie sehr fast alle in der Literatur zu findenden Aussagen zu hinterfragen waren. Das Problem der Lehrstuhlgebundenen Seilschaften war zwar gerade für die Altorientalistik bekannt und Flüchtigkeitsfehler der Forscher konnten, da wir alle Menschen und keine Roboter sind, nicht ausgeschlossen werden, wenn sie einander zitierten. Indessen aber wurde leider nur langsam klar, welches Unheil Forschungsergebnisse anrichten, die in ihrer Entstehungszeit den neuesten Stand der sumerischen Kunstlehre widerspiegeln, dann aber unverändert bleiben, obwohl sie längst überholt sind. Kurzum, es gibt – auch und insbesondere wegen diesen überholten Forschungsergebnissen - Irrungen und Wirrungen, die man z.T. unbedingt richtig stellen muss, die z.T. aber auch nur kurz signalisiert werden können.

Genau genommen müsste man jedes für eine einzelne Frage relevante Keilschriftfundstück höchstpersönlich selbst in die Hand nehmen und studieren.

Das ist nicht nur uns nicht möglich!

Zum Abschluss dieser Einführung noch **einige Bemerkungen zur sumerischen Grammatik.**

Wir greifen oft mit (30) auf ein grundlegendes Werk zur sumerischen Grammatik zurück. Ein Zitat aus dieser Quelle möge einen ersten Eindruck verschaffen. Am Ende des Buches erwähnt der Autor Prof. Dietz Otto Edzard nämlich den Hinweis eines Forschers, wonach „es so viele Arten von Sumerisch gibt, wie man Verfasser sumerischer Grammatiken zählt". Er fügt dann im allerletzten Satz seiner Arbeit noch freimütig hinzu, er müsse den höchst subjektiven Charakter seiner eigenen Bemühungen zugeben...

Dies ist auch deshalb nicht erstaunlich, weil es **die** sumerische Sprache genau so wenig gibt wie **die** deutsche Sprache. Wenn eine Sprache weit mehr als tausend Jahre gelebt hat und vor allem uns auch noch recht unterschiedlich geschrieben für eine derartige Zeitspanne überliefert ist, dann wird allein schon deshalb aus jedem Grammatikversuch ein dicker Roman. Fügt man zur historischen Entwicklung noch regionale Besonderheiten hinzu, wird aus dem Roman eine verzwickte Saga.

Zudem hat Encheduanna ihre eigene, manchmal recht eigenwillige Ausdrucksweise, wenn sie um des Satzrhythmus oder Wohlklangs willen dichterische Freiheit walten lässt und zu vermutende Grammatikregeln öfters einfach nicht beachtet …

*

Im Innern des Elfenbeinturms Sumerologie war die Reaktion auf Teil I eisiges Schweigen. Man wird versuchen, dieses Schweigen so lange aufrecht zu erhalten, wie immer möglich. Doch mit der jetzt abgeschlossenen Übersetzung der Gesamtheit der „Offenbarungen" ist der Stein des Anstoßes endgültig im Wasser. Die Wellen werden sich nicht mehr unterdrücken lassen. Entweder der Elfenbeinturm wird von innen geöffnet, weil beherzte Professoren einsehen, dass heiß geliebte Methoden und grundlegende Annahmen überfällig sind, oder der von außen geführte Rammstoß lässt sich nicht mehr verheimlichen Die Kunstlehre Sumerologie wird letztlich nicht umhin kommen, ihrem wissenschaftlichen Anspruch besser als bisher zu entsprechen, indem sie sich im Hinblick auf einige Grundfragen neu orientiert. Vgl. weiter hinten gegen Ende des Buches „Süß -Saures für Altorientalisten"…

Technik und Chemie der Karbidgas-/Azetylen-Erzeugung in vorgeschichtlicher Zeit

Encheduanna versteckt in den rund 500 Zeilen der Sammlung hier und dort und in unlogischer Reihenfolge die Beschreibung des Produktionsprozesses von Azetylen. Wir fassen die fünf Stufen, soweit sie in Teil I bereits gefunden werden konnten, hier noch einmal zusammen, damit entsprechende Bezüge bei den nachfolgenden Neuübersetzungen der restlichen Tempelberichte besser verstanden werden.

Die Neugierde des aufmerksamen Lesers wird in Teil I spätestens durch die Z 62 und Z 63 voll geweckt, in denen die Eingeweihte und Priesterfürstin ganz allgemein die ersten drei Stufen des Vorgehens anspricht: Steinzerkleinerung, Steinbrennen und dann ein zweiter Brennvorgang. Das Puzzle löst sich wie folgt auf.

a) Steinzerkleinerung

Der *Steinzerkleinerer/Spaltgerät* wird deutlich insbesondere in den Z 31, 318, 331, 333 und 538 erwähnt. Eine wichtige Klarstellung lässt sich in TH 27 aus Z 342 entnehmen. Dort wird berichtet, mangels normalerweise verwendeten unbehauenen Steinen hätten die *Dingir* angesichts einer plötzlichen Großen Flut aus Zeitgründen auf bereits zum Bauen vorbereitete, behauene Steine zurückgreifen müssen und diese mittels hartem Diorit/Basalt zerkleinert. Bei den behauenen Bausteinen, die weicher als Diorit waren, kann es sich nicht um Marmor gehandelt haben, da Encheduanna für diesen ansonsten den Ausdruck „polierter Stein" verwendet. Wir haben auf Kalkstein geschlossen, was hier später bestätigt wird.

b) Steinbrennen

Wenn Kalkstein bei 800 bis 11oo Grad gebrannt wird (Z 6 Herstellung von *Gebranntem,* deutlicher *Steinofen* z.B. in Z 330), entsteht ungelöschter Kalk oder Ätzkalk/Branntkalk und Kohlendioxid:

$CaCO_3$ >erhitzt > $CaO + CO_2$

Das Kohlendioxid CO_2 entweicht in die Luft. Der Brennvorgang erfolgt gemäß TH 42 und Z 540 z.T. im *Schilfofen,* was bedeutet, dass z.B. in

Eresch für die erste Brennstufe vorwiegend (getrocknetes) Schilf als Brennmaterial verwendet worden ist.

c) Zweiter Brennvorgang

Der Ätzkalk/ungelöschte Kalk wird (Z 63) ein zweites Mal gebrannt, wobei zur Erzielung des gewünschten Erfolges eine Temperatur von 2.000 bis 2.300 Grad erforderlich ist. Heutzutage geschieht dies in sog. Lichtbogenöfen. Von einer möglichst einfachen Technik ausgehend könnte ein per Destillation gewonnener Erdölabkömmling in einem Luftgemisch als Brennstrahl verwendet worden sein. Seit etwa 1900 unserer Zeitrechnung wird bei diesem zweiten Brennvorgang zur Erzielung der gewünschten chemischen Reaktion Koks hinzugefügt. Wir bezweifeln, dass in der Frühzeit in Mesopotamien genügend Kohle/Koks vorhanden war. Das benötigte chemische Element Kohlenstoff C war aber in Erdöl ebenso wie in Schilf oder Holz verfügbar.

$CaO + 3\ C$ > erhitzt > $CaC_2 + CO$

Ätzkalk + Kohlenstoff ergibt: CaC_2 (= Karbid) + Kohlenmonoxid

Kohlenmonoxid hat zwei gefährliche Eigenschaften: es kann zu Gasvergiftung und Tod der Arbeiter führen und - wie im modernen Bergbau durch Vermischung mit normaler Luft zu Selbstentzündung und zu „schlagenden Wettern“, d.h. Explosionen. Als Arbeiter wurden nicht umsonst *Gefangene/Deportierte* beschäftigt, wie aus einer Interpretation des Namens von Erech entnommen werden kann (vgl. dazu TH 42 weiter hinten)...

An anderen Stellen gibt es Hinweise auf die nachfolgenden Produktionsstufen vier und fünf.

d) Zerkleinern des Gebrannten

Z 189 bzw. Z 231 verweisen implizit darauf, dass das in den bisherigen Stufen *Gebrannte* = Karbid = CaC_2 anschließend in einer vierten Stufe *zerkleinert* worden ist. Z 6 benennt schon früh in TH 1 den dafür benötigten Karbid-Zerkleinerer mit *NAGA- dub.* Siehe auch Z 44.

e) Wässern des Kabids zur Azetylenerzeugung

Das *Wässern* des Karbids (= Hinzufügen von H_2O) als fünfte Produktionsstufe (vgl. insbesondere Z 40, 189, 230, 231 und – technisch sehr präzise - Z 534) erfolgt gemäß Z 55 bzw. 71 in einem *brodelnden/fauchenden Steinauflöser*. Es entsteht C_2H_2 = Karbidgas/Azetylen oder wissenschaftlich Ethin und Löschkalk = $Ca(OH)_2$. Encheduanna spricht auch von *Auflösungs-Gas*. Diese fünfte Stufe des Produktionsvorganges wird von der Sumerologie fälschlicherweise ritual/sakral als „Handwaschungsritus" angeboten.

$CaC_2 + 2\,H_2O > C_2H_2 + Ca(OH)_2$

Der Löschkalk wird durch zusätzliche Wasserzufuhr zu Kalkbrei, woraus Kalkmörtel bereitet worden ist, der zum Bauen verwendet werden konnte.

Das so mit einer verhältnismäßig einfachen Technologie erzeugte **Karbidgas/Azetylen/Auflösungsgas** ist sehr gut in Alkohol löslich, der schon in der Vorzeit leicht durch Vergären von irgendwelcher Biomasse gewonnen werden konnte. Dieses Karbidgas allein führt schon mit Luft (Selbstentzündung möglich!) zu einer Flamme von 1900 bis 2300 Grad - die erwähnte Lösung in Alkohol erreicht beim Verbrennen je nach Alkoholgrad noch weit höhere Temperaturen. Durch Einblasen eines geeigneten Erdölderivates (Öl-Reservelager klingen in Teil I bereits in Z 114 und Z 393 an, der nachfolgende Teil der Tempelberichte wird noch viel deutlicher) in die brennende Rückstoßflamme kann ein äußerst wirksamer Raketentreibstoff gewonnen werden, weshalb denn auch von Encheduanna nicht nur in Z 332 sondern immer wieder der *Rauch und Gestank* angesprochen wird, den der Antrieb des dort näher beschriebenen Flugapparates von sich gibt...... Die Treibstoffgewinnung wird in den nachfolgend übertragenen Zeilen der „Tempelhymnen" immer wieder angesprochen.

Teil II der Übersetzungen und Kommentare

TH 20: Das Waffenarsenal des Nin.gir$_2$.su in Lagasch

Da den einzelnen sog. Tempelhymnen der Encheduanna der damaligen Übung entsprechend keine Überschriften vorausgehen, ist der Übersetzer frei, eigene Schlagworte zu wählen. Statt neutral von Tempelbauten zu reden, durfte daher in vorstehender Kennung klar angesagt werden, worum es in diesem Bericht aus der Vorzeit geht.

Bei den Arbeiten an Teil I der „Offenbarungen" wurde immer wieder versucht, die Stolpersteine aufzuzeigen, die sich dem Übersetzer bei alten Keilschrifttexten in den Weg stellen. Auch dieser Tempelbericht liefert dafür ein gutes Beispiel. Ohne das zusätzliche Wissen betreffend die persönlichen Spracheigenheiten der Hochpriesterin Encheduanna und über die Einbettung ihrer Aussagen in einen Gesamtkomplex, Wissen das im ersten Teil der Untersuchung bereits erworben werden konnte, wären wir hier - offen gestanden - kläglich gescheitert. Das gilt für die gesamte nachfolgende Untersuchung - im Gegenteil: die eine oder andere Zeile des ersten Teiles könnte von uns wegen der zusätzlichen Erkenntnisse, die jetzt hinzukommen, irgendwann noch leicht überarbeitet werden. Einige Beispiele werden hier schon aufgezeigt, wenn es sich anbietet.

Noch schlimmer wäre es uns ergangen, hätten wir der neuen Arbeit von BM (Quelle 28) vertraut. Wir hätten vergeblich im Keilschriftoriginal dieser TH 20 nach einem bei ihr aufscheinenden „heiligen Whirlpool", einer „Heiligen Stadt", einem „Shugalam-Tor", einem „großen Wein-Fest" und dem „Herrn der Herren" gesucht, von denen nicht einmal bei SB (Quelle 2) oder KJ (Quelle 3) etwas zu finden war. Ohne deutlichen Widerspruch werden bei BM auch andere Sumerologen zitiert, nach denen der Tempelchef ursprünglich weiblich gewesen sein könnte. Und am Anfang des Textes handelt bei ihr auch weit über die erste Zeile hinaus kein *Dingir*, sondern ein personifizierter Tempel…

Mit der Bezeichnung des Tempelbezirkes in Z 240 wird nicht anders umgesprungen. Obwohl an der entsprechenden Stelle auf den beinahe 4.000 Jahre alten Keilschrifttafeln immer das gleiche Keilschriftzeichen steht, kommt die bisherige akademische Umsetzung dieses Zeichens in abc-Schrift zu zwei Ergebnissen. Einmal wird ein zur Zeit der Encheduanna noch unbekanntes sumerisches Wort *ninnu* präsentiert. An zwei anderen Plätzen steht zwar der gleiche Wortklang, doch wird durch ein Zusatzzeichen diesem Wortklang akkadisch/babylonische Bedeutung zugeordnet. Zwei der Übersetzungen schweigen sich aus, die anderen erkennen ein Lehnwort *fünfzig*. Daraus wird in der entsprechenden Übertragung ein „Tempel der Fünfzig". Andere Keilschrifttafeln erwähnen denn auch, im Tempelkomplex in Lagasch hätten ähnlich wie in Eridu, Nippur und Shuruppak fünfzig *A.nun.na* gewirkt. Zudem erläutert in der hier besprochenen TH die Z 244, dies seien die „Großen *Dingir*". Die in Teil I bereits bearbeitete TH 30 weist aber eindeutig den letztgenannten Begriff der wichtigsten Gruppe dieser Wesen zu und stellt stattdessen die *A.nun.na* als eine nachgeordnete Hilfstruppe dar, die gemäß der dortigen Z 386 sich *verängstigt im Gebäude* befindet, wenn die - richtiger - *wichtigsten Dingir* gemäß Z 384 mit dem *Flugstier* ankommen.

Nicht nur deshalb lehnen wir die Deutung mit *fünfzig* ab. Das zugehörige Keilschriftzeichen wurde nämlich, wie erwähnt, zu Lebzeiten der Encheduanna in Sumer angeblich überhaupt noch nicht benutzt! Deshalb lag nahe, beim Kopieren nach Diktat habe sich in frühbabylonischer Zeit ein **Hörfehler** eingeschlichen. In der nachfolgenden Z 241 scheint denn auch sofort ein Fluggerät auf, für das zu Zeiten der Berichterstatterin aus einer anderen Sichtweise das Keilschriftzeichen *NU* zutreffen konnte. *NU* meinte *etwas sich schnell Drehendes* und wurde von der Berichterstatterin für schalenförmige sich schnell drehende Fluggeräte benutzt. Wir dürfen deshalb annehmen, ursprünglich habe an dieser Stelle Encheduanna nicht *ninnu* sondern *NIN.NU* geschrieben. Schon in Teil I konnte man bei TH 27 betreffend *Isch.kur* zu Z 332 bereits bemerken, dass *NU sich schnell drehen* hergibt.

Der Tempelkomplex wird daher bei uns angesichts der im Laufe des Textes auftretenden Mehrzahl von Fluggeräten als *Tempel des Herrn der Sich-schnell-Drehenden* benannt. Wer dieser *Herr* gewesen sein soll, bleibt vorläufig offen. Wir sehen das Tempeloberhaupt als männlich an, womit es sich bald mit anderen Indizien bestens in die Familie von *En.ki* einordnen lässt.

Z 240: *Tempel des Herrn der Sich-schnell-Drehenden, voller Kraft in Lagasch redend als große Stimme für Sumer.*

Wen erstaunt es noch, wenn sofort anschließend in Z 241 zumindest ein Fluggerät = *Drehendes* aufscheint. Aus dem Tempelkomplex wird mit *großer Stimme für Sumer gesprochen/verkündet.* Der von Encheduanna verwendete Ausdruck lässt sprachlich offen, ob die Mitteilungen für Sumer per Lautsprecher oder per Sender oder auf andere Art hinaus gingen.

Die Gebäude standen gemäß der Priesterfürstin in Lagasch. Aus dem Gesamtzusammenhang geht hervor, dass damit die Stadt gemeint ist und nicht das gleichnamige staatliche Gebilde, das zu Encheduannas Zeiten etwa beachtliche 3.000 Quadratkilometer umfasste. Wie TH 22, Z 276 ff. später erkennen lässt, bezog sich die auf eine Stadt zielende Aussage der Berichterstatterin auf die Vorzeit **vor** einer großen Flut. BM stellt den betrachteten Tempel demgegenüber fälschlicherweise in eine wallumkränzte „heilige Stadt" namens Girsu, die zu Encheduannas Zeiten als Hauptstadt des Staates Lagasch fungierte.

Für den Namen Lagasch gibt es bisher keine vernünftige Deutung. Wir haben einen Hinweis gefunden, ursprünglich sei der Name der Stadt mit den Wortzeichen *SCHIR. BURxLA KI* geschrieben worden. Das ergibt bei der Übersetzung *Ort des Festlegens der „Überfluss"-Schale.* Wie an vielen anderen Stellen der Tempelberichte meint *Überfluss* die *Gaben,* die mit der großen Flug*schale* vom *„Himmel"* mitgebracht werden. Eine zweite uralte Schreibweise bringt *NU*$_{11}$*. BURxLA KI.* Das Wortzeichen *NU*$_{11}$ steht angeblich für eine „Vogelart", also *etwas Fliegendes.* Von den Wortwurzeln her stoßen wir so auf einen *Ort zum Festlegen der fliegenden „Überfluss"-Schale.* Z 247 und 248 bestätigen diese Sicht von der Sache her.

Wer will die Kohärenz bestreiten? Vielleicht BM? Dort wird nämlich statt auf „Vogelart" konkret auf „Raben" abgestellt und dann belustigend fabuliert, in Lagasch habe wohl in der Frühzeit eine Volksgruppe mit einem Wappentier „Rabe" gesiedelt, das der Gegend den Namen gegeben habe…???

Folkloremärchen !!!

Doch nun zu dem *Fluggerät* der nächsten Zeile! Ohne die Vorarbeiten des ersten Teils dieser „Offenbarungen" könnte man sich in den Kommentaren von Zimmern (1), SB und der dort angeführten und auch der sonstigen (wissenschaftlich genannten) Literatur rettungslos verirren. Da wird für dieses Ding mindestens ein halbes Dutzend Schreibvarianten serviert und auf akkadische (!) Regeln verwiesen. Ein „göttlicher Imgi-Vogel" taucht auf, mehrheitlich wird aber für einen sagenhaften „Anzu-Vogel" optiert, über den es dann andere umfangreiche akademische Auslassungen gibt, bei denen z.T. zwei Adler-Köpfe mit Löwencharakter eine fragwürdige Rolle spielen. Ohne jeden Zweifel besitzt der Louvre in Paris denn auch eine Silbervase mit einem Bild dieses Unheilsvogels, die von Eanatum stammt, einem Herrscher von Lagasch, der etwa 50 -100 Jahre vor Encheduanna lebte.

Diese Weisheiten aus dem von Sagen und babylonischem „Götter"-Glauben beeinflussten Elfenbeinturm der Altorientalistik kann man ruhig vergessen. Encheduanna selbst berichtet uns immer wieder selbst über den beschriebenen *IM.DU.GUD*. In Z 136 kommt dieses Flug-Ding als ein *mit Rauch und Rotglühen fliegendes Gefährt* vor. In Z 332 wird damit ein *dauerhafter glanzmetallener insektenartiger Firmament-Aufsteiger* bezeichnet. Wie in diesem Zusammenhang erläutert, kann man den unverstandenen Ausdruck sprachlich exakt mit *Gasgetriebener Aufsteiger* übertragen, wobei mit „Gas" *Karbidgas* gemeint ist und *DU_8*, wenn richtig geschrieben, die Beimischung eines Ölderivates andeutet.

Nix Mythos, nix Sagen, nix „Götter" - vielmehr eine klare technologische Ansage betreffend einen *fliegenden „Umwölkten"*!

Das Ende der Zeile ist zerstört. Greift man auf ähnliche Keilschrifttexte zurück, kann man für den fehlenden Teil zwei Varianten annehmen, von denen die erste für den vorgelegten Bericht den ansonsten behaupteten mythischen Unheilsaspekt ausschließt:

Z 241: *Der Anblick des IM.DU.GUD, des mit Karbidgas betriebenen Flugapparates,*

a) bringt dem Land kein Verderben oder

b) übergießt das Land mit hin und her schallendem Lärm.

Auch die nächste Zeile wird von den gefundenen Keilschrifttafeln nur verstümmelt überliefert. Zwei sumerische Bezeichnungen müssen wir uns näher ansehen.

Zuerst werden wir mit einer geheimnisvollen Waffe konfrontiert, dem *$schar_2$-ur_3*. Eine vernünftige Übersetzung gibt es bisher nicht - kann es auch nicht geben, es sei denn, man könne aus einem Textzusammenhang einen eindeutigen Schluss ziehen. Das ist nicht der Fall, obwohl BM es wagt, ganz konkret von einem „die Mengen plattmachenden Schwert" zu träumen. Unsere bewährte Übersetzungsmethode, die auch die Homophone abklopft, die gleichklingenden sumerischen Silben, hilft mal wieder weiter. Vergisst man bei *schar* wegen jahrhundertbedingtem **Hörfehler** die Fußzahl 2, dann wird daraus auch *Blitz/Strahlung/Strahlen*. Der zweite Teil der Waffenbezeichnung gibt sofort u.a. *erzeugen/herstellen* und die zugehörigen Hauptwörter her. Dann dürfen wir einen *Strahlungserzeuger* oder *Blitzehersteller/-werfer* festhalten. Angesichts der sonstigen technologischen Fähigkeiten der *Dingir* vermuten wir, auf eine Art Laserkanone gestoßen zu sein.

Sodann gilt es, die Bezeichnung des Tempelherrn zu knacken. Dies bringt keine größeren Probleme mit sich, wenn man sich daran erinnert, dass in Teil I der „Offenbarungen" die mittlere Silbe *gir_2* seines Namens als *„Skorpion" = Fluggerät* geklärt werden konnte. Dort hatten wir auch den Titel *NIN/nin* als aus *NI.IN* entstanden abgeleitet mit der Aussage *Jemand der sich mit Glanz/Strahlen/Leuchten bewegt,* und klargestellt, dass wir grundsätzlich mit *Jemand, der* übertragen und dann je nach Geschlecht anpassen. BM meint stattdessen wegen ihrer feministischen Interpretation von *NIN* und ihrer Ortsunkenntnis in Lagasch eine „Lady von Girsu" vorfinden zu können. Der dritte Teil der gängigen Bezeichnung des Tempelchefs - *SU/su* - passt sich für uns mit u.a. *hinzufügen/bauen lassen* nahtlos ein. *Nin.gir_2.su* besagt demnach *Der Herr, der Fluggeräte bauen lässt.*

Wir kommen später auf eine auf den ersten Blick ähnliche Schreibweise und deren Deutung zurück. Unter Beachtung der Lücken im Originaltext - die indessen bei KJ und BM ohne jede Hemmung irgendwie gefüllt werden - lautet die Zeile dann:

Z 242: Nin.gir$_2$.su (= der Herr, der Fluggeräte bauen lässt) ..... mit dem Blitzewerfer ..... aus dem Feindesland ....

Auch in diesem Tempelbericht darf die Kraftstoffherstellung nicht vernachlässigt werden. Doch bevor wir übersetzen, sind einige Erläuterungen nötig, weil sonst nicht nur Sumerologen den Kopf schütteln würden, sondern auch aufmerksame Leser, sofern sie Einblick in die Umschrift haben. Wir behandeln nämlich das gefundene *a$_2$-me$_3$* an drei Stellen - zumindest vordergründig - jeweils anders.

In Teil I wurde so z.B. für Z 63 kurz nur ganz allgemein und ohne Begründung festgehalten: *Die ME ... werden eingerichtet.* Dabei findet man seitenlange wissenschaftliche Ergüsse, der Ausdruck besage „Kriegswaffe". Weder „Krieg" noch „Waffen" machen indessen an dieser Stelle und für Z 243 bzw. 244 vom Kontext her irgendeinen Sinn. Die uralten nach Gehör Kopierenden hatten schon vor rd. 4.000 Jahren nicht mehr verstanden, worum es ging. Sie hatten zwar richtig gehört, doch die gedachten Homophone nicht erfasst. Als Konsequenz waren sowohl bei *a* als auch bei *me* alle Homophone in Betracht zu ziehen. Zudem wurde bei Z 63 in unserem Kommentar erläutert, der zweite Brennvorgang zur Herstellung von Karbid erfordere eine hohe Kammertemperatur - dazu dienen *eingerichtete (= a$_5$) ME* - Homophon mit der Fußzahl 5 ...

Für Z 243 greifen wir zur Übertragung von *a$_2$-me$_3$* auf die von Homophonen her erlaubten *Kraft* und *verfeinern* zurück, denn die beim zweiten Brennvorgang eingesetzte Heiz-*Kraft* dient gemäß den Erläuterungen der TH 42 bei dieser Produktionsstufe zum *Verfeinern* von **Branntkalk**, auch Ätzkalk oder ungelöschter Kalk, zu *Karbid.*

Z 243: Furchterregendes Licht des Verfeinerns mittels Heiz-Kraft (= Karbidherstellung) *überströmt die Menschen.*

Für den gleichen sumerischen Ausdruck verwenden wir in der nachfolgenden Zeile 244 dann ebenfalls *a$_5$ = setzen/legen/einrichten/bereitstellen* und *me$_{(3)}$ = Verfeinerbares,* wobei das Letztgenannte dann vom Kontext her **ebenfalls Branntkalk** ansprechen dürfte, da - wie erläutert - *Holz* oder anderer *kohlenstoffhaltiger Brennstoff* ebenfalls beigebracht wird.

Zudem vor der Übersetzung noch eine Zwischenbemerkung: Als weiter oben bei der Eingangszeile die **spätere** babylonische Verballhornung zurückgewiesen wurde, es handele sich wörtlich um einen Bau der *fünfzig A.nun.na,* wurde sofort auch klargestellt, dass diese *Dingir*-Art für Encheduanna nachgeordneten Rang hatte. In der uns überlieferten Fassung der nächsten Zeile setzt sich der verfälschende **spätere** babylonische Einfluss fort, indem diese *A.nun.na* dort als die „wichtigsten *Dingir*" bezeichnet werden. **Wir sind nicht bereit, diese Bezeichnung, die Encheduannas Aussagen widerspricht, in die Übersetzung aufzunehmen, weshalb an der entsprechenden Stelle ein Platzhalter ----- steht. Z 254 stellt später denn auch in unserem Sinn klar, dass diese Wesen eindeutig dienenden Charakter hatten.**

> *Z 244: Die A.nun.na, ----------,* (wörtlich = Die von den Fürsten Geschaffenen) *stellen Verfeinerbares bereit, bringen Holz/(kohlenstoffhaltigen) Brennstoff.*

Die wiederholte Beschreibung der zweiten Produktionsstufe der Karbiderzeugung und die falsche Einordnung der *A.nun.na* lassen uns zu dem Ergebnis kommen, dass Z 244 **nicht** von Encheduanna stammt. Dies wird unserer Ansicht nach durch den zweiten Satz der Z 245 bestätigt. Dort nämlich ist in der normalen Diktion der Berichterstatterin ein Vergleich zu finden zwischen einem nicht näher bestimmten *Haupt-Röstofen* (TH 7?) und der *Brennstelle/Entschlackungsstelle* in Lagasch. Dann sollte man aber höchstwahrscheinlich auch die Z 243 ausschließen, weil sie Einzelheiten der Verhüttungstechnik vorwegnimmt, **bevor** die Verhüttung überhaupt erwähnt wird.

An der folgenden Zeile hätten wir bestimmt tagelang herumgerätselt, hätte ihr Anfang nicht schon in TH 1 bei Z 4 eine Rolle gespielt. Nach der gängigen Übersetzung der Z 245 soll irgendwie „auf einem reinen bzw. heiligen Hügel Schicksal bestimmt" werden. Doch haben wir gefunden, dass es hier, richtig übertragen, nicht um die **konventionelle** Sumerologen-Saga vom „Weltberg" geht, auf dem angeblich „Anunna-Götter" wohnten und von wo aus „die Kultur Sumers befruchtet" worden sein soll. Z 4 und Z 245 behandeln von den Sprachwurzeln her eindeutig etwas *Umhülltes/Verhülltes,* das *glänzend/glanzmetallen* ist und *sprechen* kann. Wir haben damals vergleichsweise auf das spätere „sprechende heilige Bündel" der Azteken verwiesen. Gleichzeitig wurde festgehalten, derartige Anweisungen erteilende *„Umhüllungen"* habe es zufolge anderer Keilschrifttexte auch in Nippur, Ur und – hier jetzt bestätigt – zudem in

Lagasch gegeben. Wir prägten für das glanzmetallene Gegensprechgerät den deutschen Begriff „Sprechende heilige Truhe".

Wenn von dort aus gemäß den **Konventionen** der Sumerologie „Schicksal bestimmt" worden sein soll, dann trifft das ursprünglich auch nicht zu. Es erfolgten vielmehr vom Wortsinn her eindeutig Mitteilungen über das *Umdrehungswesen*, womit Flugbahnen und Gestirnsumläufe gemeint sind.

Auch der Rest der Zeile machte keine großen Schwierigkeiten, da wir uns auf Erkenntnisse beziehen konnten, die in Teil I bei TH 7 bzw. TH 27 angefallen waren. Im Rest der Zeile stand nichts von einem „Hauptberg", es war vielmehr wie bei den erwähnten Tempelberichten die Rede von einer *Hauptbrennstelle*. Weniger noch ging es um das „Grünen" oder die „Schönheit" oder die „Größe" eines „Berges". Durch *rösten/brennen/abbrennen/schmelzen* sollte vielmehr etwas *produziert/erzeugt* werden, das nicht benannt wird. Durch den Kontext wird aber klar, dass *Verhüttung* von Kalkstein und Erz gemeint ist - wie in TH 7 bei der *Hauptbrennstelle* in Kesch/*LAM.KUR.RU ki*.

Im Hinblick auf diese Ortsbezeichnung möchten wir noch nachtragen, dass Th. Jacobsen (34) in einer Fußnote auf S. 75 auf Meinungen verweist, wonach die soeben angeführte geläufige Schreibweise eine Verwechselung darstellt. Die Zeichen für *LAM* und *SU* seien ähnlich, die korrekte Schreibweise sei - wie angeblich durch mehrere Stellen bestätigt - *SU.KUR.RU ki*. Warum auch nicht, kann man fragen, da dies wörtlich besagt: *Zum Bau eines Verhüttungsofens geeigneter Ort.*

Z 245: *In einem Backsteingebäude macht ein Gegensprechgerät (*„Sprechende heilige Truhe"*) Mitteilungen über das Umdrehungswesen. Ähnlich wie bei der Haupt-Brennstelle wird durch Rösten/Schmelzen (*lies: Karbid + Metall*) produziert.*

Anschließend folgen auf den Keilschrifttafeln zwei Fassungen einer Zeile, die zudem unterschiedlich unlesbar sind. Wir präsentieren einen Flickenteppich, der trotzdem eine deutliche Aussage ermöglicht.

Z 246: *a) Deine Gewässer werden von glanzmetallenen Brennern/„Skorpionen"/Fluggeräten aufgewühlt;*

b) Auf deinen Gewässern schwimmen glanzmetallene Brenner/ „Skorpione"/Fluggeräte;

c) … sind mehrere Brenner/„Skorpione"/Flugapparate sichtbar.[2)]

Das kleine hochgestellte [2)] hinter „sichtbar" weist, wie alle hochgestellten Zahlen dieser Art, auf eine erläuternde Schlussnote hin, die insbesondere für sumerologisch Interessierte hilfreich sein könnte.

Die Dingir-Fluggeräte vom „Skorpion"-Typ hat Encheduanna schon in Tempelbericht 11 bei Zeile 153 aufscheinen lassen. Hier beschreibt sie eindeutig und ganz klar, dass es sich nahe der Stadt Lagasch um Apparate gehandelt hat, **die auf der Wasseroberfläche landen und dort schwimmend verbleiben konnten!** Galt dies für alle „Skorpione" - auch für die, die mehrfach in Teil I als auf dem Festland niedergehend gekennzeichnet worden waren?

Waren „Skorpione" Amphibien?

Bei Z 247 verliefen anschließend die Übersetzungsbemühungen etwas holprig. Zunächst schien ein „glanzmetallenes Gebäude" am Rande der Gewässer zu stehen. Dann fielen die Hinweise bei SB auf, ein **Ort,** der Uruku(g) geheißen habe, spiele eine Rolle. Andererseits hatten wir anstelle des **Hörfehlers** *uru* im ersten Teil der „Offenbarungen" schon öfters (z.B. bei Z 62) *i-ri = Steinstoßen/Stein zerkleinern* lesen müssen. Ausschlaggebend waren dann die für Z 247 überlieferten Varianten, die weder zu einem Ort Uruku, noch zu einem „glanzmetallenen Gebäude" passten. Die von uns präsentierte Lösung bezieht sich auf die Stelle *i-ri ki*. Vielleicht könnten Sumerologen beachten, dass beim alten meist unbekannten Deimel (13) das Zeichen 38 sowohl die Zeichennamen U-RU als auch I-RI liefert.

BM ihrerseits geht fälschlicherweise weiterhin von dem mit Lagasch nicht identischen Girsu aus, wo man bei modernen Ausgrabungen tatsächlich einen wallumkränzten Tempelbezirk gefunden hat, und schiebt ohne jede Keilschriftunterlage in ihre Übersetzung als reine Erfindung ein „Tor im Anblick der Heiligen Stadt" ein.

Z 247: *Die Öffnung/Bucht vor der Steinzerkleinerungsstelle dient zum Aufnehmen* (lies: der „Skorpione"*) für Wartungsarbeiten.*[3)]

Damit wird nahe gelegt, die Gewässer bei Lagasch hätten eine *ka*$_2$ = *Einmündung/Öffnung/Ausbuchtung* in Richtung auf einen Ortsteil aufgewiesen, an dem entsprechend den Erkenntnissen der TH 42 Kalkstein zwecks Erzeugung von Karbid-Treibgas *zerkleinert* worden ist. Die für die gleiche Gegend später bei TH in Z 266 beschriebene Aufspaltung von Erdöl deutet ebenfalls Treibstoffproduktion an…

Z 248: *Die vom glanzmetallenen „Himmel" gestartete Flugschale nähert sich an, lässt sich von oben herabsinken, landet zu ihrer Wartung auf dem Wasser.*

Auf Englisch klingt das Vorstehende in den bisherigen Übersetzungen etwa wie folgt: „Wein wird in die wohlgeformte heilige Schale des *An* gegossen…". Einer „Schale" aber waren wir schon des Öfteren als **Flugschale** begegnet und von ihrer „Wohlgeformtheit" war im Keilschriftoriginal nichts zu finden. Der behauptete „Wein"= *tin* weckte Erinnerungen an die in Teil I übertragene TH 30 und deren Z 386. Dort lag ein **Hörfehler** vor und man musste *ti in* lesen - es ging um die *Annäherung* einer *sich Bewegenden* = (später) *Königin.* Hier war *ti-en* zu verstehen: *sich annähern an.* Den *„Himmel"* haben wir als *oben schwebendes Gerät der Unsterblichen* in TH 15 eingehend besichtigt und als eine Raumstation/Raumschiff eingeordnet, das nicht zur Landung auf der Erde bestimmt war. Auch hier erstaunt, dass die *Flugschale wassert,* da diese Art der Landung für diesen großen Apparate-Typ ebenfalls noch nicht vermeldet worden ist.

Bei den nun folgenden beiden Zeilen fiel sofort auf, dass vier Mal das gleiche Wort vorkam, das von den Umschreibern teils als *ni*$_3$, teils *nig*$_2$ gelesen wurde. Das meint aber letztlich das Gleiche nämlich *Sache/Ding/Gegenstand* oder *Das, was…* Um welche Sache konnte es sich handeln? Bezogen sich die Aussagen der Berichterstatterin immer noch auf die Gegend des Gewässers bei der Stadt Lagasch?

Der Kommentar von SB verweist dankenswerter Weise auf ein in Sumerisch ähnlich klingendes Rätsel aus Schuruppak und bringt dazu auch eine nicht ganz vollständige Fassung in Akkadisch. Die Lösung des Rätsels sollte angeblich „Königlicher Besitz" lauten. Wir haben zunächst dieses bei SB zweisprachig vorliegende Rätsel selbst mit Hilfe der beiden Sprachfassungen übersetzt und gestaunt, wie weit mal wieder unsere Neuübersetzungen von der akademischen **Konvention** abwichen:

- Es schwimmt im/ unter Wasser,
- steigt ohne Ankündigung hoch,
- tritt beängstigend hervor
- ohne vorher zu erkennenden Aufenthaltsort.

Das war kaum etwas aus „Königlichem Besitz", sondern - insbesondere wegen der ersten und dritten Zeile - eher eine Art Meeresungeheuer.

Eine Zusammenschau der Z 249 bis 251 überzeugte dann dahingehend, dass in TH 20 kein schreckliches lebendes Meerestier auftaucht, sondern ein Ding, eine Sache. Nach kriminalistischer Arbeit konnten in der Widergabe von Encheduannas Text mehrere **Hörfehler** erkannt werden[4]). Höchst Erstaunliches war zu finden:

Z 249: *Etwas, was unter Wasser schwimmt, was erscheint, ohne anzukündigen, dass es sich annähert,*

Z 250: *etwas, was hochsteigt und sich annähert von einem vorher nicht zu erkennenden Aufenthaltsort,*

Z 251: *ein rötliches/leuchtendes Gefährt furchterregenden Anblicks kommt hoch, ein ME, luxuriös gegossen/erbaut*

Zuerst zu den letzten Worten. Es darf daran erinnert werden, dass *ME/me* ursprünglich von *sagen/gestalten* kommt und damit von den staunenden alten Sumerern *Dingir*-Instrumente/-Apparate/-Gestaltungen bezeichnet worden sind, die diesen Wesen Wissen und Macht verschaffen konnten.

Den, der diesen Bericht hört, stellt demnach Encheduanna im Geiste irgendwo an den Rand eines Gewässers bei Lagasch, für das vorher Wogen-Landungen von Flug-Skorpionen und die Wasserankunft einer Flug-Schale von der Raumstation *„Himmel"* bekundet worden sind. Dann lässt sie in ihrem Film, gewissermaßen aus dem Nirgendwo, aus den Wogen ein Unterwasser- Fahrzeug hochschießen, luxuriös aus leuchtendem Metall gestaltet, und der überraschte Betrachter erzittert in Ehrfurcht.

Hier zeigt die Priesterfürstin ihre ganze Wortgewalt. Sie weiß genau, was sie beschreiben will. Eindringlicher kann niemand vorgeschichtliche Technologie mit wenigen Worten einer einfachen Sprache darstellen. Dieser Wort-Film ist schon garnicht im Hirn des Übersetzers ent-

standanden. Dies ist eine der Stellen der „Offenbarungen", an denen sich deren Glaubhaftigkeit vom Text her selbst beweist !!!

Von *En.ki,* dem erstgeborenen Sohn des *An* ohne Erstgeburtsrecht (vgl. TH 1), wird an anderer Keilschriftstelle berichtet, sein akkadischer Parallelname *E.a* hänge damit zusammen, dass er entsprechend der wörtlichen Übertragung *„Der mit dem Wasser-Haus"* gewesen sei. War *En.ki´s Haus* irgendwo im Wasser oder unter Wasser fixiert gewesen? Die Erklärung folgt bald...

Die dann kommenden Z 252 - 254 haben sofort an die Z 384 - 386 der in Teil I bearbeiteten TH 30 erinnert. Die Aufgabe war darum einerseits leichter, wurde andererseits aber erschwert durch **Hörfehler.** Der in Z 252 von früheren Übersetzern vermutete „Herr" passte nicht in die grammatische Konstruktion. Das entsprechende *en* musste *e ne* lauten: *landen und ruhen.*[5)]

Z 252: *Wenn am Gerichtsplatz, geeignet zum Landen und Ruhen des Nin.gir$_2$.su,*

Z 253: *starkes Leuchten sich zeigt/aufflammt, breitet sich immer wieder Todesangst aus,*

Z 254: *denn dein Großer Herr nähert sich (dann) zum Andocken und die A.nun.na wässern/besprühen das Gebäude wegen des zerstörerischen Antriebswindes (wortlich: Auflösungs-Gases).*

Hier wie in TH 30 wird also betont, dass die Hitze, die vom flammenden Gas-Schub des landenden Flugapparates ausgeht, eine derartige Gefahr für ein Gebäude darstellt, dass dieses mit Flüssigkeit gekühlt werden muss. Die *A.nun.na* werden in diesem Zusammenhang eindeutig in ihrer **dienenden** Rolle vorgeführt. BM liegt am weitesten neben der Rolle, wenn sie hier ein *schugalam*-Tor aus hohler Hand zaubert und, wie selbst trunken, behauptet, „alle Anuna kommen zu deinem großen Weinfest" !?!

Das anschließende Schlusslob des Tempelherrn geht weit über das in anderen Hymnen Übliche hinaus. Der Anfangszeile dieser Laudatio widmet der Kommentar von SB beinahe zwei Druckseiten, die insbesondere den Zeichen *u$_{18}$-lu* gelten. Schließlich wird daraus dort ein „wütender Sturm". Dieses Unvermögen der bisherigen Übersetzer vernebelt eine wichtige Mitteilung der Priesterfürstin. Unsere Untersuchung[6] kommt zu dem Ergebnis, die Berichterstatterin beschreibe den Tempelherrn als den, der einen großen Flugapparat befehligt, mit dem er *wie ein Wirbelsturm Verwüstungen anrichten kann.*

Z 255: *Dein Fürst, der mit dem großen Fluggerät, das alles durcheinander wirbeln kann, der wütend revoltierende Städte einebnet und niederbrennt,*

Die gängigen Übersetzungen bieten dann einen „König", einen „wilden Ochsen" und einen „wütenden Löwen" an, während wir vor allem eine Art „Krümelmonster" ausmachen, das die Betroffenen aber bestimmt nicht lustig fanden.

Doch der Reihe nach!

Wie schon in Z 151 ist *am* für Encheduanna kein Stier oder Ochse, sondern eine sog. „emphatische Verstärkung" des nachfolgenden Wortes. Deshalb wirkt da ein *überaus Beängstigender.* Sodann kommt ein Ausdruck, den man bisher mangels besseren Wissens als „aufzeigen" genommen hat. Wir erläutern für Sumerologen in einer Endnote[7], weshalb wir anders übertragen.

Z 256: *der König, der überaus Beängstigende, der alles zu Krümeln schlagen kann, der rasende Löwe, der die Köpfe mit „Steinen" zerschmettert,*

Genau genommen bestätigt diese Zeile nur, was schon unmittelbar vorher berichtet worden ist. Das *Durcheinanderwirbeln* und *Einebenen* der Z 255 kommt als ein *Zerschlagen/Zerfetzen/Zerkrümeln/Zerschmettern* noch deutlicher wieder. Die „Steine" haben wir als *bu/BU* = *kim*$_3$ gefunden, aber es können vom Wortgebrauch der Encheduanna her auch *metallene* Gegenstände sein, die der Flugapparat auf die „Köpfe" hageln lies. Waren dies im modernen Sinn Fliegerbomben? Sicher lässt sich aus den Zeilen nur entnehmen, dass das Fluggerät mit einer **Druckluft erzeugenden Waffe** agierte. Welchen Verdrehungsaufwand BM bemüht, wenn sie nun mit viel Hirnkitt vom „Herrn der Herren" und vom „König der Könige" flunkert, mag jeder selbst beurteilen...

Z 257: *der Held, der die ausgelöschte Herrenschaft/verlorene Herrschaft wieder herstellt und rechtlich festigt,*

Z 258: *dessen Königtum auf den errungenen Siegen ruht und auf dem Bestreben, die Lage zu stabilisieren,*

Z 259: *der Starke, der berühmte Schlachtenheld, der dem Rivalen antwortet ohne zu zittern,*

Der Übersetzungsfluss muss unterbrochen werden, da die folgende Zeile dieser Lobeshymne in den Keilschriftoriginalen eine unsinnige grammatische Konstruktion gefunden haben will und zudem eine seltsame Aussage enthält.

Einerseits wird nämlich der Tempelherr als *dumu* des *En.lil* dargestellt. *Nin.gir$_2$.su* als fleischlichen „Sohn" des *En.lil* zu sehen, mag zwar mit den lokalen Ansichten in Lagasch in den **späteren** sumerischen Zeiten durchaus übereinstimmen, für Encheduanna und die ursprünglichen Überlieferungen aber gehörte er als Sohn zu *En.ki.* Wir haben oben bereits beim Auftauchen des Unterwassergefährtes darauf verwiesen, dass damit irgendwie eine Beziehung zu *En.ki* angedeutet sein könnte. In einem besonderen Abschnitt gehen wir später näher darauf ein!

Daher wird in der Übertragung wegen des im Keilschrifttext stehenden Bezuges auf *En.lil* nicht auf „Sohn", sondern auf die erlaubte schwächere Bedeutung *Schützling* zurückgegriffen. Schließlich galt *Nin.gir$_2$.su* an anderen Stellen auch als der *Kämpfer/Held* des *En.lil.*

Was andererseits das Grammatik-Rätsel betrifft, so servieren die in abc-Schrift für das Ende der Zeile vorliegenden akademischen „Lesungen" der Keilschriftzeichen einen langen *Dingir*-Namen, der im Genitiv stehen soll. Dabei fällt auf, dass der Name anders als gewohnt geschrieben sein soll: statt dem gewohnten *Nin.gir$_2$.**su*** ein *Nin.gir$_2$.**schu ki**.* Wegen der nachfolgenden Genitivandeutung müsste dem Genannten dann aber etwas im Text vorher Stehendes zugeordnet werden.

Das macht hier keinen Sinn !!!

Die kriminalistische Arbeit begann. Die Um- und Schleichwege werden dem Leser nicht zugemutet. Letztlich fanden wir einen **Hörfehler** *gir$_2$.* ***schu ku$_6$*** = nach bisheriger sumerologischer Deutung angeblich eine „Fischart" !! Somit wurde ursprünglich von Encheduanna der Tempelchef wegen der erwähnten Genitivkonstruktion auch als *„Herr des gir$_2$.schu.ku$_6$"* vorgestellt.

Das macht dann Sinn !!!

Was nach Gelehrtenmeinung eine „Fischart" sein soll, war dem ursprünglichen Wortsinn nach - *gir*$_2$ meint auch *Fahrzeug* - wörtlich so etwas wie ein *Das Wasser durchstoßendes Fahrzeug* - wobei nun plötzlich jedermann wohl vor seinem geistigen Auge das in den Gewässern von Lagasch *auftauchende luxuriös gebaute leuchtende Gefährt* der Z 251 sehen kann und den Arsenalchef **wörtlich** als *Herr des Unterwasserfahrzeuges* begreift...

Für Sumerologen sei erläutert, dass das *en* im Keilschriftoriginal keine zu vergessende Doppelaussage für „Herr" darstellt, sondern hier *genannt/benannt* meint. Darin ist ein ganz leichter Hinweis darauf enthalten, der erwähnte *Herr* sei auch unter einer anderen Bezeichnung, der häufigeren der Z 261, bekannt.

Z 260: der Schützling des En.lil, genannt der Herr des Unterwasserfahrzeuges,

Z 261: hat, oh Tempel des Herrn der Sich-schnell-Drehenden, dein herrliches Bauwerk zu seinem Aufenthalt erwählt, hat seinen Thronsitz bleibend dort errichtet.

Z 262: (22 Zeilen) Tempel des Nin.gir$_2$*.su, in Lagasch errichtet.*

Der *Nin.gir*$_2$*.su* oder *Nin.gir*$_2$*.schu.ku*$_6$ genannte/benannte *Herr* wird in vielen Texten **späterer** Tradition mit *Nin.ur.ta, Schutzherr des Umlandes,* gleichgestellt oder als dessen älterer Bruder angesehen (siehe für diesen vielmehr TH 4 in Teil I der „Offenbarungen" und weiter hinten TH 32). Encheduanna überliefert die ursprünglichen Verhältnisse, was noch klarer wird, wenn sie bald Berichte über seine Schwester *Nansche* und seinen Bruder *Du.mu.zi* nachfolgen lässt, deren Vater jeweils ebenfalls *En.ki* war.

Im Laufe der Untersuchung dieses Tempelberichtes sind uns neben der Bezeichnung als angeblicher Sohn des *En.lil* mindestens drei weitere Stellen aufgefallen, die den ursprünglichen Text der Priesterfürstin nicht korrekt wiedergeben dürften. Erstens wurde das Zahlwort *ninnu = fünfzig* zu Encheduannas Zeiten in Sumer nach Sumerologenauskunft noch nicht benutzt. Die besprochenen Gebäude stellen demgemäß keinen „Tempel der Fünfzig" dar, sondern die Bauten des *NIN.NU*, d.h. des *Herrn der Sich-schnell-Drehenden.* Ein entsprechender Flugapparat wird von der Hohen

Priesterin dann sofort mit dem *IM.DU.GUD* nachgeliefert, dessen zerstörerischen Eigenheiten kohärent in Z 255 und 256 unterstrichen werden.

Zweitens stellt die Berichterstatterin im Text selbst klar, dass die fünfzig *A.nun.na* keine „Großen *Dingir*" sind, sondern nachgeordnete Hilfskräfte, wörtlich *Geschöpfe der Fürsten*. Die beiden gegenteiligen Aussagen stimmen eher mit der **späteren** Lokaltradition in der Gegend von Lagasch überein, als nach deren Herrscher Gudea sumerische und **noch später** babylonische (!) Abschreiber die heute für uns verfügbaren Keilschrifttafeln kopierten und offensichtlich auch veränderten. Drittens darf an die Ungereimtheiten betreffend die Z 243 und 244 erinnert werden, die uns zu dem Urteil geführt haben, sie seien von fremder Hand eingeschoben worden.

Ob die Zeilen 257 - 259 damals ebenfalls eingefügt worden sind, muss offen bleiben, könnte aber eine Teilerklärung dafür liefern, dass die Gesamtsammlung der Tempelberichte mehr als die von Encheduanna selbst angegebenen 480 Zeilen vorweist. Zusammen mit den Z 243 und 244 merken wir jedenfalls 5 Zeilen vor, die evtl. nicht von der Priesterfürstin stammen.

Sachaussagen TH 20

Ort: Stadt Lagasch = heute: Tell al-Hiba

Tempel-*Dingir*: *Nin.gir*$_2$*.su* = der Herr, der Fluggeräte bauen lässt, aber auch *Nin.gir*$_2$*.schu.ku*$_6$ = der Herr des Unterwasserfahrzeuges

Tempel-Name: falsch *e*$_2$*-ninnu*; richtig *E*$_2$*-NIN.NU* = Tempel des Herrn der Sich-schnell-Drehenden (= Fluggeräte)

Z 240: Tempel des *Herrn der Sich schnell Drehenden* in der Stadt Lagasch; dort eine *große Stimme* für Sumer.

Z 241: Mit einem der „Drehenden" ist der *IM.DU.GUD* gemeint, der *gasgetriebene Aufsteiger*, dessen Lärm das Land schallend überdröhnt.

Z 242: Der Tempelherr, der Fluggeräte bauen lässt, besitzt einen „Blitzewerfer", den er allem Anschein nach im Feindesland eingesetzt hat.

Z 243 und Z 244: Von fremder Hand?

Z 245: Bestätigung, dass Lagasch hinsichtlich der Verhüttung von Stein und Erz mit einer „Haupt-Brennstelle“ (gemeint sein könnte das in Teil I, TH 7 besprochene Kesch) verglichen werden kann. Auch in Lagasch, wie in TH 1 für Eridu, befindet sich eine „Sprechende heilige Truhe“, ein Gegensprechgerät, das u.a. Mitteilungen betreffend Flugbahnen und Bewegungen anderer Himmelskörper macht.

Z 246: Glanzmetallene „*Skorpion*“-Fluggeräte, eine andere Kategorie von *Sich schnell Drehenden,* landen nicht auf dem Erdboden, sondern auf den Gewässern von Lagasch.

Z 247: Eine *Bucht* vor einer *Stelle des Steinzerkleinerns* dient dazu, „*Skorpione*“ zwecks *Wartungsarbeiten* aufzunehmen.

Z 248: Vom „*Himmel*“ her, dem oben schwebenden *glanzmetallenen Gerät der Unsterblichen,* nähert sich die dort gestartete große *Flugschale,* um zur Wartung ebenfalls auf dem Wasser zu landen.

Z 249 – Z 251: Ohne Ankündigung steigt aus der Wassertiefe ein *leuchtendes luxuriös konstruiertes Unterwasser-Fahrzeug* hoch. Sein Anblick erzeugt Furcht.

Z 252 – Z 254: *Nin.gir*$_2$*.su* landet in seinem Heimathafen und Gerichtsort mit einem flammenden Gefährt, das *Todesangst* verbreitet. Die *A.nun.na,* die Hilfs-*Dingir,* müssen wegen des *zerstörerischen Antriebsgases* des Gefährtes das Gebäude an der Landestelle zum Schutz besprühen.

Z 255: Der Tempelherr kann mit seinem großen drehenden Fluggerät, dem *IM.DU.GUD*, revoltierende Städte niederbrennen und einebnen.

Z 256: Er kann alles in Scherben schlagen und die Köpfe mit „Steinen“ zerschmettern.

Z 257: Er kann verlorene Herrschaft wieder zurückerobern.

Z 258: Sein Königtum beruht auf den errungenen Siegen.

Z 259: Er ist ein berühmter Schlachtenheld, der vor keinem Rivalen zittert.

Z 260: Er ist ein Schützling des En.lil und auch der Herr des Unterwasser-Fahrzeuges.

En.ki, Erbauer eines Wasser-Hortes und Erfinder eines U-Bootes

Im Zusammenhang mit TH 22 betreffend *Nin.gir$_2$.su´s* Schwester *Nansche* zitiert BM auf S. 153 ihres Buches (28) Übersetzungen aus dem sumerischen Langtext „*En.ki* und die Weltordnung“. Sie greift dafür mit genauer Quellenangabe auf eine Bearbeitung von H.L.J. Vanstiphout zurück. Angestachelt durch dessen für uns seltsam klingende englische Übersetzungen, haben wir die originale Umschrift des sumerischen Keilschrifttextes unter die Lupe genommen, die das ETCSL (29) dankenswerterweise für den erwähnten Langtext zur Verfügung stellt. Dort fanden wir – von uns neu übertragen – für die uns interessierenden Zeilen 285 bis 287, die zur Unterscheidung mit *E* gekennzeichnet werden:

E 285: *Der Hohe Herr baut eine Unterkunft für eine Alternative des „Hochsteigers“, einen Hort geformt aus Glanzmetall, in dessen Innerem sich ein „kunstvoll Zusammengefügtes“ befindet;*

E 286: *er baut im Wasser/unter Wasser eine Unterkunft für eine Alternative des „Hochsteigers“, einen Hort geformt aus Glanzmetall, in dessen Innerem sich ein „kunstvoll Zusammengefügtes“ befindet,*

E 287: *eine Unterkunft, deren Inhalt pulsierend Verwirrung stiftet, ein Wogen-Ding, für Menschen nicht vorstellbar (E 419: ein „Fischartiges ohnegleichen“).*

Damit haben wir eine Originalüberlieferung für die vielen *En.ki* betreffenden Wasserhaus-Mythen gefunden. Sie kann in ihrer Deutlichkeit kaum überboten werden und stimmt mit den erstaunlichen Aussagen von Encheduanna überein. Sehen wir uns den Text genauer an.

En.ki unternahm somit Bau- und Konstruktionsarbeiten, um eine *Alternative*, eine Ergänzung, für den *Hochsteiger* zur Verfügung zu stellen. Dieser wird im Urtext wörtlich als der *mu-un* bezeichnet, als der *Oben-Lärmende*, eine Benennung für die *Schale der Unsterblichen*, die auch von Encheduanna verwendet wird. Als Baumaterial wird auch hier *Glanzmetall* angeführt, dessen Legierung bisher nicht geklärt werden konnte. Gebaut werden gemäß dem untersuchten Bericht zwei Dinge. Einerseits handelt es sich wörtlich um einen *Schrein/Aufenthalt*, wir sagen in besserem Deutsch dazu *Unterkunft/Hort.* Andererseits konstruiert der auch ansonsten als eine Art Chefingenieur der *Dingir* bekannte *En.ki* etwas, wofür die Vorstellungskraft der Sumerer und damit auch ihre sprachliche Darstellungsfähigkeit nicht ausreichte: wörtlich ein *kunstvoll Zusammengefügtes.* Diese „kunstvolle Konstruktion" war nach dem vorliegenden Text der eigentliche Grund des Baus *einer Unterkunft/eines Hortes* und nicht etwa die Absicht *En.ki´s,* für sich eine Wohnstätte zu schaffen. Die Bauarbeiten erfolgen *im Wasser/in den Wogen,* womit - durch TH 22 bestätigt - *unter* Wasser gemeint ist. Das *kunstvoll Zusammengefügte,* das als *Alternative* für den *Aufsteiger* dienen sollte, war - wörtlich - etwas für Sumerer *nicht Vorstellbares,* ein - in E 419 wörtlich - *Fischartiger ohnegleichen.*

Als Ergänzung zum *Aufsteiger,* dem Machtmittel, *ME,* für den Luftraum wollte gemäß diesem Text *En.ki* als Machtmittel, *ME,* im und unter Wasser eine *kunstvoll zusammengefügte fischartige Konstruktion* verwenden können, das *Unterwasser-Schiff,* dem wir oben bei Encheduanna in Z 249 - 251 im Zusammenhang mit *En.ki`s* Sohn mit anderen Einzelheiten schon begegnet sind.

In diesem sumerischen Text über *„En.ki* und die Weltordnung" erscheint im weiteren Verlauf eine Passage über *En.ki´s* Tochter *Nansche,* die zusätzliche Auskünfte freigibt, wenn man sie richtig übersetzt, wozu wir nicht in der Lage wären, hätten wir nicht schon vorher die Tempelberichte bis TH 25 sprachlich „geknackt":

E 418: *Nansche, die als stark bezeichnete Herrin, fängt den aus Glanzmetall gebauten „Welten-Vogel" ein zum Andocken*

a) und zum dort Stehenbleiben.

b) Der „Himmels-Kessel" wird dekontaminiert.

E 419: *Der „Fischartige ohnegleichen" ist/befindet sich in der Meeresbucht im „Fische-Ton" = Kalkstein.*

E 420: *Das „Wasser-Ding" umhüllt aufbewahrend (auch) den „Vogel" mit den „bekömmlichen Sachen".*

Fünf seltsame Ausdrücke benutzen wir auf Deutsch, um der Sprache des oder der Schreiber nahe zu kommen. Man hatte in Sumer vor tausenden von Jahren die technischen Errungenschaften der *Dingir* gesehen und die untechnische Sprache der Einwohner gab keine vorgeprägten Begriffe dafür her. Also wählte man Umschreibungen.

Für das Ende der E 418 haben wir zwei denkbare Übersetzungen gebracht, von denen uns die zweite wahrscheinlicher erscheint, aber annimmt, *gub* sei ein **Hörfehler** für *gub*$_2$ = *reinigen, dekontaminieren.*

Der *Welten-Vogel* ist uns bei Encheduanna schon oft als *„Licht"* begegnet, der von der Sache her identische *Himmels-Kessel* taucht bei der Priesterfürstin immer wieder als *Schale* auf. Der Ausdruck am Anfang der E 419 machte erhebliche Schwierigkeiten. Nicht etwa handelte es sich dabei um - wie in englischen Übertragungen zu finden - einen „Steuereintreiber" oder „Versorger", sondern gemäß der uralten Wortzeichenkombination *ZA*$_3$*.CHA* wörtlich um einen *Fischartigen ohnegleichen/einzigartigen Fischähnlichen.* Das ist nicht weit entfernt von dem weiter oben gefundenen *kunstvoll Zusammengefügten,* dem *Unterwasser-Schiff.* Das sumerische *che*$_2$*-em* soll gemäß den gefundenen Wörterlisten „eine Steinart" sein - wir übertragen zunächst wörtlich mit „Fische-Ton", sehen dann aber auch die nächste Zeile des sumerischen Textes, wo von einem *umhüllenden Wasser-Ding* berichtet wird. TH 22 klärt uns später auf: damit wird ein in die Bucht bei Lagasch eingebauter Unterwasser-Bunker für *das „Licht"/den „Welten-Vogel"* **und** den *Fischartigen ohnegleichen/den Fluten-Teiler/das Un-terwasser-Schiff* beschrieben.

Statt *Fische-Ton* darf man aber auch von den Bedeutungen der beiden sumerischen Wortteile her allgemeiner etwas verstehen, was *als aus Meereswesen entstanden* bezeichnet wird. *che*$_2$*-em* kommt in TH 39, Z 497 erneut vor. Dort ist diese „Steinart" Grundlage für *i-schi-ib,* die *fauchende Steinauflösung* im Rahmen der Azetylen-Produktion. Bei der speziellen „Steinart" handelt es sich daher um *Kalkstein*!

Auch die seltsam anmutenden *bekömmlichen Sachen* sind zu enträtseln: der *Vogel* hat sie vom *„Himmel"* mitgebracht, es sind die aus Teil I bekannten Produkte, die *Gaben des „Himmels"*, die später in TH 25, Z 305, 310 und 312 und an anderen Stellen als *Fische-Zeug/Wohltaten/Genussmittel/Gutes* wiederkommen.

TH 21 betreffend die Erdölaktivitäten der Ba.U₂

Der in den gängigen Übersetzungen in TH 20 bei Z 247 als Uruku(g) zu findende Ort taucht mit zwei Schreibvarianten am Anfang dieser TH 21 und dann noch an drei weiteren Stellen dieses Tempelberichtes wieder auf. Die Schreibvarianten und der Gesamtzusammenhang bestätigen uns in der Annahme, es liege wieder ein **Hörfehler** für *i-ri ki* vor, die von TH 20 her bekannte *Stelle des Stein-Stoßens/Steinzerkleinerers* an einer Bucht bei der Stadt Lagasch. Auch tauchte *numun* wieder auf, bei dem wir in Teil I, Z 346, gefragt hatten, ob ein Hörfehler durch Zusammenziehen von *nu=sich schnell drehen* und *mun=Skorpion* vorliegt. Hier sollte das damit Gemeinte eine *Treibstoff*ladung, also ein *besonderes* ÖL = Öl-Derivat zur Raumstation bringen und dort einlagern. War dazu ein auf Erden serienmäßig gebauter *mun* (vgl. Z 153/223/246) fähig oder war wieder etwas verwechselt worden?

Z 263: *Vom Schrein an der Stelle des Steinzerkleinerers/von der Stein-Stoß-Stelle bringt der sich schnell drehende Oben-Lärmende (= die zerstörende Urteils-Schale = das „Licht") Öl zu dem aus Glanzmetall gefertigten „Himmel". Der herrlich gestaltete Flugapparat wird (dort) stillgelegt.*

Z 264: *Dessen Inneres ist gefüllt mit „Öl", geeignet zum Vorantreiben/als Treibstoff. Jemand entlädt es, lässt (*den Laderaum*) reinigen.*

Demnach kein „Skorpion", sondern das „Licht" = *der sich schnell drehende Oben-Lärmende* [21].

Ob die gelieferte Öl-Art = Öl-Derivativ nur als Treibstoff oder Treibstoffbeimischung für Rückflüge zur Erde benutzt werden soll oder auch als Antrieb der Raumstation zur Positionsstabilisierung oder im Sinne eines Raumschiffs zu verwenden ist, gar von dort aus für Weltraumreisen verwendet werden soll, wird hier nicht geklärt. Siehe dazu später bei Z 269. Als Startstelle für das *„Licht"* wird vom Zusammenhang her die *Bucht* am *Ort des Steinzerkleinerers* erkennbar.

Wie für Z 247 übersetzt BM den Namen des Ortes mit „Heilige Stadt", weil ihr dies zu ihrer geschichtlich und semantisch falschen Vorstellung passt, die behandelten Bauten hätten nicht bei der Stadt Lagasch gelegen, sondern in Girsu in dem dort in der Neuzeit von Archäologen ausgegrabenen wallumkränzten heiligen Bezirk. Wegen der auf den Keilschrifttafeln zu findenden Verballhornung der alten Wortzeichen *NU-MU-UN* zu modernerem *numun* muss bei ihr denn auch statt vom *schnell sich drehenden Oben-Lärmenden* vom „Sprießen einer Saat" die Rede sein. Sie macht sich ein Vergnügen daraus, KJ zu zitieren, die so weit gehen, an dieser Stelle vom Sprießen der *menschlichen* Saat zu fabulieren. Sie baut dies mit ihrem fruchtbaren Hirn weiter aus und schreibt dem Tempel in Girsu dann schwungvoll sogar den „Ursprung des Menschseins" zu !!!

Wo sie - wie die anderen englischen Übertragungen - in diesen Zeilen einen schrecklichen „Fluss für Gottesurteile" herholt, bleibt unerfindlich.

Wegen einer vielleicht fehlleitenden modernen Gruppierung der Keilschriftzeichen oder auch falscher Umsetzung in abc-Schrift, jedenfalls aber starkem sprachlichem Einfluss aus **späterer** Zeit, ist die nächste Zeile reichlich unverdaulich. Selbst die umfassende Übersetzungsmethode, die der Autor in Teil I mehrfach beschrieben hat, führte zunächst zu keinem vernünftigen Ergebnis. Irgendwann blieb aber schließlich nur noch eine einzige Frage übrig, die nicht beantwortet werden kann: ist der zu findende *Blaustein* eine babylonische Einfügung in den Originaltext oder wollte die Priesterfürstin - wie in Teil I etliche Male erläutert - damit *Blaumetall* ansagen? Aus dem Kontext heraus optieren wir für Letzteres...

Z 265: *Gebäude aus Blaumetall stehen an der „Stelle der Steinzerkleinerung" zum Produzieren und Befeuchten bereit, bestens (*auch*) geeignet zum Stilllegen, Festzurren und Bearbeiten* (der Flugapparate).

An der in Z 247 beschriebenen Bucht war der (so, meine Herren Sumerologen, wird das bereits vor 4.000 Jahren Verunstaltete richtig geschrieben!) *e$_2$-gal$_2$-ga-su$_3$* somit ein Produktionsgebäude für Karbid-Treibgas mittels zweifachem Brennen und Wässern von Kalkstein. Siehe wegen der physikalischen und chemischen Einzelheiten des Produktionsverfahrens den besonderen Abschnitt am Anfang dieser Untersuchung. Gleichzeitig dienten *metallene* Hallen als Ruheplatz und Wartungszentrum. Auf Englisch wird daraus naturmalend ein „Beratungsgebäude und ewiges/reines Lagerhaus für Silber und Blaustein".

Ein Techniker könnte fragen, warum im Berichtstext der zweite Brennvorgang nicht erwähnt wird, der bei dieser Herstellungsweise des

Treibgases mit großer Hitze unter Bereitstellung des chemischen Elementes Kohlenstoff erforderlich ist. Gemach! Die Priesterfürstin „liefert" sofort und bestätigt unsere Übersetzung, wenn die Bedeutung des „Tempelnamens" *e$_2$-tar-sir$_2$-sir$_2$* geklärt werden kann, der bisher unerschlossen im Original nachfolgt.

Die folgende Zeile beginnt nämlich wegen dieses „Namens", endlich richtig übersetzt, mit einem *Gebäude zum Spalten/Kräcken von Erdölsubstanzen* und *das* - **wörtlich!** - *raffinierte Öl* wird gemäß einer Keilschriftvariante *als ‚schwarzes Holz´ zum gefährlichen Steinbrennofen gebracht* !!! Das für die Karbiderzeugung erforderliche Element Kohlenstoff wird demnach an Ort und Stelle in Form eines Erdölderivates – *„schwarzes Holz"* - hergestellt und geliefert...

Wer will angesichts dieser Präzisionsaussage zu chemischen Vorgängen behaupten, Encheduanna habe spintisiert oder wir würden ihr durch unerlaubte Übersetzungen laufend Unbewiesenes unterschieben, indem wir den Originaltext vergewaltigen ??? Noch genauer mit allen auf Sumerisch gelieferten Varianten, die doch nun endlich jeden Zweifler zum Schweigen bringen sollten:

Z 266: Gebäude zum Krücken von Erdölsubstanzen, Verteilerstation, raffiniertes Öl wird weggebracht

- als „schwarzes Holz";

- zum Zertrümmerer;

- zur Stelle der fauchenden Steinauflösung;

- zur gefährlich glühenden Vertiefung.

Wir wissen nicht, ob dies die einzige Raffinerie der *Dingir* war. Auf alle Fälle wird zudem der Charakter des Ortes als *Verteiler*station herausgestellt. In Teil I der „Offenbarungen" hatten wir bereits Ölvorräte für Ur und Isin festhalten dürfen. Auch war damals erläutert worden, der soeben in TH 20 ebenfalls behandelte *IM.DU.GUD* habe wegen der Verwendung einer Ölsubstanz als Treibstoff *gestunken*.

Auf Englisch wird uns hier – äußerst hilfreich??!! – stattdessen geliefert „ein (standfester) Mann, der eine Göttin grüßt" ???

Eine Öl-Raffinerie sieht wahrlich anders als eine „Göttin" aus !!!

Die für Z 265 und 266 übersetzten Gebäudebezeichnungen sind aus anderen Keilschrifttexten als Namen von Tempeln einer *Dingir*-Dame *Ba.U*$_2$ bekannt, die indessen, meist falsch, als *Bau/BAU/Bawu* zitiert wird. In Z 267 und Z 268 finden sich dann auch Formulierungen, die wörtlich in anderen Keilschrifttexten betreffend *Ba.U*$_2$ auftauchen. Erst in Z 269 wird diese Dame schließlich hier namentlich bezeichnet. Doch zuerst zu

Z 267: Deine Fürstin, die in Sumer verehrte Verkünderin und Revisorin,

ist die Hüterin aller Länder.

Die Chefin der erwähnten Gebäude wird angesprochen und als die, die *verkündet* und *überwacht*, bezeichnet, aber immer noch nicht benannt. Noch deutlicher wird dann:

Z 268: Die Herrin, die große Heilerin der Schwarzköpfigen, die

das Schicksal des Steinbrech-Ortes überwacht,

Noch einmal wird so das *Überprüfen/Überwachen* herausgestellt, wobei die Priesterfürstin dadurch für den Kenner eine Spannung schafft, dass sie mit der Erwähnung von *Schicksal* die Gefahren des Erstickens oder Explodierens anklingen lässt, die damals angesichts der benutzten rudimentären Technik mit einer Karbidproduktion verbunden waren, gleichzeitig aber die Fürsorglichkeit als *große Heilerin* herausstellt. Als *Schwarzköpfige* kennzeichneten sich die Sumerer selbst in ihrer Sprache.

Die nachfolgende Zeile hat zusammen mit anderen Keilschriftstellen, die wie diese falsch übertragen worden sind oder eine verfälschte Tradition wiedergeben, zu einem heillosen Durcheinander geführt. Mal ist die jetzt offen genannte *Ba.U*$_2$ nämlich andernorts identisch mit einer *GU.LA* oder auch mit *Nin.in.si.na,* mal trifft dies nicht zu. Mal geistert *An* als Vater der einen oder anderen durch die Literatur, mal wird *En.lil* die Zeugung dieser oder jener zugeschrieben. Siehe dazu weiter hinten, wenn versucht wird, etwas zur Entwirrung des *In.an.na*-Rätsels eizutragen. Auf Englisch hört sich der Text hier wie folgt an:

„…die erstgeborene Tochter des heiligen An,

die junge Frau, die Mutter Bau …“

Das trifft hinten und vorne im sumerischen Original nicht zu !!!

Was in allen bisherigen Übertragungen mit „Junge Frau/Maid“ auf Englisch gegeben wird, unterschlägt die Ortsbezeichnung ***ki*** und trägt der Tatsache nicht Rechnung, dass in der Sprache der Eingeweihten ohne jeden Zweifel - wie schon in Teil I für die Z 40, 161 und 203 belegt - *sikil* richtig *auffüllen zum Starten* meint. Damit haben wir wegen des Determinativs *ki* statt der „Maid“ eine ***Stelle*** *des Auffüllens zum Starten* entdeckt. Statt der vorgeführten „Mutter“ trifft, wie so oft bei Encheduanna, *Hüterin* eher den Sinn. Ein Genitiv „des heiligen *An*“ kommt ebenfalls nicht vor, sondern **als Lokativ** die Tochter *aus dem mit Glanzmetall gefertigten „Himmel“*, dem bestens dokumentierten Raumfahrzeug. „Erstgeboren“ mögen wir hier nicht übersetzen, weil mit *sag* zwar auch *erste* angedeutet werden kann und rechtlich tatsächlich Erstgeburt vorliegt, an dieser Stelle aber vom Kontext her *wichtigst/Haupt-* zutrifft. Damit:

Z 269: *die wichtigste Tochter aus dem mit Glanzmetall gefertigten „Himmel“, der Stelle des Auffüllens zum Starten, die Hüterin, Ba.U2, (= Die für den Aufstieg zuteilt),*

Die bei uns in Klammern stehende Bezeichnung der Fürstin ist eine wörtliche Übersetzung. Sie ist mit der im Text dieses Tempelberichtes vorausgehenden Beschreibung ihrer Funktionen kohärent. Sie *überwacht/hütet* Dreierlei: die Erzeugung von Karbidgas, die Ölraffinerie und die *Verteiler*station für **beide** Treibstoffarten. *Revisorin* und *Hüterin* in Z 267 sind damit genau genommen sogar viel zu schwache deutsche Termini.

Es fällt auf, dass die *aus Glanzmetall gefertigte Raumstation* hier ganz klar als ***Stelle/Ort*** *des Auffüllens zum Starten* vorgestellt wird, eine Konkretisierung, die in den Tempelberichten bei den anderen Zeilen der Verwendung von *sikil* fehlt. Bedeutet dies etwa, so kann man fragen, von der Raumstation *„Himmel“* aus habe es nicht nur eine Rückkehr zur Erde gegeben, sondern auch Flüge zu anderen Bestimmungen im Weltraum?

Man könnte diese Aussage mit einem Negativschluss vielleicht so deuten, wissenschaftlich korrekt wäre das keineswegs… Wie wäre es mit dem Hinweis, vom „Himmel“ gehe alles aus, dort sei die **echte** Startstelle - ein Gedanke der im Zusammenhang mit *U.tu* später noch äußerst deutlich herausgearbeitet wird ???

Z 270: *hat, oh Tempel an der Steinstoß-Stelle, dein herrliches Bauwerk zu ihrem Aufenthalt erwählt, hat ihren Thronsitz bleibend dort errichtet.*

Z 271: *(8 Zeilen) Tempelgebäude der Ba.U₂, errichtet am Ort des Steinzerkleinerns.*

Sachaussagen TH 21

Ort: *uru ki,* beschrieben als Bucht mit der Stein-Stoß-Stelle (= *i-ri ki)* bei Lagasch

Tempel-*Dingir*: *Ba.U$_2$* = Die für den Aufstieg zuteilt

Tempel-Name: *e$_2$-tar-sir$_2$-sir$_2$* = Gebäude zum Kräcken von Erdölsubstanzen

Z 263: Der sich schnell drehende Oben-Lärmende, das „Licht", bringt ein Öl-Derivat nach oben zu dem aus Glanzmetall gefertigten „Himmel".

Z 264: Das als Treibstoff geeignete Öl-Derivat wird im „Himmel" gelagert. Der Laderaum des *"Lichtes"* wird gereinigt.

Z 265: An der Stein-Stoß-Stelle befinden sich auch metallene Gebäude zum Produzieren und Befeuchten von Karbid zwecks Azetylen-Produktion. In den Gebäuden können Fluggeräte untergebracht und gewartet werden.

Z 266: Andere Gebäude dienen zum Kräcken von Erdölsubstanzen und als Verteilerstation. Ölderivate werden als Kraftstoff für das Stein-Stoßgerät, zur Hitzeerzeugung beim Brennvorgang und als Kohlenstoff-Beimischung beim zweiten Brennvorgang benutzt.

Z 267: Die Herrin der Gebäude hat über Sumer hinaus Überwachungsfunktionen.

Z 268: Sie überwacht auch die Sicherheit der Karbid-Produktion und die Gesundheit der Einwohner Sumers.

Z 269: Ihre Bezeichnung lautet *Ba.U$_2$ = Die für den Aufstieg* (ergänze: Treibstoff) *zuteilt.* Sie wird als wichtigste Tochter aus dem mit Glanzmetall gefertigten *„Himmel"* benannt. Dieser wiederum erhält auch den Titel

„Stelle des Auffüllens zum Starten“, womit untestrichen werden soll, alles gehe von oben aus.

TH 22: Nansche und der Unterwasser-Hort für den tauchenden „Fluten-Teiler“ ihres Vaters

Die Persönlichkeit, um die es in diesem Tempelbericht geht, ist diejenige, die in Texten englischer Sprache normalerweise als *Nanshe*, manchmal aber auch als *Nance* beschrieben wird. Als Vater findet man in anderen Keilschrifttexten *En.ki/E.a.*, dem in Teil I die TH 1 gewidmet war. Mutter soll dessen Schwester *Nin.chur.sa.ga*$_2$ gewesen sein, der wir mit TH 7 in Kesch mit dem wohl ursprünglichen Hauptbrennofen begegnet sind. *Nansche* war gemäß den unterschiedlichsten Hinweisen aus unterschiedlichen Zeiten angeblich zuständig für Traumdeutung, Prophezeiungen, Justiz, Schreibkunst, Maße und Gewichte sowie Fische und Wasser. BM meint, sie sei bekannt gewesen für die symbolische Spannung zwischen der bewussten zivilisierten Welt und den dunklen und dämonischen Wassern des unergründlichen Meeres. Wo sie das herholt, ist uns unerfindlich...

Was der hervorstechende Zug von *Nansche* gemäß Encheduannas TH 22 tatsächlich war, wird spätestens vor Z 276 klar werden.

In Teil I hatten wir in TH 8, Z 103 sprachlich etwas Ähnliches gefunden wie hier in der ersten Z 272. Dort war das **falsch gehörte** *schilam* vom Kontext her als *SCHIL.LAM* zu verstehen, als *Aufbewahrungsort des „Lichtes“*. Der sumerische Ausdruck kann hier vielleicht auch *Standort des Brennofens* oder *Standort des Strahlenden* besagen. Die Deutung wird dadurch erschwert, dass in der zweiten Zeilenhälfte drei Worte im Keilschriftoriginal fehlen und die zwei davor stehenden Wortzeichen *IGI.DUB* außergewöhnlich viele Hinweise geben können. Die englischen Übertragungen flunkern etwas von einer „(wilden) Kuh“. Wir sahen uns zunächst - auf Grund von **konventionellen** Behauptungen im Kommentar von SB - zu drei Fassungen der Übersetzung gezwungen, die wir in einer anderen Druckschrift präsentieren, um zu zeigen, dass sie n i c h t unsere Wahl darstellen:

Z 272: Tempel, Standort des Brennofens/des Strahlenden/des „Lichtes“,

a) der Anblick der Tonbacksteine ...
b) der Strahlende zertrümmert ...
c) ... Vorahnung/Voraussagen ...

Später wurde die Zeile von uns erneut untersucht, als auffiel, dass in den Tempelhymnen recht oft *Brennofen* und *Steinzerkleinerer* nebeneinander notiert werden. In der nachfolgenden Z 273 ist nun aber tatsächlich von einem *Steinzerkleinerer* die Rede. Damit lag vom Kontext her nahe zu prüfen, ob in Z 272 der *Brennofen* zu wählen war. *IGI* konnte sehr wohl etwas mit *Anblick* zu tun haben. Konnte das **Wort**zeichen für *DUB* weiterhelfen?

Wie so oft kam das „Sumerische Lexikon" von Deimel (13) zu Hilfe. Bei Zeichen 396 wurden neben *DUB* noch 18 andere Bedeutungen des Wortzeichens aufgezeigt. Nr. 1 war *DU-GU = Brennen von Krasftstoff* und Nr. 19 brachte *KI-SI-IM = Stelle für Hochtreib-Gas*. Da für Nr. 1 eine Nebenform *DU-U-GU = Brennen von Aufsteiger-Kraftstoff* verzeichnet wird, laufen beide Aussagen auf das Gleiche hinaus. Daher:

Z 272: *Tempel, Standort des Brennofens, Anblick des Brennens von Aufsteiger-Kraftstoff*

.... (Rest im Original unleserlich)

Die soeben schon angesprochene nächste Zeile bringt keine neuen Erkenntnisse, es sei denn man stellt bei einem der Keilschriftzeichen statt auf *spalten* erlaubterweise auf *drehen* ab. Dann hätte nämlich der *Steinzerkleinerer/Steinstoßer* nicht nur ein *Spaltwerkzeug* besessen wie an mehreren anderen Stellen von Encheduanna wörtlich beglaubigt, sondern auch ein spindelartiges *Mahlwerk*.

Z 273: *Der Steinzerkleinerer steigt, bestens plaziert/hoch plaziert, weithin sichtbar* [8]) *auf,*

a) brilliant gestaltet.

b) zum Spalten/Drehen ausersehen/gemacht.

Die Tempelberichte 20 und 21 verweisen als Handlungsort auf die Gewässer und die Bucht von Lagasch. Hier in TH 22 wird auf keinen anderen Ort Bezug genommen, sondern als gedankliche Brücke das Bild des *Stein-Stoßers* der TH 21 wieder herangezogen. Über einen **Hörfehler** und eine zweifelhafte Deutung kommen die bisherigen Übersetzer zu einer besonderen und **getrennt** bestehenden „**Stadt** Sirara" als der Stelle, an der die Priesterfürstin nun eine Art Bilderbogen entfaltet. Mit dem geistigen Auge sehen kann man diesen Film nur, wenn vorweg der Begriff *sirara₃ ki* geklärt wird, der bisher halt eben zur Annahme einer von Lagasch völlig getrennten Stadt geführt hat. Wie immer wurden die zahlreichen Schreibformen und erläuternden Aussagen von uns zusammengetragen. Fünf verschiedene Bedeutungen waren zu finden, die sich indessen gegenseitig ergänzen:

- *Stelle zum Festlegen, Bearbeiten und Lagern*
- *Stelle zum Andocken und Beladen*
- *Erdöl- Kräck- und Aufbewahrungsstelle*
- *Liegestelle des Wogen-Schiffes*
- *Stelle des Liege-Hortes für das mächtige fischartige Schiff*

Für den Kenner sei bemerkt, dass wir den Teil *ABxKU₆* eines noch längeren Wortzeichenbegriffes (= Sumerogramm) vom Kontext her auf *Hort* und *fischartig* verteilt haben. Damit kann man **Sirara als die Liege- und Instandhaltungsstelle eines mächtigen Unterwasser-Schiffes, einen Ort mit Ölderivat-Erzeugung** im Raum Lagasch erkennen. Dies soll bei dem heutigen Nina gewesen sein. Damit haben wir:

Z 274: Sirara (= Heimathafen des mächtigen Unterwassergefährts*)*
wird als Zentralstelle der Fürstin bezeichnet,

Doch werden wir bis Z 276 weiter auf die Folter gespannt, wer denn nun diese *Fürstin* sei. Auf alle Fälle aber fangen jetzt die Aufzählungen an, die sich auf diesen *Hauptort/Zentralstelle/Mittelpunkt* beziehen. Zuerst lässt die Berichterstatterin nicht, wie behauptet, einen *BAD= Wall* erscheinen, sondern den *BAD₃* dröhnend herbei rauschen, den sie uns schon in TH 1, Z 8 - 10 eingehend vorgestellt hat: den *bewohnten künstlichen Wegschwebenden*, den *Dingir-Pfeil*, das große *„Licht"*, das die Sumerologen so gerne mit dem Mond verwechseln. Woher dieses nach dem *„Himmel" zweitgrößte Gefährt* des Herrscherclans der *Dingir* kommt, teilt sie uns mit, wenn sie als Mitbringsel *Überfluss* erwähnt, den wir in Teil I mehrfach als *Gaben des „Himmels"* kennen gelernt haben.

Z 275: *(als die Zentralstelle) wo der Wegschwebende/das „Licht" zum Schrein/Hangar kommt, mit seinem „Überfluss"/seinen Gaben des „Himmels" sich abkühlen geht/lässt;*

In ihrer unnachahmlichen Übersetzerkunst schustert BM in den vorstehenden Zeilen sich etwas zusammen von „Zeichen der Traumdeutung" und einer Prinzessin als „Traumöffner"... Es erscheint ihr anschließend daher auch logisch, aus mannigfaltigen **späteren** Quellen umfangreich Traumdeutungsliteratur zu zitieren.

Dann kommt endlich der Name der *Fürstin.* Er bestätigt mit den verschiedenen Fassungen, die hier und dort zu finden sind, nicht nur unsere Übertragung des Begriffes *sirara*$_3$ *ki,* sondern auch die Bilder der nachfolgenden Zeilen:

na-an-sche = Die mit dem oben metallenen Hort;

na-asch-sche = Die mit dem metallgeschützten/metallumhüllten Hort;

AB x ESCH = Die mit dem Andock-Hort;

AB x KU$_6$ *= Die mit dem Hort für den Fischartigen.*

Das *Dingir*-Determinativ wurde jeweils von uns weg gelassen. Zusammengefasst kann *Nansche* somit als ***Die mit dem metallgeschützten Unterwasser-Hort für den Fischartigen*** erkannt werden !!! Damit kann man weiterfahren mit der Betrachtung der beiden in den sumerischen Originalen vorhandenen Varianten:

Z 276: *(als die Zentralstelle) wo die Herrin Nansche das wertvolle „Licht" festlegt*

a) in einer Zelle/Kammer bis nach der Flut;
b) im Wasser bis zum Zurückgehen der Flut und deren Beruhigung;

Eine äußerst erstaunliche Aussage !!! Die Stelle *Sirara,* der *Heimathafen des mächtigen Unterwassergefährtes,* bestand demnach **schon vor** einer *Flut.* Ob es die gleiche Flut ist, der wir in Teil I in TH 27 begegnet waren, bleibt vom knappen Text her offen. Jedoch: während dort eine große Flut die *Dingir* mit der Frühzeitigkeit ihres Auftretens und mit ihrem unerwartet verheerenden Umfang überrascht hat, ist hier die zeitlich zureichende

Vorbeugung eindeutig festgehalten. *Nansche,* Tochter von *En.ki* und Schwester von *Nin.gir₂.su*, weiß um das Kommen einer außergewöhnlichen Flut und birgt gemäß dieser Aussage das *wertvolle Lichtschiff*, das zum Verkehr mit dem *„Himmel"* nicht verzichtbare *ME* ihres Clans, in einem *metallgeschützten Wasserdock*. Man kann in diesem Zusammenhang daran erinnern, dass *En.ki* gemäß dem Gilgamesch-Epos in das Kommen der Flut eingeweiht war. Etwas weiter im Text finden wir bestätigt, dass dieses Dock nicht extra wegen der erwarteten Flut gebaut worden war, sondern schon wegen einem anderen Gefährt bestand. Nicht umsonst war eine Namensform der *Nansche* ja als *Die mit dem Hort für den Fischartigen* gefunden worden und hatte *Sirara* die oben abgeleitete Bedeutung.

Auch anschließend folgen wieder zwei Versionen auf Sumerisch:

Z 277: (als die Zentralstelle) wo sie

a) am Ufer der Meeresbucht geboren worden war;
b) das Bett der Bucht aufgebrochen hat;

Während bei dem einen oder anderen Leser die von allen englischen Übersetzern bevorzugte Fassung a) dazu führen könnte, dass er an das berühmte Bild des Renaissancemalers Botticelli denkt, auf dem die nackte Venus strahlend auf einer Muschel aus den Wogen steigt, verlangt Fassung b) etwas interpretatorischen Mut: der *Wasserhort* war in das *Bett* der Bucht *hinein gebrochen* worden. Fassung a) dürfte **später** eingefügt worden sein.

Was dann kommt, mag auf den ersten Blick unverdaulich und ekelerregend erscheinen, weil man erstens meinen könnte, von *Schaum/Schleim/Spucke* sei die Rede, und zweitens ein dreiteiliges Sumerogramm **konventionsgemäß** bisher als *lachen* begriffen wird. Daraus wird auf Englisch, unsere Heldin „lache im Schaum der See". Dankenswerter Weise wird aber im Kommentar von SB berichtet, an anderer Stelle sei die Bedeutung des Anfangs der Zeile als *stehendes Wasser nach der Flut* erfasst worden, als das Wasser also, das nach einer Flut wieder stehend zur Ruhe gekommen war. Erwähnt wird dort aber auch, die fragliche Wortzeichenkombination *ZU_2.NE.NE* werde von einem Fachmann als *su_2-gir_{10}-gir_{10}* gelesen. Entsprechend unserer bewährten Methode der wegen **Hörfehlern** austauschbaren Homophone kamen wir dann – ohne „lachen" und „Schleim" – zu zwei Varianten:

Z 278: *(als die Zentralstelle) wo sie nach der Flut im stehenden Wasser der Meeresbucht*

a) den tauchenden „Fischähnlichen"

b) das hindurch gleitende „Nagetier" erkennt;

Das passt zum Kontext! Der *tauchende Fischähnliche* beschäftigt uns seit TH 20, als er plötzlich und rätselhaft von irgendwo her als prächtiges *Unterwassergefährt* der *Dingir* aufgetaucht ist. Wer je einen Biber oder einen Fischotter, beides im Wasser tauchende *Nagetiere,* beobachtet hat, versteht sofort das Bild, das die Eingeweihte malt. Bewusst sollte ein Hinweis wahrgenommen werden, den der Bericht mit diesen Varianten uns liefert:

Das großartige Unterwasserschiff hat die berühmte Flut im *Wasserdock* überdauert. Auch das *„Licht"/die Schale/der helle Glänzer* wird für dieses Dock schon in Z 276 ausdrücklich erwähnt. In anderen Tempelberichten, siehe auch die sofort nachfolgende Hymne, wird klargestellt, dass auch dieses andere technologische Meisterstück noch nach der Flut funktionsfähig umherflog.

Danach ist keineswegs von einem „Spiel in den Wellen" die Rede, wie man auf Englisch glaubt. Vielmehr wird der *Fischartige* mit einem sumerischen Begriff angesprochen, den man auf Deutsch mit *Wellen-Topf/Fluten-Teiler/Wogen-Schneider* wiedergeben darf:

Z 279: *(als die Zentralstelle) wo der väterliche Fluten-Teiler hochkommt und glänzend alles aufwirbelt;*

Wir nehmen bei dieser Übertragung an, ein von den modernen Tafellesern am Anfang der Zeile vermutetes sumerisches *a* sei als *väterlich* zu verstehen. Das wäre kohärent mit *Nansche* als Tochter von *E.a/En.ki,* der ja als ursprünglicher Herr des *Wasserhortes* in anderen Keilschrifttexten (siehe weiter vorne) aufscheint. Es folgt der übliche Schlussreim, wobei am Anfang auf den uralten Tontafeln einige Worte nicht zu lesen sind:

Z 280: *wo .... Nansche, die als Hohe Herrin bezeichnete,*

Z 281: *oh Tempel am Heimathafen des prächtigen Unterwassergefährts, dein herrliches Bauwerk zu ihrem Aufenthalt erwählt und ihren Thronsitz bleibend dort errichtet hat.*

Z 282: (10 Zeilen) Tempel der Nansche in Sirara.

Sachaussagen TH 22

Ort: *Sirara* = Heimathafen des Unterwasserschiffes in einer Meeresbucht bei Lagasch = Nina

Tempel-*Dingir*: *Nansche* = Die mit dem metallgeschützten Unterwasser-Hort für den Fischartigen

Tempel-Name: *e_2-nansche $sirara_3$ ki* = Tempel der Nansche an der Stelle des Heimathafens des Unterwassergefährtes

Z 272: Das Gebäude wird als Standort eines *Brennofens* bezeichnet.

Z 273: Dort steht auch erhöht und weithin sichtbar ein *Steinzerkleinerer,* der nicht nur ein Spaltwerkzeug besessen haben könnte, sondern nach einer Deutung auch ein Mahlwerk.

Z 274: Das als Zentralstelle der *Nansche* bezeichnete Sirara/Nina hat von seinen Schreibvarianten her den Charakter eines Liege- und Instandhaltungsortes für das mächtige Unterwasserschiff sowie einer Erdöl-Kräck- und -Lagerstätte.

Z 275: Dort landet auch das *„Licht"* mit *„Gaben des Himmels"*.

Z 276: Es ist die Stelle, an der *Nansche* einst das *„Licht"* zum Schutz vor einer bevorstehenden großen Flut in einer *Kammer* festgelegt hat.

Z 277: Zum Bau dieses *Wasserhortes* war irgendwann das felsige Bett der Bucht *aufgebrochen* worden.

Z 278: Nach der Flut erkennt sie im Wasser der Bucht den *tauchenden Fischähnlichen,* das Unterwasserschiff.

Z 279: Dieser von ihrem Vater *En.ki* stammende *Fluten-Teiler* steigt hoch und *wirbelt glänzend alles durcheinander.*

TH 23: Nin.mara mit der Elektrizität aus Wasserkraft

Wir bezeichnen die Herrin der Gebäude, um die es in diesem Bericht geht, mit der Schreibung, die in der Moderne am häufigsten verwendet wird: *Nin.mara*. Damit lässt sich das Rätsel ihres Namens nicht lösen. SB bringen in ihrem Kommentar aber eine Reihe von Hinweisen, die zunächst zumindest einen kleinen Schritt weiter führen. Sie laufen auf die *Herrin einer Stelle* hinaus, wo man einerseits etwas *lagern/ruhen lassen* kann oder wo andererseits ein *Wurm* bzw. *Schaufeln* eine Rolle spielen. Der Textzusammenhang, der sog. Kontext, sollte dann weiter helfen. Leicht war die Suche nicht, denn im sumerischen Original treten für diesen Tempelbericht auf den Keilschrifttafeln mindestens acht nicht lesbare Fehlstellen auf.

Die Anfangszeile ist indessen präzise und malt uns ein hell glänzendes *metallisches* Gebäude mitten im Wasser. Es war *fest verankert* und zwar dort, wo gemäß Z 277 das *Bett* der Bucht *aufgebrochen* worden war.

Z 283: *Gebäude, mitten im Wasser erstellt, fest verankert, als glanzmetallener Ort zum Lagern/Aufbewahren errichtet.*

Die *Aufbewahrung* spielt dann sofort eine Rolle, wenn das Gebäude oder ein Bauteil bei einem *Manko/Fehlen* als *Lagerhaus* einspringen soll:

Z 284: *Ort der Wasser-Kraft. Bei angekündigtem/erwartetem Fehlen von Produktion ermöglicht das Lagerhaus*

a) das Vorhandensein von Nahrung;
b) die Erzeugung von Licht (= Elektrizität);
c) die Herstellung einer Verbindung.

Wenn drei Fassungen geboten werden, dann hängt dies hier nicht mit drei Versionen des sumerischen Textes zusammen, sondern mit dem sprachlichen Verschleierungsgeschick der Encheduanna: ihr Text lässt sich dreifach deuten - **nur der Eingeweihte konnte zu ihrer Zeit den Sinn der Worte erfassen!** Uns helfen die Kenntnis der in den letzten 150 Jahren entwickelten Technik, die einfache Logik und der - brüchige - Kontext. Es gibt nämlich keine wörtliche Aussage, welche *Produktion* denn nicht mehr möglich sein soll, doch ist unmittelbar vorher die Rede von *Wasser-Kraft*. Mit Wasserbewegungen als Energielieferant - sei es nun über ein Strömungskraftwerk oder ein Gezeitenkraftwerk - erzeugt man heutzutage Elektrizität. Wir nehmen daher als gewollte Bedeutung b) an und verstehen unter *GAR = Licht/Blitzen* modern **Elektrizität**. Bei der in Version a) enthaltenen Interpretation stellt die *gelagerte Nahrung* nichts Anderes dar als ein *Produktionsmittel* für die Stromerzeugung. Die englischsprachigen Übertragungen glänzen damit, dass sie den Ortsnamen *gu₂-ab-ba ki* nicht knacken können und schreiben diesem Ort zu, irgendwie „Alles gebären/erzeugen" zu können. Vergessen wir das, denn die Erläuterungen der Hohen Priesterin gehen in unserem Sinn weiter:

> *Z 285: Die glanzmetallene Konstruktion ist ein vorweg nicht zu erkennender/unsichtbarer Standort für den „Leuchtenden".*

Der im Wasser stehende - gemäß Z 283 *fest verankerte* - Gebäudekomplex dient demnach nicht nur der Erzeugung von Elektrizität, sondern mit einem *unsichtbaren* Teil auch als Hort für den *Leuchtenden*, eine andere Bezeichnung für das *„Licht"*, das zweitgrößte Fluggerät der *Dingir,* das zum größten *Gerät* = *„Himmel"* fliegen konnte. In dieser Z 285 taucht in den englischen Übersetzungen genau wie in TH 22, Z 272 überraschend jedoch jeweils eine „Kuh" auf, die in Klammern vorsichtig als „wild" angedeutet wird. Das hängt mit der entsprechenden **konventionellen** Interpretation von *schilam* zusammen. Doch kann vom Kontext her bei der Priesterfürstin ursprünglich in beiden Fällen nur *SCHIL.LAM* geschrieben gewesen sein.

Nun zur *Herrin* dieses Gebäudekomplexes mit Doppelfunktion:

> *Z 286: Deine Fürstin, die Dingir-Herrin dieses funktionsgerechten/gut funktionierenden Wasserbaus .... seine hervorragende Chefin/Leiterin......*

Zwei Stellen sind im Original unleserlich, was wir durch Punkte andeuten. Die angesprochene *Fürstin,* deren Bezeichnung oben schon andiskutiert worden ist, wird später in Z 291 ausdrücklich genannt. Sie, deren *Dingir*-Eigenschaft auf den Tontafeln ausdrücklich unterstrichen wird, gilt als Tochter der *Nansche,* der die vorausgehende TH 22 gewidmet ist. Encheduanna stellt in dem jetzt besprochenen Bericht mit *Chefin/Leiterin* klar, dass diese Tochter die Funktionen der Mutter irgendwann - **nach** der Großen Flut - voll übernommen hat.

Wir übertragen den mit dem *Dingir*-Zeichen geschmückten Namen *Nin-ga$_2$-gi$_4$-a* vom Sprachgebrauch der Berichterstatterin her richtig mit *Dingir-Herrin des gut funktionierenden/funktionsgerechten Wasserbaus,* was zudem eindeutig in den Kontext passt. Auf Englisch bleibt die Bezeichnung unübersetzt, doch setzt BM wieder einmal einen drauf. Sie interpretiert *ga$_2$-gi$_4$* falsch wie schon bei Z 86 und benutzt dafür die **konventionelle** Bedeutung „geschlossenes Frauenhaus" oder so ähnlich. Darauf folgen dann Zitate über Zitate, die ihre doch so falsche „Einfühlung" belegen sollen...

Auch der Anfang der folgenden sprachlich schwierigen Zeile ist nicht erhalten. Keineswegs aber geht es dort um irgendetwas „Starkes von Vater En.lil", wie man bisher gemeint hat. Steht nach der Anfangslücke im sumerischen Original tatsächlich *kal-ga,* dann besagt das *sorgen für Erzeugung.* Muss man dort aber *KAL.GA* lesen, was ja mit den gleichen sumerischen Zeichen auch gemeint sein kann, dann sollten wir doch bitte ein *Schalen-Haus* zu erkennen versuchen, in einer anderen erlaubten Lesart (*KAL = la$_6$*) eine *Flutungs-Kammer* erblicken. Und schon sollte sich der Übersetzer an den oben kurz angetippten Namen/die Bezeichnung der Herrin der Baulichkeiten erinnern, weil der auch auf *Schaufeln* zeigen kann oder in Gedanken einen *Wurm* malt = *etwas sich Schlängelndes.*

Der Leser möge daran denken, dass Encheduanna wortkräftig zu **Bildern** Zuflucht nimmt, wenn die für technische Dinge unbedarfte sumerische Sprache nicht zureicht. *Etwas sich Schlängelndes/Schaufeln* oder *Schalen* in einer *Flutungs-Kammer?* Das zwingt doch einerseits beinahe dazu, vor dem geistigen Auge das **Bild** von *wassergetriebenen Turbinen* entstehen zu lassen !!! Andererseits darf man aber auch auf jetzt im einundzwanzigsten Jahrhundert mit grundverschiedenen Techniken laufende Versuche hinweisen: Vor den Orkneyinseln im Nordatlantik wird geprüft, wie man *mit sich schlängelnden,* durch Gelenke verbundenen großen Stahlhohlkörpern Wellenenergie in Elektrizität umwandeln kann, indem die Gelenkbewegungen zum Antrieb von Pumpen ausgenutzt werden. Wir erlauben uns daher, *KAL.GA* zwar als *Flutungs-Kammer/Schaufel-Kammer* zu übersetzen, im Begriffsnebel - zumindest vom heutigen Stand der Technik her - aber annäherungsweise eine Art *Turbinen-Kammer* zu **sehen**, obwohl bei einem Wasserkraftwerk gemäß diesen Versuchen rein technisch betrachtet auch andere Konstruktionen als denkbar angesehen werden können, um Wellenbewegungen mit *Schaufeln* oder *Schalen* oder *Etwas sich Schlängelndem* in Drehkraft und Elektrizität zu verwandeln! Dann kann man diese schwierige Stelle in etwa wie folgt verstehen:

Z 287: .... *„Schalen-Kammer"/ „Schaufel-Kammer"/ „Flutungs-Kammer" ... Wasser-Kraft ..... En.lil entnehmen,*

Damit haben wir gemäß einer der möglichen Sprachdeutungen, für die man auf Deutsch erst noch einen endgültigen Begriff finden müsste, die zweite Stelle der Tempelberichte vor uns, an denen Encheduanna aus einer ihr selbst fernen Vergangenheit mit den ungeeigneten sprachlichen Mitteln des Sumerischen über Dinge berichtet, über die wir heute gerade anfangen nachzudenken. In TH 15 haben wir in Teil I die Zeile 191 behandelt, in der die Priesterfürstin für eine ferne Vorzeit auf die Existenz einer verschließbaren Landeklappe am Raumschiff „Himmel" hinweist - wörtlich: *etwas wie eine Falle wird zum Landen zugeteilt.* Hier geht es um *Etwas sich Schlängelndes/Schaufelartiges zur Erzeugung von Energie* aus Wellenkraft.

Wollen Kritiker unserer technologisch ausgerichteten Gesamtinterpretation der Übersetzung zu dem Argument Zuflucht nehmen, die Priesterfürstin habe - über eine für sie ferne Vergangenheit berichtend - auch noch mehr als 4.300 Jahre in die Zukunft geschaut ???

Nach dieser Zeile stellt sich jedem sofort die Frage: Wozu Energie/Elektrizität *erzeugen/entnehmen*?

Z 288: um sich zu bemühen, von dem oben/in der Höhe befindlichen

Zweitwichtigsten Entscheider Weisungen/Rat einzuholen.

Damit wird einerseits von der Berichterstatterin auf die vielen Aussagen in ihren Tempelhymnen hingewiesen, wonach *Sprechverkehr* mit dem *All/dem Oben* und mit *Flugapparaten* bestand. Dafür wird ***elektrische*** *Energie* benötigt. Andererseits wird *En.lil,* wie schon in TH 2, im Keilschrifttext als *Nu.nam.nir* angezogen, was wir damals als *Zweitwichtigster Entscheider* der *Dingir* nach *An,* dem Clan-Chef, abgeleitet haben. Zusätzlich kann man fragen, ob *En.lil* zur Zeit der *Nin.mara,* d.h. einige Zeit **nach** der Flut, nur „zufällig" im „Oben" war oder sich dort endgültig zurückgezogen hatte ???

Mit unserer Übersetzung entfallen die geistigen Verrenkungen, zu denen BM gezwungen ist, weil sie im Text hier angeblich findet, *En.lil* sei entgegen allen sonstigen Überlieferungen *Nin.mara´s* Vater!!!

Es folgt ein sprachlicher Fleckerlteppich, dem man nicht viel abgewinnen kann. Doch wird eindeutig die bei *Nansche* in Z 276 schon erwähnte *Kammer/Zelle* im *Wasser der Meeresbucht* wieder angesprochen:

> *Z 289: …….. ….. Wasser?/Kraft?/Vater?/Erzeugung?..... hervorgehen?/geboren werden?……..Zelle/Kammer im Wasser der Meeresbucht…………*

Immerhin wird klar, dass es sich um die Baulichkeit im Wasser derjenigen Meeresbucht handelt, die uns schon seit TH 20 mit verschiedenen Akteuren und verschiedenen Gebäuden zu offensichtlich verschiedenen Zeiten beschäftigt.

Auch Z 290 bleibt in der Gegend und im Kontext, wenn man nach dem weggebrochenen Anfangsteil nicht *a-a-ni-gim* liest, sondern einen **Hörfehler** *a-a-nigin* annimmt, d.h. *Wasser-Kraft-Rundbau* versteht. Dann taucht im Original angeblich ein *enku* auf, der im englischen Haupttext von SB zwar vorsichtigerweise unübersetzt bleibt, im Kommentar aber als „Steuereintreiber" gekennzeichnet wird. KJ und BM machen daraus eine Art „Fisch-Kontrolleur". Beim Weiterschmökern im Kommentar von SB wird dann zugegeben, dass auf der sumerischen Keilschrifttafel statt *enku* tatsächlich zwei **Wort**zeichen *ZAG.KU$_6$* stehen, die wieder einmal unerlaubterweise einengend als **Laut**zeichen „gelesen" worden sind. Dann wird aus dem seltsamen „Steuereintreiber/Fisch-Kontrolleur" der uns bestens aus den vorherigen Tempelberichten bekannte *einzigartige Fischartige/Fischartige ohnegleichen* – eine andere Benennung des als *Fluten-Teiler* bzw. *Unterwasser- Nagetier* bildhaft beschriebenen *Unterwasserfahrzeuges.* Doch damit nicht genug. Angeblich ist eine Aussage zu finden, *mu-un-ku$_6$* sei gleichwertig. Warum auch nicht ??? Das besagt nämlich bestätigend *fischartiger Hochsteiger.*

> *Z 290: ……Wasser-Kraft-Rundbau; in den Fischartigen ohnegleichen (den fischartigen Wasser-Hochsteiger) wird „reines Essen" und „reines Wasser" eingebracht.*

Das heißt doch nichts Anderes, als dass das große *Unterwasser-Gefährt* demnächst auf Reisen geschickt werden soll, weshalb Proviant für die *Dingir* an Bord gebracht wird. Diese spezielle Art der Versorgung haben wir schon in TH 1 ausgemacht, wobei bisher aber unklar bleibt, was darunter zu verstehen ist. Auch bestätigt diese Zeile, da vorher vom *„Licht"* die Rede war, wieder einmal, dass die Wasserbauten in der Meeresbucht von Lagasch die zwei großen Waffen der *Entscheider* – das *„Licht"* und das *Unterwasser-Gefährt* – schützen konnten.

Bevor nun die Schlusszeilen bearbeitet werden, zurück zur Bezeichnung der Tempelherrin, für die es etwa ein halbes Dutzend Schreibweisen gibt. Immer wird sie dabei als *Herrin einer Stelle* ausgewiesen, mal soll diese zum *Niederlegen/Platzieren/Ruhen lassen* dienen, mal *schlängelt* sich dort ein *Wurm*, mal findet man dort *Schaufeln/Wannen* und manchmal ist dabei auch *Wasser* erwähnt. Stimmt doch mit dem löchrigen, aber verständlichen Text dieses Tempelberichtes überein oder nicht?

Nin.mara begreifen wir deshalb von ihren Funktionen her zusammenfassend als die *Herrin des Wasser-Hortes und der Wasser-Kraft.* Wen erstaunt es, wenn dann abschließend als Ort der Baulichkeiten der *Nin.mara* auf Sumerisch *gu$_2$-ab-ba ki* genannt wird, auf Deutsch eindeutig *Ort der Wasser-Kraft…*

Lustigerweise macht BM aus der Herrin – weil sie angeblich „nach innen gewandt" ist – eine „Göttin intenser Kontemplation". Gut erfunden! Bravo! Hut ab!

Z 291: Oh glanzmetallener Bau am Ort der Wasser-Kraft, Nin.mara, (die Herrin des Wasser-Hortes und der Wasser-Kraft)

Z 292: hat dein herrliches Bauwerk zu ihrem Aufenthalt erwählt, hat ihren Thronsitz bleibend dort errichtet,

Z 293: (10 Zeilen) Bauten der Nin.mara in Gu$_2$-ab-ba ki = am Ort der Wasser-Kraft.

Sachaussagen TH 23

Ort: *Gu*$_2$*-ab-ba ki* = Ort der Wasser-Kraft an einer Meeresbucht bei Lagasch

Tempel-*Dingir:* *Nin.mara* = Herrin des Wasser-Hortes/der Wasser-Energie-Stelle

Tempel-Name: *e*$_2$*-nin.mara gu*$_2$*-ab-ba ki* = Bauten der *Nin.mara* am Ort der Wasser-Kraft

Z 283: Ein *glanzmetallenes Lagergebäude* mitten im Wasser fest verankert.

Z 284: Dort Erzeugung von **Elektrizität** mit Wasserkraft, wobei durch Brennstoffvorrat garantiert wird, dass Elektrizität auch produziert werden kann, wenn die Wasserkraft ausfällt.

Z 285: Die glanzmetallene Konstruktion im Wasser dient auch als unsichtbarer Standort für das *„Licht"*.

Z 286: Der Bau im Wasser wird als *funktionsgerecht* beschrieben.

Z 287: Die Energie wird in einer *Schalenkammer/Schaufelkammer/mit etwas sich Schlängelndem* erzeugt.

= Z 288: Die Energie wird benötigt, um mit *En.lil,* dem irgendwo im *Oben* befindlichen *Zeitwichtigsten Entscheider* der *Dingir,* Rat zu pflegen.

Z 289: Weitgehend unleserlich, doch eindeutig wieder Bezug auf die von TH 22 her schon bekannte *Kammer* im Wasser der Meeresbucht bei Lagasch.

Z 290: Der *Rundbau* zur Erzeugung von Wasserkraft und Standort des *„Lichtes"* dient auch zur Unterbringung des *Unterwasser-Fahrzeuges,* das mit *„reinem Wasser"* und *„reiner Nahrung"* beschickt wird, um auslaufen zu können.

Z 291: *Nin.mara* ist die Herrin/Cheffin dieser Stelle.

Z 293: Die Bauten stehen in *Gu*$_2$*-ab-ba ki,* am Ort der Wasser-Kraft.

TH 24: Du.mu.zi in Ki-nir-scha, der Andock-Stelle

Schon beim ersten Blick auf diese Überschrift werden Sumerologen, die in den **Konventionen** ihrer Kunstlehre festhängen, uns eines Fehlers bezichtigen. Der Tempelherr sei mit zwei Lautsilben zu schreiben und heiße *Dumu.zi.* Und das bedeute etwa „der Kinderbeleber". Wir haben diese Überschrift aber bewusst nach dem Modell der Überschrift von TH 17 in Teil I geformt, die sich damals auf *Du.mu.zi* in *Bad-tibira* (siehe hier nach Z 302) bezog. Damit setzen wir Identität des jeweiligen Tempelherrn voraus. Dies steht in völligem Gegensatz zu den englischsprachigen Bearbeitungen, die alle von einer „Herrin" ausgehen.

Was haben wir für den männlichen *Dingir* bei TH 17 bereits festgehalten?

Du.mu.zi war ein Sohn von *En.ki,* dem *Zweithöchsten Gestalter* der *Dingir,* mit seiner Halbschwester *Nin.in.si.na,* der Schwester von *En.lil,* dem *Zweithöchsten Entscheider* des Clans nach *An.* Sein Hauptname bedeutet auf Deutsch *„Der mit einem Fluggerät zu den Unsterblichen geht".* In *Bad-tibira* war er lange Zeit König **vor** einer Großen Flut. Sein Titel *SI.PA = Pfeil-Hochtreiber* wurde **später** falsch verstanden als *sipa = Hirte/Schäfer.* Aus dieser Falschinterpretation von vermengten sumerischen und akkadischen Überlieferungen sowie lokalen religiösen bzw. politischen Intrigen wurden daraus hier und dort Hirten für Kühe oder auch Schafe und ein König von Uruk **nach** der Flut. Um diese Schäfer und diesen nachgeschobenen König ranken sich Hunderte von Geschichten und die gesamte (akkadisch bestimmte) **spätere** sog. *Tammuz*-Literatur. Immerhin gibt die unserer Ansicht nach (nicht nur) betreffend Uruk gefälschte Königsliste dort vielmehr an, „seine Stadt" sei *CHA.A.ki* gewesen. Diese *Stelle der Fisch-Gewässer* haben wir in Teil I bei TH 10 und *Asar-lu-chi* schon einmal behandelt und als einen Teil von Eridu lokalisiert. Der soeben Genannte war ein Halbbruder von *Du.mu.zi* und in TH 10 als ältester Sohn des *En.ki* dessen Statthalter in Eridu, dieses teilweise, wie gesagt, identisch mit den *Fisch-Gewässern.*

Du.mu.zi wird durch den erwähnten Hinweis der sumerischen Königsliste demnach Eridu zugeordnet, wo sich gemäß TH 1 der *ab-zu* befand, der von uns in Teil I eindeutig als das *Fenster zum Wissen* identifiziert worden ist, die mit dem *„Himmel"* fernmeldetechnisch verbundene *Quelle des Wissens.* Der Genitivbezug auf *Du.mu.zi* in Z 300 der jetzt besprochenen TH bezeichnet diesen als *den vom Ab-zu*. Encheduanna stellt den Tempelherrn somit in klaren Zusammenhang mit Eridu und *En.ki*. Befehlsgeber in *Ki-nir-scha* bei Lagasch war für sie keine andere Persönlichkeit und schon gar nicht eine „Göttin" ähnlichen Namens, die **später** zur Zeit des Gudea von Lagasch und **noch später** in altbabylonischer Zeit als in dieser Gegend früher sagenhaft tätig gehandelt worden sein soll. Damit unterstreichen wir neben der Namensschreibung einen zweiten Widerspruch zu den gängigen Auffassungen der Sumerologie.

Mit der Erwähnung von *Ki-nir-scha* sind wir schon bei einem Teil des Tempelnamens angelangt, der in der Anfangs- und der Endzeile der Umschrift des Berichtes in abc-Buchstaben in Klammern aufscheint. Durch die Klammern soll bei SB angedeutet werden, dass es auf den alten Tontafeln in Keilschrift mindestens fünf Schreibweisen dieses Ortes gibt. Da eine Übersetzung bisher nicht geboten wird, haben wir uns wieder einmal selbst auf den Weg gemacht.

Die Schreibweisen lassen sich auf zwei Aussagen reduzieren. Einerseits geht es um eine *Stelle*, wo etwas *zuschnappt, einhakt*. Das ist eine aus anderen Tempelberichten sprachlich bekannte *Andockstelle* für Fluggeräte. Andererseits weisen die drei Versionen mit *NU* auf einen *Sich-schnell-Drehenden* hin und daher auf einen Ort für einen der schalenförmigen Flugapparate. So steht die erste Zeile fest:

Z 294: Gebäude

a) am Ort der bewundernswerten Andockstelle,

b) am Ort der für den Sich-schnell-Drehenden bewundernswert gestalteten Stelle,

Stelle, für deinen Herrn geschaffen, zum Hinbringen/Hinfahren errichtet.

Genau genommen bleibt sprachlich offen, um welche(s) Fluggerät(e) es sich handelt und ob etwas Bestimmtes *hingebracht* werden sollte oder nur das *Hinfahren* des *Du.mu.zi* durch die dafür bestimmte *Errichtung* der Bauten möglich gemacht werden sollte.

Von den Übertragungen auf Englisch darf noch vermeldet werden, dass man im Sinne der oben angedeuteten „Göttinen"-Saga das geschlechtsneutrale *NIN* durch die Bank einseitig als weiblich ansieht und erklärt, der Tempel sei „für seine Königin passend"... Im gleichen falschen Atemzug wird später, feministisch eingenommen, das geschlechtsneutrale *nun* in eine „Prinzessin" verwandelt.

Die nächste Zeile findet auf Englisch bei einem der bisherigen Bearbeiter, die Baulichkeit sei „gewachsen wie ein Berg, auf einer Zikkurat stehend", während ein anderer meint, das Haus sei „schön wie ein Hügel, neben einer Zikkurat stehend". BM sieht nur eine „Plattform" als Baugrundlage.

Schöne bildhafte Phantasien!!!

Zwar kommt in einem längeren Ausdruck *u_6-nir* vor, was per althergebrachter Sumerologen-**Konvention** gleich Zikkurat/Stufentempel gesetzt wird, doch meint dieser Begriff - wörtlich - *bewundernswert aufragend* geformt. Das Sumerische *sa_7-ga* fällt bei den bisherigen Übersetzungen mal wieder unter den Tisch, da nicht in die übliche Soße passend. Mit einem wegen einem **Hörfehler** ausgewechselten Homophon (*ga_2*) heißt dies nämlich *zum Rösten/Brennen/Schmelzen geschaffen.* Dann kann man den zerstörten Anfang teilweise erfassen:

Z 295: .... dem Hauptbrennofen gleich, zum Rösten/Schmelzen geschaffen, auf einer Erhöhung bewundernswert aufragend geformt.

In *Ki-nir-scha* stand demgemäß ein *Verhüttungsofen,* der als ähnlich dem von Kesch beschrieben wird, der von uns in Teil I in TH 7 behandelt worden ist.

Die nächste Zeile der Hohen Priesterin wird in den vorzufindenden Umschriften recht variantenreich überliefert. Auch ist eine Stelle im Keilschrifttext völlig unlesbar. Der erwähnte Platz soll gemäß den bisherigen Übertragungen „laut mit Wohlbefinden widerhallen" oder „ein laut widerhallender Platz des Glückes" gewesen sein. BM meint in ihrem gewohnten Überschwang gar, aus dem Innern würden „freudige Schreie herausbrechen". Wir können stattdessen aus den Varianten entnehmen:

Z 296: Tempel, für ... (unlesbar) ... geeignet, Stelle des Hortes für das „Nagetier", wo der Spalter/das Spaltgerät sein lautes Pulsieren aufsteigen lässt.

In dem vorgefundenen Keilschrifttext meint *zu* diesmal nicht *sein*, sondern *Zahn/Flintstein/Spalter,* und *nun* ist kein *Fürst* sondern besagt hier *laut.* Das *„Nagetier"* ergibt sich aus einem **Hörfehler**, denn im Text von Encheduanna dürfte ursprünglich *chulu* gestanden haben statt dem falsch gehörten *chul*$_2$*-la = Freude ausbreiten.* Dieses *„Nagetier"* kennen wir im Wortschatz der Autorin schon seit der Zeile 278 der TH 22. Damit bezeichnet sie eindeutig das glänzende *Unterwasserfahrzeug* der *Dingir,* den *Fluten-Teiler,* den *Fischartigen ohnegleichen.* Auch dieser Ort des *Du.mu.zi* war somit zeitweise Heimathafen sowohl zumindest eines *Sich-schnell-Drehenden* als auch des *Fluten-Teilers* sowie Stelle eines wichtigen *Brennofens.*

Auf Englisch kommt dann angeblich die bereits ironisch erwähnte *Prinzessin,* die wie ein „Sturm" auf „einem Löwen reitet". Das klingt bildhaft und einfach. Die Wahrheit ist komplizierter. Abgesehen davon, dass die fragliche Zeile nicht auf allen Tontafeln existiert, gibt es verschiedene Umschriften in abc-Schrift. Wir entnehmen daraus zwei Versionen. Der „Löwe" verschwindet ganz, weil die schon öfters angetroffene einengend falsche Übertragung *pirig = Löwe* für *PIRIG = „Glänzer"* vorliegt. Die beiden Fassungen beruhen auf jeweils zwei Bedeutungen von *ga*$_2$ bzw. *u*$_5$. Da der aufscheinende *„Glänzer"* ausdrücklich zusätzlich als *leuchtend* betitelt wird, sind wir entsprechend den Sprachgewohnheiten der Priesterfürstin auf das *„Licht"* gestoßen. Im Originaltext klafft außerdem am Ende ein Loch.

Z 297: Tempel, dein Fürst

a) steht bereit, die Wasser-Rückkehr für das „Licht" zu leiten.
b) platziert das „Licht", kontrolliert die Wasser-Rückkehr.

Die ominöse „Prinzessin" wird anschließend, wenn man den englischen Übersetzungen glauben will, angeblich „hoch gelobt mit heiligen Liedern", die auch noch „mit lauter Stimme gesungen" werden.

Hoppla! Phantastisch! Nichts von dem!

Wir stoßen stattdessen mit *schir*$_3$*-schir*$_3$ auf eine *Kette/Reihe* und verwenden unsere mehrfach belegte Standardübersetzung für *cha mun = mehrere „Skorpione"*. Dann hört sich das so an:

Z 298: *Eine glanzmetallene Reihe von mehreren „Skorpionen" wird von Arbeitern überprüft; lauter Lärm hallt wieder.*

Die unglückliche feministische Interpretation dieses Berichtes geht in den bisherigen Übertragungen weiter, indem von einem „Kind" (= Tochter) erzählt wird, das - man staune - eine „echte wilde Kuh" sein soll und für das „die heilige Brust seiner Mutter sorgt".

Wir wollten zunächst wegen des Genitivbezuges in der Apposition der Zeile 300 für den Beginn der Z 299 das *dumu* beibehalten und wenn auch nicht als „Kind"/„Tochter" so doch als *Sohn* nehmen. Doch passte das partout nicht zum Rest der Zeile. Bei der dritten Revision der Übersetzung wurde klar, Encheduanna hatte ursprünglich nicht *dumu* geschrieben. Dort musste das gleichklingende *du$_8$ mu$_2$* zu lesen gewesen sein und dann wegen der bisher feministischen Interpretation dieser TH zu einem **Hör**fehler *dumu* geführt haben. Das Original aber besagt: *er stellt Brennstoff bereit*. Dem widerspricht *mi$_2$* in der betrachteten Zeile 299 nicht, da es hier nicht „Frau" oder „weiblich" besagt, was ja, oh Graus, die feministische Deutung bestätigen würde. Vielmehr zeigt es an, das nachfolgende Wort sei nicht, wie normal, als Verbum zu nehmen, es handele sich vielmehr um ein Hauptwort. Sumerische Grammatik ist eben nicht einfach. Konkret: *mi$_2$ du$_{11}$* = *der Wirbelnde/die Wirbelnden*. Auch darf man *sun$_2$* nicht für eine „Wilde Kuh" halten, sondern wie bei Z 152 in TH 11 für einen *Ofen*. *ugu$_2$* ist hier kein Platz zum *Wässern*, sondern zum *Wassern*, zum Landen auf dem Wasser. Zudem verwendet die Berichterstatterin *ama* wieder einmal nicht für „Hüterin", sondern für *Hüter/Überwacher*. Wir finden daher statt der feministischen Phantasien klar gegliedert:

Z 299: *Er, der Hüter/Überwacher des Platzes zum Wassern, stellt Brennstoff bereit, betreibt den Erd-Ofen, sorgt für die glanzmetallenen „Gleichartigen", stellt „Wirbelnde" her.*

Die *Gleichartigen* bzw. *Wirbelnden* sind identisch mit den unmittelbar vorher in Z 298 angesprochenen *„Skorpionen"*. Die zweimalige Verwendung des gleichen Wortes *ga* mit der doppelten Bedeutung *sorgen für/herstellen von* klärt dahingehend auf, dass *glanzmetallene Gleichartige* an diesem Ort zusätzlich durch Produktion *hergestellt* worden sind.

Es folgt die übliche Schlussfanfare:

Z 300: *Tempel von Ki-nir-scha (= am Ort der bewundernswerten Andockstelle), Du.mu.zi (= der mit dem Flugapparat der Unsterblichen fährt),*

der von der Quelle des Wissens,

Z 301: *hat dein herrliches Bauwerk zu seinem Aufenthalt erwählt,*

hat seinen Thronsitz bleibend dort errichtet.

Z 302: *(7 Zeilen) Tempel des Du.mu.zi errichtet in Ki-nir-scha.*

Genau genommen handelt es sich um 8 Zeilen, wenn man die Z 297 mitzählt, die ja nur auf einer Tontafel fehlt. Doch auch so ist dieser Bericht verhältnismäßig kurz. Vielleicht erklärt sich diese Knappheit damit, dass *Du.mu.zi* bereits in TH 17 (vgl. Teil I) ausführlich für eine Periode **vor** der *zerstörerischen Flut* als König von Bad_3-tibira (älter: *BAD_3.URUDU.NAGAR ki = Stelle des mit „zugerichtetem" Gold Wegschwebenden*) vorgestellt worden war. Wir nehmen an, es ging Encheduanna hier nur darum, am Ende einer ganzen Serie von Berichten über Verwandte des *En.ki* klarzustellen, dass dieser *Du.mu.zi* genannte, ebenfalls zur Familie von *En.ki* gehörende *Dingir* auch in der Gegend von Lagasch eine Rolle gespielt hat.

TH 24 schließt als fünfte Aussage die Darstellungen über diese Gegend ab, mit denen Teil II unserer Arbeit begonnen hat. Fassen wir zusammen: TH 20 behandelt das Waffenarsenal des *En.ki*-Sohns *Nin.gir_2.su* bei der Stadt Lagasch. Wir begegnen dem sich schnell drehenden *IM.DU.GUD*, den sich drehenden und stinkenden *„Skorpionen"*, der großen *drehenden Schale*, die von den *Unsterblichen* kommt, und dem strahlend auftauchenden *Unterwasser-Fahrzeug*. Ein *Gegensprechgerät* wird beschrieben und ein *großer Brennofen* zur Karbidproduktion steht bereit. TH 21 ist genau genommen eine Fortsetzung und betrifft die *Gas- und Erdölaktivitäten* von *En.ki*`s Schwiegertochter *Ba.U_2* an der sog. *Stein-Stoß-Stelle* am Meeresbusen bei Lagasch. TH 22 führt dann die *En.ki*-Tochter *Nansche* vor mit Sirara am Meeresbusen bei Lagasch als der Liege- und Instandhaltungsstelle für den väterlichen *tauchfähigen Fluten-Teiler.* Deren Tochter *Nin.mara* übernimmt in TH 23 **nach** der Flut das *Hafenarsenal* mit dem *„Licht"* und dem *fischähnlichem Unterwassergefährt* und betreibt in der Bucht ein *Wasserkraftwerk* zur Elektrizitätserzeugung. Und dann wird zum Abschluss der Familientätigkeiten in der Nachfolge des *„Zweitwichtigsten*

Gestalters" = *En.ki* auch noch dessen bekanntester Sohn *Du.mu.zi* in TH 24 ebenfalls für diese Gegend bestätigt.

Sachaussagen TH 24

Ort: *Ki-nir-scha* = Ort der bewundernswerten Andockstelle am Meerbusen von Lagasch

Tempel-*Dingir*: *Du.mu.zi* = Der mit einem Fluggerät zu den Unsterblichen geht

Tempel-Name: *e_2-du.mu.zi* = Tempel des *Du.mu.zi*

Z 294: Ort einer bewundernswerten *Andockstelle* für den *Sich-schnell-Drehenden.*

Z 295: Der wichtige Brennofen steht auf einer Anhöhe.

Z 296: Der *Steinspalter pulsiert laut;* der Hort des mit einem *„Nagetier"* verglichenen Unterwasser- Fahrzeuges liegt in der Nähe des Tempels.

Z 297: Der Tempelherr kümmert sich auch um die *Wasser*-Landung des *„Lichtes".*

Z 298: Glanzmetallene *„Skorpion"*-Flugapparate werden von Arbeitern überprüft.

Z 299: Der Tempelherr stellt *Brennstoff* für den von ihm betriebenen *Erd-Ofen* bereit, überwacht das Landen auf dem Wasser und sorgt nicht nur für die *„Skorpione",* sondern lässt von diesen auch welche herstellen.

Eridu – Stelle der Weisungen

Diese fünf Berichte über die Familie von *En.ki* in der Gegend von Lagasch ohne Erwähnung seiner selbst, die Bezugnahme in TH 22 auf eine auch dort tobende Große Flut und die in TH 23 nachfolgenden Aktivitäten von Enkelin *Nin.mara* sollten uns nicht davon abhalten, noch einmal auf „seine" (= die von *En.ki*) Stadt Eridu zurückzublicken. **Beispielhaft nämlich eignet sich diese Stadt dazu, die Rolle von Seilschaften, divergierenden Lesungen und Schreibungen sowie von überholten, aber weiter als geltend verbreiteten Forschungsergebnissen aufzuzei-**

gen. Zunächst hier etwas zu Eridu als in der Literatur zu findender Name des Ortes, an dem TH 1 spielt. Etwas später wird dann gefragt, ob an dieser Stelle tatsächlich, wie in der Literatur behauptet, so etwas wie eine Erstlandung stattgefunden haben kann. Wir fügen, noch weiter hinten, eine Überprüfung der in Teil I präsentierten Übersetzung der Zeilen 1 und 2 der TH 1 an, die zeigt, dass diese Zeilen auf Eridu ganz konkret zutreffen.

Etwas Hintergrund zu Bezeichnungen, Lesungen und Schreibungen am Beispiel von Eridu

In der Neuzeit wird als alter Name **per Konvention** Eridu benutzt. Auf etwas Ähnliches sind die Forscher bei ihrer Reise zurück in die Vergangenheit nämlich schon bei assyrischen Quellen aus dem ersten Jahrtausend v.u.Z. gestoßen, als sie für einen Zweitnamen der Stadt Babylon *eri-du*$_{11}$ fanden. Für *du*$_{11}$ gleich *dug*$_4$ setzt man auch *tun, verhandeln, sprechen, anordnen, Weisungen erteilen*. Unsere Übersetzung daher: *Stadt der Weisungen*. Weiter zurück in die Vergangenheit vordringend, wurde den Altorientalisten dann aber klar, dass in babylonischer Zeit ursprünglich so die, wie allgemein behauptet, erste Stadtgründung der Geschichte bezeichnet worden war, südwestlich von Ur liegend.

In der Literatur begegnet man außerdem u.a. als in alten Quellen gefundene Bezeichnungen:

- Zimmern (1) bringt *NUN ki*, was **konventionell** als *Ort des Fürsten* übertragen wird, wobei mit „Fürst" vom Kontext her nur der *Dingir En.ki* gemeint sein kann. Doch bedeutet dies auch – siehe den nächsten Abschnitt – *Ort des Sich-schnell-Drehenden* oder auch *Ort mit der Hinfahr-Struktur.*
- SB behaupten stattdessen in (2), *eridu ki* gelesen zu haben. Dass das in den meisten Tontafel-Originalen vorhandene *NUN ki* lediglich **per Konvention** so „gelesen" wird, ist bei ihnen nicht zu erkennen. In einer Fußnote zu Z 2 wird bei SB lediglich ergänzt, in einer der Keilschrifttafeln mit dem Encheduanna-Text stehe vor *eridu ki* das Zeichen *DINGIR*, wobei aber nicht geklärt wird, was mit der entsprechenden Kombination von Keilschriftzeichen gemeint ist.
- Im ETCSL wird für (3) und für andere alte Quellen **als konventioneller Standard immer** *eridug ki* benutzt. Außerdem wird dort ehrlicherweise für konventionelle *eridug*-Lesungen dieser Art auf ein be-

stimmtes zugrundeliegendes Keilschriftzeichen verwiesen und diesem Zeichen der Zeichenname *NUN* zugeordnet, dem nur die Bedeutung *Fürst* zugewiesen wird.

- Das ETCSL erwähnt daneben für den modern als Eridu gelesenen Ort aber auch Schreibungen mit anderen Keilschriftzeichen, wobei man, da es angeblich eine sog. *eme-sal*-Schreibung sei, *ze₂-ba* als „gut, schön" nehmen müsse:

  - *iri-ze₂-ba,* das dann *Schöne/Gute Stadt* besagen würde;
  - *uru₂-ze₂-ba* mit der gleichen Bedeutung und
  - angeblich auch *uru₂-ze₂-ba-sche₃;* dann kann man sich über die Aussage von *sche₃* streiten =
    - *günstig sein für,* womit man finden würde (recht seltsam klingend) *Günstig sein als gute Stadt;*
    - *bis zu,* was mit *bis zur guten Stadt* als Bezeichnung für Eridu noch weniger Sinn macht;
  - *uru₂-ze₂-eb (ki),* wobei wir *ki* in Klammern setzen, weil es nicht überall zu finden ist und ja auch ein Pleonasmus wäre: *Stelle der guten Stadt:*

  Nimmt man *ze₂-ba* aber entgegen der doch recht fragwürdigen *eme-sal*-Behauptung mit seiner **Normalbedeutung** wörtlich, dann kommt man zu folgenden Herleitungen:

  - *iri-ze₂-ba:* wir zerlegen in *Stadt/herausgleiten + Zugang/zuteilen = Stadt zum Zugang zugeteilt/zum Herausgleiten zugeteilt;* für die angezogene Bedeutung von *ze₂* mögen misstrauische Besserwisser sich bei Zgoll (18), S. 360/361, rückversichern;
  - *uru₂-ze₂-ba*: gleiche Bedeutung; *zum Zugang zugeteilte Stadt/zum Herausgleiten zugeteilte Stadt;*
  - *uru₂-ze₂-ba–sche₃:* Der letzte Bezeichnungsteil hat (s.o.) auch die Bedeutung *günstig sein für …* – daher: *Ort, als günstig für das Herausgleiten zugeteilt/den Zugang zugeteilt;* **plötzlich also mit Sinn!;**
  - *uru₂-ze₂-eb(ki): eb = gut, süß;* daher: *Stadt des guten Herausgleitens/des guten Zugangs.* Zu dem *ki* in Klammern siehe oben.

- Das von manchen Autoren angeführte, aber nicht näher belegte *eri-dug* (ohne *ki!*) soll „schöne/gute Stadt“ heißen – was zutreffen würde, wenn im Original tatsächlich Homophon ***dug*** $_3$ stünde…
- Das von einem anderen Autor angeführte, ebenfalls nicht näher belegte *e-ri-du ki*, meint *Ort des Gebäudes bei dem geglückten/glücklichen Herausgang* und nicht – wie bei diesem Autor – „Ort des fernen Herausgangs“.
- Jacobsen bringt in seinem Buch über die „Sumerian King List“ (34) als Umschrift *erida ki*, gibt aber zu, dass als Keilschriftzeichen *NUN ki* zu finden sind.
- Der gleiche Autor bringt in seiner Erstveröffentlichung betr. die sog. „Flood Story“ (35) **(eri)dug ki**, was aber bei der Widergabe im ETCSL in **eridug ki** verfälscht wird. *eri = ere = herausgegangen sein + dug = zum Hinlegen*. Das wäre dann ein *Ort, wo zum Hinlegen herausgegangen worden ist.*
- Wenn tatsächlich irgendwo *URU.DUG* zu finden ist, dann meint das keineswegs „Gute Stadt“ wie behauptet, weil dafür *DUG*$_3$ erforderlich wäre. *DUG* ohne Fußzahl bedeutet *Topf*, weshalb man auf eine *Topf-Stad/Töpfer-Stadt* stößt – was man von den an Ort und Stelle erfolgten Ubaid-Ausgrabungen her ja wohl nicht bestreiten könnte…
- Schon zu Encheduannas Zeiten hieß der Ort auf Akkadisch *irîtu*, was (Ort der) *Weisungen* besagt. Es kann kein Zufall sei, dass der sogar **ähnlich klingende** erste Namensfund mit *eri-du*$_{11}$ (s.o.) das Gleiche meint.
- Der wissenschaftlich interessierte Leser sei zudem bezüglich der für die „Flood Story“ ursprünglich von Jacobsen gebrachten Lesung *(eri)* auf das Kleingedruckte auf S. 99 (Mitte und unten) in der bereits erwähnten „Sumerian Grammar“ von Dietz Otto Edzard (30) verwiesen. Demnach war im **Alt**sumerischen wegen einer besonderen Schreibweise zeitweise zwar *eri = URU* zu setzen, beides aber hatte eine andere Bedeutung – nämlich *nahe bei*. Dann wäre man plötzlich wieder bei einem *Ort nahe den Töpfen !!* **Alt**sumerische Grammatik !!!

Wenn man von den behaupteten, fragwürdigen und im Ergebnis oft widersinnigen *eme-sal*-Schreibungen und den falschen Interpretationen von *DUG/dug* absieht, die eher eine „gute Stadt“ begünstigen würden, kann man daher zusammenfassend drei mögliche Grundbedeutungen für den bei den Assyrern (!!!) gefundenen Ortsnamen Eridu umschreiben:

- *Stelle der Weisungen,*

- *Ort mit den Töpfen* und

- *Stelle des glücklichen Herausgleitens/Herausgehens.*

Es bleibt zu prüfen, wie diese möglichen Grundbedeutungen mit der ältesten sumerischen Schreibweise harmonieren, die ja, wie erwähnt, *NUN ki* oder in einer Variante ^{d}*NUN ki* lautet.

Das Zeichen *NUN* – einfache Konvention und verwirrende Fakten

Es gibt mehrere Keilschriftzeichen, die gemeint sein können, wenn in einer abc-Umschrift *nun* erscheint. Die Aussage ist teilweise unterschiedlich, wie der Leser auch bei unseren Übersetzungen feststellen kann. Man kann dabei jeweils nicht ausschließen, ob nicht vielleicht doch statt des **konventionell** vom Umschreibenden behaupteten Wertes *nun* im sumerischen Original das Wortzeichen *NUN* zu erfassen ist. Dann hat der Umschreiber aus persönlicher Vorliebe oder schlichtem Unwissen Bedeutungen des tatsächlich vorhandenen Keilschriftzeichens gewissermaßen wegradiert, die vom Kontext her die einzig zutreffenden sind.

Als in Teil I das Wortzeichen *NUN* in Z 158 zum ersten Mal in der Umschrift auftauchte, verschonten wir Sumerologen und Nicht-Sumerologen mit den damit verbundenen Feinheiten und übersetzten zwar nahe am Original, aber doch nur unter Beachtung der **Konvention.** Nach dieser meint *NUN* halt eben normalerweise „Fürst" – obwohl zur Ehrenrettung von SB vermerkt werden muss, dass sie die „Lesung" des Zeichens a.a.O. selbst als „unsicher" ansehen. Die dortige Übertragung könnte indessen im Lichte dessen, was nachfolgt, auch anders gefasst werden.

Als bei den Arbeiten an den Tempelberichten dieses Teiles II das Zeichen bei Z 480 erneut in der Umschrift ausdrücklich erwähnt wurde, halfen **konventionelle** Deutungen nicht weiter. Unsere umfassende neue Methode führte jedoch wie üblich zu einem Ergebnis, das sich in den Kontext einpasste. Siehe dort.

In diesem Zusammenhang wurde auch das älteste Keilschriftzeichen für *NUN* überprüft. Ähnliche Fakten wie für *NIN* taten sich auf.

Als in Teil I die Bezeichnung *nin* zum ersten Mal in der Umschreibung vorlag, haben wir erläutert, wir würden in der Übertragung der Tempelberichte der Encheduanna *NIN/nin* meist mit *Herrin/Herr* wiedergeben, doch treffe dies nur zum geringeren Teil die Wahrheit:

Spät in Lautschrift als *nin* geschrieben und in den Umschriften meist auch so zu finden, steht in älteren sumerischen Keilschrifttexten das Wortzeichen *NIN*. Babylonische Listen mit Wortzeichen-Namen, die von modernen akademischen Wissenschaftlern normalerweise nicht beachtet werden, weil sie nicht bekannt sind oder nicht verstanden werden, kennen dafür die Wortzeichengruppe *NI.IN*. Da die Wortzeichen für mehrere regionale Sprachen mit jeweils ähnlicher Aussage benutzt worden sind, können wir „rückrechnen". Nun bringt *NI* unter anderem – wie mehrfach erwähnt - die Aussage *leuchtend/strahlend/feurig/glänzend*. *IN* hat seinerseits, wie auch von uns, der **Konvention** folgend, oft benutzt, in Übersetzungen meist die Bedeutung *Königin/Herrscherin*. Doch meint es ursprünglich auch *sich bewegen*. Als ursprüngliche Meinung von *nin/NIN/NI.IN* haben wir daher auf Deutsch: *der/die mit Leuchten/Strahlen/Feuer/Glänzen sich Bewegende*. Ausdrücklich wurde die Geschlechtsneutralität betont. *NI/ni* wird aber auch im übertragenen Sinn für das *Gebiet der Glänzenden* benutzt, für das Waldgebiet im Norden Sumers, das Nordgebiet.

Wenn man für *NUN* die gleiche Wissensquelle benutzt wie für *NIN*, dann steht das Zeichen 87 im „Sumerischen Lexikon" von Deimel (13) zur Debatte. Dort entdeckt man als Wortzeichen-Namen *NU-UN, ZI-IL, SI-IL, GA-AR* und als von den Babyloniern überlieferte Lautwerte *nu-u-nu* bzw. *nun-nu-nu*. Wenn man diesen Hinweisen nachgeht, findet man:

- *nu-u-nu* = ohne Kontext nicht endgültig deutbar, doch könnte darin *nu = Licht* und *nu = sich schnell drehen* stecken
- *nun-nu-nu = nunnu-nu* = sich schnell drehender Metallgegenstand
- *NU-UN* = als Nispe: Der mit dem sich oben schnell Drehenden
- *ZI-IL* = nutzbar zum Auffüllen
- *SI-IL* = platzieren zum Auffüllen
- *GA-AR* = Liege-Struktur/Hinfahr-Struktur

Die erste Dreiergruppe stellt somit für *NUN* auf *jemand mit einem sich schnell Drehenden* ab. Offensichtlich gehört auch die letzte Dreiergruppe zu einer einheitlichen Deutungsrichtung, da sie auf einen *Ort/Stelle* abzielt, wo ein Fluggerät *SI-IL = zum Auffüllen platziert*, d.h. gewartet werden kann. Ein *NUN* wäre demnach, wenn es sich um eine Nispe handelt, *jemand von der Wartungs-* oder *Hinfahr-Struktur.*

Gemäß dem ePSD (32), auf das wir uns für die englischen Bedeutungen der alten Zeichen bezogen haben, soll *NUN* auch direkt *Weisungen* besagen, womit man wieder bei einer der drei Ableitungen des Stadtnamens Eridu wäre…

Es findet sich aber auch eine alte Schreibung, die angeblich mit *d NUN ki* für Eridu wiedergegeben werden muss. Das würde, wenn man *NUN* als Nispe nimmt (s.o.), zu einer *Stelle des Dingir von der Wartungs- und Hinfahrstruktur* führen. Wenn erlaubterweise *d NUN ki* aber als *DI.IN.GIR NUN ki* erfasst wird, erhalten wir ***Eridu = Stelle der/einer Dingir-Wartungs- und Hinfahrstruktur***. Wir lassen bei dieser Übertragung, wie erlaubt, offen, ob der bestimmte oder unbestimmte Artikel richtig ist. Wäre von der Sache her der unbestimmte Artikel auf Deutsch angebracht, was man von den Quellen her nicht beurteilen kann, hätte es ein Eridu mehrfach geben können… Siehe dazu später unter „Wann?".

TH 25: Der Start- und Landepunkt des Schara in Umma mit dem Kühlhaus

Die bisherigen Übersetzungen führen an, der Bericht beginne mit einem Tempel „schöner Schalen, die unter dem Himmel aufgestellt sind". Stattdessen finden wir wie so oft die *Flugschale*, den *Großen Glänzer*, der zum *„Himmel"*, dem Raumschiff der Unsterblichen, *aufsteigen* kann. Auch ansonsten können wir Anleihen bei unserem Verständnis von Z 248 machen:

Z 303: *Tempel, wo die Flugschale starten, gut zum „Himmel" aufsteigen und* (wieder*) wassern kann.*

Dann folgt in den bisherigen Deutungen entweder ein „Heiligtum" oder gar eine angeblich „mächtige Banquetthalle", über die unterschiedliche Aussagen gemacht werden. Der sumerische Text wird teilweise für „obskur" gehalten! Wie so oft wird halt am Anfang der Zeile verkannt, dass *uru*$_x$ gleich *i-ri* zu setzen ist, gleich *Steinstoßen/Steinzerkleinern*. Wenn dann noch die im Originaltext auf der Tontafel stehende Glosse beachtet wird, dass es sich um eine „unglückliche Basis" handelt, dann fängt die „Obskurität" langsam an, durchsichtig zu werden. Doch ist die Konstruktion ganz erst im Rückblick zu erfassen, wenn bei Z 305 schließlich der Groschen gefallen ist.

Es ist deshalb schwierig, das in Keilschrift Geschriebene zu erfassen, weil Encheduanna selbst angesichts der beschränkten Mittel ihrer eigenen Sprache die bekannten Schwierigkeiten hatte, eine zeitliche Abfolge darzustellen. Wir übersetzen etwas umständlicher und fügen kleine Partikel ein, um Klarheit zu schaffen.

Z 304: (Einst) *Fürstliche Halle zum Steinstoßen, neu hochgezogen/erneut genutzt,* (vorher) *ruhen gelassen/außer Dienst,* (dann wieder) *hochgezogen/genutzt,*

Z 305: handelt es sich (nun) *um einen fürstlichen*

Hort zum Aufnehmen/Lagern, der zerstörten Halle nachfolgend.

Im Klartext wollen die drei Zeilen Folgendes berichten: Einst stand an der betrachteten Stelle ein Gebäude zur Steinaufbereitung zwecks Karbidgas-Produktion. Diese Halle war, wie außerhalb des Textes in der Glosse angedeutet, mehrfach eine „unglückliche Basis", weil es zu zerstörerischen Explosionen wie in Eresch (siehe TH 42) kam. Sie wurde öfters wieder aufgebaut. Schließlich wurde nach einer erneuten Zerstörung der in dieser TH zur Diskussion stehende Start- und Lande-Tempel geschaffen. Auf Englisch erfahren wir stattdessen etwas von einem „Überfluss aus der Mitte des Meeres…". Von einem Meer oder dessen Mitte ist jedoch nirgendwo die Rede.

Immer wieder haben wir in Teil I lobend darauf verwiesen, dass SB in ihren Kommentaren Varianten aufführen oder neben einer „Lesung" auch Hinweise auf die tatsächlichen Keilschriftzeichen geben. So auch hier. Doch könnte man damit kaum etwas anfangen, wenn die eigenen Vorarbeiten für Teil I nicht helfen würden. Angeblich ist der Anfang der folgenden Zeile nämlich „schreiberisch unklar". Doch wird auf die Deutung eines anderen Wissenschaftlers verwiesen, wonach dort *DAG. KISIM$_5$ x GA* oder ähnlich *DAG. KISIM$_5$ x GUD* steht. Diese Ineinanderschreibung hatten wir in TH 26, Z 321 und TH 27, Z 332 sowie in der dortigen Endnote 48 eingehend hinterfragt. Es handelt sich um den *dauerhaften insektenartigen Aufsteiger*, die *große Schüssel/Schale* der Unsterblichen, *den mit Wasser* (aus Karbid) *Gas Erzeugenden*, den großen „Glänzer“ = „Licht“. Dann:

> *Z 306: Der aus Glanzmetall geformte insektenartige Aufsteiger geht mit schrecklichem Lärm hoch, ermöglicht so die Verbindung, macht Freude/erlaubt Festlichkeiten.*

Was die *Verbindung* ohne hier genanntes Ziel angeht: dieser *Aufsteiger = „Licht“* fährt zu den *Unsterblichen*, steigt zum *„Himmel“*. Während SB aus ihren von uns genutzten Kommentaren keinen Vorteil ziehen können, eine Lücke lassen und verhältnismäßig nahe beim Original bleiben, geht BM mal wieder die Phantasie durch. Sie erfindet aus der hohlen Hand recht lustig einen „reinen Schafhirten, der Gebete abliefert“...

Gebete?, an wen denn...???

Hinsichtlich der Bedeutung des Namens/der Bezeichnung des Tempelherrn, die nun nachfolgt, war leider nicht zu finden, wie er ganz am Anfang geschrieben worden war. Nur *schara$_2$* stand zur Verfügung und wie meist keine wissenschaftliche Erklärung. So müssen wir halt die Büchse der Pandora öffnen und mit Gehirnschmalz Alternativen erdenken:

- SCHAR$_2$. RA = *Der Bearbeiter/Pfleger des „Überflusses“*
- *SCHAR$_2$. A$_2$ = Der mit dem Überfluss an Kraft*
- *SCHA. RA$_2$ = Der Voraussagen/Ankündigungen bringt = Der Ankündiger*
- *SCHA$_5$. RA$_2$ = Der zum Andocken geht/kommt*

Denkbar sind alle vier Versionen. Mit der Tätigkeit des Tempelherrn sind die erste und die beiden letzten gut abgedeckt. Wir ziehen *Pfleger des „Überflusses“* vor, weil diese Tätigkeit letztlich Hauptinhalt seiner Aktionen ist. Dann kann man festhalten:

> *Z 307: Großer/Hervorragender Tempel, Gebäude des Schara (= Dingir, der den „Überfluss“ pflegt), der für das Entladen, Begießen und Andocken sorgt.*

Aus dem Kontext schließen wir, dass mit *begießen* hier nicht das Befeuchten von Karbid zur Azetylenherstellung gemeint ist, sondern das Abkühlen des aus dem All ankommenden *glanzmetallenen dauerhaften Insektes* mit einer Flüssigkeit. Wenn am Ende der Zeile *andocken* erwähnt wird – auf Sumerisch steht da so etwas wie *an den Schnapphaken legen* –, dann hat man das einer sonst fehlenden Ergänzung der Zeile, gefunden bei Zimmern (1), S. 263, zu verdanken – womit bestätigt wird, dass auch die dritte Bedeutung der Bezeichnung des Tempelherrn sachlich zutrifft.

Die soeben präsentierte Übertragung der Zeile 307 klärt auch, dass diese Hymne nicht nachträglich in die Sammlung der Encheduanna eingefügt worden ist. SB, denen das ergänzte Zimmern-Ende der Zeile nicht zur Verfügung stand und die zudem durch eine Variante verwirrt wurden, nach der angeblich zwei Zeilen zusammen gezogen werden müssten, fanden nämlich „einen getreuen Mann, der irgendetwas .... in Schönheit getan hat". Da sie davon ausgingen, der Tempel von Umma sei von König Schusuena von Ur lange **nach** Encheduanna erbaut worden, tauchte bei ihnen die Frage auf, ob dieser König der „getreue Mann" war. Er war es nicht – die Übersetzung bei SB und den anderen englischsprachigen Autoren trifft schlicht nicht zu...Gemäß der Zählung am Ende dieser TH haben wir auch keine Zeilen, die zusammengezogen werden müssen.

Die nun folgende Z 308 hat uns – sagen wir es freundlich – lange und mehrfach beschäftigt. Selbst wenn man beachtet, was in der Einführung zu diesem Teil II über die Grammatik in den Tempelberichten vor Illusionen warnend vorausgeschickt worden ist, bleibt man perplex. Nichts passt zusammen, nicht einmal die bisherigen Übersetzungsversuche lassen sich begründen. Ein erster Versuch unsererseits:

Z 308: Überfluss wird erzeugt; rötliche Fluggeräte werden/ein rötliches Fluggerät wird bearbeitet/hergestellt; der „Glänzer" bewegt sich, lärmt.

Was uns dann störte, war nicht nur das als *„Glänzer"* genommene *ni,* das einerseits sich nicht ganz in den Kontext einfügte, in dem sonst vom *„Licht"* oder dem *insektenartigen Aufsteiger/dem IM.DU.GUD* die Rede war. Auch sollte *„Überfluss"* plötzlich auf Erden erzeugt werden und keine *„Gabe des Himmels"* sein? Und weshalb hätten „Fluggeräte" *rötlich* sein sollen und nicht *glanzmetallfarben?*

Nach mehreren Anläufen wurde das Problem ins Unterbewusstsein verstaut und ruhte dort recht lange. Irgendwann gewährte dann Encheduanna raum- und zeitübergreifend einen Lichtblick und lies freiggiebig unsere Gedanken auf ihrer Welle schwingen. Wir wurden erleuchtend daran erinnert, dass bei ihr in den Z 136 und 450 der *IM.DU.GUD, der mit Gas getriebene Aufsteiger*, auch als *muru*$_9$ fungierte. So konnte bei dem nicht passenden *mu-ra* doch ein **Hör**fehler vorliegen und das bisher ebenfalls nicht passende *ni* war plötzlich das besitzanzeigende Fürwort *sein*. Dann störte nur noch das *schu* als *rötlich*, das aber auch *Gas/zu Gas Werdendes* (=Karbid) hergeben konnte.Und *der Überfluss* konnte auch *im Überfluss/reichlich* meinen.

Heureka! – Ich hab´s dank der über Jahrtausende hinweg schwingenden Welle. Daher:

Z 308: Er erzeugt reichlich Gas/zu Gas Werdendes (= Karbid); er bewegt seinen mit Gas getriebenen Aufsteiger, lärmt.

Das schließt sich eher an Z 307 an. Leider bleibt im sumerischen Text unklar, ob nur Karbid als Gas-Grundlage erzeugt wird oder Karbid-Gas selbst gemeint ist.

Die nächste Zeile würde uns ohne die Vorarbeiten des Teiles I als Mutter des *Schara* eine nicht übersetzbare *nu-gig* präsentieren. Doch können wir auf die dortigen Z 216, 320, 387 und 389 hinweisen. Was aber hat man an den Universitäten alles vermutet: Es handele sich um eine Klasse von Priesterinnen, damit sei alternativ eine „Göttliche" gemeint, ja eine Art „himmlische Liebesdienerin" oder eine „tabuisierte Frau". Vorsichtshalber aber ließen viele Übersetzer den Begriff unverändert stehen.

SB kommen das große Verdienst zu, im Kommentar zu Z 387 die Schreibweise aufzuführen, die in der sog. „Küchen-Sprache" *eme-sal* für *nu-gig* zu finden ist: *mu-gi*$_{17}$*-ib*. Das darf tatsächlich mit *Fluggerät-Umkehrstelle* übertragen werden, weil *gi*$_{17}$ eindeutig *zurückkehren/umkehren/drehen* hergibt. In frühen Quellen und vielleicht auch bei Encheduanna dürfte *MU.GI.IB* geschrieben gewesen sein… Z 387 machte die Angelegenheit trotzdem nicht einfach, da vor dem schwierigen Begriff auch noch *ama* steht, was normalerweise „Mutter" heißt. Die bisherigen Übersetzer nahmen daher in dieser Zeile zu einer „Mutter-Nugig" Zuflucht. Nun meint *ama* im weiteren Sinn aber auch, wie immer wieder betont, *Amme/Hüterin*. Und das passt in den Kontext als *Hüterin der Flugapparat-Umkehrstelle…*[9)]

Der Rest war ein Kinderspiel:

Z 309: *Dein Tempel, der ausgezeichnete Schrein, hat zum Chef den erhabenen Sohn der Hüterin der Flugapparat-Umkehrstelle.*

Hoppla! Durch *Hüterin der Flugapparat-Umkehrstelle* nimmt die Eingeweihte und Hohe Priesterin Bezug auf TH 30, die *Nin.in.si.na* betrifft. Diese ist gemäß TH 17 die Mutter von *Du.mu.zi*. Demnach wäre *Nin.in.si.na* eventuell nicht nur die Mutter von *Du.mu.zi*, sondern auch von *Schara*! Normalerweise wird lediglich (irgend) eine *In.an.na* als seine Mutter angeführt. Während SB zugeben, die *nu-gig* nicht erfassen zu können, und KJ von irgendeiner „Herrin" schwärmen, versucht BM sich mit einer „heiligen Frau" als Mutter aus der Affäre zu ziehen. Zumindest lehnt sie aber ab, dass mit dem Begriff eine Tempelprostituierte gemeint sein könnte. Vielen Dank!

Sofort wird der Sohn der *Hüterin der Flugapparat-Umkehrstelle* tätig:

Z 310: *Er überprüft den Ursprung/die Herkunft und den Pfad/Transportweg des „Fische-Zeugs"/der ausgebreiteten Gestaltungen/Formen, ob sie fürstlich vollkommen/heilsam/bekömmlich sind.*

Weshalb reden wir von *Fische-Zeug*, von *ausgebreiteten Gestaltungen*? Nun, wir versuchen zunächst so nahe wie möglich am sumerischen Text zu bleiben, obwohl offensichtlich ist, dass die babylonischen Abschreiber schon nicht mehr verstehen konnten, was Encheduanna formuliert hatte. Sicher ist jedenfalls, auf Sumerisch wird mit *sal.sal* auf etwas *Ausgebreitetes*, mit dem wahrscheinlicheren *SAL.SAL* ku_6 auf *„Fisch"* und mit $musch_3$ auf *„Formungen/Gestaltungen/Erzeugtes"* Bezug genommen. Auch darf man auf den kurzen Auszug aus *„En.ki* und die Weltordnung" hinweisen, den wir nach TH 21 übersetzt haben. Dort haben wir in Zeile E 420 ebenfalls *bekömmliche Sachen* gefunden. Wir tippen dort wie hier auf ***Gaben des Himmels***, die vom geheimnisvollen, von der gängigen Sumerologie nicht geklärten *Großen Ort des* ***Überflusses*** geliefert werden, weil anschließend die Ladung des *Vogels/Sich- Drehenden* angesprochen wird, der von einer *„Himmel"*-Fahrt zurück kommt.

Auf Englisch meinte man bisher, der Anfang der Zeile sei recht unverständlich, aber man habe offensichtlich Bezeichnungen für den Tempelherrn vor sich, die man vielleicht mit „Frisör“ (!?!) oder so ähnlich übertragen könne. BM, die diesen „Sinn“ am deutlichsten hervorkehrt, zitiert zu ihrer Bestätigung dann auch noch das Astral-Epos „*In.an.na´s* Abstieg in die Unterwelt“, in dem *Schara* seiner Mutter tatsächlich das lange Haar spannt und die Fingernägel bemalt. Na ja, offensichtlich war BM nicht klar, dass dieser **recht lange nach** Encheduanna geschriebene Text schon Verständnisprobleme hatte ???

Z 311: *Die Ladung des Sich-Drehenden/des „Vogels“ wird überprüft und ausgeladen vor dem für das „Licht“ gebauten Hort.*

Von einer auf Englisch wieder einmal umherlaufenden „(wilden) Kuh“ finden wir an dieser Stelle nicht die geringste Spur.

Das *Ausgeladene* wird sofort als *Wohltuendes/Wohltaten/gute Sachen/Bekömmliches* gekennzeichnet. Die von der „*Himmel*“-Fahrt mitgebrachten Dinge können gemäß Encheduannas Text entweder *getrunken* oder *gekaut* werden, wobei Letzteres als Gegensatz zu *trinken* als *essen* erfasst werden muss. Dann folgt eine lustige sumerische Vergangenheitsform: *gegangen ist zu überbringen.* Besseres Deutsch: *überbracht hat.* Somit dürfen wir festhalten:

Z 312: *Schara, der die Wohltaten/Genussmittel/das Bekömmliche trinken und essen lässt, der Sohn, der seiner Mutter die ME überbracht hat,*

Bei unserer Deutung bleibt nur vordergründig offen, für wen die Lieferung bestimmt war. Die *bekömmlichen* Dinge, die *wohltuenden Genussmittel* (= der ***„Überfluss“***) werden als *ME* angesprochen, d.h. als Wissens- und Machtmittel der *Dingir* – sie waren demnach zwar vorweg für diese bestimmt, was natürlich aber nicht ausschließt, dass Brosamen für die „Schwarzköpfigen“, die Sumerer, abfielen.

Z 313: *hat, oh am Umma-Ort erstellter Tempel, dein herrliches Bauwerk zu seinem Aufenthalt erwählt, hat seinen Thronsitz bleibend dort errichtet.*

Z 314: *(11 Zeilen) Temmpel des Schara$_2$ am Umma-Ort gebaut.*

Zweifach haben wir nicht von Umma berichtet, sondern von einem „Umma-Ort". Was steckt hinter dieser eigenwillig aussehenden Formulierung, die genau so in Keilschriftvarianten zu finden ist, leider aber bisher nie beachtet wurde? Nun, SB haben wieder einmal das Verdienst, im Kommentar einige ältere Schreibweisen des Ortsnamens aufzuführen. *umma ki* sei auch als *um-ma ki* zu finden, ist ein Hinweis. Wenn man das übersetzt, kommt man zu *Platz der alten Frau* oder zu *Platz der Handwerker*. Beides erscheint uns nicht sonderlich ergiebig.

Andererseits wäre angeblich auch *GISCH.U_3.CH ki* in einer älteren Schreibung zu finden. Das macht so keinen Sinn! Eine Wortzeichenkombination *U_3.CH* ist nicht nur uns unbekannt. Es kann sich nur um einen zusammengesetzten Begriff handeln, der in der Neuzeit falsch ausgedruckt worden ist: *U_3.CHI*. Das wäre etwas *essbares Frisches* oder *Unverdorbenes*. Dann würde der Name *Ort des Gerätes für das Frischhalten* aussagen. Wenn – s.o. – *Ursprung und Transportweg des bekömmlichen „Fische"-Zeugs* vor dem Verzehr gewissenhaft geprüft worden sind, war es schließlich nur normal, auf Erden für seine *Frischhaltung*/sein *Unverdorbensein* zu sorgen. In Mesopotamien kann es sich bei Frischhaltetechnik aber doch wohl nur um Kühlung gehandelt haben?! Oder?

Damit haben wir einen Hinweis auf ein **Kühlhaus**, in dem die *bekömmliche* Ladung aus dem All, der ***„Überfluss"***, zum Konservieren untergebracht wurde. **Wer Raumfahrt beherrschte und Strom erzeugen konnte, beherrschte auch Kühltechnik!!**

SB bringen außerdem auch die Wortzeichen 296 und 153 im „Sumerischen Lexikon" von Deimel (13) ins Spiel. Bei Zeichen 296 ist nichts Besonderes zu entdecken: letztenendes = *Gerät/Apparat Vorrichtung*. Bei Zeichen 153 aber wird es interessant, weil Deimel für dieses Wortzeichen zwei überlieferte Lautwerte nennt. Einmal *scha i-zi-na-ku* und dann noch *la-la-a i-du*. Der erste Hinweis bedeutet entweder *Flut-Hort zum Ausladen* oder *Steinerner Flut-Hort für „Fischiges"*. Der zweite Hinweis meint etwa *Steinernes Nest zum Überprüfen und Ausladen.*

Den unbestimmten *„Fisch"*-Hinweis darf man wie so oft bei Encheduanna im Sinn von *„Gaben"* verstehen, die vom *„Himmel"* auf die Erde geliefert werden. Wir halten die mit Wortzeichen gefundenen Schreibweisen für Umma und deren mögliche Übersetzungen für kompatibel mit unserer Gesamtinterpretation des Berichtes über *$Schara_2$*.

Noch einmal komprimiert: In Z 313 muss man einen *Tempel am Ort des Gerätes für das Frischhalten* erblicken.

Kein „Schafhirte", kein „Frisör", keine „wilde Kuh"... nichts Derartiges zu finden wie in den verschiedenen englischen Übersetzungen behauptet.

Umma ist identisch mit Tell Jokha.

Sachaussagen TH 25

Ort: Umma = *GISCH.U$_3$.CHI ki* = *Ort des Gerätes für das Frischhalten* = Kühlhaus-Platz

Tempel-*Dingir*: *SCHA$_2$.RA* = Der den „Überfluss" pflegt

Tempel-Name: *e$_2$-scha$_2$.ra* = Tempel zur Pflege des „Überflusses"

Z 303: Tempel, bestens geeignet zum Starten der großen Flugschale in Richtung *„Himmel"* und zum Landen *auf dem Wasser* bei der Rückkehr.

Z 304: Einst eine Halle für die Steinzerkleinerung, mehrfach zerstört und wieder aufgebaut.

Z 305: Dann ein fürstlicher Hort zum Aufnehmen/Lagern.

Z 306: Der *„insektenartige Aufsteiger"* ist aus Glanzmetall geformt und steigt mit schrecklichem Lärm zum *„Himmel"* auf, was Jauchzen auslöst.

Z 307: Der hervorragende Tempel ist ein Gebäude des *Schara,* welcher für das Besprühen des ankommenden Flugobjektes und für dessen Andocken und Entladen sorgt.

Z 308: Reichliche Erzeugung von Treibgas an Ort und Stelle; Schara bewegt den Gas-getriebenen Aufsteiger.

Z 309: *Schara,* der Tempelherr, wird als Sohn der *Hüterin der Flugapparat-Umkehrstelle* bezeichnet, die mit *Nin.in.si.na* identisch sein dürfte.

Z 310: Er überwacht Herkunft und Transportweg des *„Fische-Zeugs"* (= *„Gaben des Himmels"*) und ob diese Produkte (= der *„Überfluss") vollkommen/bekömmlich* sind.

Z 311: Das Überprüfen und Ausladen der Ladung des *„Sich-Drehenden“* = *der Schale* = *des „Lichtes“* erfolgt vor dem Hort des Fluggerätes.

Z 312: *Schara* lässt die *bekömmlichen Genussmittel* trinken und essen; diese werden als *ME* bezeichnet, als Schlüssel zu Wissen und Macht der *Dingir.*

Z 313: Der Ortsname Umma wurde früh mit einer Kombination von Wortzeichen geschrieben, die als *Ort des Gerätes für das Frischhalten* gelesen werden dürfen, womit aus dem Zusammenhang hervorgeht, dass dort einst ein *Kühlhaus* für die *Gaben des „Himmels“/den „Überfluss“* stand. Ein anderer Schreibhinweis läuft auf einen *Steinernen Hort für „Fischiges“* hinaus. Damit wird wieder auf *Gaben des Himmels* bzw. *ME* angespielt.

TH 26: Eine In.an.na in Zabalam, dem Ort des Zerkleinerns und Befeuchtens von Steinen

Einige der jetzt noch folgenden Tempelberichte wurden bereits in Teil I eingehend bearbeitet. Um den Lesern die Erinnerung zu erleichtern, wird hier jeweils das Ergebnis unserer damaligen Übersetzungsarbeit weitgehend ohne sumerologische Anmerkungen wiederholt. Teilweise wird diese Übersetzung mit allgemeinen Überlegungen ergänzt oder bisherige Kommentare gekürzt.

Z 315: *Schrein, günstig für das Wegnehmen der Strahlung/des Leuchtens, für das Ausladen und Bearbeiten, für das Nicht-Annähern an den glühenden Kellerteil der Halle.*

Z 316: *Der „Große Glänzer“/“Große Wegschwebende“ fährt in den glanzmetallenen Rundbau der In.an.na.*

Z 317: *Für echte ME, ME die Licht/Hitze erzeugen, ist weiträumig ein Konstruktionsgebäude geplant.*

In der folgenden Zeile kommt der bisher in seiner Aussage nicht erfasste Ortsname vor, dessen Auflösung viel für das Verständnis des Berichtes hergibt. SB haben das außerordentliche Verdienst, dafür viele Keilschrift-Schreibweisen aufzuführen, kommen aber nicht zu Stuhl. Wir übertragen jeweils selbst:

- *za-ba-la ki = Ort des Zerkleinerns und Befeuchtens von Steinen*

- *ZA.MUSCH.AB = Ort mit dem Schrein für das Stein-Gerät/Spaltgerät*
- *AB.EN.NIN = Schrein der Chef-Herrin*
- *su-pa-li-tu = wo aus dem streuenden/sprühenden Speier Feuchtigkeit hervorkommt…*

Wahrlich eine Fundgrube, wenn man zusammenfasst: Zabalam war der Ort mit dem Schrein einer Chef-Herrin, wo in einem „Gerät"/einer „Vorrichtung" aus einem sprühenden Speier Feuchtigkeit auf „Steine" gesprinkelt wurde. Unterstrichen sei, dass das *„Licht"*, das in mehrere Gebäude vorheriger Berichte nicht einfahren konnte, hier als vom Tempel *geborgen* erwähnt wird.

Z 318: Zabalam, Schrein in Berggestalt mit einem rot glühenden Kellerteil,

Schrein mit dem Spalt-Gerät, wo das „Licht" geborgen ist.

Es sollte nicht unbemerkt bleiben, dass diese *In.an.na* im Zusammenhang mit dem Ortsnamen **in der Umschrift** als *EN.NIN* angesprochen wird, als eine Art „Chef- Herrin". Man könnte dies so deuten, kein weibliches Mitglied des *Dingir*-Clans stehe über ihr. Die Umschrift kann indessen irreführend sein wie später erläutert.

Die folgende Zeile enthält die in Teil I eingehend behandelte Schlüsselsequenz *KA.AN.NI.SI = Antriebslärm des „Oben-Glänzers"* - von den alten Schreibern schon 300 bis 500 Jahre nach der Priesterfürstin total missverstanden. So sind die sumerischen Originale auch ansonsten an dieser Stelle höchst widersprüchlich. Wir haben damals deshalb die zweite Zeilenhälfte frei übertragen wie hier in Normalschrift wiederholt:

Z 319: Der Antriebslärm der „Herrlichkeit"/des „Oben-Glänzers" ertönt,

* am Ruder des „Flügels" / „Pfeiles" / "Vogels" befindet sich

die Wald- bzw. Nord-Herrin.

Die *„Glänzer-Herrlichkeit"* wurde dabei unter Annahme eines Hörfehlers (*pa* statt *pa_3*) mit einem fliegenden *Pfeil/Vogel* gleichgesetzt, während wir *ni in* als Herrin (*in*) aus dem Norden/Waldgebiet (*ni*) gesehen haben. Man könnte näher am sumerischen Text aber auch anderes übersetzen wollen, wenn man *ad* nicht als *Ruder*, sondern als *Lärm* nimmt … *ad ni in = ihr/dessen Lärm bewegt…* Doch das käme mit dem Rest der sumerischen Textschnitzel und dem zu findenden *mi* auch nicht zu Recht. Eine kürzere sumerische Variante *ad mi* pa_3, ebenfalls zu finden, sehen wir daher als Lösung an, wobei wir pa_3 mit dem Homophon *pa* als *ankündigen/aufkeimen* erfassen. Dann müsste diese kurze zweite Hälfte wegen *mi* als Nomenandeutung lauten:

* *(Ankündigung=) Aufkeimen von Lärm.*

Das wäre auch logisch einordenbar. Damals haben wir in der folgenden Zeile *ma = Schiff/ Brenner/Waffe* gesetzt und sind gekommen zu:

Z 320: Bei der Annäherung an das Gebäude, deinen erhabenen Ort, die Flugapparat-Umkehrstelle, flößt der Antriebslärm der „Herrlichkeit", des Schiffes (des Brenners/der Waffe), Furcht ein.

Das *Gebäude* ist offensichtlich der *glanzmetallene Rundbau* der Z 316. Man kann das *ma* aber auch als *und* nehmen, worauf das nachfolgende *-ra* als *ta* zu begreifen ist. Daher besser:

Z 320: *Bei der Annäherung an das Gebäude, deinen erhabenen Ort, die Flugapparat-Umkehrstelle, ertönt der Antriebslärm der „Herrlichkeit" und flößt Furcht ein.*

Z 321: *Deine Herrin In.an.na, die* (Lenkerin) *des „beängstigenden Insektes", die einzigartige Frau, bringt (dieses) ein* (wohl: in das Gebäude).

Encheduanna hat schon zuvor in TH 25, Z 306 die *große* (Flug-*)Schüssel* als *dauerhaftes Insekt aus Glanzmetall* bezeichnet. Hier wird der *beängstigende* Charakter des Flugobjektes herausgestellt. Noch einmal - in der nachfolgenden TH 27 in Z 332 - verwendet sie die Bezeichnung *Insekt* für ein Flugobjekt der *Dingir*, wobei sie dort herausarbeitet, das Insekt sei *dauerhaft und hergestellt*. Demnach ist auch hier kein Lebewesen gemeint, sondern es wird auf ein Bild aus der Natur zurückgegriffen, um einen technologischen Begriff zu umschreiben, den es in der Sprache der sumerischen Eingeweihten nicht gibt.

Z 322: *Der Großdrache wird in voller Schönheit platziert, um an den Haken gelegt/angepflockt zu werden; der Lärm ändert sich.*

Z 323: *Das hell leuchtende Ding zerstreut wachsenden Rauch/erzeugt zunehmend Rauch und rückt zur Stelle des Ausladens und Ankerns vor.*

Z 324: *Die Gaben des „Himmels" werden am Abend von der NI.SCHE, (d.h. von der majestätisch Andockenden,) selbst überprüft und von Arbeitern aufgehäuft/gelagert/geborgen.*

Die Zeile kennt mehrere Keilschriftversionen, die nicht sicher entnehmen lassen, dass dort ursprünglich tatsächlich *NI.SCHE* stand oder was dort genau zu übersetzen wäre. Wir übertragen den Sinn der Zeile und unterlassen auf Hypothesen basierende Harspaltereien.

Wir entdecken hier mit *Arbeitern* noch einmal eine der nicht allzu zahlreichen Stellen, an denen in den Tempeltexten ausdrücklich oder indirekt von Menschen und nicht von *Dingir* die Rede ist. Es kann an die Z 18, 53, 108, 141, 199, 227 und 298 erinnert werden sowie an das traurige Los von *Deportierten,* das in TH 42, Z 531 aufgedeckt wird.

In Z 325 kommt dann ein Hinweis, die *In.an.na* sei die (*große) Tochter* des *EN.ZU.* Wenn *groß* hier in Klammern steht, dann deshalb, weil es mehrere Keilschriftversionen gibt, von denen allerdings die mit *groß* überwiegt. So oder so entspricht dies wegen der heutzutage normalerweise leider erfolgenden Gleichsetzung von *EN.ZU* und *Su.en* sumerologischem Standarddenken und ordnet sich in die **konventionellen** Fehlinterpretationen um *Du.mu.zi/In.an.na* ein, die in TH 17 aufgedeckt worden sind. *EN.ZU* wird aber von Encheduanna in den Tempelberichten **nirgendwo** mit *Su.en* identifiziert!

Wenn die in TH 17 Erwähnte – wie von uns abgeleitet – als Mutter von *Du.mu.zi* gleich *Nin.in.si.na* war und auch in dieser TH 26 anzutreffen ist, dann kann *Su.en* nicht ihr Vater gewesen sein, sondern *An* mit einer Halbschwester. Wahrscheinlich liegt daher, wie die Berichterstatterin selbst in Z 393 per Zirkelschluss nahelegt, eine Identität von *EN.ZU* und *An* vor !?!

Z 325: *Die (große) Tochter des EN.ZU, die schicksalbestimmende In.an.na,*

Z 326: *hat, oh Tempel von Zabalam, dein herrliches Bauwerk zum Aufenthalt erwählt, hat ihren Thronsitz dort bleibend errichtet.*

Z 327: *12 (Zeilen) Tempel der In.an.na in Zabalam.*

Der hier vorgestellte deutsche Text versucht, vollständig und in sich kohärent zu sein, was bei den sprachlichen Seltsamkeiten der überlieferten sumerischen Originale manchmal leider ein Versuch bleiben muss. BM baut auf den beiden englischsprachigen lückenhaften Texten auf, macht aber - koste es was es wolle! - den Versuch, die Übersetzung so hinzubiegen, dass sie einen Beweis liefert für eine von vielen Sumerologen geliebte These: die sumerische Religion sei ursprünglich eine Astral-Religion gewesen mit Himmelskörpern als „Götter". Der Leser möge prüfen, wo er in unserem Text, ja auch bei SB oder KJ, Sonne, Mond, Morgenstern und Abendstern sowie einen *„leuchtenden kur-schuba"* entdecken kann, den „mythischen Berg im Zentrum des Kosmos", aus dem bei BM jeweils angeblich die strahlenden „Götter"-„Sterne" aufsteigen. Dieser „leuchtende Berg" war nach ihr die *Axis mundi*, die „kosmische Schnittstelle, die die Himmel, die Erde und die Unterwelt zusammenhielt".

Uff ?!? Klingt gut... Kaum zu glauben... Sauber geflunkert...

Sie setzt noch andere Wunder in die Welt. Der von uns im Text nicht zu entdeckende „mythische Berg" *kur-schuba*, der aber angeblich in Z 318 zu finden sein soll, sei *„In.an.na´s* Geburtsstelle" in Zabalam. Wenn sie *ki-sikil* so deutet, stellt sie sich in Wiederspruch zu Encheduanna, in deren Sprache damit immer wieder eine *Start- und Landestelle* beschrieben wird. Auch zaubert sie ohne Hemmungen aus den Wortzeichen *EN.ZU* der Z 325 die Lautwerte *Su.en,* hält dies für Akkadisch (!) und nicht Sumerisch und meint, das sei doch der „Mondgott", der Vater einer „Stern"-*In.an.na* und der „Sonne", womit sie bei Letzterer wohl an den *Dingir U.tu* gedacht hat... Mann, oh Mann ...?

Eine zeilenweise Einzelkritik wäre zwar lustig, würde aber Seiten füllen und ist nicht unsere Aufgabe.

Es sei daran erinnert, was der Name des Tempel-Ortes wörtlich bedeutet: *Ort an dem Steine zerkleinert und gewässert werden* - ein eindeutiger Hinweis auf die verschiedenen Stufen der Treibstofferzeugung für die eingesetzten Fluggeräte.

Im Kommentar zu Z 327 geben SB wichtige Hinweise zur Lokalisierung von Zabalam und anderen in den Hymnen genannten Tempelgebäuden. So soll Zabalam heute als Ibzech zu finden sein, unmittelbar im

Norden von Umma-Djocha. Wir kommen später ausführlicher auf das oben mehrfach angetippte *„In.an.na* - Rätsel" zurück. Jetzt aber, wie angedeutet, kehren wir noch einmal zu TH 1 und Eridu zurück.

Eridu, Stelle einer Erstlandung?

In Teil I sind wir nicht auf die z.T. verwirrenden Einzelheiten zur Schreibung, Lesung und Bedeutung der Bezeichnung Eridu eingegangen, um nicht gleich am Buchanfang den mit Sumerologie nicht vertrauten Leser zu sehr zu vergraulen. Für die von uns bei einem Erfolgsautor gefundene *e-ri-du*-Schreibung wurde damals lediglich die deutsche Übersetzung korrigiert. Das so als Bezeichnung für Eridu gefundene *Gebäude des glücklichen Herausgangs/der geglückten Ankunft* ist nach den weiter vorne gebrachten Ableitungen denn auch tatsächlich eine der drei Bedeutungen, die sich grundsätzlich für die Bezeichnung „Eridu" herauskristallisieren lassen. Auch haben wir Keilschriftquellen erwähnt, wonach „in Eridu angeblich die ***Dingir*** zum ersten Mal sumerischen Boden betreten haben". Eine derart **präzise** Quelle haben wir aber bei einer anschließenden Suche nicht gefunden.

Eine Überprüfung hat ergeben, dass es zwar Hinweise auf eine *geglückte Erst-Landung* in Eridu gibt, das diesbezügliche *Herausgleiten* aber sich nicht auf die *Dingir* als solche beziehen muss. Wir stellen dies hier so deutlich heraus, damit nicht andere Verfasser sich - wie in einer Seilschaft - hinten anstellen und die Wissenschaft Schaden erleidet.

Was kann man berichten, auf wen bezog sich nach den verfügbaren Quellen **sicher** eine *Erstankunft* und das *Herausgleiten* ??

Es gibt eine Reihe von Quellen, die von etwa 2.3oo v.u.Z. bis weit in die Neuzeit stammen, in denen über *AB.GAL/apkallu* berichtet wird. Diese werden als *die Weisen/Großen Weisen/Lehrer der Menschheit* gepriesen, die - z.T. vor einer Großen Flut - die Bewohner von Sumer alles lehrten, was zur Gewährleistung eines vernünftigen Zusammenlebens erforderlich war. Die Quellen widersprechen sich zwar zum Teil über die Anzahl, die Reihenfolge, das Aussehen und die Namen dieser Lehrer, doch kann man für unseren Zweck das Folgende herauslesen.

Zu Beginn der Herrschaft des ersten in den Quellen erwähnten sumerischen Urkönigs *A.LA.LU/A.LU.LIM* kam lange **vor** der Großen Flut immer wieder morgens in Eridu ein Wesen aus dem Wasser des Persischen Golfes, das tagsüber die „Schwarzköpfigen" anleitete und unterrichtete. Es ging um Schreiben und Lesen, Werken und Bauen, richtiges Säen und zeitgerechtes Ernten, Regeln des guten Zusammenlebens usw. Am Abend verschwand das Wesen wieder im Wasser des Golfes. Es hatte ein seltsames Aussehen und erinnerte angeblich an eine Art großen Fisch mit Füßen und mit Doppelkopf - Fischkopf oberhalb von Menschenkopf. Seine Stimme war menschlich und es sprach klar verständlich Menschensprache. Gemäß den uns aus dritter Hand erst im ersten Jahrtausend der Neuzeit überlieferten Resten der auf Griechisch geschriebenen „Geschichte Babyloniens" des Baalspriesters Berossos (3. Jahrhundert v.u.Z.) hatte es den Namen *Oannes,* während ältere Quellen in Sumerisch *U-an* oder so ähnlich vermelden.

Zeitpunkt demnach am Beginn des menschlichen Zurückdenkens; Ersterscheinen in Eridu; Herausgleiten - eine der Wurzeln im Namen von Eridu! - aus dem Wasser des Golfes; regelmäßige Rückkehr in die Wogen zur Nachtruhe.

Mit der sprachlichen Bedeutung des akkadischen *apkallu* braucht man sich nicht lange zu beschäftigen, da es sich um einen Abklatsch, ein Lehnwort, handelt, abgeleitet vom sumerischen *AB.GAL.* Das wird zwar immer wieder als „der Weise" übersetzt, doch wäre - da es sich um die Sprachform einer Nispe handeln dürfte - *Der Berühmte/Großartige aus dem Wasser* eindeutig richtiger. Indessen findet man viele Schreibungen, bei denen für das *GAL* ein anderes Keilschriftzeichen benutzt wird: *GAL_2*. Dann könnte unter den Spezialisten ein Streit über die Aussage dieses Homophons ausbrechen. Die einen meinen, man könne dafür *sein/existieren* setzen, die anderen sagen, die Bedeutung sei unbekannt. Auch findet man, dass eine Interpretation *irgendwo sein/irgendwo wohnen* in den Kontext passt. *$AB.GAL_2$* wäre dann ein *Wasser-Wesen/Wasser-Bewohner.* Letztlich laufen die Bezeichnungen damit auf das Gleiche hinaus...

Mit Berossos, dem babylonischen Priester, haben wir oben die jüngste Quelle erwähnt. **Die bisher älteste findet sich in den Tempelhymnen der Encheduanna in TH 10.** Dort haben wir in Teil I über den Schrein des

Asar.lu.chi in einem Ort *Ku-ar* berichtet, den man auch als *Ku`ara* geschrieben findet. Wir haben festgehalten, es handele sich dabei um Eridu, wobei wir offen ließen, ob sich die Begriffe nur teilweise oder ganz decken. Wir haben damals unterstrichen, im sumerischen Originaltext stehe genauer *CHA.A ki* für den Ortsnamen, was nach unserer Interpretation wörtlich *Stelle der fischartigen Schöpfer* meint. Wen wundert diese Wortdeutung nach dem Vorstehenden?

In der Umschrift der TH 10 erscheint für Z 139 der Standardzählung bei Zimmern (1, S. 255) *abgal VII-e,* während bei KJ *abgal 7-e* anzutreffen ist. SB vermelden *abgal-imin-e.* Vordergründig übersetzt man dann bisher „Sieben Weise" und beachtet das *-e* nicht. Und damit fangen die Probleme an.

Doch der Reihe nach! Sehen wir uns zuerst die bisherigen Übertragungen der Z 139 an, wobei wir z.T. aus dem Englischen übersetzen.

Zimmern: *...die 7 Weisen, spät (?) und früh (?) huldigen sie dir...*

SB: ... *Die Sieben Weisen haben ihn für dich überall erweitert...,* wobei mit *ihn* ein *Schrein* gemeint ist und ehrlicherweise die gesamte Zeile mit einem Fragezeichen versehen und zusätzlich *erweitert* drucktechnisch als unsicher hingestellt wird.

KJ: ... *Die Sieben Weisen haben sie für dich vom Süden bis zum Oberland erweitert...,* wobei mit *sie* eine angebliche *Banquetthalle* angesprochen wird und kein Hinweis auf irgendwelche Deutungszweifel aufscheint.

BM: ... *Die Sieben Weisen ließen ihn in deinem Namen von unten bis oben wachsen...*

Wir selbst in Teil I: *Der Tempel der „Sieben Weisen", aus Backstein früh/in der Frühzeit errichtet, umschließt dort befindliche Fluggeräte, deren Strahlen/Leuchten/Glanz weggenommen/gelöscht worden ist.*

Die Unterschiede erklären sich, abgesehen von unerlaubten Freiheiten, durch drei unterschiedliche sumerische Originalfassungen, unterschiedliche Einordnung in den Kontext, Fragen betreffend die Grammatik und die vielen Bedeutungen der gefundenen sumerischen Worte und ihrer Homophone. Wir unterlassen jede Kritik an den anderen Fassungen und erläutern, weshalb wir nach langem Nachdenken unsere bisherige Übersetzung ändern: Beim Quellenstudium betreffend die *AB.GAL* fiel bei allen Unterschieden auf, dass diese *Wasser-Bewohner/im Wasser Wohnenden* durch eine hervorragende Eigenschaft glänzten - sie unterrichteten, lehrten, gaben Anleitungen, erteilten Rat und erteilten ***Weisungen*** - und das in Eridu, der *Stadt der Weisungen.*

Sollte die Priesterfürstin in der **einzigen** Zeile, die sie diesen Wesen widmete, die **vielleicht Nicht-*Dingir* offensichtlich aber Nicht-Menschen** waren, dieses Charakteristikum nicht angesprochen haben?

Kaum anzunehmen !!!

Wenn man dann die Umschrift der Z 139 Wort für Wort darauf abklopft, ob etwas in diese Richtung zeigt, dann gehen einem die Augen auf. Das an die 7 angehängte *e,* von uns bisher erlaubterweise mit *errichtet* erfasst, bei anderen Übersetzern aber vernachlässigt, konnte *gesagt* hergeben; *nim* konnte außer unserem bisherigen *früh* auch *summen* meinen; *schu* war nicht nur unser bisheriges *bedecken/umschließen,* sondern auch *Weisheit/Plan/Urteil;* die *Fluggeräte mu* konnten auch *Text/Lautreihen* sein. Zudem erinnerten wir uns an TH 16, wo in Z 201 *imin = 7* mit *inim = Worte/Weisungen* (!!) per **Hör**fehler ausgetauscht worden war. Sollte das auch hier passiert sein?

JA !!! Und deshalb unsere Neufassung, die all dem Rechnung trägt:

Z 139: Ein AB.GAL$_2$ = im Wasser Wohnender erteilt Weisungen,

a) von einer Ziegelanhöhe her

b) mit leisem Summen

formt er klar aufeinander folgend weise Worte/planende Worte/unterrichtende Lautreihen.

Kritiker könnten fragen, wo unser *Strahlen/Leuchten/Glanz* geblieben ist. Tja...das entsprechende *ni* bringt als Grammatik-Partikel stattdessen manchmal auch als Nachsilbe hinter einem Tätigkeitswort den Hinweis, dass eine Person handelt. Dann hatte das in einer Keilschriftvariante vor ihm stehende *ra* plötzlich einen Sinn: *ra-ni = er formt...*

Wenn man ironisch zu sich selbst sein wollte, müsste man sich auffordern, das Übersetzen den Pferden zu überlassen, denn die haben größere Köpfe ?! ----- Da aber oft, wie auch hier, die Ursache bei ungenauen Umschriften liegt, müsste man eigentlich jede Keilschriftscherbe, wie in der

Einleitung gefordert, höchstpersönlich selbst in die Hand nehmen. Damals aber waren wir schon der Meinung, das vermöge niemand.

Doch fassen wir zusammen:

In Eridu, der Stadt der *fischartigen Schöpfer*, der Stelle des *Herausgleitens*, dem Ort der *Weisungen*, gab es lange vor einer Großen Flut eine *geglückte Erstlandung*, ein *Herausgleiten* aus den Wogen durch einen *AB.GAL*, einen *im Wasser Wohnenden*, einen *Fischartigen*, der den Menschen *Weisungen* erteilte.

Was wir sagen wollen, dürfte in die Augen gesprungen sein. Oder hätten wir an einigen Stellen statt der Wörtliches ansagenden Schrägschrift noch deutlicher rote Farbe verwenden sollen ??

Ein letztes Wort, bevor wir uns dem nächsten Tempelbericht zuwenden. Man sollte wohl die *fischartigen* Beschreibungen des *AB.GAL* nicht zu wörtlich nehmen - es genügt, wenn man sich ein Geschöpf im Taucheranzug mit einer Art Taucherglocke vorstellt.

TH 27: Das Steinbrennhaus des Isch.kur in Kar-kar-ra, am Kai der Flucht vor der „Großen Flut" zum „Himmel"

Als wir in Teil I der „Offenbarungen" diesen Bericht eingehend bearbeitet haben, wurde herausgestellt, dass wie so oft in der Sumerologie Unsicherheit darüber herrscht, wer *Isch.kur* war. Das kann jedoch, so fuhren wir fort, den Sumerologen nicht hundertprozentig angekreidet werden, da ihnen die Keilschrifttexte aus verschiedenen Gegenden und vor allem verschiedenen Zeiten höchst unterschiedliche Hinweise geben. Wir befassten uns dabei insbesondere mit der Frage, ob er mit *Adad/ Nu.musch.da* identisch war. Wir kommen darauf bei TH 31 zurück, die dem Letztgenannten gewidmet ist. Hier - bevor die anderen Findungen des Teiles I, z.T. leicht moduliert, zusammengefasst werden - nur knapp: keine Identität!

Der Tempelherr wird auch als *IM, Der Sturmherr/Herr des Windes/Herr des Gases* beschrieben.

Doch nun zum Text mit den gefundenen Varianten:

Z 328: Tempel, wo der „Große Leuchtende" dreht, (= Umkehrstelle)

a) gefährliche Strahlung tritt aus.

b) das beängstigende Unterteil (des Baus) lässt Glut aufsteigen.

Z 329: *Außerhalb des Gebäudes steigt von der oberen Ebene/Hochebene das „Licht" auf,*

a) es geht hoch hinauf.

b) ein Grollen geht davon aus.

c) das kunstvoll Hergestellte fährt hoch.

Dass das *grollende „Licht"*/der *Große Leuchtende* nicht einfach irgend ein Leuchten ist, sondern wir einen produzierten Gegenstand sehen sollen, wird schon mit Encheduannas beliebter Schreibung als u_4 angesagt und durch Variante c) eindeutig als *kunstvoll hergestellt* hervorgehoben. Es darf an das *„Licht"* erinnert werden, mit dem *Nanna* von Ur aus am Firmament gemäß TH 8 umherfliegt. Da der in Z 328 auftauchende *Große Leuchtende/Große Glänzer* gleich diesem *„Licht"* sein muss, liegt ein Hinweis vor, nicht nur Ur habe einem „zweitgrößten Fluggerät" gedient. Uns ist nun aber keine Stelle bekannt, gemäß der es das *„Licht"* mehrere Male gab. Indirekt wird damit *Isch.kur*, ein jüngerer Bruder des *Nanna,* für einige Zeit als ein Betreiber des *„Lichtes"* benannt, bevor später *U.tu* für eine längere Periode seinem Vater *Nanna* nachfolgte.

Z 330: *Gebäude des Isch.kur, dein Anblick/dein Äußeres zeugt von echtem Reichtum, doch verbirgst du einen Steinbrennofen/ein Schmelz-Loch.*

Es sollte den Leser, der in Teil I zu TH 5 die Zeilen 62 und 63 aufmerksam geprüft und seither viele vergleichbare Passagen gesehen hat, nicht erstaunen, wenn auch hier wieder mit dem im Gebäude verborgenen *Steinbrennofen/Schmelz-Loch* auf den Prozess der *Treibgas*erzeugung für Fluggeräte und die *Verhüttung von Erz* Bezug genommen wird. So folgt denn auch beinahe logisch die nächste Zeile, wo *PIRIG* nicht zu „Löwe" verfälscht werden darf, sondern wie so oft als *Leuchtender = "Licht"* erfasst werden muss. So denn:

Z 331: *Dein Zerkleinerer schafft Nahrung für den Antrieb des „Leuchtenden".*

Wegen der Übersetzung der folgenden Zeile wurde in Teil I für Sumerologen auf die umfangreiche erklärende Endnote[48] verwiesen.

Z 332: *a) Rauch und Gestank strömt aus dem glanzmetallenen dauerhaften insektenartigen Firmament-Aufsteiger* oder

b) Der glanzmetallene Heuhupfer, der dauerhafte insektenartige Firmament-Aufsteiger,

erzeugt Wasser-Gas, heult und schwebt, sich schnell drehend.

Damit wird der Flugapparat klar beschrieben als *Rauch, Gestank* und einen *Heulton* ausstoßend sowie in *schneller Rotation* dahinfliegend. Der im sumerischen Original gefundene *IM.A.A* könnte weitläufig der gleiche Begriff sein, dem man in der Bibel später in Form der „Wolke" begegnet, die Moses und sein Volk durch die Wüste geführt haben soll, wörtlich: ...*der mit Wasser Gas Erzeugende* (Flugapparat)... ! Wenn SB und KJ mit dieser Stelle nicht zurecht kamen und die Übertragung unterließen oder blumig etwas aus der Natur beschrieben haben, dann verwundert dies angesichts ihres allgemeinen Herangehens an den Text nicht. Wie immer aber setzt BM noch einen drauf, glaubt ohne Textlöcher auskommen zu können und erfindet mit viel Hirnkitt einen „reinen *shen*-Topf, der wie eine breite Brust geformt ist" - schönes sattes rundes Bild - unglaublich erbauend !!!

Z 333: *Dein aufragender Steinzertrümmerer stampft wie ein*

wütender Elefant.

Z 334: *Die „Schüssel" der „Unsterblichen", dein glänzender Hochstreber, steigt auf von*

a) dem konkaven Podest

b) der gebogenen Rampe aus feuerfestem Backstein.

In Teil I hatten wir in vorstehender Z 334 das Variantendurcheinander nicht getrennt und unscharf zusammenziehend von einem *konkaven Podest aus feuerfestem Backstein* berichtet. Einerseits kann von der sumerischen Wortbedeutung her statt *Podest* auch *Rampe* stehen. Andererseits bringt eine Variante *IN.GAR*. Das ist so etwas wie ein *Dickdarm-Bogen*, für den aber - in der Umschrift in Klammern stehend - *feuerfester Backstein* als Substanz angesagt sein könnte. Die *gebogene Rampe* (ohne den Backstein-

Zusatz) entspricht eher dem von Encheduanna gewünschten Bild, was weiter hinten von ihr klarer mit *schalenartig* herausgearbeitet wird.

Der Anfang der Zeile 335 ist auf den Tontafeln nicht lesbar. Für den Rest werden drei Varianten in der Umschrift geboten, von denen die erste erlaubterweise sogar zweifach interpretiert werden kann.

Z 335: … der „Schutz des Landes"

- ist wie eine Fackel geformt

- wird mit einer Erdölsubstanz angetrieben

…der Himmels-Bogen…

…der Herrscher am Firmament…

Erstens wird *DUN.GU* = *der „Schutz des Landes"* von SB als identisch mit *IM.DIRI* angesehen, einer „Wolke" also, die von den Wortwurzeln her „Wind/Gas im Überfluss" mit sich bringt - wir denken wieder einmal an den Zug der Israeliten durch die Wüste und fühlen uns in der oben zu Z 332 geäußerten Vermutung bestätigt…

Zweitens sprechen wir vorsichtig und allgemein von einer *Erdölsubstanz*, weil nicht klar wird, was mit *Pech/Bitumen* oder so ähnlich genau gemeint ist. Die Aussage ist äußerst wichtig, da in dieser TH zwar einige Zeilen vorher indirekt auf das schon öfters erwähnte Gasprodukt aus gemahlenem und gebranntem „Stein" als Antriebsmittel eines Flugapparates hingewiesen wird, nun aber Kohlenwasserstoffe als alternative oder doch eher zusätzliche Substanz erneut ins Spiel kommen!!! Angesichts des gefundenen fortschrittlichen Standes der Technik der *Dingir* kann man davon ausgehen, dass sie die fraktionierende Destillation beherrschten und deshalb auch aus *„Pech"* die für ihre Zwecke geeigneten Kohlenwasserstoffe herstellen konnten. Zur Bestätigung können wir auf die Kräck-Anstalt für Öl = Raffinerie der *Ba_2.U* in TH 21, Z 266 hinweisen.

Z 336: unleserlich, widersprüchlich… *fliegende „Schlange"/Flugapparat…*

Anschließend ist der Text so zerstört, dass man nur wörtlich *„Licht" des Nanna* erkennen kann. Damit könnte nahegelegt werden, dieses *„Licht"* sei der kurz vorher besprochene *DUN.GU*. Wie nicht anders zu erwarten, steht auf Englisch bei allen Autoren „Mondlicht", weil der im

Keilschriftoriginal deutlich durch ein Determinativ als *Dingir* gekennzeichnete *Nanna* wegen universitärer **Konventionen** nicht als Persönlichkeit akzeptiert werden darf.

Z 337: … „????„ … „Licht" des Nanna…

Die nachfolgenden Zeilen 338 bis 346 werfen nicht nur deshalb Fragen auf, weil sie verhältnismäßig schlecht oder teilweise überhaupt nicht lesbar sind. Sie gehen, soweit lesbar, über das normale Schema der Tempelberichte hinaus, da sie zusätzlich zu den üblichen Aussagen eine dramatische Erzählung einfügen, die zudem einen bedeutsamen Hinweis auf die Produktionstechnik für Treibgas enthält. Wir errechnen ein Einschiebsel von neun Zeilen, das von Encheduanna stammen dürfte, da die Zeilenzählung am Ende dieser Tempelhymne dem nicht widerspricht.

Die neue Geschichte einer „Großen Flut"

Das erste erkennbare sumerische Wort *nam-ku*$_2$*/nam-gu*$_2$ kann mehrere Bedeutungen haben.

Z 338: a)… Verfluchung/Verwünschung… b)…Unterwerfung/Beseitigung … c) …Zerstörung…

……Isch.kur… auf das Land losgelassenes Wasser ….. losbrechen

Die Flut, über die Encheduanna berichtet, wird im Text der Tempelhymne wörtlich ganz allgemein mit *a-ma-ru* bezeichnet – als *auf das Land/die Erde losgelassenes Wasser* oder auch *das Land/die Erde zerstörende Wasser*, ein Ausdruck, der auch in den sog. Sumerischen Königslisten (34) benutzt wird, um eine zerstörende große Flut zu bezeichnen. Doch findet sich der gleiche Ausdruck in allerdings **späteren** Keilschrifttexten so verwendet, dass dann damit die in der Bibel erwähnte *Sintflut* gemeint ist. Die Zeilen, die hier nachfolgen, enthalten indessen wichtige Elemente, die sich in der Darstellung der sog. Sintflut der jüdischen Überlieferung **nicht** finden lassen.

Auch möchten wir den Hinweis auf die in anderen **späteren** Keilschrift-Fluterzählungen in **Babylonisch oder Assyrisch** erwähnte *Verfluchung/Verwünschung* durch *En.lil* und dessen angebliche Absicht der *Unterdrückung/Beseitigung des Menschengeschlechtes* ansprechen. Derartige

Übersetzungen und damit verbundene Hinweise sind wegen der Bedeutungen a) und b) des sumerischen Ausdruckes nicht ausgeschlossen. Doch ist aus der Keilschriftstelle ist nicht zu entnehmen, welche Rolle *Isch.kur* gespielt hat, insbesondere kein Hinweis auf ein gezieltes Handeln seinerseits in die eine oder andere Richtung. **Somit könnte auch die *Zerstörung* von etwas anderem die *losgelassenen/zerstörenden Wasser* ausgelöst haben, ohne dass mit dieser Zerstörung von etwas anderem eine Absicht betr. die Menschheit verbunden war.**

Doch weiter im Text:

Z 339: …das Unwetter tobt mit siebenfacher Wut…

Z 340: …a) rennen in Angst (und) flüchten mit mehreren „Skorpionen".

…b) rennen in Angst (und) flüchten fliegend.

Der sachliche Inhalt der Versionen stimmt überein. Es können nur die *Dingir* sein, die *rennen* und *mit „Skorpionen" flüchten*. Das *„Licht"* stand nicht zur Verfügung, da *Nansche* es gemäß TH 22 vor der erwarteten *zerstörerischen Flut* im Unterwasser-Hort bei Sirara, dem heutigen Nina, schützend lagern konnte. Die Aussage der nachfolgenden Z 341 stimmt fast völlig mit Z 340 überein.

Z 341: a) … von der Basis weg rennen sie, fahren weg/flüchten…

b) … von der Basis weg rennen sie zu den „Brennern"…

Z 342: Am Ort der Richtsprüche, der Hauptbrennstelle, wird Basalt als Stösel für Steine benutzt – sogar bereits bearbeitete Bausteine werden verwendet, um zerschlagen und gebrannt zu werden für den Aufstieg.

Sumerologen werden ausdrücklich auf die jetzt erklärend angefügte Erläuterung verwiesen, die wörtlich mit Endnote 47 des Teiles I übereinstimmt.

Im Verlauf der vorstehenden Zeile erscheint im Originaltext dreimal ein Keilschriftzeichen für „Stein", allerdings in teils unterschiedlicher Schreibung. Die erste Wortkombination meint *Diorit* oder allgemeiner *Basalt*, demnach ein äußerst hartes Gestein. Dieses Wissen um die Gesteinshärte hilft, die zweite Wortkombination zu verstehen. Es geht um die Steinverwendung als harten *Steinstößel,* als *Zerkleinerungsinstrument* wie in einem Mörser. Mit dem Hartstein Basalt als Stößel soll demnach etwas Weicheres zerkleinert werden. Die dritte Wortkombination lässt keine Wahl: Bei den zu zerkleinernden weicheren Dingen handelt sich um Steine, bei denen verdeutlicht wird, dass es um *Gestaltung/Form/Bau* geht, demnach um *bereits bearbeitete Bausteine.* Auf die drei Wortkombinationen mit Stein folgen drei Verben. Die erste Tätigkeit ist *zuteilen/widmen/verwenden.* Dann folgt *dar-dar.* Erlaubt ist dafür *zerschlagen/mahlen* und *backen/rösten.* Wie eine Schlussfanfare ertönt dann *e* = *aufsteigen/Aufstieg.*

Die Berichterstatterin stellt mit diesem Text folgendes klar: Die normalerweise zur Treibgasherstellung verwendeten unbehauenen Steine einer bestimmten Art reichten in der gegebenen Flut-Situation mengenmäßig nicht aus, um schnell genug im benötigten Umfang gebranntes Pulver für die Treibgaserzeugung zu produzieren. Die *Dingir* am *Ort der Richtsprüche* sahen sich, **irgendwie überrascht** und wegen unzureichender gewöhnlicher Beschickung der Öfen der *Hauptbrennstelle* dazu gezwungen, bereits als Baumaterial vorbereitete Steine zu brennen, um schnell genug vor dem anziehenden *wütenden Wetter* flüchten zu können.

Da die verheerenden Wassergewalten entweder bewusst hingenommen worden waren (*„Zerstörung“* Z 338) oder ihr den Menschen weitgehend verschwiegenes Kommen den *Dingir* zumindest bekannt war, birgt dies eine erstaunliche Aussage, die in den anderen Fluterzählungen nicht zu finden ist: **Die „zerstörende Flut“ kam schneller und/oder stärker als in Kar-kar-ra erwartet !!!**

Wo ging die Flucht der *Dingir* mit den *„Brennern“* hin? Das in Assyrisch gehaltene Gilgamesch-Epos gibt in der elften Tafel in den Zeilen 113 bis 115 später die Antwort. Zunächst hält es in Zeile 113 fest, dass die „Götter“ von der Flut in Schrecken versetzt worden sind. Zeile 114 bestätigt den fluchtartigen Aufbruch und gibt das Ziel an: den „Himmel“ des *Anu=An.* Und dann kommt die bisher unverstandene Sensation. Zeile 115 meldet, sie hätten sich „an dessen Außenwand geduckt“. Dies stimmt mit Zeile 190 der Tempelhymnen weitgehend überein, wo statt von einem *„Brenner“* von einem *gisch-ban$_3$-da,* einem ***Neben** den „Himmel“ Geher,* berichtet wird, der an der Seite des *„Himmels“* andockt und um den sich dann ein *„Gerät wie eine Falle“* legt - d.h. die Landebucht der Raumstation schließt sich.

Bei unseren Altvorderen wahrlich unvermutete Schilderungen technologischer Einzelheiten, die wir heute erst als Science fiction kennen!!! Wer behaupten will, unsere Übertragung der Tempelberichte sei aus sumerologischer Sicht „nicht nachvollziehbar“, der darf demnach nicht uns den Stempel „Phantast“ aufdrücken, sondern muss die 4.300 Jahre vor uns lebende Priesterfürstin und Eingweihte Encheduanna für die Erfindung heute noch nicht realisierter Techniken loben.

Zeile 343 und 344 sind auf den Originalen nicht vorhanden oder nicht lesbar. In Zeile 345 könnte *NI* stehen, was dann ein Hinweis auf etwas *Mächtiges/Majestätisches* oder den schon öfters gefundenen *Glänzer* wäre. Ohne Kontext ist keine Einordnung möglich.

Allem Anschein nach geht die Flutschilderung mit der nächsten Zeile 346 zu Ende, in der angeblich nur zwei Worte zu lesen sind: *numun kalam.* SB und KJ übertragen mit *Saat des Landes,* wobei das Land Sumer gemeint sein soll. Ein **Hör**fehler könnte indessen in Form einer Zusammenziehung von *nu* und *mun* vorliegen. Mit den dafür ursprünglich geschriebenen drei getrennten Wortzeichen *NU-MU-UN* wäre dann aber wieder *der sich schnell drehende „Oben-Lärmende“* = das *„Licht“* am Werk[21)]…

Danach kommen mit Z 347 und Z 348 noch einmal zwei Zeilenreste, deren Lesung und Restauration unklar ist und die auch wegen möglicher Hörfehler keine Deutung erlauben. Schließlich folgt nach Z 349, in der nur *Isch.kur* zu begreifen ist, der übliche Schlussrefrain. Aufhorchen lässt dabei die Aussage, die den Tempel als *Haus des Isch.kur* in, so lesen wir, *karkar-ra* kennzeichnet. Die Bauten standen somit *am Ort des Kais der Flucht.* Die Bezeichnung *Isch.kur* beschreibt den *Dingir mit dem Steinbrennhaus/Verhüttungsgebäude.* Die Schlusszeilen:

Z 349: …… Isch.kur(= Der mit dem Steinbrennhaus/Verhüttungsgebäude),

Z 350: hat, oh Tempel am Ort des Kais der Flucht, dein herrliches Bauwerk zu seinem Aufenthalt erwählt, hat seinen Thronsitz bleibend dort errichtet.

Z 351: (23 Zeilen) Tempel des Isch.kur am Ort des Kais der Flucht.

Als Gemahlin des *Isch.kur* ist *Me.dim.scha* bekannt, was gemäß bisheriger **konventioneller** Sumerologenerkenntnis lustigerweise „schöne Gliedmaßen besitzend“ andeuten soll. Unter technologischen Aspekten finden wir stattdessen *Die Empfänger herstellt!!* Die *Dingir*-Dame war damit ihres Gatten durchaus ebenbürtig…

Es ist zu bedauern, wenn es wegen unbegründeter sog. wissenschaftlicher **Konventionen** bisher nicht möglich war, diese mit interessanten Einzelheiten gespickte Flutgeschichte überhaupt zu erkennen.

TH 28: Unbekannter Tempelchef an vermutetem Lande-Ort

Die auf den uralten Keilschrift-Tontafeln gefundenen Reste dieses Berichtes sind derart dürftig, dass daraus kaum etwas entnommen werden kann. Name und Geschlecht des Tempelchefs bleiben offen, über den Ort können nur Vermutungen angestellt werden und der Leser möge sich selbst von den dürftigen Aussagen überzeugen. Wir übernehmen die Standard-Zeilenzählung von SB und rechnen bis zum Beginn des folgenden Tempelberichtes 11 Zeilen. Ob dies ursprünglich zutraf, lässt sich nicht nachprüfen. Was ist lesbar und kann gedeutet werden?

Z 352: ….. große „Schale“ (zur Verbindung geeignet) mit dem „Oben-Glänzenden“/strahlenden „Himmel“

Z 353: ….. ? ? ? ? …..

Z 354: ….. mit „Himmel“ und Erde …./… zu “Himmel“ und Erde (Nachrichten?) absetzen …

Z 355: ….. des Dingir En-?? ….

Teils wird vermutet, die angesprochene *Dingir*-Persönlichkeit sei *En.ki* gewesen, teils wird dies als sicher angenommen, obwohl sich auch *En.lil* anbieten könnte.

Ein weiterer Splittertext ist nur auf einer einzigen Tontafel überliefert. Er kann mit vielen Vorbehalten etwa wie folgt gedeutet werden, wobei auch die Stelle der Einfügung und damit die Zeilenzahl nicht ganz klar zu sein scheint:

….. dein Thron …..

..... *dein Backstein*(-Ding) oder *dein Lärm/deine Stimme.....*

..... *deine ME...Antriebs-Erzeuger.....*

..... *dein Fürst/deine Fürstin .....*

..... *Wut/Schreckensanblick/Drohgebärden.....*

..... *das „Licht" nähert sich dem Kai ...(*Name?*)... an....*

Von anderen Autoren nicht erkannt, stehen **sicher** das *„Licht", der Kai* und *die Annäherung* in diesem Originaltext. Man könnte auf Grund der Reihenfolge der Tempelberichte annehmen, dieser Kai der TH 28 habe an einem Wasserlauf zwischen dem *Karkara* der TH 27 und - in nördlicher Richtung - dem *Adab* der TH 29 gelegen. BM macht diese Annahme auch und übernimmt die Hinweise anderer Wissenschaftler auf einen in der Gegend zu findenden Ort *SCHESCH-DU$_3$-a.* Da dies zutreffen könnte, haben wir den Namen dieses Ortes hinterfragt. Verschiedene Aussagen sind von den Sprachwurzeln her denkbar:

- *Kleine zum Hinfahren geschaffene Stelle*
- *Dauerhaft gemachter Hilfsort*
- *Stelle für „Stinker" = (Flug-) „Skorpione" geeignet gemacht.*

Die Mutmaßungen über die geographische Lage könnten angesichts dieser Ortsbezeichnungen nicht falsch sein. Der Leser mache sich seine Meinung selbst. Nach Zusammenfassung der dürftigen und z.T. ungesicherten Sachaussagen folgt dann abschließend der dritte Teil der zusätzlichen Bemerkungen zu Eridu und TH 1.

Sachaussagen TH 28

Ort: vielleicht *SCHESCH-DU$_3$-a* = Dauerhaft gemachter Hilfsort

Tempel-*Dingir*: unsicher, klar nur *En....*Vermutung *En.ki* oder auch, vielleicht, *En.lil*

Tempel-Name: unbekannt

Zeilenzahl unsicher - Standardzählung bei SB 11 Zeilen

Z 352: Erwähnt wird eine *„Große Schale"*, offensichtlich das *„Licht"*, irgendwie zur Verbindung *mit dem strahlenden „Himmel"* geeignet.

Z 354: „*Himmel*" *und Erde* werden Nachrichten übermittelt.

Z 35?: Das „*Licht*" nähert sich einem Kai.

Zeile 1 der Tempelberichte und die sumerische Grammatik

Womit wir uns einer im direkten Dialog gemachten Bemerkung zuwenden können, wir hätten am Anfang von Teil I bei der Übersetzung der Z 1 die sumerische Grammatik nicht beachtet, weshalb unsere Deutung des Textes unzulässig sei.

Im sumerischen Text steht gemäß der Umschrift von SB:

e$_2$-u$_6$-nir an ki-da mu$_2$-a

Man muss indessen wissen, dass es im Original die angeführten Bindungen zwischen den einzelnen „gelesenen" Keilschriftzeichen nicht gibt. Dies sind bereits subjektive Deutungen dessen, der für die Umschrift die Tontafeln mit Keilschriftzeichen „liest". Daher ist der behauptete Begriff *e$_2$-u$_6$-nir* kein unübersetzbarer Eigenname und **nur als Konvention** gleich „Zikkurat". Er meint stattdessen, verstanden ohne Bindestriche, im Klartext *Tempel, bewundernswert aufragend.*

Die beiden Worte *an ki* besagen normalerweise „Firmament/Himmel + Erde", da im Sumerischen das „und" meist wegfällt und daher ergänzt werden darf. Für Encheduanna hat *an* aber wegen ihrer Ausführungen in TH 15 den Wert „*Oben-Gerät*" oder Raumstation „*Himmel*".

Dann kommt die Frage auf, ob das *da* nach *ki* tatsächlich, wie in der vorgestellten Umschrift behauptet, eine mit Bindestrich anzuhängende Nachsilbe darstellt oder doch als allein stehend anzusehen ist. Sieht man es als angehängtes *-da* an, bezeichnet es einen besonderen Fall im Sumerischen, den „Comitativ". Dieser gibt an, dass etwas *mit jemand* oder, von der Grammatik her schon eher fraglich, *mit etwas* geschieht. Weshalb zunächst geklärt werden muss, was *mu$_2$-a* bringen kann. Das angehängte *-a* hat mindestens 6 äußerst verschiedene Meinungen, mit denen wir den Leser nicht noch mehr langweilen wollen. Dementsprechend könnte hier für *mu$_2$-a* u.a. in einer der sechs Bedeutungen *hervorgetreten sei-*

end/zusammengewachsen seiend vorliegen. Wenn tatsächlich ein Comitativ gegeben wäre, kämen wir so zu

- Tempel, bewundernswert aufragend, mit Firmament und Erde zusammengewachsen- oder
- Tempel, bewundernswert aufragend, zwischen Firmament und Erde hervortretend –.

So oder ähnlich wurde denn auch tatsächlich bisher ins Englische übertragen. Das beachtet aber die Bedeutung nicht, die *an* als Raumschiff/-station „*Himmel*" bei Encheduanna zukommt. Deshalb war zu prüfen, ob das *da,* nicht angehängt, ein Verb darstellt und in welchem Fall dann *an ki* stehen müßten. Nimmt man, was erlaubt ist und vielleicht sogar im „gelesenen" Original steht, *da* = *TAK*$_4$, dann lautet das gesuchte Verb *absetzen zu/zurücklassen bei*. Wo? Bei „*Himmel*" *und Erde*. Welcher Fall ist im Sumerischen anzusetzen, wenn eine Meldung zugehen soll, jemand angesprochen wird? Der Dativ! Dann passen *an ki* ohne weitere Veränderung, weil – Ungläubige bitte bei (30) auf S. 40 nachlesen – im **Alt**sumerischen der Dativ nicht gekennzeichnet wird, wenn das vorausgehende Hauptwort auf einen Selbstlaut endet wie hier *ki*. Was zugehen soll, müsste dann in *mu*$_2$*-a* stecken.

Betreffend das an *mu*$_2$ angehängte *-a* kommt auch hier eine Partizip-Andeutung in Frage.

Wir hatten in einer eleganteren deutschen Formulierung statt auf *mu*$_2$ auf das gleichklingende Wort *mu* gesetzt, auf *Anleiten/Befehlsgebung*. Niemand wird es wundern, wenn wir nach den oben vorgestellten Analysen zum ursprünglichen Namen von Eridu *Weisungen* vorziehen. Wer die Verwendung dieses Homophons ablehnt, sollte im Übrigen wissen, dass *mu*$_2$ = *mud*$_6$ ist und dieses selbst sich gemäß (31) vom Wortursprung her aus *mu+ed*$_2$ zusammensetzt: aus *Weisungen+ herausgehen*.

Die etwas freiere deutsche Übersetzung der Zeile 1 lautete in Teil I:

Tempel, bewundernswert aufragend, mit „Himmel" und Erde sprechend,

zum Anleiten/zur Befehlsgebung geschaffen,

Genauer im wörtlichen Sinn wäre indessen nach vorstehender Analyse was folgt, aber auch umständlicher:

Z 1: *Tempel, bewundernswert aufragend, zu „Himmel" und Erde herausgehende Weisungen absetzend,*

Z 2: *Basis/Bezugspunkt für „Himmel" und Erde, große Halle an der Stelle einer Dingir-Hinfahrstruktur.*

Es dürfte kein Zufall sein, dass damit gegen Ende der Z 1 *Weisungen* aufscheint, die Übersetzung von *irîtu,* des zu Encheduannas Zeiten bekannten **akkadischen** Namens von Eridu, und am Ende von Z 2 *Stelle der/einer Dingir-Hinfahrstruktur,* für die weiter vorne für Eridu erwähnte tatsächliche ursprüngliche **sumerische** Schreibweise, die man alternativ mit ^{d} *NUN ki,* ^{dingir} *NUN* ^{ki} bzw. *DI.IN.GIR NUN ki* umsetzen kann.

Der Leser möge im Übrigen überlegen, ob er in der sicher mehr als 5.000 Jahre alten Stadtmarke von Eridu - eine Art Turm mit Querstrichen - einen mächtigen Funkmast mit Ringantennen erkennen kann... *Weisungen absetzend...*

Doch nun weiter mit den Tempelberichten.

TH 29: Hort der Nin.chur.sag.ga$_2$ für das „Licht" in Adab

Aus einer Zählzeile, die nicht auf allen Keilschrifttafeln erhalten ist, haben SB, welche die Zeilenzählung insgesamt erstellt haben, entnommen, dieser Bericht habe 15 Zeilen aufgeführt. Dann fehlen - rückrechnend - am Anfang zwei Zeilen völlig.

Z 363 und Z 364: kein Text bekannt

BM will in Z 363 am Anfang „Haus/Tempel" gelesen haben und dann unübertragene Zusatzbezeichnungen oder schmückende Beiwörter. Die sonst reichlich zitierfreudige Autorin bleibt indessen jeden Hinweis auf eine Umschrift oder andere Begründung schuldig. Dann folgen Zeilenreste, die zwei Deutungen erlauben:

Z 365: a) ..... aus Stein/Metall ..... Dingir En....

b) Deinem ..... Dingir En...

In Variante a) ist im Text zwar *Stein* geschrieben, doch kann damit wie fast immer auch *Metall* angesprochen sein. BM will den *Dingir En.lil* erkannt haben, doch bleibt sie auch hier die Begründung schuldig. Z 366 weist ebenfalls zwei Lücken auf und eine unsichere Stelle. Der Anfang ist zudem doppeldeutig. Wir ergänzen - vermutend - in Normalschrift.

Z 366: Der Steinbau/Metallbau oder

Deine Baugestaltung .... „Oben--Glänzer".......

in die Kälte hinein (bringen?).

Bevor mit Vermutungen weiter gefahren wird, sollte vielleicht doch geklärt werden, weshalb von uns entsprechend der Umschrift von einem *„Oben-Glänzer"* oder *„Himmels-Glänzer"* berichtet wird. In der Umschrift kommt in Z 366 und Z 371 nämlich *an-ne*$_2$ vor. Nun ist *ne*$_2$ der bekannte *„Glänzer"*, von dem mehrfach in den Tempelberichten gesagt wird, er sei kleiner als das *„Licht"*. Da in Z 367 der *Überfluss* bearbeitet wird, dieser aber nur aus dem *„Himmel"* stammen kann, liegt nahe, dass das in Z 366 vorgestellte Fluggerät das *„Licht"* ist, dem hier nur eine andere Bezeichnung angeheftet wird. Mit dem *„Oben-Glänzer"* = *„Licht"* wären daher, wie so oft, *Gaben des „Himmels"* geliefert worden, die in ein aus *Stein/Metall* gebautes, auch hier und nicht nur in Umma (TH 25) vorhandenes ***Kühlhaus*** eingebracht wurden. Dann folgt die Tempelbezeichnung, wegen der in der Literatur schon reichlich diskutiert worden ist.

Z 367: Hervorragendes Gebäude, Tempel, der „Überfluss" bearbeitet, als für seine Herrin passender/geeigneter Bau gestaltet,

Die bisher in englischen Texten verwendeten „Tempel des Alls" oder „Tempel für die Volksmenge" geben zwar erlaubte Varianten für Teile der sumerischen Bezeichnung wider, entsprechen aber nicht der vollen Wahrheit, die in *e*$_2$*-schar*$_2$*-ra* steckt. In der Literatur wird dazu zweifelnd gefragt, ob dieser in unserer Quelle, so geschrieben, einmalig vorkommende Tempel der *Nin.chur.sag.ga*$_2$ identisch gewesen sei mit dem sonst noch für Adab des Öfteren erwähnten Tempel *e*$_2$*-sar-ra* einer *In.an.na.* Wir nehmen Identität an. Erstens war auch die Tempelherrin eine *in-an-na*, eine - wörtlich - *Sich am Firmament Bewegende.* Zweitens bringt die häufigere Schreibung mit *sar-ra* = *Rauch erzeugen* zwar evtl. einen Hinweis auf *Gas*-Erzeugung, doch wäre dies weniger wichtig als *schar*$_2$*-ra* = *Überfluss bearbeiten/pflegen.* Vielleicht existierten beide Benennungen nebeneinander. Dann mit den vorhandenen Varianten:

Z 368: *deine Front ermöglicht die Erzeugung starker Strahlen, dein Inneres, als Ofen gestaltet,*

a) ist rot.
b) ist unerreichbar.
c) geht tief runter/ist tief eingesenkt.

In allen Übersetzungen ins Englische werden die in Schreibvarianten zu findenden Verben unterschlagen, die zu unserer Aufzählung unter b) und c) geführt haben. Die Folge ist, dass später in Z 370 die Zusatzbedeutung *tief eingesenkt/tief runter gehend* von *su*3 nicht erkannt wird und die entsprechenden Übersetzungen ein unverdauliches Kauderwelsch darstellen. Zudem fällt in vorstehender Zeile auf Englisch *als Ofen gestaltet* ins Nirwana, weil es nicht in die sakral/kultische Ausrichtung der Übertragungen passt. In diesem Sinn wird in der nachfolgenden Zeile auf Englisch etwas von „Schicksal bestimmen" behauptet, wo es wörtlich und technologisch um das *Umdrehungswesen* geht, d.h. um die Umlaufbahnen von Himmelskörpern und Routen von Flugobjekten. Auch wird dort die „Comitativ"-Konstruktion des sumerischen Textes nicht beachtet.

Z 369: *Von der Hüterin Nin.tur und En.lil wird zusammen mit En.ki das Umdrehungswesen bestimmt.*

Das Wort *ama* will hier *Nin.tur* keine Mutterrolle zuweisen, sondern ist, wie meist bei Encheduanna, als *Hüterin/Überwachungsperson* zu begreifen. Auch ist die Handelnde, *Nin.tur,* für die Berichterstatterin - wie bereits in TH 7 bedeutet - identisch mit *Nin.chur.sag.ga*2, der Herrin des Tempels, um den es hier gemäß Z 367 ja geht. Sofort anschließend wird für diesen eine andere Kennzeichnung angesagt, die auf Englisch nicht übersetzt werden kann, weil - s.o. - *su*3 nicht erfasst worden ist. Der Rest der Zeile geht auf Englisch am Sinn vorbei, da die sumerischen Varianten nicht beachtet werden.

Z 370: *Der tief eingesenkte Tempel ist herrlich gestaltet mit der Hilfe der treuen Schwarzköpfigen.*

Damit wird wieder einmal auf die den Besatzern entgegen kommende *treu* dienende Rolle der Menschen Sumers = *Schwarzköpfige* hingewiesen. Ein „Lebensatem" für diese, wie bei BM, ist noch nicht einmal als leisester Hauch zu spüren…

Z 371: *Hervorragende ME werden immer wieder mit dem „Oben-Glänzer" aus der Mitte/dem Innern des „Himmels" zu dir gebracht.*

ME ist unsere Abkürzung für die Wissens- und Machtinstrumente der *Dingir,* von denen hier ausdrücklich gesagt wird, sie seien *immer wieder* aus der *Mitte/dem Inneren von* Raumschiff/-station *„Himmel"* auf die Erde gebracht worden. Klarer kann der Bericht nicht lauten!

Auf einer einzigen der alten Tontafeln kommt dann eine Zusatzzeile, die sich indessen so logisch in den Ablauf der Erzählung einschiebt, dass wir annehmen, sie sei auf allen anderen vergessen worden:

Z 371a: *Hervorragender Tempel, Schrein des „Lichtes", aus Stein/Metall erbaut, dein aufstrebendes Gebäude…*

(hier fehlt wahrscheinlich ein Verb, dann folgen wegen eines **Hörfehlers** zwei unvollständige Varianten*:*

a) Das „Licht" steigt leuchtend auf …..

b) Das „Licht" …. im Morgengrauen.

Anschließend führt ein missverstandener Begriff in allen bisherigen Übertragungen zu einem heillosen Durcheinander. So zitiert der Kommentar von SB einen anderen Sumerologen, gemäß dem *us-ga* ein „heiliger Bezirk" gewesen sein soll, der etwas mit „Handwaschung" zu tun habe, und übernimmt letztlich doch eine andere in der Literatur anzutreffende Deutung als „Schaf-Mast" (!!!). Die soll angeblich die zum Unterhalt des Tempels nötigen Mittel bereitstellen. Es wird sogar von einem „Heiligen Usga" berichtet, der den Tempel bewachen soll. *us* hat hier indessen nichts mit „heilig" oder „Handwaschung" oder „Schaf-Mast" zu tun, sondern meint ganz prosaisch *bewusst plaziert/entsprechend platziert.*

Z 372: *Ein bewusst/extra/entsprechend platziertes Gebäude, aus Glanzmetall gefertigt, überwacht/betreut deinen Schrein.*

Die nun anschließende Erwähnung von Kesch, *Nin.chur.sag.ga´s* in TH 7 eingehend beschriebenem Erstort, bringt noch mehr Durcheinander, weil auf Englisch mal so, mal so Vergleiche zwischen beiden angestellt werden, die im sumerischen Original nicht anzutreffen sind. Wenn man alle sumerischen Varianten beachtet, insbesondere auch die von Zimmern (1) auf S. 265, dann kommt heraus:

Z 373: *Ninchur.sag.ga$_2$ steigt auf, fährt nach Kesch, um dort ihr „Gutes/Süßes/Bekömmliches" zu lagern/abzuliefern.*

Bei Z 366 war schon vermutet worden, vom *„Himmel"* sei *Überfluss* gebracht worden, der dann im Tempel der Z 367 *bearbeitet/gepflegt* wird. Das *äußerst Bekömmliche/die wohltuenden Sachen*, die vorher schon in Z 312 aufgetaucht waren, werden jetzt nach Kesch transportiert. Die Vorzüge von Adab werden jedoch von Encheduanna sofort nachgeliefert, wenn die etwas verlängerten Schlusszeilen des Berichtes beginnen. Doch Vorsicht, diese Schlusszeilen haben es in sich, weil überraschend bald ein weiterer *Dingir* auftaucht.

Z 374: *Tempel, der große ME besitzt,*

- „reines Wasser" wird bereitet,

- das Rauch-/Gas-Erzeugende wird gewässert,

- die rituelle Reinigung ist möglich.

Konkret wird damit berichtet, Adab habe über die Technik verfügt, um eines der Grundbedürfnisse der *Dingir* zu sichern, die Produktion von *„reinem Wasser"*. Auch sei Treibgas für Flugreisen erzeugt worden, indem Karbid = *das Raucherzeugende* mit (normalem) Wasser angesetzt wurde (Vgl. TH 42). Ferner muss Landung aus dem All auch deshalb erlaubt gewesen sein, weil die im Anschluss an eine Weltraumreise heutzutage bei der NASA übliche Dekontaminierung = *rituelle Reinigung* technisch möglich war. Auf Englisch werden stattdessen bombastisch „große kosmische Kräfte" und eine „reine Plattform" bzw. ein „heiliger Altar" bemüht und angeblich der **konventionell** oft zitierte „Handwaschungsritus" ausgeführt, der mit Treibgaserzeugung nun sicher nichts zu tun hat....

Doch jetzt zu der bei den Tempelberichten einmaligen Tatsache, dass in den Schlusszeilen einer Hymne ein anderer *Dingir* auftaucht als der eigentliche Tempelherr bzw. die Tempelchefin. Von diesem anderen männlichen oder weiblichen Clan-Mitglied gibt es mehrere Schreibungen auf Sumerisch, was die Beurteilung nicht erleichtert. Einzelheiten bei Endnote [10)].

Wir fassen die Aussagen zusammen und bezeichnen ihn als *Der ausschließlich vor der Flut als Dingir von Adab Tätige*. Nach der Flut hatte er diese Aufgabe offensichtlich gemäß dieser Deutung nicht mehr inne. Als Vater wird mehrheitlich *Schul.pa.e*$_3$, der Gatte von *Nin.chur.sag.ga*$_2$, angesehen. Dessen Bezeichnung dürfen wir auf Deutsch mit *Der junge „Pfeil"-/"Vogel"-Bewacher* angeben. Das besagt halt eben, dass er für *Nin.chur.sag.ga*$_2$ deren Flugapparat(e) bewacht und wohl auch gesteuert hat. Übrigens war ihr Sohn *Asch.schir.gi* auch bekannt als *u*$_3$*-mu-un-keschi ki*, was eine andere Funktion beschreibt, die als *Stolzer Flugzeug-Aufsteiger von* ***Kesch*** erfasst werden kann. Wir haben die enge Beziehung von Adab und Kesch schon erwähnt.

Heißt das umgekehrt, dass dieser Sohn **nach** der Flut ausschließlich in Kesch tätig war?

In Quelle (2), aus der wir immer wieder den Kommentar von SB anziehen, ist auch eine kommentierte Übersetzung von G.B. Gragg betr. „The Kesch Temple Hymn" enthalten. Dort wird *Asch.schir.gi* mehr als ein halbes Dutzend Mal als der „Held von Kesch" hoch gelobt. Diese Quelle dürfte nun vielleicht sogar etwa 200 Jahre älter sein als die Tempelberichte der Encheduanna. Ob sie auf unsere Frage eine Antwort gibt, muss offen bleiben.

Z 375: Asch.schir.gi, der ausschließlich vor der Flut als Dingir von Adab Tätige,

Wir halten inne, weil in jeder der drei Zeilen 375 – 378 der Stadtname in dieser oder jener Form gefunden worden sein soll. Dies erscheint uns zu viel des Guten und lässt annehmen, etwas sei in den Originaltext eingeschoben worden! Da wir die Tontafeln nicht vor uns haben, müssen wir den Umschriften vertrauen und schreiben bzw. übersetzen, wie angetroffen. Dabei spielt natürlich der in Z 376 in der Umschreibung vorhandene Ortsname *UD.NUN ki* eine Rolle insofern, als man dafür bei anderen Keilschriftquellen eine Reihe von anderen Umschreibungen herausklauben kann. So z.B., wobei wir verschiedene Bedeutungen von *NUN* verwenden:

- *UD.NUN ki BU* = Stelle aus Stein mit einer Hinfahrstruktur für das „Licht",
- *UD.NUN.NA ki* = Steinerne Stelle für das „Licht" der Fürstin,
- *e*$_2$ *u*$_4$*-ra*$_2$*-bu* = Bau zu dem das „Licht" zum Ablöschen gebracht wird.

Letztlich kann man sie zusammenfassen als *Ort eines Steinbaus für das „Licht" der Fürstin.* Damit wird im Tempelbericht betont, in Adab sei ein *Stein*bau vorhanden gewesen, der als *Hangar* für das große *„Licht"* habe dienen können. Ob der Bau tatsächlich aus *Stein* war oder auch *Metall* verstanden werden darf, muss offen bleiben. Dass der Überwachungsbau der Z 372 ausdrücklich als aus *Glanzmetall* konstruiert dargestellt wird, könnte sowohl als Gegensatz als auch als Bestätigung verstanden werden. Jedenfalls war der Tempel selbst angesichts der verwendeten sumerischen Zeichen *BU* bzw. *NA* nicht mit Sonnengetrockneten Lehmsteinen oder gebrannten Ziegeln hochgezogen worden.

Der genaue Thronort des Stadt-*Dingir* wird in Z 376 ebenfalls beschrieben, wobei zwei Varianten präsentiert werden.

Z 376: hat am Ort des Steinbaus für das „Licht" der Fürstin im Gebäude

a) am Kanal, der die Wasserlandung zum Begießen und Ankern erlaubt,
b) am sauren Wasser/am Bittersee, der die Wasserlandung zum Begießen und Ankern erlaubt,

Z 377: oh Tempel von Adab, dein herrliches Bauwerk zu seinem Aufenthalt erwählt, hat seinen Thronsitz bleibend dort errichtet.

Anschließend entfällt auf den Tontafeln in einem Fall die übliche Zählzeile oder wir finden

Z 378: 15 (Zeilen) *Tempel der Nin.chur.sag.ga$_2$ in Adab errichtet.*

Z 376 bestätigt nicht nur, dass das mächtige *„Licht"* auf dem Wasser landen konnte, sondern auch, dass es notwendig war, es wegen der bei der Landung von ihm ausgehenden Hitzeentwicklung zu *begießen.*

Der in Z 376 in Variante a) gemeldete Kanal war der *Iturungal-Kanal.* Dieser bedeutende Wasserweg und Irrigationskanal startete im Altertum bei Nippur leicht nach Osten aus dem Euphrat, um nach Süden über Adab und Zabalam hinaus auch Umma, Bad-tibira und Larsa zu beglücken, dann zwischen Uruk und Enegi durchzufließen und schließlich wieder in den Euphrat zurück zu kehren.

Das Adab, das damals ganz am Oberlauf dieser wichtigen künstlichen Wasserstrasse zu finden war, liegt heute im Irak bei Bismaya, südlich von Kut.

Sachaussagen TH 29

Ort: *UD.NUN ki* = Ort (*des Steinbaus) für das „Licht" der Fürstin* oder genauer *Stelle mit einer Hinfahrstruktur für das „Licht"* = Bismaya

Tempel-*Dingir*: *Nin.chur.sag.ga*$_2$ = Herrin des wichtigsten Schmelzhauses = *Nin.tur* (Z 369)

Tempelname: *e*$_2$*-schar*$_2$*-ra* = Tempel zur Bearbeitung von „Überfluss", auch *e*$_2$*-sar-ra* = Tempel zur Gaserzeugung, auch *e*$_2$*-mach* = Hervorragender Tempel

Z 366: Ein Steinbau/Metallbau wird mit dem „Licht" in Verbindung gebracht.

Z 367: In dem dafür eigens ausgestalteten Gebäude wird *Überfluss* bearbeitet.

Z 368: Die Front kann starke Strahlen aussenden; der Ofen im Innern ist tief eingesenkt.

Z 369: *Nin.tur, En.lil* und *En.ki* bestimmen das „Umdrehungswesen".

Z 370: Die *Schwarzköpfigen* = Sumerer haben beim Bau des tief eingesenkten Tempels *treu* mitgewirkt.

Z 371: Hervorragende ME werden *aus dem Innern* des *„Himmels"* beigebracht.

Z 372: Ein *bewusst* platziertes *Gebäude aus Glanzmetall* schützt den Tempel.

Z 373: Die Tempelherrin liefert *äußerst Bekömmliches* nach dem Nachbarort Kesch.

Z 374: Im Tempel wird *„reines Wasser"* bereitet, *Karbid* zur Treibgaserzeugung *gewässert* und ist die für die Raumfahrt erforderliche *Dekontamination* möglich.

Z 375: *Asch.schir.gi*, ein Sohn der Tempelcheffin, ist ausschließlich ***vor** der Flut* als *Dingir* von Adab tätig.

Z 376: Adab, der *Ort des Steinbaus mit der Hinfahrstruktur für das „Licht"*, liegt an einem großen *Kanal*, der die Wasserlandung erlaubt; eine andere Bezeichnung spricht von einem *Bittersee.*

TH 30: Bauten der Nin.in.si.na an der Umkehrstelle I-si-in, dem Ort der Ölbehälter für den „Hochtreiber"

Wir kürzen die umfangreich in Teil I der „Offenbarungen" erfolgte Bearbeitung dieses Berichtes wie folgt.

Die Namensschreibung in der vorstehenden Titelzeile ist der Schlusszeile 395 dieses Tempelberichtes entnommen. Die Bezeichnung lautet dort, wenn man *in* mit seiner späteren Aussage *Königin* beachtet, *Königliche Herrin des Antriebs/Hochtreibers/Heulers.* Für den Namen der Tempelherrin gibt es in Z 393 dieser Hymne aber noch eine ältere Schreibweise, die sich in die Zeichen *nin-i*$_3$*-in-si-na* zerlegen lässt. Dem *i* wird dabei durch die Tiefzahl 3 *Öl/Fett/Behälter für Öl* zugeordnet. Das ergibt eine *Herrin des/der Ölbehälter(s) für den königlichen Hochtreiber.* Die Tempelherrin verfügt daher gemäß ihrem Namen auf alle Fälle über einen heulenden, Lärm machenden Apparat, der in die Lüfte hochtreiben kann, ein Fluggerät also, und überwacht außerdem einen oder mehrere Behälter mit einer ölartigen Flüssigkeit, die für das Fluggerät benötigt wird! Der Name der Tempelstadt bedeutet angesichts der Zeichen *i*$_3$*-si-in ki* etwa *Stadt der Ölbehälter für den Hochtreiber/Heuler der Königin.*

Auch für diese TH 30 weisen die gefundenen Keilschrifttafeln eine Stelle auf, wo die alten Schreiber, wie immer unverstanden, die uralten Sinnzeichen *KA.AN.NI.SI* benutzten, die wir - durchaus sich in den Zusammenhang einordnend - mit *Antriebslärm des „Oben-Glänzers"/der „Herrlichkeit"* für die TH 16 und die TH 26 übertragen haben. Diese Übersetzung passt - wen erstaunt es noch, wenn er nicht völlig verbohrt ist? - auch hier in den Kontext. Doch lassen wir jetzt die Übersetzung folgen, zu deren Begründung wir auch hier ausdrücklich auf Teil I der „Offenbarungen" und die dortigen wissenschaftlichen Endnoten verweisen:

Z 379: *Stadt der Ölbehälter für den „Heuler/Hochtreiber" der Königin, Stadt der „Herrlichkeit"/des „Oben-Glänzers", Umkehrstelle, deren Zentrum mit Backsteinen gebaut worden ist, konstruiert*

a) als Hort

b) ausschließlich

für den hoch aufsteigenden Flugapparat.

Z 380: *Dein Vorderteil ist einem Versammlungsraum gewidmet, dein Aufnehmer*

a) kunstvoll gefertigt,

b) eine kunstvolle Aushöhlung/Auskehrung.

Wir erinnern an TH 27, wo gemäß der präzisierten Übersetzung ein *konkaves Podest* beschrieben wird. Die Berichterstatterin benutzt hier nun auf Sumerisch den Begriff *kad*$_5$ = *Aushöhlung*, worunter man vom Kontext her entweder eine Art große Mulde verstehen darf, in der der „Hochtreiber" ruhen kann, oder aber, größer dimensioniert, eine Art Gebäude ohne Dach, nach innen konkav, d.h. sich von oben nach unten verengend ...wobei offen bleibt, ob länglich, oval oder rund ???

Z 381: *Deine ME, die ME aus dem „Himmel", sind gemacht für das „Drehwesen/die Umdrehungsgesamtheit"(=* die Berechnung der Flugbahnen und Umläufe*)*

Z 382: *Aus Backstein errichtete, von En.lil geliebter „Sitz"/Plattform,*

Z 383: *Ort, an dem der Oberste, En.lil, die Umläufe/Flugbahnen berechnet/ bestimmt,*

Z 384: *Platz zum Abstellen des „Stiers", an dem die wichtigsten Dingir aussteigen und ausruhen.*

Eine Aussage dieser Zeile dürfte zusammen mit Z 386 für die beamteten Sumerologen etwas Licht bringen. In zahlreichen Publikationen wurde von ihnen das Problem der „Götterklassen" abgehandelt, ohne dass es zu endgültigen Aussagen kam. Die Schreibungen aus den verschiedenen Zeiten und Gegenden waren unterschiedlich, sumerische Texte gaben andere Hinweise als akkadische oder **später** babylonische. Wir dürfen davon ausgehen, Encheduanna habe gewusst, wovon sie berichtet, und ihre Schreibungen seien nicht zu sehr verfälscht worden. Dann aber darf man unterstreichen, dass in Z 384 die *dingir-gal-gal* - die „sehr wichtigen" - als mit dem *„Stier"* ankommend erwähnt werden, während in Z 386 die *dingir-dingir-a-nun-na* als *verängstigt* im Palast anwesend gekennzeichnet werden. Doch nicht genug: diese *a-nun-na* werden nicht nur einfach als verängstigt dargestellt, sondern ihre Angst tritt *erneut/zum wiederholten Mal* auf.

Encheduanna betont damit deutlich die Ungleichheit der beiden Gruppen, während **später** die Texte oft so geschrieben wurden, dass man von einer Ranggleichheit ausgehen konnte. Wir haben in anderem Zusammenhang die *dingir-gal-gal* deshalb auch als „Großmeister der *Dingir*" herausgestellt. **Die *Anuna* sind nachgeordnet**. Auch die Deutung ihrer Bezeichnung weist unserer Ansicht nach in diese Richtung. Wir können nämlich der geläufigen Übersetzung „Die vom Samen des Fürsten" nicht viel abgewinnen, sondern halten es mit *Die von den Fürsten Geschaffenen.* Immerhin sind größere Anzahlen dieser Spezies („fünfzig") jeweils für die Tempel in Eridu, Nippur und Lagasch neben den in dieser TH für Isina Erwähnten aktenkundig. Für Nippur wird auch über die Art ihres **Hilfsdienstes** berichtet: Sie waren dort in der dunklen kronenartigen Rundkammer *dir-ga* an der Spitze des E-kur für die Berechnung der Umlaufbahnen der Planeten, der Bewegungen der Sterne und anderen Himmelskörper (zu denken ist auch an den *„Himmel"* und andere Fluggeräte) zuständig. Das „Schicksal" der Himmelskörper, das sie „bestimmten", war nichts Anderes als die Berechnung von deren Bahnen.

Auf Umwegen sind wir damit wieder einmal bei der ursprünglichen Aussage des sumerischen Terminus angekommen, der immer wieder von Sumerologen **konventionell** im übertragenen Sinn als „Schicksal" übersetzt wird - *nam-tar* heißt wörtlich *die Umdrehungsgesamtheit ...*

Z 385: *Große Angst verbreitet sich, (Lebensfurcht wird aufgehäuft =)*
Todesangst breitet sich aus:

Z 386: *Wenn deine Große Königin sich zum Andocken nähert, wässern die A.nun.a wegen des zerstörerischen Sturms, der vom Antrieb ausgeht (= wegen des Antriebswindes), immer wieder das Gebäude.*

Die nächste Zeile hat in Teil I eine längere Vorbemerkung erfordert, weil es darum ging, eines der großen Rätsel der Sumerologie zu lösen: **die Frage nach der Bedeutung des Begriffes „nugig".** Wir wiederholen hier nicht, was zu dieser Frage in diesem Teil II bei Z 309 ausgeführt wurde.

Z 387: Deine Fürstin ist die Hüterin der Fluggerät-Umkehrstelle.

Die Halle mit dem rot glühenden Kellerteil lässt Angst aufschießen.

Z 388: Sie überwacht den Rundbau, die glanzmetallene Stelle, das Haus/

den Hort der Pflege/der Einregulierung.

Unsere Auflösung des *Nugig*-Rätsels wird bestätigt in der nächsten Zeile. Dabei müssen wir die Übertragung aus Teil I in einem Punkt ändern. Der **Konvention** vertrauend hatten wir *$musch_3$-$kesch_2$* als „Kopfschutz" genommen. Es handelt sich indessen um eine *$musch_3$ = Vorrichtung* zum *$kesch_2$ = Festbinden/Festzurren.* Z 490 stellt dazu später klar, dass die *Dingir* vor dem Start genau so irgendwie festgezurrt wurden wie die heutigen Astronauten. Z 502 so ähnlich. Die Startbeschleunigung muss auch damals schon enorm gewesen sein…

Z 389: Der auf den Flugapparat-Umkehrplatz Gebrachten

wird die Vorrichtung zum Festzurren angelegt.

Z 390: Sie lässt die Nicht-Ruhe/die Antriebskraft/das Medium

des Antriebs aus sieben Zitzen/Düsen fließen.

Das sagt doch ziemlich deutlich, aus *sieben Düsen* werde etwas ausgestoßen, was als Antrieb dient. Die nachfolgende Zeile bestätigt diese Interpretation. Wir hatten sie in Teil I, da auf Sumerisch fast gleichlautend wie Z 319, wie folgt übertragen – mit den gleichen Bedenken wie dort.

Z 391: Der Antriebslärm der „Herrlichkeit" erschallt siebenfach,

als Frau am Ruder kündigt sich die Königin aus dem Waldgebiet an.

Der aufmerksame Leser wird unsere Standardübertragung für *KA.AN.NI.SI* erkannt haben, die auch hier zutrifft, was ihre allgemeine Gültigkeit endgültig bestätigt. Doch hat uns das seltsame Original erneut nicht in Ruhe gelassen. Wir hatten hier in Teil II bei der Neufassung der Z 319 u.a. angenommen, statt des im Original zu findenden *mi* könne man auch *mi_2 = Frau* verstehen. Wenn man stattdessen von *mi = dunkel* ausgeht und *ad* = (engl. *moulding*) = *Rundleiste/Reeling* setzt, dann wird eine andere Interpretation möglich, die allerdings voraussetzt, dass Encheduanna wieder einmal Wortklang und Rhythmus vor die Grammatik gesetzt hat:

Z 391: Der Antriebslärm der „Herrlichkeit" erschallt, steigt siebenfach auf. An der dunklen Reeling erscheint/befindet sich die Königin.

Z 392: Deine Herrin ist die große Heilerin/Ärztin/Kenntnisschaffende des Landes (= Sumers).

Z 393: Nin.i$_3$.in.si.na, die Herrin der Ölbehälter für den königlichen Hochtreiber, die Tochter des An,

Z 394: hat, oh Tempel von Isin, dein herrliches Bauwerk zu ihrem Aufenthalt erwählt, hat ihren Thronsitz bleibend dort errichtet.

Z 395: 16 (Zeilen), Tempel der Nin.in.si.na in Isin.

TH 31: Nu.musch.da, Kazallu und die Ölquelle

Bei der Bearbeitung von TH 27 wurde in Teil I herausgestellt, dass *Isch.kur* manchmal mit einem *Adad/Haddad* gleichgesetzt wurde, manchmal aber soll er dessen Bruder gewesen sein, manchmal liegt in den Tontafeltexten ein Vater-/Sohn-Verhältnis vor. Als Vater der beiden gilt zudem manchmal *An*, manchmal *En.lil*. Wir hielten uns damals an einen anderen Keilschrift-Text, nach dem *En.lil*, der ja zeitweise auch die *An*-Funktion innehatte, eine von ihm geschwängerte Nebenfrau seinem Sohn *Isch.kur* zur Gemahlin gab. Dann stimmten plötzlich diejenigen Texte, die aussagen, es handele sich um zwei Persönlichkeiten, deren Vater mit der *An*-Funktion gleich *En.lil* gewesen sei. Die beiden waren dann einerseits Halbbrüder – *Isch.kur* war andererseits aber auch der (Stief-) Vater des *Adad*. Wir wiederholen hier dieses Ergebnis, weil der von der Sprachwurzel her semitische *Adad/Haddad* sumerisch *Nu.musch.da* genannt wurde. Er ist der Tempelherr dieser TH 31! Damit nehmen wir eindeutig Stellung zu Behauptungen oder Fragen, die bei den bisherigen englischen Übersetzungen geäußert worden sind.

SB behaupten nämlich kurz und bündig in ihrem Kommentar, *Nu.musch.da* gehöre zur Familie des „Mondgottes", womit sie *Nanna/Su.en* meinen. Immerhin stellen sie auf Grund einer fehlgedeuteten Zeile 398 der TH 31 Überlegungen an, die auf *En.lil* hinweisen könnten. BM zögert nicht: der Vater soll *Nanna* gewesen sein. Beide Quellen versuchen, ihre Stellungnahme durch Texte zu unterlegen, die **später** als Encheduanna anzusetzen sind. BM als einzige zitiert dazu auch eine - rd. fünfhundert Jahre **nach** dem Tempelbericht entstandene - Hymne aus Larsa, die zwar einerseits all die vordergründigen Bullen-/Ochsen-/Bison-Behauptungen der modernen Standardübersetzungen vorwegnimmt, andererseits aber erwähnt, wer angeblich den Tempel in Kazallu ursprünglich erbaut haben soll: *En.lil* für seinen leiblichen Sohn *Nu.musch.da*!

So nebenbei haben wir eben teilweise den oberflächlichen Eindruck gestreift, den die englischen Übersetzungen bei TH 31 hinterlassen: es sei angeblich zweimal von einem Bullen die Rede, außerdem von einem Ochsen, einem Bison, einer Löwenpratze oder Löwenzähnen und einem Kalb.

Uff !!! Der reinste Tierpark - wie so oft ...

Wer das glaubt, hält Encheduanna für eine naturmalende tierbezogene Schwätzerin, die sie nun partout nicht war. Wir werden sehen!

Keine der bisherigen Übertragungen versucht ernsthaft, den Namen des Tempelherrn zu hinterfragen. Nur BM meint, gescheit wie immer, oberflächlich, das besage „Schlangenperson". Wir haben in TH 27 auf eine Nispe geschlossen und das Anfangs-*nu* als *Licht* genommen: - *Der mit der Lichtschlange geht/mit der Lichterscheinung kommt!* Die „Lichtschlange" sahen wir dabei als den Blitz, der den „Regenmacher" *Adad/Nu.musch.da* begleitet. Ohne daraus Konsequenzen zu ziehen, bieten SB im Kommentar wieder einmal einen wertvollen Überblick über verschiedene Schreibungen des Namens, die es unter zwei Voraussetzungen zu prüfen gilt: das Anfangs-*nu* kann auch *Dreher/Drehendes/drehen* usw. hergeben und *musch* kann je nach Homophon auch als *Erscheinung/Form/Gestalt* usw. gesehen werden. Damit:

- *nu-musch-da: der mit der Lichtschlange geht/mit der Lichterscheinung kommt*
- *nu-TUG$_2$-musch-da: der mit der Schlange/Erscheinung kommt, die Licht besitzt/Drehung hat*
- *nu-mu-usch-ta: der mit einem Dreh-/Licht-Flugapparat die Basis verlässt*

- *nu-umusch*[musch]*-da: der mit einer gedachten Schlange kommt, die sich dreht/leuchtet*

Die Beschreibungen der *Dingir*-Rolle stimmen überein. Die erstgenannte Form soll schon in der ältesten bekannten Fundstelle (ca. 250 - 300 Jahre vor Encheduanna) so stehen. Interessant erscheint die Letztgenannte, da sie mit *umusch*[musch] einen äußerst seltenen Ausdruck präsentiert, in dem das hochgestellte [musch] einen Gattungsbegriff darstellt, der *Schlange* ansagt. Die mit *umusch* **konkret** angezogene *Schlange* aber gibt es nicht. Dieses sumerische Wort bedeutet nach dem ePSD (32) etwa *Gedanke/Verstehen/Plan/betrachten.* Die gemeinte *Schlange* besteht demnach nur als *Gedanke/Plan* und in der *Betrachtung,* womit klargestellt wird, dass das Reptil nur bildhaft zu verstehen ist.

So geistig unbedarft, wie manche meinen, können die alten Sumerer angesichts dieser Sprachkonstruktion doch wohl kaum gewesen sein...

Z 396: Kazallu, dein Gebäude ist oben zum Aufnehmen/Empfangen ausgestaltet.

Z 397: Eine vergrößerte Vertiefung kann benutzt werden. Die Empfangsvorrichtung ..... ist bewundernswert aufsteigend errichtet.

Im spezifischen Wortschatz der Priesterfürstin darf man *scha*$_3$ nicht mit „Inneres" gleichsetzen, wie es **konventionell** bisher geschah, damit man von einem „Innern des Himmels" erzählen konnte. Sie meint damit (z.B. Z 29/42/57/82 usw.) *Ankündiger/Empfänger/Aufnehmer,* was als eine Art *Hort* oder als *funktechnische Anlage* verstanden werden darf. Hier geht es um einen Gebäudeteil, der *von oben* ein Objekt *aufnehmen/empfangen/bergen* kann. Das Objekt wird dann in Z 398 bzw. 399 näher bestimmt.

Wenn man unter diesen Voraussetzungen versucht, das Bild zu sehen, das Encheduanna mit ihren Worten malen wollte, dann kann man auf dem Gebäude *oben* eine Art Plattform erkennen. Auf der ist etwas *hochgezogen/gewachsen,* in dessen Innerem eine *Vertiefung/Nest,* wo ein Flugobjekt *aufgenommen* werden kann. Das könnte die *aufsteigende Wallgestaltung* der Z 189 in TH 16 ansagen wollen, in die der *„Stier"*, die *„Schale"*, hinein landen kann, wenn er keine Wasserfläche zur Verfügung hat.

Wo der Tempelort lag, weiß man nicht genau. Verschiedene Hinweise zeigen vom heutigen Dulaim-Dilbat nach Osten oder Südosten, demnach in Richtung auf die nordwestliche Ecke des bisher besprochenen umfangreichen sumerischen Tempelgebietes. Warum keine Spur von Kazallu zu finden ist, mag der Leser aus folgendem Bericht schließen, den wir aus unserem unvollendeten Entwurf für einen historischen Roman über Encheduanna´s Leben und Wirken entnehmen. Das berichtete Ereignis spielte sich irgendwann in der zweiten Hälfte der Königszeit ihres Vaters Sargon des Großen ab, jedenfalls nach dem Zeitpunkt, zu dem Sargon die neue Hauptstadt Akkad bereits ausgebaut und bezogen hatte.

Kazallu wurde ausradiert, weil es revoltierte

„An der Nordgrenze des eigentlichen Herrschaftsgebietes ihres Vaters brach eine Revolte aus. Der Sargon dem Großen tributpflichtige König Kaschtubila von Kazallu, der Hauptstadt des Landes Simurrum, weigerte sich, eingesammelten Tribut abzuliefern. Das konnte Sargon nicht dulden, der sich ja selbst stolz zum *König über Alles* ernannt hatte! Wenn auch nur einem einzigen Kleinherrscher dies durchginge, würden alle anderen es auch versuchen. Schnellstens eilte Sargon an das zu Kazallu nächstgelegene eigene Truppenzentrum und marschierte mit den dort verfügbaren Truppen ohne Warten los. Vorsorglicher Weise ließ er jedoch von Süden Verstärkungen nachrücken.

Kaschtubilas Spione berichteten diesem, Sargon komme nur mit einem kleinen Heer. Der Herrscher von Simurrum täuschte sich aber über die Schlagkraft dieser gut ausgestatteten und voll durchtrainierten Truppe. Sein Heer wurde auch ohne Eingreifen einer Verstärkung Sargons vernichtend besiegt, er selbst schamvoll gefangen. Der *König über Alles* machte die Stadt Kazallu und das Land Simurrum dem Erdboden gleich.

Die Chronisten berichten der Nachwelt auf Tontafeln, *nicht einmal ein Vogel hat noch einen intakten Platz gefunden, auf den er sich hat niederlassen können!* Konkreter noch wird überliefert, *Sargon habe 50 Doppelmeilen um den Palast des Kaschtubila das Land völlig entvölkert.*

Die Knochenreste, die nach der von ihm gelegten Feuersbrunst übrigblieben, so steht geschrieben, *die Ratten haben sie aus Hunger gefressen!*

Doch nicht nur mit dieser Abschreckung wurde Propaganda getrieben, es wird von den Chronisten auch betont, der gefangene König habe den geschuldeten Tribut mit sich geführt und dieser sei in vollem Umfang in Sargons Hände gefallen. Die Hauptstadt Akkad habe dem siegreichen Rückkehrer jubelnd die Tore geöffnet ...“

Hinter diesem Bericht stehen aber Fragezeichen. Einmal wird die gleiche Geschichte auf Vasen und Tontafeln auch für Sargons Sohn und

Nachfolger Rimusch beschrieben. Andererseits gibt es in den Aufzeichnungen betreffend Sargon eine Jahresbezeichnung, die sich auf **seine** Eroberung von Kazallu bezieht. Schließlich ist Simurrum als Herrschaftsgebiet nördlich oder nordöstlich der Dyala-Region lokalisiert worden, also im Tigrisgebiet und nicht in der Euphratgegend nahe dem oben postulierten Dulaim-Dilbat.

Wieder zurück zur Übersetzung der TH 31 kommt man zu den beiden Zeilen, in denen aufscheint, welches „Ding" in der mit einer Mauer umgebenen *aufnahmebereiten Vertiefung* der Z 396 und 397 geborgen werden konnte.

Z 398: Dein Fürst lässt/macht den Flugstier/die Flugschale .....

..... saust hinaus, heftig durcheinander schüttelnd.

Die angedeuteten Fehlstellen lassen sich auf den beinahe 4.000 Jahre alten Tontafeln der Originale leider nicht entziffern. Klar ist aber, dass *ninda*$_2$ - wie schon in den Z 17 und 170 - keinen leibhaftigen Stier wie auf Englisch zeichnen will, sondern nur bildlich zu verstehen ist. Das „Ding", das jeweils angesprochen werden soll, kann von Encheduanna vor 4.300 Jahren in der Sprache ihrer Zeit mangels fehlendem technologischem Begriff nicht direkt benannt werden, weshalb die Berichterstatterin auf bildhafte Analogien zurückgreifen muss: die mit dem Keilschriftzeichen *ninda*$_2$ bezeichneten Sachen (*Maßschale, Saatrichter, Trommel* und das uralte Schriftzeichen für *Stier)* haben alle etwa das gleiche Aussehen, womit der *Stier* ebenfalls als eine formbeschreibende Analogie zu verstehen ist, die auf eine bestimmte Gestaltung hinweist - auf eine (breite) U-Form oder unten abgeflachte (verlängerte) V-Form. Nach den Andeutungen, welche die Priesterfürstin uns gibt, sah das „Ding", das wir hier und sonstwo immer wieder *Flugstier/Flugschale* nennen, tatsächlich rund und wie beschrieben aus.

Im übrigen bleibt es unerfindlich, woher die englischsprachigen Übersetzter dann auch noch den „Stiersamen" fließen lassen wollen, der bei ihnen in der zweiten Hälfte dieser Zeile zu einer wundersamen „Zeugung" des Tempelherrn durch einen „Wildochsen" geführt haben soll. BM stilisiert den vermuteten Vorgang zusätzlich und noch unbegründeter hoch zu einer Geburt „in den reinen Bergen". Wie so oft vergewaltigt BM hier brutal das sumerische Original. Der Kontext gibt für *am* keinen

„Wildochsen“ her, es stellt eine Verstärkung des nachfolgenden *e* = *hinausgehen* dar, was wir als *hinaussausen* erfassen möchten. Eine ähnliche Konstruktion folgt nach mit *tu-da*, wobei das angehängte *-da* diesmal eine Verstärkung des vorhergehenden Wortes *tu* = tu_{11} = *tun* = *schütteln* bewirken soll. Wir tragen dem Rechnung mit *heftig durcheinander schütteln*.

Doch weiter mit der nächsten Aussage:

Z 399: *Der mächtige Stierähnliche raucht und dreht sich. Der Herr des Zu-Gas-Werdenden/des zur Gaserzeugung geeigneten Materials (= Karbid) macht den „Leuchtenden“ bereit.*

Auf Englisch kommen hier bei SB und KJ - bitte festhalten - „gesprenkelte/blitzende Augen“ und ein „Herr“ vor, der die „Zähne eines Löwen hat“. BM nimmt sich die Freiheit, eine Vermutung von SB als sicher hinzustellen. Die geben zu, dass das, was als *mächtig* bezeichnet wird, im Original nicht lesbar ist und vermuten auf Grund eines anderen Keilschrifttextes, es könne sich dabei um einen „Bison“ handeln. Dieses Wildvieh erscheint später bei BM unkritisch in voller Wucht - und statt der „Zähne des Löwen“ hat der „Herr“ bei ihr die „Fänge eines Löwen“.

Wenn man dem vermuteten „Bison“ = *alim* nachgeht, findet man, dass der Begriff **nur bildlich** zu nehmen ist und ***etwas wie*** *einen Wildstier* meint - einen *Stierähnlichen*.

Die sumerische Basis für den anderen Teil unserer Übertragung finden wir, indem wie üblich alle gefundenen Keilschriftvarianten abgeklopft und **Hörfehler** einkalkuliert werden. Dann haben wir als Ausgangstext z.B. *ibi* statt *igi* und *schu* statt zu_2. Das zuletzt Erstgenannte stammt übrigens aus dem sog. Küchendialekt *eme-sal,* meint *Rauch, rauchend* und hat uns in Teil I bei Z 40 länger beschäftigt. Es bedeutet auch *das zur Rauch-/Gaserzeugung Geeignete* und ist gemäß TH 42 nichts anderes als Karbid. In diesem Sinn kommt es wie zur Bestätigung anschließend in Z 400 wieder. Der *en-schu* wird so verkürzt zu einem *Herrn des Karbids.* !!!!!

Das lässt eine interessante Frage hochsteigen: durch die Literatur geistert immer wieder *EN.ZU,* der oft mit *Su.en* = *Nanna* identifiziert wird. Liegt da eine uralte Verballhornung von *EN.SCHU* zu *EN.ZU* vor?

ZU, das heißt *Wissen* - worum? Um *SCHU,* um *das zur Gaserzeugung Geeignete* ?? Wie wärs, wenn ein junger mutiger Sumerologe die **ältesten**

Quellen über *EN.ZU* auf den zugehörigen Kontext abklopfen würde? Vielleicht taucht ein Zusammenhang auf? Zum Beispiel ein Bezug zu *kur*, was dann nichts mit *Berg* oder *Totenwelt* zu tun hätte, sondern mit *brennen/rösten* …Oder müssen wir *en zu*$_2$ wörtlich nehmen? *Herr des Spaltgerätes*? *ZU* besagt ausserdem aber nicht nur *Wissen*, sondern auch *Weisheit, Planung, Urteil, Weisungen.*

EN.ZU = Herr der Weisungen ??? = oberster Weisungsgeber ? = An ???

Hinzu kommt wieder die leidige *PIRIG*-Affäre, die uns schon mehr als ein halbes Dutzend Mal beschäftigt hat. Verengt man, wie es die Sumerologen normalerweise tun, diesen Begriff zu einem *pirig = Löwen*, dann läuft ein wildes Tier dort umher, wo die Tempelberichte, richtig verstanden, einen *Glänzenden/Leuchtenden* sehen.

Z 400 bis 403 sind in den Originalen eine Art Fleckerlteppich, weshalb SB auf einen Keilschrifttext verweisen, der ihrer Ansicht nach ähnlich gewesen sein könnte. Letztlich aber bleibt bei ihnen mit vielen Lücken Unverdauliches, bei dem ein „Kalb" und unerkannte andere Dinge angeblich „ergriffen" werden. Aber auch das „Kalb" löst sich vom Kontext her in Wohlgefallen auf, weil nicht *amar* gelesen werden darf, sondern wie bei Z 183 *a mar* gehört werden sollte: *seitliche Mauer.*

BM übertrifft sich beim Texterfinden hier selbst und bringt einen wohlklingenden fortlaufenden Erguss aus 24 Wörtern. Da kommt nicht nur ein „Kalb" auf uns zu, sondern erscheinen auch „Klauen", „Netze", ein „Bulle" und schließlich gar - abstrakt und gruselerregend! - „das Böse"!!!

Hoppla !!! Extrem !!! Kaum zu verdauen…

Wir übernehmen von SB das vermutete *umbin*, sehen darin jedoch keine „Klaue" oder einen „Nagel", sondern erlaubterweise einen *Poller*, weil der in den Kontext passt. *SCHE-ba* ist angeblich allen Sumerologen unbekannt. *SCHE/sche*$_3$ wurde aber bei Z 307 und Z 322 als *an den Haken legen/andocken* erkannt. Wenn etwas wie im Original *Annäherung macht,* dann wird es in gutem Deutsch *herbeigebracht.* Damit:

Z 400: Poller dienen zum Andocken. (Karbid =) Das zur Gaserzeugung Geeignete wird von der Seitenmauer herbeigebracht.

Z 401: …………………………………….. wird Karbid herbeigebracht.

Z 402: .... *wird Karbid herbeigebracht.*

Z 403: .... *dreht sich, seine Lage verändernd. Ein „Großer ......“ (=* Flugapparat-Lenker?*) bringt (*schwarzes*) „Holz“/Feuerkraft/ein Ölderivat von der Seite herbei.*

Wenn bei „Holz“ das Wort *schwarz* von uns ergänzt worden ist, dann mit Bezug auf Z 244 und 432. Dass es sich dabei um ein Ölderivat handelt, ergibt sich aus Z 264/265.

Bei Z 404 konnten wir uns einerseits mit den Übersetzungen auf Englisch nicht anfreunden, weil ein im sumerischen Keilschriftoriginal vorhandener Genitiv nicht zu finden war. Auch gab es andererseits für den Anfang der Zeile eine Hauptfassung in behaupteter sog. Silbenschrift, auf die alle sich bisher bezogen hatten, und eine - für uns grundsätzlich wichtigere - vernachlässigte Nebenfassung in Wortzeichen. Während dieser Silbenschrift-Anfang bei SB mit Zögern als „Leiter zum Berg führend“ gedeutet wird, nimmt BM eine „Bergleiter“ als sicher an. KJ sehen darin eine „Schwelle des Berges“. BM und KJ sprechen unübersetzt und doppelnd aber auch von einem Ort Kunsatu.

Die als Variante bisher vernachlässigte Wortzeichenkombination *I.DIB* macht uns aus technologischer Sicht keine Probleme: *Öl-Sammler/Öl-Aufnehmer...* Hinzu kommt, dass das *sa-tu,* das man bisher in Universitätskreisen als ein akkadisches Lehnwort mit der Bedeutung „Berg“ angesehen hat, ganz normales unerkanntes Sumerisch ist mit der Aussage *sa = stilllegen/ruhen lassen* und *tu = herauspressen/hinausdrücken.*

Der *Öl-Sammler/-Aufnehmer* diente demnach zum *Klären* von geschöpftem Öl durch *Ruhenlassen* und Absetzen von schwererem Wasser und Unreinheiten, worauf das geklärte Öl aus dem *Aufnehmer*/Klärbecken *hinausgedrückt/hinausgepumpt* werden konnte. Das gesammelte Öl war, wie auch zu Encheduannas Zeit, Oberflächen-Erdöl, das in Sumer stellenweise spontan zu Tage trat. Der Rest war technisch ein Kinderspiel:

Z 404: *Oh Öl-Sammler des Groß-Herrn Nu.musch.da zum Klären und Abpumpen,*

Es folgen die üblichen Schlusszeilen. Dort wird in einer Variante der Ortsname wiederholt, der von anderen und von uns noch nicht untersucht worden ist. In den Umschriften der Tempelberichte wird er mit *ka-*

zal-lu ki angegeben, in den Umschriften betr. die Königsinschriften von Sargon oder Rimusch aber mit *ka-za-lu ki*. Unter Beachtung eines Mittelteiles *zal = leuchtend/aufscheinend* konnten wir keinen Sinn finden. Die andere Schreibweise öffnete sich erst, als wir die Namen von zwei anderen Orten zu entschlüsseln versuchten, die im Kommentar von SB als in der Nachbarschaft von Kazallu liegend erwähnt werden.

Da geht es zunächst mal um Ninab oder in älterer Schreibweise um *NI-na-AB ki*. Der Tempelherr *Nu.musch.da* von Kazallu wird nämlich auch als *u_3-mu-un-in-na-ba ki* bezeichnet, als *Der stolze Fluggerät-nach-oben-Treiber* von Ninab. Dieser Platz lässt sich übersetzen mit *Ort der Brenn-Öl-Quelle*.

Sodann kommt dieses Ninab mehrmals in alten Keilschrifttexten zusammen mit *SCHID-tab ki* vor. Das aber ist auf Deutsch so etwas wie eine *Zwillingsstelle zum Kneten/Auflecken/mit Tonrohren*.

Wenn der Leser seine Phantasie spielen lässt, dann sieht er vor sich eine *Zwillingsstelle* zu Kazallu, an der *Oberflächen- Brenn-Öl* mit *Tonrohren aufgeleckt/aufgesammelt* wird.

Und *KA.ZA.LU ki*? Zwei Interpretationen sind möglich. Einmal nehmen wir *ZA* als *Mensch*, womit wir auf einen *Ort der getrübten Menschenquelle* stoßen. Indessen kann *ZA* nach dem ePSD (32) - eine Wörterliste Sumerisch/Englisch, die wir von Anfang an immer wieder benutzt haben - auch *verschließen* meinen, womit wir auf einen *Ort der verschlossenen/zugedeckten trüben Quelle* stoßen.

Weshalb diese Quelle *verschlossen* war und wovon sie *getrübt* war, wird offensichtlich, wenn man die soeben in Z 404 für Kazallu erarbeitete Umschreibung beachtet: an die *zugedeckte Quelle* war der *Öl-Sammler zum Klären und Abpumpen* angeschlossen!!!

Demnach war Kazallu der *Ort der zugedeckten Ölgetrübten Quelle…*

Die Schlusszeilen lauten dann in der Fassung, die Kazallu anspricht:

Z 405: *dieser hat am Ort der zugedeckten Ölgetrübten Quelle dein herrliches Bauwerk zu seinem Aufenthalt erwählt und seinen Thronsitz bleibend dort errichtet.*

Z 406: *10 (Zeilen) Tempel des Nu.musch.da in Kazallu.*

Eine Hymne auf *Nu.musch.da,* rund fünfhundert Jahre nach Encheduanna einem König von Lagasch gewidmet, bringt insofern etwas Neues als sie behauptet, *En.lil* selbst habe einst den Tempel in Kazallu für *Nu.musch.da* erbaut. Das dürfte bestätigen, was wir zu TH 27 festgehalten haben: *En.lil* war der richtige Vater des Tempelherrn und nicht *Nanna,* wie uns BM glauben machen will.

Sachaussagen TH 31

Ort: *ka-za-lu ki* = Stelle der zugedeckten Ölgetrübten Quelle

Tempel-*Dingir*: *Nu.musch.da* = Der mit der Lichtschlange kommt

Tempel-Name: *e_2-nu.musch.da* = Tempel dessen, der mit der Lichtschlange kommt

Z 396: Der Tempelbau ist oben zum Aufnehmen des Flugapparates offen.

Z 397: Er hat die Gestalt eines *nach oben offenen wallartigen Baus* (ähnlich wie bei TH 15?).

Z 398: Der Flugstier saust hinaus, wobei der Bau heftig durcheinander geschüttelt wird.

Z 399: Der Stierähnliche rotiert. Der Herr des zur Gaserzeugung Geeigneten macht den „Leuchtenden“ bereit.

Z 400: Poller dienen zum Andocken/Festzurren. Karbid wird wird von der Seitenmauer des wallartigen Baus herbeigebracht.

Z 401 und Z 402 sind weitgehend unleserlich, betonen aber jeweils, dass Karbid eingefüllt wird.

Z 403: Ein *„Großer……“* schafft *Feuerkraft* = Treibstoff herbei, wobei es sich, da Karbid schon bei den Z 400 – 402 eingefüllt worden ist, nach anderen Zeilen der Tempelberichte (vgl. z.B. Z 264/265) nur um ein Ölderivat handeln kann.

Z 404: *Nu.musch.da* wird als Groß-Herr eines *Öl-Sammlers* zum Klären und Abpumpen bezeichnet.

TH 32: Nin.ur.ta an der Ausweichstelle Marda

Die Keilschriftquellen für diesen Bericht sind schlecht erhalten. Immerhin kann man auf der sog. Tontafel A ziemlich sicher 9 Zeilen als solche erkennen, die allerdings teilweise völlig unleserlich sind. Wir können daher mit SB bis Z 415 zählen und die 9 Zeilen dort vermerken.

Worum es in dem Text überhaupt geht, eröffnet uns indirekt der Gebäudename, mit dem der Text beginnt. Diese Tempelbezeichnung erscheint nach Auskunft des Kommentars von SB noch in zwei anderen Keilschrifttexten als Tempel eines *Lugal.mar*$_2$*.da* in *mar*$_2$*-da ki.* Womit nach beiden Benennungen gesucht werden kann.

Der Ort war in der Vergangenheit auch als Marda oder Marad bekannt und ist nach einem Zitathinweis von SB mit dem heutigen Wannet as-Sa´dun identisch. Das soll etwa 50 km südlich von Kisch gelegen haben. Nach Texten zu urteilen, die in der Zeit vor Encheduanna geschrieben worden sind, wurde der Ort damals mit einem Homophonzeichen für *MAR/mar* geschrieben, das in moderner Umschrift, wie oben gezeigt, die Fußzahl 2 erhält. In keinem Wortverzeichnis konnten wir dieses alte *MAR*$_2$ entschlüsseln. Ohne sicher zu sein, nehmen wir an, lediglich die sumerische Schreibung habe sich bis zur Zeit der Priesterfürstin geändert, nicht aber der Wortsinn. Dann könnten wir wegen *MAR/mar* entweder von einem *Ort mit Schaufeln* ausgehen oder von einem *Ersatz genannten Ort,* einer *Ausweichstelle.*

In dieser Phase der Überlegungen kommt die Bezeichnung des Tempelherrn ins Spiel. Er wird in anderen Keilschrifttexten mit jemand gleichgesetzt, den wir von TH 4 aus Teil I kennen: *Nin.ur.ta!!!* Die Übersetzung *Ausweichstelle* könnte somit eher in den Kontext passen, da dessen Hauptstartort in Nippur lag.

Nun zu dem Versuch, die Tempelbezeichnung zu erfassen. Die Übersetzungen in´s Englische stellen alle auf *Tempel, Auge des Landes* ab. Unausgesprochen bleibt dabei, dass mit „Land" das Gebiet von Sumer gemeint ist. Dann darf man *igi* statt „Auge" auch als *vor* verstehen im Sinn von – geografisch – *oberhalb* vom eigentlichen Sumer. Daher *Tempel am Rand von Sumer…*Und die zweite Hälfte der Eröffnungszeile besagt nicht etwa „fest gegründetes Fundament" oder so ähnlich, sondern erzählt von *Verbindung ermöglichen.* Das passt in den Kontext mit der *Ausweichstelle…*

Z 407: *Tempel am Rand von Sumer, Basis, welche die Verbindung ermöglicht,*

Bei den Zielen der Verbindung kann es sich um Stellen auf der Erde aber auch am Firmament - verstehe Raumstation *„Himmel“* - handeln.

In der nächsten Zeile darf man wieder einmal *chur sag* nicht als „Hauptberg“ ansehen, muss vielmehr, wie von uns bei TH 7 in Teil I erarbeitet, darunter einen der *Haupt-Röstofen* zur Karbidherstellung oder allgemein *Verhüttungsofen* erkennen.

Z 408: *Röstofen, in dem („Holz“ =) Brennstoff hergestellt wird, breit/ausladend/großflächig an den Rand des Ortes hingestellt.*

Das „Holz“ ist wie schon in Z 62, 244, 299 usw. als *Brennstoff* zu verstehen und hat hier wohl den Sinn von *Treibstoff = Karbid.*

In der nächsten Zeile glauben SB und KJ etwas wie „Feindesland“ zu entdecken, während BM eigene Wege betreten möchte. Sie behauptet freiweg, das sumerische Original unterscheide sich nur im Verb von Z 74 und überträgt mit „böse Nacken habende Rebellen, die zerschmettert werden“.

Uff !! Man sehe das Gewimmel und höre das Gestöhne...

Wir hatten bei der erwähnten Z 74 verhältnismäßig frei, aber doch viel näher am Wortsinn übersetzt mit Hinweis auf einen *großen Sieger über das Feindesland.* Deshalb wollen wir hier noch wörtlicher bleiben, finden aber bestimmt keine „bösartigen Nacken“ oder „Rebellen“. Die Punktierung zeigt unleserliche Stellen an, worauf noch die Übertragung des letzten erkennbaren Wortes folgt.

Z 409: *Der, von dem gesagt wird, er sei feindlich mit Kraft gegen das Ausland/Feindesland .... Loch/Vertiefung.*

In der folgenden Zeile wollen SB unter Vorbehalt vielleicht „Erde“ und „Firmament“ erkannt haben, offensichtlich aber zusätzlich *nin* mit *Dingir*-Determinativ. KJ schweigen über die Reste dieser Zeile, während BM wieder einmal phantasievoll in unbegründete Gefilde mit einem „himmlischen Platz einer *Ninsunanna*“ vorstößt. SB haben aber schon vorher betont, der auf der Tontafel verfügbare Raum reiche nicht aus für den Namen der Gattin von *Lugal.mar₂.da*, deren richtige Bezeichnung zudem *Nin.su₂.an.na* lautet.

Kann man überhaupt sicher sein, so fragen wir, dass da ein *Dingir*-Determinativ steht? Kann man sicher sein, das als *nin* gelesene Zeichen bedeute nicht vielleicht doch *eresch*? Ist da eventuell etwa statt *eresch₂* = *Karbid* etwas falsch geschrieben worden? Da war doch die Rede von einem *Hauptbrennofen*? Kann jemand in der jüngeren Sumerologengeneration sich die entsprechenden Tafelstellen (nicht auf der Abzeichnung sondern) auf den Originaltafeln noch einmal genauer ansehen?

Z 410: ………….. (Erde?)…. (Firmament?)…. *Dingir?*…. *Nin?* ….

Angesichts der insgesamt 9 Zeilen, die wir oben vorgerechnet haben, und unter Beachtung der üblichen Struktur der Tempelberichte können wir die Schlusszeilen Z 414 und 415 ziemlich sicher ergänzen. Es bleibt daher **Ungewissheit bezüglich Z 411, 412 und 413**. Der Endtext **könnte ungefähr** so gelautet haben:

// Z 414: *… hat, oh Tempel am Rand von Sumer, dein herrliches Bauwerk*
// *zu seinem Aufenthalt erwählt und seinen Thronsitz bleibend dort*
// *errichtet.*

// Z 415: *(9 Zeilen) Tempel des Lugal.mar₂.da an dem Ausweichstelle*
// *genannten Ort.*

Die Hinweise in diesem Bericht sind dürftig. Zum Ort erläutern SB noch, dort sei auch ein Tempel des *Nu.musch.da* erwähnt worden.

Sachaussagen TH 32

Ort: Marad = *mar₂-da ki* = Ausweichstelle= Wannet as-Sa´dun

Tempel-*Dingir*: *Lugal.mar₂.da* = König der Ausweichstelle? = *Nin.ur.ta*

Tempel-Name: *e₂ igi kalam-ma* = Tempel am (ergänzt: oberen) Rand von Sumer

Z 407: Der Tempel am oberen Rand des sumerischen Kerngebietes stellt eine Basis für Verbindungen zu anderen Orten dar.

Z 408: Am Platz befindet sich ein Haupt-Röstofen, der „Brennstoff" herstellt, womit offensichtlich Treibstoff gemeint ist.

Z 409: Der Tempelherr wird - wie in TH 4 - als der bezeichnet, der mit Kraft gegen Feinde *im Ausland* vorgeht. Am Ort ist eine Vertiefung erwähnenswert.

TH 33: En.lil´s Bruder Isch.ta.ra.an/KA.DI, der Sklavenaufseher der Dingir in Deri

Erst in Z 422, unmittelbar vor den Schlusszeilen dieses Berichtes, wird der Tempelherr mit *KA.DI* angesprochen. Eine umfangreiche Diskussion unter Sumerologen hat dann ergeben, diese Wortzeichen müssten als sog. Silbenschrift *isch-ta-ran* „gelesen" werden. **Diese Konvention ist unwissenschaftlich.** *KA.DI* kann viel aussagen, aber keineswegs das Gleiche wie *Isch.ta.ra.an* - wie die andere Bezeichnung des gleichen *Dingir* richtig lautet. Und doch kann man unter den deutschen Bedeutungen beider Benennungen zwei finden, die bestätigen, dass es sich um die gleiche Person gehandelt hat. *KA.DI* meint nämlich auch *Der mit Lärm geht/sich bewegt*, während *Isch.ta.ra.an* mit *Der vom Schrein zum „Himmel" fährt* übersetzt werden darf. Hinzu kommt eine ganz alte Gleichsetzung von *KA.DI* mit dem Schlüsselbegriff, der uns in Teil I der „Offenbarungen" lange beschäftigt hat: *KA.AN.NI.SI* !!! Im Klartext, wenn wir, wie so oft bei Bezeichnungen, die Sprachform als Nispe erkennen: *Der sich mit Lärm bewegt = Der mit dem Antriebslärm des „Oben-Glänzers"* !!!

Wer angesichts dieser Kreuzübereinstimmungen mit anderen Texten unsere Findungen jetzt immer noch zurückweisen will, muss verbohrt sein oder aus beamtenrechtlichen Gründen nicht zustimmen dürfen...

SB haben mal wieder das Verdienst, auf Beinamen der Persönlichkeit hinzuweisen. Er werde auch *i-bi*$_2$*-schuba* genannt oder wie ebenfalls in Z 422 des Berichtes *lugal-BIR-an-na*. Hinzu komme noch *LUGAL SA.TU-i.*

Der erstgenannte zusammengesetzte Ausdruck machte Schwierigkeiten, weil in den Lexika verschiedene Aussagen über die Teilelemente vorliegen. Daher:

- *Der früher Rat gewährte* oder *Der früher Urteile fällte,*

- *Der zuerst die Glut zuteilt,*
- *Der Rauch und Glut verbreitet.*

Die erste dieser Bezeichnungen stimmt mit der Rolle als Ratgeber und Richter überein, die der Person in anderen Keilschrifttexten zugeordnet wird. Die beiden anderen gehen konform mit dem, was wir für die Hauptnamen gefunden haben.

Der in Z 422 angesprochene Beiname blieb bisher ein Rätsel, weil Sumerologen mit dem Bestandteil *BIR* nichts anzufangen wussten. Nun öffnet die meist gefundene Bedeutung *zerkleinern* oder *hochziehen* tatsächlich keinen Zugang. Doch soll, so nebenbei erwähnt, auch *kuru*$_5$ = *Heuhupfer* denkbar sein. Da hilft uns dann mal wieder Teil I mit der auch hier weiter vorne zu findenden Z 332 weiter. Dort hatten wir bei *Isch.kur* in TH 27 einen *glanzmetallenen Heuhupfer* entdeckt, der auch als *dauerhafter insektenartiger Firmament-Aufsteiger* beschrieben wurde. Der wurde - wörtlich - mit *Wasser-Gas betrieben, flog in schneller Rotation dahin und stieß Rauch, Gestank und einen Heulton aus.*

Hoppla!

So wurde also *Isch.ta.ra.an* auch als *König des Firmament-Heuhupfers* in dem soeben erklärten Sinn gesehen. Der Kontext stimmt mal wieder!

Der auch angeführte *LUGAL SA.TU-i* hat nicht, wie behauptet, etwas mit Bergland oder so ähnlich zu tun. Wir können auf die Vorarbeiten bei Z 403 zurückgreifen und festhalten: *König des Absetzenlassens und Herausnehmens von Öl* !!! Demnach ähnlich tätig wie *Nu.musch.da* in TH 31.

Ergebnis: Auch wenn es beamteten Wissenschaftlern nicht in den **konventionellen** Kram passt, die Beschreibungen und Beinamen von *KA.DI* sind, nicht bestreitbar, in **unserer** Übersetzung kohärent…

Mit diesem Vorwissen kann man die Auftaktzeile angehen, für die SB und KJ etwas von „Entscheidungen treffen" erzählen, ansonsten aber zugeben, über die Hälfte unverständlich zu finden. BM stört das mal wieder nicht, sie meint diese Entscheidungen *würden mit großer Sorgfalt getroffen, um die Menge/das Volk zu schützen.* Wo sie das herholt, bleibt wie öfters unerfindlich. Alle bringen als Ortsname Der oder Deri, wobei KJ vermerken, dies sei Akkadisch und ein sumerischer Name sei nicht bekannt.

Diese Behauptung erstaunt nun doch, weil der Text mit *BAD_3.AN ki* beginnt.

Dass diesen sumerischen Ortsnamen Sumerologen nicht übersetzen können, steht auf einem anderen Blatt.

Wir waren *BAD_3* schon früh in TH 1, Z 8 begegnet und später mit gleicher Bedeutung an anderen Stellen: *das Sich-Entfernende/Wegschwebende.* Eine Zeilenergänzung hatte damals erkennen lassen, das „Ding" sei *bewohnbar* gewesen und *von Technikern konstruiert.* Nur das *AN* macht Probleme, weil seine Vieldeutigkeit vom Kontext her hier nicht klar eingeschränkt werden kann. Haben wir einen *Wegschwebenden des AN* oder einen *zum „Himmel" Wegschwebenden* vor uns oder einen *oben Wegschwebenden*?? Wir entscheiden uns ohne große Überzeugung für das in der Mitte Genannte.

Z 416: Ort des zum „Himmel" Wegschwebenden; außerhalb des Tempels existiert ein großer Werkbau. Die „Schale des Überflusses" steigt auf. Antworten/Extrakte werden zugeteilt.

Schon in Z 10 hatten wir ebenfalls einen *großen Rundbau zum Werken* gefunden. Den aufmerksamen Leser wird der aufgeführte Beiname *Schale des Überflusses* des „Wegschwebenden" nicht erstaunen. Er erinnert daran, dass das Raumobjekt *„Himmel"* auch als der *Ort des Überflusses* von den Sumerern bezeichnet worden ist.

Für den letzten Zeilenteil gibt es auf den originalen Tontafeln zwei Schreibvarianten, die beide Sinn machen. Dies gilt für die Schreibung *gi_{16}* insbesondere dann, wenn man sich den gedanklichen Sprung erlaubt, unter „Extrakte" *Erdölabkömmlinge* zu sehen. Das fällt ja nicht so weit weg von LUGAL.*SA.TU-i* – siehe oben *König für das Absetzenlassen und Herausnehmen von (Erd-)Öl*!

Die Zeilen 417/418 müssen, wie auch von den früheren Übersetzern schon erkannt, zusammen gesehen werden, wobei für uns der Angelpunkt mittendrin am Anfang von Z 418 steht: *gisch-$buru_2$*. Wenn man darunter wie bisher auf Englisch eine „Falle" versteht, dann rennt man unweigerlich in eine Falle. Wir haben uns schon bei Z 104 in TH 8 betreffend den Tempel von Ur mit diesem zusammengesetzten Ausdruck beschäftigt und gefunden, es müsse ein *Gerät zum Verkünden* gemeint sein, eine

Sprechfunkverbindung, mit der *Befehle/Ratschläge/Hinweise* erfolgen. Dann kann *ka₂* am Anfang der Z 417 keineswegs das in allen bisherigen Übersetzungen beschworene sog. Schlangen-„Tor" sein! Von „Schlangen" ist da nun wirklich nichts zu entdecken!! Das Wörtchen steht im Gegensatz zum „Wegschweben" der vorhergehenden Zeile und ist, vom sumerischen Wortsinn her erlaubt, als „Zugang" bzw. „Quelle" gemeint. Der Rest der Z 417 erklärt sich anschließend dann, wenn *la-za* beachtet wird, das bisher auf Englisch - einfach als unverständlich - ersatzlos unter den Tisch fiel. Wir sind ihm schon zwei Mal bei Z 9 und Z 247 begegnet. Dabei haben wir in *-za* eine sog. Nomenandeutung erkannt und auf *Wartungsarbeiten* abgestellt. Das passt auch hier in den Kontext.

Z 417: *Die Kraftquelle/Feuerquelle ist ein(e) ME (= eine Dingir-Gestaltung), das/die immer wieder/ jederzeit bereit steht für Wartungsarbeiten.*

Z 418: *Ein Gerät zum Verkünden läuft/arbeitet; aus einer bergenden Vorrichtung, einer Art Stall, steigt ein grausiges/schreckenerregendes Ding auf, leuchtet stark und verängstigt immer wieder.*

Wer die bisherigen Übersetzungen ins Englische gelesen hat, hat eine andere Welt gesehen. Dort ist wiederum von einem „Tor" die Rede, an dem „mit Schreckensglanz" verschiedenartige „Schlangen/ Drachen" in einer „Falle" liegen, nach BM phantasievoll übersprudelnd sogar „ineinander verschlungen". Weshalb wir nicht von Schlangen, Vipern oder Drachen berichten, sondern zusätzlich noch *eine Art Stall* einfügen, hängt mit früheren Ergebnissen unserer Arbeit zusammen. In Teil I hatten wir bereits in Z 88 gefunden, dass ein *Bauwerk* (zwar *musch,* aber keine „Schlange"!) *den herabsinkenden „Glänzer" wie ein großer Stall aufnimmt.* Hier *steigt* nun nicht, wie behauptet, aus der *bergenden Vorrichtung,* die mit einem *Stall* verglichen wird, eine „schreckliche Viper" auf, sondern ein *schreckenerregendes Ding,* eine - Sumerisch - *Form/Gestaltung,* für die das Sumerische keinen technischen Ausdruck kennt. Wie bei Z 88 wird damit ein Fluggerät bezeichnet, wahrscheinlich wie dort der „Glänzer".

BM knüpft an die phantasievolle „Schlangen"-Interpretation an und erzählt in ihrem Kommentar über viele Absätze hinweg von „chontischen Schlangen-Göttern" mit klarem „Unterweltcharakter". Wieder einmal wird mit Zitaten von anderen „Wissenschaftlern" die „Unterwelt" bemüht, wo absolut keine zu finden ist – wie schon bei TH 14 in Teil I, wo es um *Nin.a.zu* ging. SB geben im Kommentar indessen offen zu, dass „grammatikalische Unsicherheiten“ der von ihnen letztlich angebotenen Übersetzung im Wege stehen, dass sie aber keine andere Deutung finden können….. BM muss schließlich auch einräumen, ihre Schlangen-Sicht stehe etwas im Gegensatz zu den „Himmelsgott-Attributen“, die ihrer Ansicht nach aus der Z 421 – siehe weiter unten – fließen.

Doch vorher zu Z 419, die Probleme insofern bereitet, als man angesichts der in den Originalen gefundenen Varianten vermuten muss, es habe nach Encheduanna beim Kopieren der ursprünglichen Fassung Verständniss-Schwierigkeiten gegeben. Hieß es ursprünglich tatsächlich *mas-su* oder doch vielleicht *masch-su*? Im ersten Fall begegnen wir einem *Lenker/Führer/Fachmann*, im zweiten Fall einem *starken Zwilling.* Sollte die Berichterstatterin ursprünglich vielleicht sogar ein akkadisches Lehnwort benutzt haben? Da bedeutet nämlich *massu,* das der sumerischen Hauptvariante *mas-su* klanglich recht nahe kommt, sogar *Sklavenaufseher!* Auch wird der Herr des Gebäudekomplexes durch Schreibvarianten auf den Tontafeln unterschiedlichen Gruppen zugeordnet: einmal nur allgemein den *Dingir,* zum anderen den *Ganz wichtigen Dingir,* die wir in Teil I als die „Großmeister“ bezeichnet haben. Auf alle Fälle bringt der Text hier – **Meine Herren Altorientalisten: bitte zur Kenntnis nehmen!** – unbestreitbar deutlich die ***Dingir***-Bezeichnung des Clans der „Entscheider“, weshalb es eine widersinnige, unwissenschaftliche **Konvention** ist, von „Göttern“ zu schwafeln, wie es alle Spezialisten bisher tun. Deshalb kommt für uns die bisher **konventionell** zu findende Übersetzung „Führer der bzw. aller Götter“ nicht in Frage. Sie verfälscht die Tatsachen.

Wir können wegen *massu* nicht ausschließen, mit *Isch.ta.ra.an* auf einen *Sklavenaufseher der Dingir* gestoßen zu sein - wie die eventuelle Verwendung des genannten akkadischen Lehnwortes nahelegen würde. Denn welche Geschichte hat der Tempelort *BAD*$_3$*.AN ki*? Er lag dort, wo man heute **im Iran** Bedre findet – also östlich außerhalb des damaligen Stammgebietes von Sumer! Wir wissen aus der Siedlungsgeschichte, der Ort wurde schon etwa 1.000 Jahre vor der Zeit der Priesterfürstin im damaligen Herrschaftsbereich von Elam durch Sumerer kolonisiert. Doch wohl kaum friedlich! Und da kommt der andere Name der Stelle ins Spiel, der zögerlich modern mit Der oder Deri angegeben wird. Denn es gibt noch ein halbes Dutzend ähnliche Versionen auf Keilschrifttafeln für diesen Ortsnamen. Wir haben sie durchforstet und sind fündig geworden: *di-i-ri ki* meint *Stelle zum Aufsammeln von Leucht-/Brenn-Öl* und *du-ur-*i_3*-*li_2 besagt *Vertiefung/Senke zur Herstellung von Stein-Öl.*

Nach dem, was wir soeben in TH 32 für Kazallu und seine vorzeitliche Ölquelle der *Dingir* festgehalten haben, kann jetzt kaum noch bezweifelt werden, dass die zur Debatte stehende Stelle in vorgeschichtlicher Zeit schon lange vor der urkundlich festgehaltenen, wohl aggressiven Landnahme der Sumerer ein Öl-Gewinnungsort der *Dingir* war!

Die Stelle lag nicht im sumerischen Kernland, das während einer von der Geschichtswissenschaft nicht fassbaren Periode den „Entscheidern mit den Flugkörpern", verstehe Besatzungstruppe, als Ruheraum diente. Wir möchten deshalb an TH 14 und TH 42 erinnern. Nach einer schrecklichen Explosionskatastrophe waren die Sumerer vom tödlichen Dienst bei der Karbidgas-/Azetylen-Herstellung befreit worden und die *Dingir* benutzten - **außerhalb** von Sumer !!! - wörtlich *Sklaven/Deportierte* für ihre gefährlichen Produktionstechniken. Deri - oder wie auch immer man den Ort modern schreiben will - lag nicht in Sumer. In Z 419 könnte demnach tatsächlich von einem *Sklavenaufseher der Dingir* die Rede gewesen sein...

Was die andere Variante, den *starken Zwilling unter den Großmeistern der Dingir,* angeht, so haben wir einen Verdacht, überlassen es jedoch jüngeren Sumerologen, diese Vermutung mit dem nötigen Zeitaufwand zu hinterfragen. In Z 421 wird *KA.DI* als Sohn von *An* mit *Ur.asch* bezeichnet, die als *An´s* Halbschwester und Gattin ihm den Thronfolger *En.lil* geboren hat. War *Isch.ta.ra.an* der nachgeborene Zwillingsbruder von *En.lil* ??? Wir präsentieren diese Idee als Variante b).

Z 419: Dein Fürst ist

a) der Sklavenaufseher der Dingir
b) der starke Zwilling unter den Großmeistern der Dingir.

Z 420: Er legt den Vogel/Pfeil/Flügel (= Flugapparat) still.
Er spricht wichtige Urteile.
Er bringt „vollkommene Gaben".

KA.DI kommt in vorstehender Z 420 mit dem *schreckenerregenden Ding* der Z 418 zurück, legt es *still.* Seine auch in andren Texten berichtete Rolle als Richter wird hervorgehoben. Er bringt etwas von der Raumstation

„Himmel" mit (dorthin zu fahren ist - s.o. - Inhalt seiner Bezeichnung *Isch.ta.ra.an*). Wenn wir der professoralen Dame folgen würden, die den Anspruch stellt, Encheduannas Weihename als einzige richtig zu übersetzen (23), müssten wir leutseelig erzählen, *KA.DI* bringe irgendeine schöne „Zierde" vom „Firmament". Damit haben wir uns indessen in Teil I auf den Seiten 203 - 207 ausgiebig auseinander gesetzt und sind auf *vollkommene himmlische Gaben* gestoßen.

Das ist etwas Anderes, gnädige Frau! So auch hier!

Dann kommt die Z 421, in der das ranghöchste Ehepaar der *Dingir* als Elternpaar des Tempelherrn aufscheint: *An* und seine Halbschwester *Ur.asch*, oft mit ihrem Titel *An.tu* angesprochen, d.h. als *Gebärerin des An*. Welchen Unsinn haben Wissenschaftler über die beiden behauptet. Sie haben eine Kosmogonie erfunden, eine Weltentstehungslehre, in der *An* das männliche Schöpfungs-„Prinzip" darstellt und *Ur.asch* den weiblichen, aber „abstrakten" Gegenpart. Diese müsse gewissermaßen als eine Art „Urmorast" begriffen werden ???

Es geht hier nicht um Begriffe, um Prinzipien, nicht um Abstraktes! Über Wesen aus Fleisch und Blut wird berichtet, die Kinder zeugen! Nicht über irgendeinen unsinnigen „Urmorast"!

Kurz noch einmal zu *Ur.asch*, zu der wir in Teil I schon bemerkt haben, ihre Bezeichnung besage *Die mit Feuer kommt*. Da vor ihrer Bezeichnung in alten Keilschriften angeblich das Zugehörigkeitszeichen „Schlange mit Stern" zu finden ist (gemeint ist *DI.IN.GIR MUSCH*$_3$), war sie demgemäß auch eine *Sich am Firmament Bewegende*, eine *In.an.na*!

Als Grundlage für unsere Übersetzung der nächsten Zeile greifen wir auf eine sumerische Variante zurück, die wieder einmal SB in ihrem Kommentar dankenswerter Weise erwähnen und mit anderen Keilschriftstellen als wahrscheinlich hinstellen. Dann schließt der Zeileninhalt mit seiner Aufzählung einer weiteren Tätigkeit logisch an die vorhergehende Zeile an.

Z 421: Der Sohn von An und Ur.asch formt echte/richtige ME, kunstfertig hergestellt.

Dies ist eine der wenigen Stellen, an denen ganz klar von der Herstellung von ME auf der Erde berichtet wird, während diese „Instrumente zu

Macht und Wissen" sonst oft als vom *„Himmel"* geliefert erscheinen. Für die folgenden Zeilen können wir auf die oben geklärten Bezeichnungen zurückgreifen.

Z 422: *KA.DI (Der sich mit Lärm bewegt), der König des „Firmament-Heuhupfers"* (= des „dauerhaften insektenartigen Aufsteigers" der Z 332)*, hat,*

Z 423: *oh Tempel mit der großen Manufaktur** Sumers, dein herrliches Bauwerk zu seinem Aufenthalt erwählt und seinen Thronsitz bleibend dort errichtet.*

Z 424: *(8 Zeilen) Tempel des KA.DI in BAD_3.AN ki.*

** Der Leser wird mit Erstaunen diese Sternchen erblickt haben. In der Tat muss diese neue Tempelbezeichnung erläutert werden.

In der Umschrift aus dem Sumerischen begegnet man in dieser Tempelhymne und an anderen Stellen *e_2-dim-gal kalam-ma.* Die letzte Hälfte ist wörtlich ein Genitiv von *Land,* womit *Sumer* gemeint sei. Deshalb erscheint uns die Übersetzung des ersten Teiles mit *großer Sendemast,* die nach den Erfahrungen mit Z 79 nahe liegen könnte, unlogisch: Warum soll ein Sendemast, der ja doch wegen der Lokalisierung Deri in Elam (= Iran) liegt, ein „großer des Landes Sumer" sein? Wenn die erste Hälfte des Gebäudenamens aber – wie vom Wortsinn her erlaubt – *Manufaktur/Herstellungsbetrieb* aussagen soll, dann könnte diese Produktionsstätte doch die größte (wessen?) **des Landes** Sumer gewesen sein. Immerhin wird in Z 416 ein *großer Werkbau* angesprochen und zeigt Z 421 mit der *ME-Herstellung* in die gleiche Richtung.

dim kann aber auch *Leibeigener/Sklave* bedeuten, womit man einen *Großen Sklaventempel Sumers* sehen würde. Diese Übersetzung wäre keineswegs problematisch, da das größte Sklavenlager der *Dingir* sich tatsächlich in einem **besetzten** Land (Elam) hätte befinden können. Zudem läuft ja eine der Varianten der Z 419 hinaus auf den Tempelherrn als den *Sklavenaufseher der Dingir.*

Indessen wird berichtet, statt *dim-gal* könne man als Variante auch *di-im-gu-ul* antreffen. Dann aber wären wir auf eine andere Bezeichnung für *KA.DI* gestoßen. Den Tempelnamen hätten wir dann zu übertragen mit *Tempel dessen, der von Sumer her herabkommt mit Sturm und schrecklichem*

Lärm. In diesem Fall wäre das an *kalam* angehängte *–ma* eine Lokativ-Nachsilbe, die eine Richtung angibt.

Warum denn eigentlich nicht? Wenn Grammatik-Fans sich den Kopf zerbrechen wollen, mögen sie sich in (30) auf S. 39 mit Ziffer 5.4.2.4 auseinander setzen…

Sachaussagen TH 33

Ort: *BAD$_3$.AN ki* = Ort des zum *„Himmel"* Wegschwebenden = Deri, heute Bedre im Iran

Tempel-*Dingir*: *Isch.ta.ra.an* = Der vom Schrein zum *„Himmel"* fährt oder

KA.DI = Der sich mit Lärm bewegt

Tempel-Name: *e$_2$-dim-gal kalam-ma* = Tempel mit der großen Manufaktur Sumers

Z 416: Der *zum „Himmel" Wegschwebende* wird als *Schale des Überflusses* bezeichnet, die aufsteigt. Ausserhalb des Tempels existiert ein *großer Werkbau.*

Z 417: Eine Kraftquelle steht jederzeit für Wartungsarbeiten bereit.

Z 418: Eine Sprechfunkverbindung funktioniert. Aus einem Hangar steigt ein *leuchtendes schreckenerregendes Ding* auf.

Z 419: Der Tempelherr, ein *Zwilling* (wahrscheinlich von *En.lil*), ist der *Sklavenaufseher* der *Dingir.*

Z 420: Er legt den Flugapparat still, spricht Urteile und bringt *vollkommene Gaben.*

Z 421: Er ist ein Sohn von *An* und *Ur.asch* und formt (auf der Erde!!) *kunstfertig echte ME.*

Z 422: *KA.DI* ist der *„König" des Firmament-Heuhupfers* und

Z 423: der Chef der *großen Manufaktur Sumers* (vgl. Z 416 *großer Werkbau* außerhalb des Tempels).

Ein Rückblick wegen „Schlangengöttern" und „Unterwelt" auf TH 14 als Vorspiel zu TH 34 und TH 36

Die nun folgende TH 34 ist *Nin.a.zu* gewidmet, über den die Priesterfürstin schon einmal im Rahmen von Teil I in der TH 14 berichtet hat. Dort hatten wir entgegen anderen in der Sumerologie vehement vertretenen Auffassungen klar herausgestellt, wir könnten keinen sprachlichen Hinweis auf eine sog. „Unterwelt" finden. Andererseits haben wir soeben in TH 33 betr. *KA.DI/Isch.ta.ra.an* zumindest von einem Übersetzer (BM) mit Überraschung die strikte Behauptung vermelden müssen, es handele sich bei diesem *Dingir* um einen „chontischen Schlangengott mit Unterweltcharakter", während andere zugegeben haben, sie seien ihrer in diese Richtung gehenden Übertragung nicht sicher. Wir konnten aber in dieser TH 33 mit dem besten Willen trotz der BM-Behauptungen keine „Unterwelt" entdecken. Nun folgt bald in TH 36 *Nergal,* der in der Altorientalistik ganz allgemein als **der** „Unterweltgott" gilt. Wie ist das nun tatsächlich mit diesen „Schlangengöttern" und der angeblich gefundenen „Unterwelt" ???

Wir können der Auffassung nicht folgen, in den „Geheimen Offenbarungen" finde man Hinweise auf „Unterweltgötter" oder erdverhaftete „Schlangengötter". Dass Encheduanna keine „Götter" kennt, sondern nur *Dingir,* ist offensichtlich, weil wörtlich von ihr belegt. Dass keine Anspielungen auf eine „Unterwelt" in den Tempelberichten zu finden sind, können wir Einzelstelle für Einzelstelle beweisen. „Schlangengötter" konnten wir im Text bisher erst recht keine entdecken.

Während die noch folgende TH 35 mit *Za.ba$_4$.ba$_4$* von niemand der „Unterwelt" zugeordnet wird, werden wir uns zu entsprechenden Beweisen mit der in Teil I bearbeiteten **TH 14 hier** noch einmal und mit TH 36 später eingehend befassen.

Die unterschiedlichen Auffassungen zu TH 14 lassen sich in aller Klarheit aufzeigen, wenn man für von Anderen angezogene angeblich aussagekräftige Textstellen Übersetzung gegen Übersetzung stellt. Für fremde Übertragungen greifen wir dazu beispielhaft auf den Extremfall BM (28), S. 109, zurück, der uns früher noch nicht verfügbar war. Der englische Text wird von uns in Einzelzitaten auf Deutsch geliefert. Was wir dabei wörtlich mit „Niederwelt" übersetzen, entspricht auf Deutsch wohl eher der sog. „Totenwelt". BM schreibt dazu in (28) auf S.101/102, die Sumerer hätten ursprünglich (wann soll das gewesen sein?) das „Land der Toten" in den anscheinend unbewohnbaren Bergen im Osten ihres Landes gesehen. Das Wort *kur* - normalerweise *Berg* oder, von uns gegensätzlich bewiesen und betont, *brennen, rösten, entschlacken, schmelzen* - sei (wann?) Bezeichnung für die „Totenwelt" geworden. Man habe sich den gesamten Kosmos als Scheibe vorgestellt. Dann (wann?) habe sich ein anderes Konzept durchgesetzt, das anscheinend von den Semitisch sprechenden Bevölkerungsteilen im Norden Sumers ausgegangen sei. Gemäß diesem veränderten Konzept sei die „Totenwelt" zur tief unter der Erdoberfläche liegenden „Unterwelt" geworden. Der Zugang habe im Westen gelegen, wo der „Sonnengott" Utu auf seinem Weg in die Nacht jeden Abend hinter sich „das Tor verschlossen" habe.

Nichts von diesen Jenseits-Gedanken ist in den Tempelberichten zu finden - schon gar nicht ein „Sonnengott"...

Zum Beweis zurück zur Analyse der entsprechenden Textstellen aus TH 14. Wir bringen anschließend zunächst von uns aus dem Englischen übersetzte Einzelzitate von BM aus (28), darunter unser Kommentar und unsere Übertragung.

<u>Z 179 bei BM:</u>

Oh Enegi

großer Wasserweg der **Unterwelt**

Wasserspeier der Ereshkigal

Enegi bleibt bei BM unübersetzt. Wir hatten abgeleitet, damit sei ein *Ort der Wendeweisungen für „Glänzer"* bezeichnet. Er wird bei ihr einem „Wasserweg der Unterwelt" und einem „Wasserspeier der Ereschkigal" gleichgesetzt. Sie folgt damit in etwa KJ, die ihrerseits Erwägungen im Kommentar von SB als bare Münze genommen haben, obwohl diese selbst in der Übersetzung vorsichtig ihrem eigenen Kommentar nicht gefolgt sind. Das einfache Determinativ *ki* wird als „Erde" genommen und dann brutal einer „Unterwelt" gleichgesetzt. Doch im sumerischen Original sind kein „Wasserweg", keine „Unterwelt" und auch kein „Wasserspeier" anzutreffen. KJ haben nämlich die bei SB zu findende und ursprünglich als Hauptreferenz geltende Umschrift der Z 179 richtig gestellt in *pap-gal* und *pap-ki*. Für das Erste durften wir in Teil I wegen (15), S. 233, *große Trauer* festhalten, für das Zweite wegen (31), S. 22, *herausragender Platz.*

Z 179 bei uns:

E-ne-gi, der Ort der Wende-Weisungen für den „Glänzer",

die Quelle großer Angst/Trauer,

eine Stelle hervorragender Produktion, ist ein herausragender

Platz/der herausragende Platz der Eresch.ki.gal.la.

Z 181 bei BM:

Egidda

Dein Schatten verbreitet sich über alle Prinzen der Erde

sogar bis in die **Niederwelt**

Das bei BM anzutreffende „Egidda" ist kein unübersetzbarer Eigenname, sondern bei uns wegen der Nachsilbe *-da*, die Geeignetheit anzeigt, und *gid*$_2$ = *argwöhnisch sein/überwachen* ein *Tempel der Überwachung*. Eine „Niederwelt" ist in seiner Text-Umgebung nicht zu finden, sondern nur ganz normale *Berge*. Bei unserer nachfolgenden Fassung wird von einem einzigen Hort für Flugapparate ausgegangen, wobei aber sprachlich offen bleibt, ob die Mehrzahl nicht besser wäre. Jedenfalls wird gemäß einer Variante in den *Bergen* an den Fluggeräten *die Befeuerung/das Glühen* herunter genommen, weil die „beschattende" elektronische Überwachung die direkte Überprüfung durch Flugapparate unnütz erscheinen lässt. Es darf daran erinnert werden, dass der Stammsitz der *Dingir*, auch *Fürsten der Berge* (und nicht „Prinzen der Erde") genannt, zu einer bestimmten Zeit im Norden von Sumer in den großen Waldbergen = *Gebiet der Schmelzer* lag.

Z 181 bei uns:

Bau der Überwachung, dein „Schatten" lässt die Fürsten der Berge

an dem in den Bergen befindlichen Hort für Flugapparate

die Befeuerung herunter nehmen/das Aufleuchten dämpfen.

Z 182 bei BM:

Dein Prinz, die Saat des Großen Herrn,

der shita-Priester der **Unterwelt,**

geboren aus Ereshkigal,

Ein „Priester" ist auf Sumerisch nicht zu entdecken und *schita* stellt uns den *Richter/Überwacher/Revisor* vor, der für *e-ne-gi ki* zuständig ist, dessen Name zwei Zeilen später mit *Nin.a.zu* offen gelegt wird. Es ist nicht ersichtlich, weshalb da eine „Unterwelt" zu finden wäre - erlaubterweise sprechen wir daher nur von einem *wichtigen/berühmten Ort.*

Z 182 bei uns:

Dein Fürst ist ein Sprössling des Großen Herrn, der Richter/Revisor

des wichtigen/berühmten Ortes, geboren von Eresch.ki.gal.la.

Wir beurteilen auch ansonsten die von BM für diese TH vorgeschlagene Übersetzung als grausamen Zerrspiegel des sumerischen Textes, der das angeblich in Keilschrift Gefundene blumig mit einer nicht existenten „Unterwelt" vermischt. Außerdem findet sie in Z 180 wie alle Vorgänger eine Stadt Gudua des „Unterweltfürsten Nergal". Dieses erfundene Gudua setzt sie Enegi in ihrem Kommentar zu TH 14 auf S. 112 unten gleich, schreibt jedoch vorher zurecht auf S.109, Enegi liege in der Nähe von Larsa zwischen Uruk und Ur. Gudua wird aber gleichzeitig von ihr auf S. 209 im Rahmen der Erläuterungen zu TH 36 betreffend *Nergal* anderswo, nämlich nordwestlich von Kisch gesehen. Dies ist ein wirres widersprüchliches Durcheinander, das wir in unserem Kommentar zu TH 36 aufzuknüpfen versuchen.

Jetzt erneut wie angesagt zu *Nin.a.zu.*

TH 34: Start-Tempel E-sikil des Nin.a.zu in Esch-nun-na

Dieser Text fehlt ohne weitere Angaben auf Keilschrifttafel A aus Ur, einem der beiden Hauptzeugen der Sammlung. Wir beschäftigen uns trotzdem mit ihm in der üblichen Art, weil der Leser so vielleicht unser Urteil besser versteht, das wir am Ende der Arbeit über seine Zugehörigkeit zur Sammlung der Encheduanna geben wollen.

Der in den bisherigen Übertragungen als Eigenname und deshalb unverändert auftauchende Tempelname ist gemäß vielfacher Übung der Berichterstatterin (vgl. z.B. Z 40, 78, 161,203, 269 usw.) als *Tempel für das Auffüllen zum Starten* zu sehen. Dass *kur-kur-ra* nicht, wie per **Konvention** zu erwarten, als Ortsbestimmung *in den Bergen/in anderen Ländern* genommen werden kann, ergibt sich aus der Satzkonstruktion. Wir dürfen außerdem auf TH 42, Z 529 (vgl. weiter hinten) hinweisen und dafür *Brennstoff-Herstellung* verwenden.

Z 425: *Tempel für das Auffüllen zum Starten; seine ME zu diesem Auffüllen zum Starten sorgen hervorragend für die Herstellung von Brennstoff.*

Dazu meinen SB lediglich, nichts von *Brennstoff* wissend, die ME dieses Tempels würden „in keinem Land übertroffen" und KJ sowie BM schreiben unkritisch ab.

Auch für Z 426 geht das Abschreiben weiter, weil alle englischen Fassungen etwa wie auf Deutsch schon 1930 bei Zimmern (1) von einer „erhabenen Wohnstätte des Helden" erzählen, deren „Name" mit den schönsten, höchsten und lieblichsten Eigenschaftswörtern gepriesen wird. Wir müssen untersuchen, was es mit dieser „Wohnstätte" auf sich hat, und ob man *mu* als „Name" oder als *Flugapparat* zu nehmen hat. Erläuterung in Endnote [11]).

Z 426: *Seine Flugapparate leuchten hell auf im großen Hammer-Werk; der Held/Krieger umsorgt die große Heimatbasis.*

Wo hier bei uns ein *Hammer-Werk* auftaucht, steht im Sumerischen ein seltsamer Ausdruck, der sich aus einer Art *großen Halle* und *bearbeiten/herstellen/hämmern* zusammen setzt.

Auf Englisch folgt dann ein „heiliges Haus des *Nin.a.zu*/ein Haus mit heiligen Kräften" oder so ähnlich. Doch ist das dreimal aufscheinende *ku*$_3$, wie meistens bei Encheduanna, nicht als *heilig* zu nehmen, sondern als *glanzmetallen*. Machen wir es kurz:

Z 427: *Das glanzmetallene Gebäude des Nin.a.zu ist ein Bau für die glanzmetallenen ME, selbst aus Glanzmetall geschaffen.*

Es schließt sich dann in den bisherigen Übertragungen so etwas an wie „reine ME... reinigende Waschungsriten...". Die für Teil I geleisteten Vorarbeiten zahlen sich mal wieder aus, wenn tatsächlich aufgezählt wird, was die ME, die *Dingir*-Instrumente für Macht und Wissen, alles können:

Z 428: Tempel, deine ME sind ME

- zum Auffüllen und Starten,

- für deine Wässerung des Rauchenden,

- für das Besprühen zur Dekontaminierung.

Mit *Wässerung des Rauchenden* wird die Befeuchtung des Grundmaterials Karbid für die Treibgaserzeugung – Azetylen! – angesprochen, die zu Z 40 und 55 bzw. in TH 42 eingehend dargestellt wird. Wir gehen darauf weiter hinten bei der Zusammenfassung von TH 42 noch einmal ein. Das *Besprühen zur Dekontaminierung* ist schon in Teil I bei Z 236 behandelt worden. Dort wurde angesichts der Tatsache, dass bei der Rückkehr vom *„Himmel"* eine Reinigung mit Wasser stattfand, darauf verwiesen, dass auch die NASA ihre Raumfahrer nach ihrer Landung auf der Erde dekontaminiert hat. Sie hätten ja von da oben irgendwelche „Mikro-Viehcher" oder „Sonstwas" mit einschleppen können. Die Aufzählung der Fähigkeiten des Tempels erinnert stark an Z 374 in der TH 29 betreffend den Hort der *Nin.chur.sag.ga*$_2$ in Adab.

Dann erscheint auf Sumerisch das *tusch* der Z 426 wieder und wir stellen auf das darin enthaltene, schon erwähnte *annähern/einbringen* ab und übersetzen nicht ganz wörtlich.

Z 429: An deiner Annäherungsstelle sagt der Held/Kämpfer in Richtung des „Leuchtenden/Glänzers", er wolle ihn dort abkühlen.

Der sumerische Text kommt aus regionalen Erwägungen mit einem Stakkato von kurzen Wörtern in einer gekünstelten Satzkonstruktion daher. Auf Deutsch musste deshalb betreffend Grammatik etwas abgerundet werden. Auf Englisch aber lesen wir ansprechend und lustig: „erfrischt sich der Held in seiner Wohnung" oder so ähnlich.

Wer lebt da auf dem falschen Stern? Hoffentlich nicht etwa wir, denn auf Englisch folgt dann simplistisch: *„Nin.a.zu* speist auf einer Plattform", während wir uns mit einem komplizierten Original herumschlagen mussten. Letztlich haben wir den gekünstelten sumerischen Stil geknackt und übersetzen näher am Sinn:

Z 430: *Steine werden gebacken; Nin.a.zu kommt zu Hilfe um sie (= das Ergebnis des Backens) zu besprühen und zu versorgen.*

Der sumerische Text vernachlässigt, klar zu sagen, dass die Kalksteine zur Karbiderzeugung zwei Mal *gebacken/gebrannt* werden müssen. Wenn nach dem zweiten Brand Karbid und durch *besprühen* schließlich Azetylen entsteht, gilt *versorgen* dem Auffangen und Bereithalten des Gases.

Z 431: *Dein König/Dein Großmann, der berühmte Herr, ist ein Sohn des En.lil.*

Ein Dutzend Zeilen folgen, die – nach den englischen Übertragungen zu urteilen - von Lob zu triefen scheinen, um dann in eine erneute Bemerkung zur Elternschaft des Tempelherrn zu münden. Doch ist die erste dieser Zeilen noch technologisch zu begreifen. Die Lobeshymne bleibt damit aber immer noch beinahe doppelt so lang wie die zu *Nin.gir*$_2$*.su* am Anfang dieses Teiles II. Wir haben allerdings den Eindruck, etwa die Hälfte oder alles sei **nach** Encheduanna hinzugefügt worden. Auch ist es zumindest ungewöhnlich, dass die Elternschaft ein zweites Mal im gleichen Bericht angesprochen wird und dann im Gegensatz zu TH 14, Z 182, steht. Doch vorweg zu Z 432.

Zimmern erzählte (1), S. 268, vor rd. 80 Jahren mit seinen kargen Hilfsmitteln von einem „schlauen Löwen", der auszieht, „Geifer auszuspritzen", wobei er ehrlicherweise offen ließ, welches Land betroffen war und ob der Geifer vielleicht „Todes"-geifer gewesen sein könnte. Bei SB findet man etwa das Gleiche, allerdings spitzen sie zu auf „Feindesland" und „giftigen" Geifer. Mit der „Schlauheit" des Löwen von Zimmern können sie sich nicht anfreunden, weil an der entsprechenden Stelle drei Varianten im Sumerischen zu finden sind. „Gift" und „Feindesland" kommen bei KJ und BM getreulich nachfolgend ebenfalls vor.

Nichts davon will der sumerische Text uns übermitteln!

In den bisher behandelten über 400 Verszeilen ist schon sieben (!) mal ein *pirig* = *Löwe* daher spaziert, der dann aber doch ein *PIRIG* = *„Leuchtender"* war, obwohl von voreingenommener Sumerologenseite bei der Umschrift in abc-Buchstaben unzulässiger Weise eine Bedeutungsverengung vorgenommen worden war. Diesmal stand da aber nicht *pirig*, sondern *ur-mach*, was aber ebenfalls „Löwe“ meint. Lief da bildhaft das echte Raubtier umher oder lag doch wieder eine Verwechselung vor? Eine der 3 Varianten, die den „Löwen“ auf Sumerisch charakterisieren und die den bisherigen Übersetzern schon Schwierigkeiten bereitet hatten, half dann weiter. Man durfte nicht auf *ga-ba* oder *gaba* abstellen, sondern auf die dritte gefundene Variante *galam = kunstvoll hergestellt* – ein uralter **Hör-** und Verständnisfehler. Da konnte kein Raubtier herum geifern, da war eine technisch *kunstvoll hergestellte* Sache am Werk, ein *kunstvoll hergestellter Leuchtender stieg auf!*

Auch der Rest der Zeile warf dreifach Fragen auf.

Einmal war da kein *kur = Berg* zu entdecken, sondern *kur*$_2$*-re*, eine sog. *maru*-Form, die auch *er ändert/er wechselt* bringen kann.

Zum Zweiten standen für das, was somit *geändert* werden sollte, vier (!) Varianten mit mehr als einem Dutzend Bedeutungen zur Verfügung. *Geändert* werden konnte eigentlich nur *usch = der Pfad/die Flugrichtung*. Damit war *usch*$_{11}$ = *Gift*, auf Englisch gern verwendet, weg vom Tisch. Interessant ist in diesem Sinn eine Anmerkung im Keilschriftoriginal, die nicht zum Text gehört. Dort wird unsere Übersetzung *Änderung der Flugrichtung* nämlich gewissermaßen ergänzt mit der Bemerkung *Lärmreduzierung* = fliegt weg.

Drittens musste man die eigenwillige Stakkatokonstruktion am Ende erfassen. Da war *sum* kein *geben*, sondern *Knoblauch/Zwiebel* oder *Gestank* und die alten Schreiber hatten das Schriftzeichen *mu* falsch gewählt, da hätte *mu*$_3$ = *brennen/Feuer* stehen müssen.

Uff!!!

Z 432: *Der „Leuchtende“, kunstvoll hergestellt, steigt auf, ändert den Pfad/die Flugrichtung, Gestank, Feuer.*

Kein „Gift“, kein „Geifer“, kein „Berg“, kein „Löwe“ !!! Nichts davon!

So dürfte denn auch der Handelnde in den fünf Lobeszeilen, die nachfolgen, jeweils der *„Leuchtende“* sein und nicht der danach als „Löwe“ angehimmelte *Nin.a.zu*. Um zu zeigen, dass diese Zeilen zusammen zu sehen sind, wählen wir jeweils die „Wenn…, dann…“- Form.

Z 433 beginnt nicht mit „Feindesland" oder „in das Totenreich eintreten" oder wie bei BM mit „Ländern mit bösartigen Nacken". *kur-gu*$_2$ entspricht hier vielmehr *auf der anderen Bergseite/jenseits der Berge*. Auch erhebt sich kein „Südwind" in Richtung auf etwas, was man uns mit erhobenem Grammatikfinger unter Hinweis auf eine Nachsilbe *-sche*$_3$ glauben machen möchte. Diese Nachsilbe zeige oft einen der 10 (!) Fälle an, die Grammatiker im Sumerischen gefunden haben wollen, den Terminativ, der eben erklären soll, dass etwas in eine bestimmte Richtung geschieht. Hier liegt keine Nachsilbe vor und kein Terminativ, sondern - wie auch an anderen Stellen mit *sche*$_3$ in den „Geheimen Offenbarungen" - ein Verbum *verderben/vernichten*. Der *im-u*$_{18}$*-lu* ist kein „Südsturm/Sandsturm" sondern wörtlich *ein gewaltiger, sich steigernder Sturm*. Weil man auf Englisch nicht weiß, was *zi-zi-i* besagen soll, lässt man es am Ende der Zeile dann auch noch einfach unter den Tisch fallen. Das *zi* bringt halt nicht nur *Leben*, sondern *löscht* es als Verbum auch *aus* und das unscheinbare *i*, das sogar außer in einer Variante auch auf Sumerisch vernachlässigt wird, bringt *Wehgeschrei* als Folge des Hinmordens mit sich... Wegen dieses Kontextes in der Variante mit *i* greifen wir nicht auf die Hauptaussage von *zi-zi = aufheben, sich erheben* zurück. Dann halt, wobei *er = der „Leuchtende"* ist:

Z 433: Wenn jenseits der Berge Feinde bereit stehen, Wohlergehen/Reichtum zu verderben/zu vernichten, dann löscht er (dort) wie ein gewaltiger, sich steigernder Sturm Leben aus – Wehgeschrei !!!

Das gerade eben entgegen der landläufigen **Konvention** nicht als Terminativ-Angabe akzeptierte *sche*$_3$ besagt auch anschließend wieder *vernichten*. Um trotzdem dem konventionellen Sinn zu huldigen, wurden bisher bei Übersetzungsversuchen unerlaubte Krücken eingesetzt. Alle haben einfach ein Verbum **erfunden**, um im Sinne eines Terminativs bei SB „wüten **gegen**..."..., bei Zimmern „anstürmen **gegen**..." ..., bei KJ „knurren **gegen**..." ... und bei BM „ Krallen entblößen **gegen**"... übertragen zu können. Bei Zimmern und KJ bzw. BM wurde das tatsächlich vorhandene Verbum außerdem mittels eines erfundenen (!!!) **Hör**fehlers in „Mauer/Wälle " umgedeutet. Das erste Wort der Zeile, *bad*$_3$, ist nun aber schon in TH 1, Z 8, als *bewohnbarer Wegschwebender* aufgetaucht und nimmt jetzt als Verbum den Wert *wegschweben/aufsteigen* an. Es sollte hier nicht mit *bad = Mauer/Wall* verwechselt werden.

Der im Originaltext in einer Version vorhandene *Drache* wird bisher zwar richtig erkannt, doch ziehen wir eine Keilschrift-Variante vor, die stattdessen *riesige Heuschrecke* bringt. Das Ende der Zeile mit *gur*$_5$ *-usch bur-ru* war allen prominenten Sumerologen bisher unverständlich, weshalb es, wen wundert es noch, in aller Länge einfach unterschlagen wird – und dies ohne jeden Hinweis! Problem war dabei offensichtlich, dass *burru* eine harte Nuss darstellt und zunächst kein Kontext zu erkennen war. Auch wir konnten die Nuss lange nicht knacken. Endnote [12]) erläutert die Lösung: *Leben abschneiden/wegnehmen/auslöschen* – ein anderer sumerischer Ausdruck als *zi zi* in Z 433.

Um die zwei Welten zu verdeutlichen, in denen die **konventionelle Sumerologie** und unser **neuer methodischer Gesamtansatz** jeweils leben, die besprochene Zeile zunächst von BM auf S. 204:

...ein Drache, der seine Krallen gegen die Wälle der Rebellen entblößt...

Wir sehen das ganz entschieden anders:

Z 434: *Wenn er wegschwebt/aufsteigt, um ein revoltierendes Gebiet zu vernichten, dann bricht er wie eine Riesenheuschrecke die Fundamente entzwei, löscht Leben aus.*

Kein weiterer Kommentar zu den zwei Welten ... So traurig oder so lustig diese umständliche Art, unsere Übersetzung zu begründen, auch sein mag, wir müssten eigentlich ein eigenes Buch schreiben, wenn wir alle Zeilen der TH 34 erläuternd so ausbreiten würden. Deshalb jetzt etwas kürzer, auch wenn damit unsere Fassung für in anderen Welten lebende Wissenschaftler schwerer nachvollziehbar wird ...

Z 435: *Wenn Ungehorsam auftritt, dann (gibt es)*

ein gewaltiges Durcheinanderschütteln von Schutt

und ein Aufsteigen/Hochkommen von Zerstörung auf dem Weg

zu einem Urteil.

BM meint gefunden zu haben, „ein Sturm, der die Ungehorsamen erstickt, die Feinde zertrampelt". Die anderen leider so ähnlich.

Etwas erstaunt sahen wir dann die Übersetzung der Z 436 bei SB. Denn dort erklang mit „...die Knie öffnen..." ein seltsamer Ausdruck, der im Sumerischen ganz konkret die sexuelle Haupttätigkeit vorstellt. Wir verdeutlichen die gefundene Fassung: „Wenn er zum Akt schreitet, kann der Böse nicht entkommen". BM hält sich diesmal zurück und berichtet nur über „ausschreiten/vorwärts schreiten". Das Unverstandene war offensichtlich das Tätigkeitswort. Auch wir standen vor einem verschlossenen Tor, weil man *bad-du* doch allem Anschein nach als „Wall gehen" begreifen musste.

Unsinn !! Gemäß Grammatik (30), S. 95, war der Konsonant *d* einfach zu unterdrücken und *ba-du* zu verstehen, *wegfahren*. Die Augen öffneten sich, nicht die Knie. Mit *er* ist der *„Leuchtende"* angesprochen.

Z 436: *Wenn er es für richtig hält wegzufahren, dann ist (*dort, wo er hinfährt*) vollständiger Zerstörung nicht zu entkommen.*

Was im sumerischen Original nicht steht, aber zum Verständnis nötig ist, wurde in Normalschrift eingefügt. In der nächsten Verszeile störte dann zunächst das Verb, das normalerweise *aufstehen/ausschreiten* meint. Damit hätte man es plötzlich mit einer Person zu tun gehabt und nicht mehr wie in den vorhergehenden Zeilen mit dem blitzenden Fluggerät. Das kleine *-ba-* in *gub-ba-ni* sagte uns dann aber, dass der Handelnde grammatisch gesehen keine **Person** sein konnte. Aus *ausschreiten* wurde so *ausfahren*. Es fällt auf, dass damit Z 436 und Z 437 etwa das Gleiche bringen.

Z 437: *Und wenn er ausfährt, dann werden im rebellischen Land*

*die Siedlungen/Städte (*aber richtig*) zerstört.*

Wenn in Klammern etwas hinzugefügt worden ist, dann deshalb, weil *zerstören* im Original doppelt steht, also als verstärkt angesehen werden kann - es sei denn, man vermute eine sog. *maru*-Form. Woher alle englischen Übersetzungen am Anfang der Zeile einen „ Sieg" oder „Triumph" nehmen, bleibt wieder einmal unerfindlich...

Das sumerische Original wechselt nun tatsächlich den Handelnden, denn der, so muss man auf Deutsch sagen, *runzelt die Stirn*, was ein *„Leuchtender"* nicht kann. Lustig ist dabei, was auf Sumerisch wirklich steht: *er verzieht die Kopfstelle stark.*

Z 438: *Wenn er die Stirne runzelt, dann muss dessen Volk sorgen für das Wegschaffen von viel Staub.*

Mit *dessen Volk* dürfte das Volk *im rebellischen Land* gemeint sein. Auf Englisch wird das Volk halt nur mal so „in den Staub geworfen".

In der folgenden Zeile 439 wird die Person „er" dann als der Tempelfürst vorgestellt und nun tatsächlich bildhaft als „ Löwe" charakterisiert. Für das Ende der Zeile existieren auf den Tontafeln drei Versionen, die von uns alle vorgestellt werden, letztlich aber auf das Gleiche hinauslaufen.

Z 439: *Tempel, dein Fürst ist ein großer Löwe. Gegenüber dem Feind ist seine Hand geeignet*

- für das Aufhängen/Aufknüpfen

- für das Festlegen

- für das Davon-nicht- Entkommen.

Bei allen bisherigen Übertragungen wird auf Englisch die *Hand* als „Klaue(n)" erfasst, wovon die „Feinde/Bösen herunterhängen". Tolle Präzision.

Dann erscheint ein *u_4–chusch*. Das kann, wie auf Englisch einmütig anzutreffen, tatsächlich *schrecklicher Sturm* bedeuten. Encheduanna aber gibt *u_4* normalerweise den Wert *„Licht"* und bezeichnet damit das größte Fluggerät der *Dingir*, das wir in dieser Hymne laufend als *„Leuchtender"* vorgefunden haben.

Z 440: *Dein König schlägt mit dem furchterregenden „Licht" gewaltig inmitten der Schlacht zu;*

Nachdem so ganz allgemein die Rolle des Königs in der *Schlacht* beschrieben worden ist, folgt sein Verhalten in *schen-schen = Einzelkämpfen*, die man natürlich auch als *Zweikämpfe* beschreiben kann.

Z 441: *In Zweikämpfen einem dauerhaften/zerreißfesten Netz gleich, zerschlägt sein gewaltiger Arm die Schilde.*

Das Bild eines *dauerhaften* und damit *zerreißfesten Netzes* soll wohl den Eindruck der Unverwundbarkeit durch Flexibilität erwecken. Kompliziert wird es, wenn die folgende Zeile auf Sumerisch mit einem Doppelwort anders beginnt, dies aber angeblich auch *Netz* bringen soll. Das *Netz* muss dann eine andere Qualität besitzen. Dazu kann man *sa par*$_3$ auch wörtlicher nehmen: *Nerven ausbreiten*. Wo? *Am Firmament/Hoch oben*! Wozu? Um *Feinde/Missetäter* zu überwachen. Die *ausgebreiteten Nerven*, nicht sichtbar (!), wären also eher eine Art am Firmament existierende nicht sichtbare *Überwachung*! Dem sumerischen Ausdruck geben wir daher den Wert *Überwachungsnetz*. Wenn man übersetzt, findet man schließlich eine Idee, die schon als dritte Variante in Z 439 präsentiert worden ist.

> *Z 442: Wenn ein Überwachungsnetz weitläufig oben vorhanden ist,*
> *kann der Missetäter der Hand nicht entkommen.*

Gemeint ist offensichtlich die *Hand* des *Nin.a.zu*.

Die nächste Zeile war für die bisherigen Übersetzer so unverständlich, dass erneut lustig geflunkert worden ist. Der Herr „erscheint groß, niemand kann mit ihm Schritt halten" oder er „ ist glanzvoll, seiner Pracht kommt niemand gleich". Probleme machen offensichtlich einmal die Satzkonstruktion und andererseits das *pa* und *za*$_3$ *nu-di* am Ende. Bei *pa* musste man sich an Z 5 in Teil I erinnern, wo in allem Glanz der *Dingir-Pfeil*, ein Fluggerät, aufgetaucht ist. Der zweite längere Ausdruck wird bei SB im Kommentar mit widersprüchlichen Ergebnissen besprochen und dann, wie eben vermerkt, mit „nicht Schritt halten können" übertragen. Die sumerische Satzkonstruktion ist tatsächlich äußerst gewählt. Machen wir es kurz und halten, als nahe dem Wörtlichen, so etwas wie *eine Grenze wird nicht gesagt* fest.

> *Z 443: Wenn der berühmte Herr mit dem „Pfeil" aufsteigend ist,*
> *ist dieser dort außerordentlich, ohne Grenzen/ohnegleichen.*

Dann geschieht, wie angedeutet, doppelt Ungewöhnliches: nach Z 431 wird in dieser TH zum zweiten Mal über den Vater von *Nin.a.zu* gesprochen und dabei eine andere Mutter behauptet als in TH 14. Dort hatten wir auf die bei SB angeführten Quellen verwiesen, wonach als Vater sowohl *Ner.gal* als auch *Nanna* oder *En.lil* in Frage kommen. Indirekt wurde angedeutet, dass von uns der Vorzug *En.lil* gegeben wird. Als Mutter war in Z 182 *Eresch*$_2$*.ki.gal.la* genannt worden. Jetzt hat *Nin.lil*, die Gattin von *En.lil*, die Ehre.

Z 444: *Der echte Nachkomme des Großen Berges, von Nin.lil geboren,*

Z 445: *der Held Nin.a.zu, dein König, hat, oh Tempel für das Auffüllen zum Starten,*

Z 446: *in Esh.nun.na dein herrliches Bauwerk zu seinem Aufenthalt erwählt, hat seinen Thronsitz bleibend dort errichtet.*

Z 447: *(22 Zeilen) Tempel des Nin.a.zu in Esh-nun-na.*

Da auf einer Tontafel die Zeilen 445 und 446 zusammengezogen sind, werden auf der entsprechenden Tafel nur 21 Zeilen gezählt. Der Ortsname, manchmal leicht anders wiedergegeben, bedeutet *Ort mit dem Schrein des Fürsten.*

Sachaussagen TH 34

Ort: *Esh-nun-na* = Ort mit dem Schrein des Fürsten

Tempel-*Dingir*: *Nin.a.zu* = der Herr, der Weisungen erteilt

Tempel-Name: *e_2-sikkil* = Tempel für das Auffüllen zum Starten

Z 425: Die *ME* des Tempels sorgen hervorragend für die Herstellung von *Brennstoff*/Treibgas.

Z 426: Ein großes *Hammer-Werk* nimmt Flugapparate auf; der Tempelchef umsorgt die große Basis.

Z 427: Das Gebäude des *Nin.a.zu* ist aus *Glanzmetall geschaffen.*

Z 428: Der Bau birgt *ME* zum Auffüllen und Starten, für die Azetylen-Erzeugung und die Dekontamination.

Z 429: Der Tempelchef signalisiert, dass er das Fluggerät abkühlen will.

Z 430: Steine werden gebacken, um anschließend von *Nin.a.zu* besprüht zu werden, der dann das Ergebnis = Azetylen speichert.

Z 431: Der große Herr ist ein Sohn des *En.lil.*

Z 432: Der kunstvoll hergestellte „*Leuchtende*" steigt auf und ändert unter Gestank und mit Feuer die Flugrichtung.

Z 433: Wenn Feinde das *Wohlergehen* vernichten wollen, löscht er deren Leben aus.

Z 434: Wenn er ein revoltierendes Gebiet vernichten will, bricht er *wie eine Riesenheuschrecke* die Fundamente entzwei.

Z 435:Bei Ungehorsam schüttelt er alles durcheinander und bringt solange Zerstörung, bis ein Urteil ergehen kann.

Z 436: Wo er hinfährt, kann man *vollständiger Zerstörung* nicht entkommen.

Z 437: Im rebellischen Land zerstört er die Siedlungen.

Z 438: Bei einem rebellischen Volk wird Vieles in Staub verwandelt.

Z 439: Dem Tempel-Herrn, dem großen Löwen, entkommt kein Feind.

Z 440: Mit dem furchterregenden *„Licht"* schlägt der König in der Schlacht zu.

Z 441: In Zweikämpfen ist er flexibel und zertrümmert die Schilde der Feinde.

Z 442: Am Firmament spannt er ein *Überwachungsnetz*, dem die Missetäter nicht entkommen.

Z 443: Wenn der Herr mit dem *„Pfeil"* aufsteigt, gibt es keine Grenzen.

Höchstwahrscheinlich stammen die Z 435 – 438 gemäß vorstehender Analyse ursprünglich nicht von der Priesterfürstin.

TH 35: Tempel des Steinzerteilers Za.ba.ba in Kisch

In Teil I war uns in Kisch ein König *Ur-Za.ba.ba* begegnet, den Encheduannas Vater Sargon der Große angeblich zumindest vom Thron gestoßen, wenn nicht sogar ermordet haben soll – was aber auch bestritten wird. Der Name besagt *Held/Kämpfer des Za.ba.ba,* womit ein *Dingir* dieser Bezeichnung mit **Kisch** verbunden wird. Genau genommen ist dieser Name als *ZA.BA₄.BA₄* in Großbuchstaben wiederzugeben. Zur Bedeutung später, nachdem versucht worden ist, etwas Licht auf diese Gestalt zu werfen.

Sicher ist, dass seine Verehrung in Kisch schon für die sog. Dynastische Frühperiode, also lange vor der Priesterfürstin, festzustellen ist. Aber wer steckt hinter dieser Bezeichnung?

Er wird in der wissenschaftlichen Literatur, die ja nur „Götter“ kennt, meist mit dem **späteren** Hauptgott der Hethiter gleichgesetzt, dem Wettergott *Tarchunna,* wobei das *ch* wie in Bach zu sprechen ist. Wenn wir versuchen, hinter diesen Namen zu steigen, dann finden wir *tar = entscheiden, chu = Vogel/fliegen* und *-na = von/mit/aus.* Man hätte demnach einen *Dingir* gefunden, einen *Entscheider aus etwas Fliegendem.* Wer da nicht die Normalbedeutung von *DI.IN.GIR* erkennt, dem ist nicht zu helfen…

Bei den Hatti hieß er **später** *Taru,* in Luwisch nannte man ihn meist *Tarchunt.* Um die Verwirrung zu steigern, muss noch erwähnt werden, dass man auf Hurritisch (etwa **nach** 1.700 v.u.Z.) dafür *Teschschup* setzen kann. Dieser „Hauptgott“ der Hethiter wird auf verschiedenen Felsbildern immer wieder mit einem Blitzbündel in der Hand abgebildet, was seine Einstufung als Wetterherr irgendwie bestätigt. Es darf daran erinnert werden, dass der Wetterherr *Adad/Nu.musch.da,* von dem wir in TH 27 bereits berichtet haben und der in TH 31 in Kazallu gewirkt hat, ebenfalls mit einem Blitzbündel abgebildet wird. Auch ist seine Bezeichnung mit *Der mit der Lichtschlange geht* zu übersetzen, ein deutlicher Hinweis auf das Blitzbündel. Wenn die oben erwähnten **späten** Quellen so eine Identität mit *Adad/Nu.musch.da* nahelegen, dann entspricht das nur dem Quellendurcheinander, das zu TH 27 bereits erwähnt worden ist.

Andererseits wird *Tarchunna* auch mit *IM* identifiziert, dem *Herrn des Sturmes/Herrn des Gases,* der uns, ebenfalls von TH 27 her, als der *Dingir Isch.kur* bekannt ist. Auch in der hurritischen Literatur wird *Teschschup* als *Isch.kur* gehandelt. Wir hätten damit:

$ZA.\ BA_4.BA_4 = IM = Isch.kur$

Andererseits existieren zwei Stein-Inschriften von Sargon dem Großen, dem Vater von Encheduanna, die zu einer Identität des Gesuchten mit einem oft *Ilaba* Genannten führen. Der muss allerdings anders geschrieben werden, wobei das *il* nur das akkadische Bestimmungszeichen für die „Entscheider“ darstellt, die auf Sumerisch *Dingir* heißen. Wir hätten damit:

$^{d}ZA.BA_4.BA_4$ = $^{il}A.ba_4$

Wenn Sargon entsprechend der Steintafel nach der Rückeroberung von **Kisch** *A.ba₄* als seinen „persönlichen" *Dingir* bezeichnet hat, tat er nichts Anderes, als dem damaligen normalen Stadt-*Dingir* von Kisch die höchste königliche Ehre zu erweisen. Das Staunen der Altorientalisten, $A.ba_4$ so hoch gestellt zu sehen und später kaum in den Quellen wiederzufinden, gründet demnach in ihrem Nichtwissen um die wahre Identität. ***Isch.kur* war beileibe kein geringer *Dingir* !!!**

Wer diese Ableitung anzweifelt, möge beachten, dass wir den Namen dieses Tempelherrn mit *Der mit dem Steinbrennhaus* übersetzen durften, wobei das *brennen = kur* auch als *verkleinern/rösten/schmelzen* verstanden werden konnte. *ZA/za* bringt nun aber auch *Stein, ba* meint *teilen/zuteilen*, ba_4 = be_4 ist *verkleinern/zerteilen*. Damit:

$ZA.BA_4.BA_4$ = *Der Steine zerteilt und zuteilt*

Die *Zuteilung* der *zerteilten Steine* erfolgt zum B*rennen* von Branntkalk und in der zweiten Brenn-Stufe von Karbid. Wie passt dann noch $A.ba_4$ in das Spiel? Das *a* führt zu *handeln/tun/gestalten*. Es wäre schlechtes Deutsch, von jemand zu erzählen, der *zerteilen tut*. Daher:

$A.ba_4$ = *Der zerkleinert* oder, da *a* auch *esch* = *Haus* ergeben kann,

= *Der mit dem Zerkleinerungshaus*.

Weitere Beweise gefällig? Wohl nicht.... Daher zur ersten Zeile dieses Tempelberichtes.

Z 448: Tempel, in Wohlhabenheit erbaut, die Stadt Kisch erhebt das Haupt inmitten der ME der Fürstenschaft.

Damit wird von Encheduanna bestätigt, dass schon in ferner Vorzeit in Kisch ein beachtenswerter Gebäudekomplex eines *Fürsten* der *Dingir* stand, für den ausdrücklich die *ME* angesprochen werden, die Instrumente für Macht und Wissen. Ein **unbedeutender** $A.ba_4$ war das doch wohl nicht? Oder? Eher schon ein mächtiger *Isch.kur*!

Dann kommt die Zeile mit a_2-*dam*. Klingt irgendwie in Richtung „Adam und Eva"? Meint vordergründig *Stelle der Ehefrau*, woraus bisher auf Englisch so etwas wie „Wohnstatt" gemacht wird. *dam/tam* bedeutet aber auch *rein sein/reinigen*. Da eindeutig im Text sofort *Stelle der Verbindung* nachfolgt, passt da parallel wohl *Stelle der Reinigung* besser in den Kontext, weil damit auf die Dekontamination angespielt wird, die vor und nach dem Befahren der *Verbindung* zum *„Himmel"* erforderlich ist.

Z 449: *Stelle der Reinigung, Stelle der Verbindung, dein mächtiges Fundament kann nicht zerstückelt werden.*

Eine weitere „Stelle" wird vermeldet. Dort regt sich wieder einmal der *IM.DU.GUD*, das *mit Rauch und Rotglühen fliegende Gefährt*, das wir schon des Öfteren kurz mit der *„Umwölkte"* gekennzeichnet haben. Von großer Wichtigkeit ist eine Aussage, die allzu leicht überlesen werden könnte: **Der Aufstieg ist eine *Rückkehr*, originärer Standort ist nicht die Erde, sondern die *Mitte* des Raumschiffs!!!**

Z 450: *An deiner Ruhestelle sorgt der „Umwölkte" weithin für Angst, wenn er, den Antrieb anstellend, in die Mitte des „Himmels" zurückkehrt.*

In den bisherigen Übertragungen wird von einem „starken Wall aus Ton" und einem „starken Außenbau" erzählt, von einer „schweren Wolke", die sich „in der Mitte des Himmels ausbreitet". Begreift der Leser endlich, woher manche sumerische Märchen kommen !??

Z 451: *In seinem Innern (sind/befinden sich)*

- eine Keule/Waffe zum Hin- und Hersausen und Niederwerfen = zum Durcheinanderschütteln,

- eine Vorrichtung a) zum Gestalten der Schlacht (angeblich = *ähnlich einem Speer);*

b) um Öl zu verteilen;

c) um das Firmament auszubreiten/herunter fallen zu lassen.

Der zum Drehen mit Gas Konstruierte leuchtet hell auf, ihm wird befohlen, er möge zum Mund/zur Öffnung des „Himmels" aufsteigen.

Der Leser möge sich bitte nicht verwirren lassen, wenn wir versuchen, so nahe wie möglich am Original zu bleiben. *Der zum Drehen mit Gas Ge-*

machte/Konstruierte ist der zuvor schon aufsteigende *IM.DU.GUD,* das *„Licht“,* das sich mit Karbid-*Gas dreht.* Bildhafte Umschreibung in einer für derartige Techniken ungeeigneten alten Sprache! In seinem Laderaum befinden sich (das Verbum fehlt wie so oft im Sumerischen) zwei Waffen. Eine heißt *gisch tukul,* was von Sumerologen normalerweise mit „Keule“ eingedeutscht wird. Doch existiert eine Umschreibung, auf die wir abstellen: die Waffe *sause wie ein Weberschiffchen hin und her und werfe alles nieder.*

Druckluft? Granathagel?

Auch für die andere unbestimmte Waffe *gisch meddu*$_2$ findet man Umschreibungen auf Sumerisch. Gemäß a) = *gisch mi-tum* scheint sie *Speerartig etwas auszustoßen* – gemäß b) = *gisch mi-i*$_3$*-tum* könnte es sich dabei um *brennbares Öl* handeln – gemäß c) = *gisch ku*$_3$*-an* fällt dann angeblich das Firmament herunter. Ein fliegender *Flammenwerfer*? Immerhin hatten wir in Z 242 schon einen „Blitzewerfer“ gefunden. Oder was sollen wir uns unter dem *Oben-Gerät aus Glanzmetall* sonst vorstellen?

In den bisherigen Übersetzungen ist von „Keulen“ / „Götterwaffen“ zu lesen. Man hat sich nicht in zeitraubende Suche und geistige Unkosten gestürzt …

Während in TH 15 in Z 191 klar die Rede war von *etwas wie eine Falle,* als die *Landebucht* an der Raumstation „Himmel“ angesprochen wurde, begnügt sich der Text jetzt mit einem *Mund*/einer vagen *Öffnung,* die angesteuert werden soll.

Schon Zimmern (1) erwähnt anschließend eine „Rechte“ und „Linke“ und die anderen Übersetzer bleiben dabei. Indessen geht es nicht um „rechterhand“ oder „linkerhand“, sondern um die Waffe, die zuvor zuerst bzw. als zweite im sumerischen Text aufgeführt worden war. Denn dort liest man von rechts nach links, weshalb die rechts stehende Waffe die „Erstgenannte“ ist und die links stehende die „Zweitgenannte“. Damit dürfte die nächste Zeile lauten:

Z 452: *Deine erstgenannte Waffe lässt Berge perfekt (= bis ins Innerste) erzittern,*

a) deine zweitgenannte lässt den Feind sich niederwerfen/wirft den Feind nieder.

Doch da sind für den zweiten Teil der Zeile zwei interessante Varianten auf Sumerisch zu finden, bei denen von etwas Zweitgenanntem nichts auftaucht. Ganz klar wird uns etwas Anderes vorgestellt:

b) dein Gebäude-Auslöscher wirft den Feind nieder

c) dein Stein- Weichmacher/Stein-Schmelzer wirft den Feind nieder.

Die *Keule zum Durcheinanderschütteln* lässt demnach die Berge bis ins Innerste erzittern. Der zweitgenannte *Öl-Speer* wirft den Feind nieder, indem er - vielleicht als eine Art *Flammenwerfer* mit Öl-Feuer - *Gebäude auslöscht* oder *Steine schmilzt!*

Z 453: *Dein Fürst ist ein gewaltig Zuschlagender.*

Das „Licht" geht auf den Stützpunkt nieder/herunter,

landet unter schrecklich großer Angst auf dem Wasser.

Auf Englisch stolpert man stattdessen über einen „mächtigen und erhabenen Prinzen", der ein „großer Sturm" sein soll, „die Erde überwältigend".

Phantasien, Erfindungen, Folklore, Legenden, Märchen...

Es folgen die üblichen Schlusszeilen, in denen endlich der *Fürst* und der Tempel konkret benannt werden. Dem Tempelherrn haben wir anfangs bereits eine kleine Detektivgeschichte gewidmet.

Der Name des Gebäudekomplexes divergiert nach den Quellen. Zimmern insistiert schon in den dreißiger Jahren des zwanzigsten Jahrhunderts, man müsse *e₂-dub* verstehen und nicht *e₂-kischib* und letztlich sei der Tempel mit einem *e₂-mete-ur-sag* irgendwie identisch. SB und BM entscheiden sich für *e₂-kischib*, KJ wieder für das Erstgenannte. An eine Übersetzung wagt sich niemand heran.

Die Bezeichnungen sind nicht unlogisch und passen zusammen. Wir haben *dub* schon zu Z 31 als *zerkleinern* gefunden: *Tempel zum Zerkleinern.* Die längere Fassung meint: *Für den Kämpfer/Held geeigneter Tempel.* Am besten gefällt uns der mittlere Ausdruck, wenn man die Verballhornung durch **Hör**fehler erkennt: *e₂-ki-i-schi-ib = Tempel an der Stelle des fauchenden Steinauflösers.* Wir erinnern bescheiden an die Z 71 in Teil I und Z 266 in diesem Teil, wo wir der vierten Stufe der Herstellung von Karbid-Gas als

Treibstoff begegnet sind. Das in der anderen Namens-Variante enthaltene *Zerkleinern* wurde uns von Encheduanna ebenfalls schon oft als erste Stufe dieses Herstellungsprozesses vorgeführt. Da in zwei der drei Bezeichnungen auf die *Treibstoff*fabrikation Bezug genommen wird, nennen wir den Tempel auch so.

Z 454: Treibstoff-Tempel, dein Großmann/König, der Held/Kämpfer Za.ba$_4$.ba$_4$,

Z 455: hat dein herrliches Bauwerk zu seinem Aufenthalt erwählt,

Z 456: hat seinen Thronsitz bleibend dort errichtet.

Z 457: (8 Zeilen) Tempel des Za.ba$_4$.ba$_4$ (= Isch.kur) in Kisch.

Die Altorientalistik rätselt über dem Namen von **Kisch** hin und her. Wie wäre es, wenn die Stadt ursprünglich *kischi* hieß, genauer *ki i-schi*? Dann hätten wir sprachlich einen *Ort der Steinauflösung/Steinschmelze* gefunden, was ja mit dem Namen des Tempels übereinstimmen würde…Ein jüngerer Sumerologe könnte doch vielleicht etwas Zeit an diese Idee verschwenden? Oder?

Sachaussagen TH 35

Ort: *Kisch*

Tempel-*Dingir*: *Za.ba$_4$.ba$_4$* = Der Steine zerteilt und zuteilt identisch mit

Isch.kur = Der mit dem Steinbrenn-Haus identisch mit

IM = Her des Gases identisch mit

Ilaba, richtiger, da Akkadisch, *^{il}A.ba$_4$* = Der mit dem Zerkleinerungshaus

Tempel-Name: *e$_2$-kischib,* richtiger *e$_2$-ki-i-schi-ib* = Tempel an der Stelle des fauchenden Steinauflösers

Z 448: Die Stadt Kisch steht inmitten der *ME der Fürstenschaft*.

Z 449: Stelle der *Reinigung* und *Verbindung* mit einem unzerstörbaren Fundament.

Z 450: Der *„Umwölkte“* sorgt weithin für Angst, wenn sein Lärm erschallt und er in die *Mitte* des Raumschiffs *„Himmel“* **zurückkehrt.**

Z 451: In seinem Innern befinden sich zwei Waffen, einmal eine Waffe zum Durcheinanderschütteln und Niederwerfen und zum anderen eine Art Flammenwerfer. Der *„Umwölkte“* wird als *zum Drehen mit Gas konstruiert* gekennzeichnet.

Z 452: Die erstgenannte Waffe lässt Berge bis ins Innerste erzittern. Die zweitgenannte schmilzt sogar Steine und wirft den Feind nieder.

Z 453: Der Fürst kann gewaltig zuschlagen. Das *„Licht“* landet auf dem Wasser.

Z 454: Im Tempel wird Treibstoff hergestellt.

TH 36: Nergal - der erfundene „Unterwelt-Gott“

Zimmern benennt in (1) auf S. 270 den Tempelchef als *Nergal* - und dies ohne jeden Hinweis auf irgendeinen „Unterweltcharakter“, offensichtlich da für ihn das schlecht lesbare sumerische Original keinen entsprechenden Anhaltspunkt aufscheinen lies. Er übernimmt diese Bezeichnung **per Konvention** von anderen Altorientalisten. SB schreiben in (2) auf S. 44 von einem „Herrn des Sonnenunterganges“, erläutern aber diese Übersetzung weiter hinten im eigenen Kommentar als „höchst zweifelhaft“ und verstecken einen Fingerzeig auf eine „Unterwelt“ lediglich so nebenbei in ihrem Kommentar zu Z 464. Unter den Bemerkungen zu Z 465 erwähnen sie dann noch beiläufig, die Schreibweise *Nergal* werde kontrovers diskutiert und gar bestritten und verweisen zu näheren Überlegungen auf Teil II von (4). Bei KJ ist der Tempelherr in (3) bereits ganz klar ein „Kämpfer der Unterwelt“, der „schreckliche Gott der Unterwelt“ und - von ihnen nicht mehr in Frage gestellt - der „Herr des Sonnenunterganges“. Das konzeptionelle Aufschaukeln der TH 36 in Richtung Unterwelt/Totenwelt erreicht dann den vorläufigen Höhepunkt bei BM in (28).

Die von uns unter dem Siglum BM hier in Teil II immer wieder angezogene Betty De Shong Meador, ansonsten auch als Psychoanalytikerin Jung´scher Provenienz bekannt, „erkennt“ sofort - wieso denn? - im Tempelnamen selbst eine Art „verschlossenes Tor zwischen der Welt der Lebenden und der Welt der Toten“. Die Betonung in der Hymne liegt ihrer Ansicht nach ganz klar auf den Unterweltaspekten und sie findet, zwei von ihr angeblich im Original entdeckte Passagen - Wasser in der Ecke einer Werft und eine untergehende Sonne - erwähnten beide „traditionelle Eingänge in die Unterwelt“!!! Auf drei Druckseiten wird dem Tempelherrn dann frei von der Leber weg eine Doppelnatur als Krieger und Unterweltchef nachgesagt. Dem aufmerksamen Leser dürfte dabei aber bald auffallen, dass zum Beweis insbesondere auf Keilschrifttexte Bezug genommen wird, die mindestens rd. 300 Jahre **später** anzusetzen sind als der Text der Encheduanna bzw. offensichtlich gar erst aus der babylonischen Mitte des zweiten Jahrtausends v.u.Z. stammen. Immerhin wird aber bei ihr klar, welch wechselnde Entwicklung das Bild des behaupteten „Kriegers“ im Laufe der Zeit tatsächlich genommen hat.

Auch heute noch gilt *Nergal* in den Vorlesungsplänen deutscher Universitäten hautsächlich als „Unterweltgott“, verheiratet mit einer „Unterweltgöttin“ *Eresch.ki.gal*, für die wir in Teil I der „Offenbarungen“ zu TH 14 indessen nachgewiesen haben, wie sie ursprünglich geschrieben worden sein muss: *$eresch_2$.ki.gal.la* - d.h. *Die Berühmte/Große aus der Karbid-Stadt.*

Doch der Reihe nach.

Im Namen des Tempels wird auf Englisch neben dem „verschlossenen Tor“ von BM bei anderen Übersetzern alternativ eine Art „Damm“ oder „Abschluss“ vermutet. Wir hatten in Teil I bei Z 389 für das zur Diskussion stehende *$kesch_2$* aber schon *Verbindung* kennen gelernt. Außerdem hat in *kalam-ma* die Nachsilbe Grammatikcharakter und kann alle Fälle vom zweiten bis fünften bestimmen. Deshalb muss nicht unbedingt, wie auf Englisch behauptet, ein Genitiv vorliegen. Schließlich befand sich der Tempel im Gebiet von Akkad, weshalb man eine Sprech*verbindung* nach Süden, nach/ mit Sumer annehmen darf. Sofort anschließend wird betont, die Sprechverbindung funktioniere gut in beide Richtungen.

Z 457: *Gebäude des Gerätes für die Sprechverbindung mit Sumer,*

Z 458: *du antwortest von Seiten des Fürsten, gibst funktionsgerecht wider das zu den Dingir Gesprochene.*[13)]

In der folgenden Zeile tauchen auf Englisch wieder einmal „wilde Kühe“ auf, die jetzt sogar über „wilde Bullen“ herrschen. Uff!!! Offensichtlich ist es beim Kopieren zu **Hör**fehlern gekommen, wovon das wichtigste Missverständnis wieder einmal *schilam* = *Wildkuh* betrifft, bei dem man stattdessen *schi* = *leuchtend/prachtvoll* und *lam* = *aufblühen/größer werden* vernommen haben sollte.

> Z 459: *Der leuchtend Aufblühende/prachtvoll größer Werdende steigt furchterregend auf, nähert sich an, kommt (noch) näher, dreht immer wieder, wird bewundernswert überwacht und betreut.*

Leider kann man aus dem Kontext hier nicht direkt entnehmen, ob der *Aufblühende/sich Drehende/Betreute* das große „*Licht*" war.

Sofort danach werden wir in Z 460 mit der Ortsnennung in verwirrender Weise an TH 14 des ersten Teiles der „Offenbarungen" erinnert. Dort hatten wir in Z 179 als Ortsname *e-ne-gi ki* = *Ort der Wendeweisungen für den „Glänzer"* kennengelernt und in Z 180 drei weitere Bezeichnungen **ohne das Ortsdeterminativ** *ki* gefunden. Jetzt taucht eine der damaligen Benennungen der Z 180 auch ohne und zwei Mal aber mit Determinativ auf und wird durch eine neue ähnliche Schreibweise ergänzt. Der jetzt hier in TH 36 **eindeutig als Ortsname** gekennzeichnete Ausdruck *gu_2-du_8-a ki* wird denn auch über die Jahrhunderte hinweg weiter geführt und kommt als Kutha zu uns.

In TH 14 wurde der Ort zudem als *IM ki* = *Gas-Stelle* angesprochen, was wir im Zusammenhang mit TH 42 nicht als Eigenname, sondern als Hinweis auf einen von drei durch Encheduanna mit dieser Bezeichnung erwähnte Orte der Karbidgas-Herstellung klären konnten. In TH 14 hatten wir den **ohne Determinativ** stehenden Ausdruck nicht als Ortsname, sondern als *von der Unterwerfung befreit worden* erfasst und auf **Menschen** bezogen. Enegi = dem *Ort der Wendeweisungen* der TH 14 steht jetzt in TH 36 mit Kutha = Gudua ein **Ort** *der von der Unterwerfung/Last Befreiten* gegenüber, der **keineswegs identisch** ist. Enegi liegt nicht weit von Ur entfernt, Gudua/Kutha aber nordwestlich von Kisch. Die *Last,* der die Menschen *unterworfen waren* und von der sie *befreit* worden sind, war offensichtlich **in beiden Fällen** die wegen Erstickungstod bzw. Explosionen lebensverachtende Produktionsweise von Karbidgas/Azetylen.

> Z 460: *Gudua, Stadt der von der Unterwerfung/Last/Dienstbarkeit Befreiten, dein Kai ist ein Kai, zum Ruhen/Hinlegen gemacht, bietet einen Wasserplatz/Wasserungsplatz.*

Angesichts dieses Ergebnisses haben wir uns Z 180 erneut vorgenommen. Damals hatten wir das dritte Keilschriftzeichen der Zeile, ein angehängtes *-a*, mit *worden seiend* als Verbum verstanden. Es kann aber auch eine grammatikalische Bedeutung haben und alle Fälle außer dem ersten Fall bestimmen: sogenannte „casus-obliquus-Andeutung". Unter diesem Aspekt sieht Z 180 aber anders aus:

Z 180: *Den von der Dienstbarkeit/Unterwerfung Befreiten hat das Gebiet des Herrn der Fluggeräte (= Sumer) die Last der Glut/des Glühens weg genommen, (und damit) den Zustand des Besorgtseins und in Angstfallens.*

Diese Feststellung ergeht für Enegi ohne Nennung eines Ortsnamens. Z 460 betrifft und benennt demgegenüber den Ort Gudua/Kutha.

Während Z 460 aufzeigt, wo Fluggeräte auf dem Wasser landen konnten, beschreibt Z 461 die schon öfters (z.B. TH 16) angetroffene konkave Konstruktion für die Lagerung/Bodenlandung.

Z 461: *Dein Aufnehmer ist eine kunstvoll hergestellte konkave Vorbereitung/Aushöhlung. Deine utug-Waffe, der Licht-/Sturm-Freisetzer, ist ein Freisetzer ...., der vom „Himmel" her zugeteilt worden ist.*

Die berühmte, bisher von Sumerologen nicht näher bestimmte *utug*-Waffe war gemäß dieser Aussage im *„Himmel"* mitgeführt oder konstruiert worden. Mit *Freisetzer* klingt an, dass etwas aus der Waffe heraustritt. Es wird aber leider sprachlich nicht deutlich, ob *Sturm* oder *Licht* gemeint ist. Wir tippen wegen der behaupteten außerordentlichen Wirkung dieser Waffe nicht so sehr auf Sturm = Druckluft, sondern eher auf Laserstrahlen oder etwas Ähnliches.

Mit Z 462 nähern wir uns nun einem der größten Interpretationsprobleme der Altorientalistik: Was steckt als ursprünglicher, aber vergessener Kern in den „Unterwelt"-Texten der – in der Zeit rückwärtsschreitend – Assyrer, Babylonier, Akkader und Sumerer ??? Und: Gab es ursprünglich einen „Unterwelt-Gott *Nergal*" ??? Was hat es mit diesen Kennzeichnungen auf sich ???

Angel- und Stolperpunkt ist das sog. „Meslam“, das in Z 462 auftaucht. Es wird in der wissenschaftlichen Literatur manchmal als „Tempel“ angesehen, manchmal wird etwas von „hochgewachsenen oder fruchttragenden Bäumen“ erzählt, manchmal bleibt es unübersetzt. Schreibungen findet man zwei: *mes-lam* oder *$mesch_3$-lam*. Dabei wird bei *lam* meist die Fußzahl 2 vergessen. Da von dem Tempelherrn später berichtet wird, er sei *von diesem Meslam her herausgetreten/hochgestiegen*, kommen die „Bäume“ nicht infrage. Sodann findet man für *lam* insbesondere *Ruhm/Glanz/Strahl/Blitz* – aber auch den *Ofen* für *LAM_2/lam_2*, was schon einige Male bei Encheduanna zutraf. Da dieses Meslam gemäß Encheduanna *überbaut* sein soll, bleibt als Treffer nur der *Ofen*.

Der Charakter dieses *Ofens* sollte sich mit *MES/mes* oder *MESCH/mesch* oder einem der Homophone bestimmen lassen. Für *mes* finden wir in Wörterbüchern *Held* und ganz anders *Dunkelheit/dunkle Stelle*. Das ist nicht sehr ergiebig. Für *MES* gibt es außerdem *kischib*, was uns zunächst wegen der Erfahrungen mit Z 71 bzw. Z 266 aufhorchen lässt – doch wird **konventionell** von Altorientalisten sofort behauptet, das besage *Hand*. Mehr brachte schon um 1930 Deimel (13), der schon einige Male geholfen hat[14)].

Demnach entdecken wir unter *MES.LAM_2* einen *Röst-/Schmelz-/Brenn-Ofen, in dem brodelnde Trennung herrscht und etwas fließen gemacht werden kann = zum Schmelzen gebracht wird*. Zwar kann dies *Verhüttung* von Erz im *chur/kur* wie in TH 7 bedeuten, meint oft aber auch nur *Karbid-Brennofen*. Derartigen Öfen sind wir bisher immer wieder in den Tempelberichten als *glühendes Tempelunterteil, eingesenkt* in die Erde, begegnet.

Uff !!! Daher lautet die nächste Zeile für uns auf Deutsch:

> Z 462: *Deine äußere Gestalt ist eine blausteinfarbene/stahlblaue Baugestaltung, die den Mes-lam, einen Röst- und Schmelz-Ofen/Verhüttungsofen überdeckt.*

Die Berichterstatterin versucht, uns mit den ungelenken Worten ihrer nicht-technischen Sprache einen Bau mit einer bläulichen Metallkuppel zu malen, dessen Unterteil im Erdreich liegt und der einen – von ihr oft beschriebenen – *glühenden Ofen überdeckt*.

Ganz allgemein darf man nun bemerken, dass in vielen uns bekannten Umschriften von sumerischen Keilschriftzeichen in abc-Schrift behauptet wird, *Nergal* sei die richtige „Lesung" für die Bezeichnung des Herrn dieses „Tempels". Indessen erwähnen SB zwei Varianten des Namens in einer Fußnote zur Schlusszeile 467, die auf die ursprüngliche Keilschrift schließen lassen – *GIR*$_3$*.UNU-gal* und, mit Fragezeichen, *GIR*$_3$*.AB-gal*. Zimmern (1) bringt auf S. 270 stattdessen *ne*$_3$*-unu-gal*. In einer Quelle (4, Teil II) stoßen wir ab S. 21 außerdem noch mehrfach auf *ne*$_3$*-eri*$_{11}$*-gal* und einmal *ne*$_3$*-er*$_3$*-ra-gal*. Außerdem wird dort auch *GIR*$_3$*.UNU.GAL* und eine sog. *eme-sal*-Schreibung *umun-ABxGAL* angeführt. Sonstwo auch noch *NE*$_3$*.IRI*$_{11}$*.GAL*.

Nun ist es zwar nicht unüblich, dass man für den gleichen *Dingir* abweichende Angaben findet. Hier aber schien das kaum unter einen Hut zu bringen, bis wir bestätigend den kurzen Kommentar bei SB zu Z 467 fanden. Die Lesung des Namens *Nergal* sei **„controversial and disputet"**, eine Bemerkung so deutlich, dass man sie nicht übersetzen muss. Man findet dazu mehr ab S. 21 bei der gerade angezogenen Quelle (4).

Kurzum: die Bezeichnung *Nergal* haben Altorientalisten bei ihrer Forschungsreise in die Vergangenheit **zuerst** in assyrischen Texten des ersten Jahrtausends v.u.Z. wörtlich und mit der Charakterisierung als „Unterweltgott" gefunden. Sie verfolgten die Spur weiter zurück in die Vergangenheit und fanden diesen immer wieder als „Unterweltgott" gekennzeichneten *Nergal* auch in babylonischen Aufzeichnungen. Noch weiter zurück reichte die vordergründig glaubhaft erscheinende Spur bis ins Akkadische und die sumerische Spätzeit. Daraus wurde eine **Konvention**, die man bisher auch bei der Übersetzung von TH 36 anwenden wollte. Ärgerlich war indessen für diese Konvention, dass man sich schon vor Eintritt in eine Deutung des Keilschrifttextes der Hymne darüber stritt, wie die gefundenen Zeichen, teils mit Großbuchstaben als Worttzeichen geschrieben wie oben zitiert, modern zu „lesen" seien – ***Nergal* gaben sie nämlich keinesfalls (!) her.**

Der Streit über die Lesung kann uns kalt lassen, da wir wie üblich von den (Wort-)Zeichen her direkt übertragen können. In diesem Sinn gilt es einige Zusammenhänge zu klären.

ne$_3$ finden wir als *Brennstelle/Feuerort/Schmiede.*

NI finden wir als *schmelzen/Schmelze/Schmelzer.*

GIR$_2$ finden wir als *aufflammen/Skorpion/Schwert* usw.

GIR_3 finden wir als *der Mächtige/Stolze/Schrecken Erregende/Herrlich Gestaltende.*

gir_4 finden wir als *Ofen/Brenner.*

Hauptsächlich stehen demnach für die Bezeichnung des Tempelherren nach (4) und den anderen Quellen zur Debatte – mit unserer Übersetzung, teilweise wenn man die Sprachform der Nispe erkennt:

- *ne_3.eri_{11}.gal* Der mit der Brennstelle/Schmiede aus der berühmten Stadt
- *GIR_3.UNU.GAL* Der Mächtige/Stolze/Schrecken Erregende/Herrlich Gestaltende aus der berühmten Stadt
- *GIR_3.AB x GAL* Der … wie vor … aus dem berühmten Tempel
- *umun-AB x GAL* Der stolze Flugapparat-Lenker aus dem berühmten Tempel

Die letzte Benennung wurde, wie gerade oben angemerkt, in einem *eme-sal*-Text verwendet, weshalb *umun* genauer, wie in Teil I abgeleitet, als *u_3-mu-un* verstanden werden darf. Wenn aber von einem Flugapparat die Rede sein soll, dann darf daran erinnert werden, dass oft für GIR_2 auch GIR_3 steht, weshalb auch die Rede sein kann von

- *GIR_2.UNU.GAL* Der mit dem „Skorpion" aus der berühmtenStadt

Der Tempelchef war demnach ursprünglich und für die Priesterfürstin keineswegs ein „Gott", er war nicht für eine „Unterwelt" zuständig und hieß nicht *Nergal.* Er war ein *Dingir,* war *Fluggerät-Lenker* und *berühmter, stolzer* Herr eines *Schrecken erregenden Röst+Schmelz-Brennofens,* ein *Herrlich Gestaltender,* demnach (s.o.) Kalkbrenner und Gießmeister – eine Art Hochofenchef oder Verhüttungstechniker.

Wir hatten übrigens ohne Begründung schon in Teil I auf S. 102 *mes* mit *Gießmeister* gleichgesetzt.

Nimmt man in der folgenden Zeile den Mittelteil wörtlich als *Dingir gir_3-ra,* dann trifft man auf einen *herrlich gestaltenden Former.* Eine gefundene Schreibvariante ohne *-ra* führt zu einem *herrlich Gestaltenden.* Nimmt man stattdessen den nicht ungewöhnlichen **Hör**fehler *gir_2-ra_2* an, begegnen wir einem *Dingir, der sich mit einem „Skorpion" bewegt.*

Z 463: *Dein Fürst ist der Dinigir a) der herrlich gestaltend formt,*

b) der herrlich gestaltet,

c) der sich mit einem „Skorpion" bewegt,

der König des Mes-lam (= des ins Erdreich im Tempel von Kutha eingesenkten Röst- und Schmelzofens)

Z 464 und Z465 bringen eine Aufzählung von vier weiteren Titeln oder Beschreibungen des Tempelherrn, um diesen grammatikalisch immer wieder als Subjekt der üblichen Schlussaussage von Z 466 vorzustellen. Dabei fällt auf, dass die zu Beginn der Z 466 normalerweise zu erwartende Nennung des Tempelnamens - s.o. Z 457 *Gebäude des Gerätes für die Sprechverbindung mit Sumer* - nicht erfolgt.

Bei der ersten der beiden Bezeichnungen der Z 464 erscheinen in den Umschriften am Anfang zwei Varianten, die man als *Gebäude* oder *Dingir* erfassen muss. Nach den beiden *Dingir*-Bezeichnungen in Z 463 ist es logisch, an dieser Stelle eine weitere *Dingir*-Bezeichnung zu vermuten. Dann darf die erste Aussage mit *Dingir des…* oder so ähnlich beginnen. Es folgt auf Sumerisch nämlich *chusch ki* und mit *-a* ein grammatisches Teilchen, das den Genitiv bestimmen kann.

Daraus wird bei SB eigenwillig ein „Götter"-Eigenname „Huskia", der sich - bitte anschnallen - inzwischen in der wissenschaftlichen L:iteratur **per Konvention** verselbständigt hat!!! KJ machen dort einen „schrecklichen Gott der Unterwelt" aus. BM findet ein „furchterregendes Haus der Unterwelt".

Dem *chusch* sind wir bei Encheduanna schon einmal begegnet. Es meint *das Beängstigende/Furchterregende,* konkret bezogen auf *Kaverne/Keller/Gebäudeunterteil*, weshalb wir es bei TH 27 in einer Variante der Z 328, bei der es um *aufsteigende Glut* ging, als *Unterteil eines Tempelbaus* erfasst haben. Da man hier das Orts-Determinativ *ki* nicht vernachlässigen darf, stehen wir schließlich **wörtlich** vor einem *Dingir der furchterregenden Stelle,* d.h. *der Keller-Stelle/des Keller-Bereiches,* wobei der Keller-Bereich den *aufsteigende Glut* ausstrahlenden *Tempel-Unterteil* darstellt. Oder?

Die zweite Bezeichnung in Z 464 zeigt zwei Varianten mit *en* oder *lugal* auf. Da kein erneutes *Dingir*-Zeichen vorliegt, geht es um eine einfache Ergänzung des ersten Zeilenteils und *der große Herr* dürfte den Sinn am besten treffen. Dann folgen mehrere Varianten, von denen nur eine Klarheit mit sich bringt, diesmal die Umschrift bei KJ. Dabei hilft uns die für Encheduanna bei Z 284 bereits bezeugte Verwendung von *su*$_2$ für *Fehlen/Nichtvorhandensein*. Wir dürfen somit von einem *großen Herrn des im Fundament fehlenden Lichtes* ausgehen. Auf gut Deutsch: im Tempel-Unterteil gab es kein Tageslicht. Das wird von der Eingeweihten dichterisch gewissermaßen als dunkele Bildumgebung in Gegensatz zu der dort leuchtend aufsteigenden Glut des Ofens gesetzt.

SB machen daraus vordergründig forsch in der Übersetzung einen „Herrn des Sonnenunterganges", geben aber, wie angedeutet, im Kommentar zu dieser Zeile dann kleinlaut zu, diese Interpretation sei „höchst zweifelhaft". Bei KJ erscheint die gleiche Grundbedeutung - allerdings schon ohne jede Einschränkung! BM schreibt etwas später ohne Kommentar einfach ab...

So entstehen aufschaukelnd gruselerregende Unterwelt-Märchen !!!

Z 464: *Der für die furchterregende Stelle (den Tempelunterteil/-keller) zuständige Dingir, der große Herr des im (*Tempel-*)Fundament fehlenden Lichtes,*

In den meisten Umschriften der Originaltontafeln offenbart sich dann angeblich ein *Nergal,* der auch so in den Übersetzungen präsentiert wird. Nur Zimmern arbeitet hier wieder einmal sauber, indem er einen *Dingir ne*$_3$*-unu-gal* notiert. Dabei entspricht *ne*$_3$ dem *GIR*$_3$, weshalb man erneut – wir ergänzen das oben Gefundene – *Dem mit der Schmiede/dem „Skorpion"-Fluggerät aus der berühmten Stadt* gegenüber steht. Bei SB folgt ein *Meslamtaea (*doch gibt es in den Originalen auch eine logische Variante ohne *a* am Ende), bei KJ ein *Mec-lamta-eda,* während BM locker und frei von der Leber weg behauptet, ein *Nergal* sei es und das sei derjenige, „der aus dem Meslam kommt".

Man gestatte uns als krassen Gegensatz eine Übertragung vorzustellen, die unseren gesicherten Namensableitungen entspricht:

Z 465: *der herrlich gestaltende Dingir/der Herr der Schmiede aus der berühmten Stadt, der Dingir, der vom Mes-lam/vom Verhüttungsofen her hochgestiegen ist/hochsteigt,*

Z 466: *hat dein herrliches Bauwerk zu seinem Aufenthalt erwählt, hat seinen Thronsitz bleibend dort errichtet.*

Z 467: *(10 Zeilen) Tempel des herrlich gestaltenden Dingir aus der berühmten Stadt Kutha, (= der von der Dienstbarkeit befreiten Stadt).*

Nix Huskia, - nix Sonnenuntergang, - nix Unterwelt, - nix schrecklicher „Gott“ !!!

Stattdessen: Schmelzofen, Schmiede, Verhüttungstechniker, Flugapparatlenker…

Sachaussagen TH 36

Ort: *gu_2-du_8-a ki* = Kutha = Von der Unterwerfung/Dienstbarkeit befreiter Ort

Tempel-*Dingir*: *Nergal* = *ne_3.eri_{11}.gal* = Der mit der Schmiede aus der berühmten Stadt,

GIR_3.UNU.GAL = Der herrlich Gestaltende aus der berühmten Stadt

Tempel-Name: *e_2-gisch-$kesch_2$-da* = Tempel des Gerätes für die Sprechverbindung

Z 457: Im Tempel sichert ein Gerät die Sprechverbindung mit Sumer.

Z 458: Dieses Gerät antwortet für den Fürsten, klar dessen Worte widergebend, und empfängt die an die *Dingir* gerichteten Nachrichten.

Z 459: Das *„Licht“* wird als furchterregend und prachtvoll größer werdend vorgestellt. Es kann im Tempel gewartet werden.

Z 460: Kutha wird als die *Stadt der von der Unterwerfung/Dienstbarkeit Befreiten* bezeichnet.

Dort ist eine Stelle zum Landen auf dem Wasser.

Z 461: Es gibt auch eine konkave Bodenkonstruktion zum Ruhen. Eine Waffe kann Licht oder Sturm freisetzen. Sie ist vom *„Himmel“* her angeliefert worden.

Z 462: Ein stahlblauer Bau überdeckt den *Mes-lam*,den *Röst- und Schmelzofen.*

Z 463: Der Tempelherr ist der König des Röst- und Schmelzofens, der *Dingir, der herrlich gestaltend formt.*

Z 464: Er ist *der für das beängstigende Kellerteil des Tempels Zuständige,* dort wo kein Licht hinkommt.

Z 465: Er ist der *Herr der Schmiede,* der *vom Verhüttungsofen her hochgestiegen* ist.

TH 37: „Götterfreuden" für NANNA, den „Licht"-Herrn?

Man liest die bisherigen Übersetzungen dieser „Hymne" und „Freude" springt einen an. Ein „freundliches Mondlicht" scheint, ein „jauchzender Prinz" kommt in „reiner Erbauung" ganz „freudig" daher. Eine „Feier" jagt die anderen. Wer Worte als Musik hören kann, muss an Beethoven denken, an die „Ode an die Freude", an „Freude, schöner Götterfunken" …

Den Jubel der 9.Symphonie im Kopf wendet man sich der Umschrift des sumerischen Originals zu und findet sich --- ernüchtert --- in einem Wortgestrüpp, teilweise seltsam anmutend und mit Löchern, die zum Raten auffordern. Klar ist jedoch sofort, dass der *Dingir,* dem Encheduanna geweiht ist, genau wie in TH 8 und TH 11 mit seinen drei Bezeichnungen und zudem in der gleichen Reihenfolge wie früher erscheint. Klar wird auch sofort, die „Freude" hängt irgendwie mit *giri*$_x$*-zal* zusammen, das bei KJ deutlicher zu *giri*$_{17}$*-zal* wird. Das taucht drei Mal auf und wird in Wörterlisten tatsächlich mit „Freude/Erbauen" geführt.

Das ist nicht die Diktion der Priesterfürstin, wenn sie *Dingir*-Geheimnisse darstellt!!!

Detektivarbeit war wieder einmal angesagt …

Den ersten Hinweis findet man bei KJ in der Umschrift von Z 475. Dort erscheint der ominöse sumerische Ausdruck doppelt, wobei er einmal in Klammern mit *NE* gleichgesetzt wird. Hoppla, sollte da etwas von einem „Glänzer" oder etwas von einem anderem „Leuchtenden" stehen?

Den zweiten Hinweis liefern SB im Kommentar, indem sie zwei andere Stellen aufzeigen, an denen in den Tempelberichten der behauptet „freudige" Ausdruck ebenfalls auftaucht. Dort wird Identität mit *KA-zal* festgehalten. Der zweite Teil des Begriffes macht kein Problem: *zal = leuchten/scheinen.* Bei *KA* hilft die eingehende Untersuchung in Teil I zu *KA.AN.NI.SI* weiter. *KA* kann danach auch *Lärm* meinen. Wir begegnen damit einem *Lärmend-Leuchtenden,* was nur ein anderer Name für das *„Licht"* des *NANNA* wäre.

Bestätigung erhalten wir, als wir für *giri*$_{17}$*-zal* auch noch die Erläuterung *gi-ir-za* antreffen. *Drehen* für *gi, stinken* für *ir* und *lärmen* für *za* ergeben einen *lärmenden und stinkenden Dreher.* Geht in die bekannte Richtung! Doch wohl kein Zufall? Oder gibt es noch einen „ungläubigen Thomas"?

Quod erat demonstrandum - was es zu beweisen galt !!!

Womit wir uns dem ersten Wort des Berichtes zuwenden können, der Bezeichnung des Tempelortes als *u*$_2$*-ru-um ki.* Das war bisher, wen wundert es noch, an den Universitäten nicht zu knacken. Doch haben wir die Endung *-ru-um ki* schon in Teil I bei Z 238 gefunden. Der *Ort* ist damit *etwas gewidmet.* Die Widmung steckt in *u*$_2$ = *aufsteigen/unterstützen.* Der Ort liegt im Norden von Sumer bereits in ***akkadischem*** Gebiet zwischen Gudua/Kutha von TH 36 und Sippar von TH 38. Wir entscheiden uns daher für die angeführte zweite Bedeutung und sehen in Urum einen *Stützpunkt/ Nebenstelle/Unterstützungsstelle/Nebenstützpunkt* in Akkad zusätzlich zu Ur in Sumer für die Aktivitäten von *Nanna.*

Diese sprachliche Analyse könnte unterstützt werden, insofern als SB im Kommentar eine sonstwo gefundene Schreibung *NINDA*$_2$*xU*$_2$*. RUM ki* anführen, dabei aber offen lassen, ob die Orte identisch sind. Wir verweisen auf unsere Ausführungen zu Z 17,170, 391 und übertragen mit *Ort gewidmet einer Flugstier-Basis.*

Damit:

Z 468: Urum (= der Unterstützung gewidmeter Ort/zusätzlicher Stützpunkt), gewaltig geformt aus Stein, geeignet als/ausersehen als Ort des Strafgerichtes des Su.en;

Mit *Stein* ist wegen des gewählten sumerischen Wortes entweder harter Stein im Gegensatz zu Tonbacksteinen gemeint oder eventuell auch

Metall, weil - wie immer wieder betont - *na* auf alles Geschürfte hinweist. Mit *Su.en* taucht der erste Name des Hausherren auf, den wir nach einigen Überlegungen bei TH 8, Z 106, als *Herrn im All* übersetzt haben.

Wenn auf Englisch in der nächsten Zeile „viele Kühe" aufgetrieben werden, die in einem „weiten Viehpferch" nur so „umherwimmeln", dann steigt zusammen mit einer gewissen Übelkeit der Verdacht auf, die Mitteilungen der Hohen Priesterin würden mal wieder grausam verbogen. Gewiss kann tur_3 als *Viehpferch* angesehen werden, doch hat die doppelte Hohe Priesterin bereits in Z 88 damit ein großes *schützendes/umhüllendes Bauwerk* gekennzeichnet, in das ein *„Glänzer"* hinabsteigt - neutral könnte es sich hier demnach auch um einen *Unterstand* für einen Flugapparat handeln, einen Hangar. Auf Grund der Erläuterung[15)] finden wir:

Z 469: Gebäude für das Fluggerät „Schüssel", weitläufig/geräumig gebauter Unterstand.

Die Betonung der *Weitläufigkeit* des bergenden Bauwerkes könnte andeuten, das größte der auf Erden landenden Fluggeräte der *Dingir*, das u_4 = *„Licht" des Nanna*, sei - wie schon in Z 332 - mit *Schüssel* angedacht.

Abwarten!

Anschließend kann die behauptete Schreibweise nicht mit der Zeichenform zur Zeit der Priesterfürstin übereinstimmen. Das im *Dingir*-Namen behauptete Homophon im_2 existiert erst seit rd. 2.000 v.u.Z. Vorsicht demnach mit der Namensübernahme! Und erfahrungsgemäß dürfte *sipa* = *SI.PA* sein - kein *Schafhirte*, sondern ein *Hochtreiber des Flügels/Vogels*, ein *Flugapparat-Lenker*. Auch geht es hier nicht um den „Lenker" als solchen, sondern wegen der Vorsilbe *nam-* um die damit zusammen hängenden Eigenschaften. Sumerologen werden zustimmen, dass dann das Ende der Zeile **falsch einengend** gelesen worden sein muss. Dort sollte in der Umschrift für das Wortzeichen 183 im Sumerischen Lexikon von Deimel (13) nicht wie gefunden *ak* oder *aka* stehen, sondern *IM* = *Gas*. Nach diesen Erläuterungen werden Sumerologen auch verstehen, weshalb folgende Übertragung richtig ist:

Z 470: *Asch.im.babbar-e (= Der mit Gas-Feuer leuchtend Aufsteigende) dient in seiner Eigenschaft als Fluggerät-Lenker dem „Oben-mit-Gas-Lärmenden".*

Genauer kann man in Sumerisch wohl kaum *Su.en* als *SI.PA* beschreiben. Die am Anfang der Zeile stehende zweite Bezeichnung des Tempelherrn findet hier nach den inzwischen gefundenen zusätzlichen Erläuterungen eine bessere Übersetzung als unsere bei Z 116 präsentierte Erstdeutung.

Z 471 ist nicht nur in der zweiten Hälfte von den Schriftzeichen her ein Scherbenhaufen, sondern am Anfang auch wieder ein Beweis für Verständnisprobleme bereits beim Kopieren. SB meinen, es liege eine vom Stil her überraschende direkte Anrede mit „mein König" vor, die sich nicht auf den Vater von Encheduanna beziehe, sondern auf den „Mondgott"? BM behauptet, die Autorin wende sich damit „direkt an ihren himmlischen Gatten"! Das in einer Lesung gefundene *mu* kann statt dem behaupteten „mein" aber auch *lärmen/lärmend* hergeben. Zum Schlüssel für das Verstehen der Zeile werden schließlich zwei Punkte. Einmal ist uns schon bei Z 436 über den Weg gelaufen, das *bad-du* am Ende könne man auch als *ba-du = wegfahren* verstehen. Zum Anderen erläutert Halloran (33), *gidri/gidru = Szepter/Stock* könne auch als *duru*$_6$ begriffen werden. Das aber sei (S. 58) gleich *PA sche gisch e*$_3$*-a.*

Uff, Uff, was ist denn das???

Unerschrocken wurde auch diese Gleichung gelöst: wörtlich *der „Vogel", der einen Apparat mittels einer Bitumen-Art benutzt.* Mit anderen Worten: Es geht nicht um ein „Szepter" oder einen „Stock", sondern wieder einmal um ein Fluggerät (*Vogel),* das einen bestimmten *Apparat* benutzt, und dieser Apparat verwendet seinerseits eine *Bitumen-Art,* einen Erdöl-Abkömmling, ein Ölderivat - allein oder als Beimischung. Man ist so bei einem *Antriebsaggregat* gelandet, das schon mehrfach in den Tempelberichten vorgekommen ist. Das gestottert Gerschriebene im zweiten Teil der Zeile lösen wir in *schi-ibi-ir* auf, siehe Z 332 für das *Ausströmen von Rauch und Gestank.*

Z 471: *Der Gebäude-König fährt, Lärm machend, mit dem Fluggerät, das* (zum Antrieb) *einen Ölderivat-Apparat nutzt, unter Ausströmen von Rauch und Gestank weg.*

Die beiden Worte in Normalschrift haben wir hinzugefügt. Klingt doch irgendwie anders als „Oh Haus, mein König, du streckst dein Szepter in den Himmel hoch" - übersetzt aus den blumigen Ergüssen von BM.

In Z 472 sind genau genommen nur zwei Wendungen eindeutig: einmal *iti*$_x$, das in einer Variante, wie schon öfters, als *u*$_4$ des *Dingir NANNA* herbeikommt - zweitens das anfangs behandelte *giri*$_{17}$*-zal*, der *Lärmend-Leuchtende*, der *lärmende und stinkende Dreher*. Die Gleichsetzung mit dem *u*$_4$, dem bekannten *„Licht"* des Nanna, beantwortet nun auch die anfangs gestellte Frage eindeutig negativ, ob nicht doch vielleicht ein kleinerer *„Glänzer"* durch die Lüfte von Urum gesaust sei. Genügt das als Beweis?

Z 472: *........das „Licht" des NANNA........ der „Lärmend-Leuchtende" ....*

Encheduanna führt uns damit eine Ausweichstelle, einen akkadischen *Stützpunkt* für das *schwebende Schiff* des *Su.en* vor, das sie mit einem krass realistischen Bild als *lärmenden und stinkenden Dreher* charakterisiert. Im Rückschluss ergibt sich, dasss der *Unterstand* der Z 469, dort schon als *geräumig gebaut* gekennzeichnet, größer als die von Encheduanna öfters für andere Orte erwähnten Hallen gewesen sein muss, in die das *u*$_4$ = „Licht" **nicht** eingebracht werden konnte. Statt dieses größten von der Erde startenden Fluggerätes der *Dingir* finden wir auf Englisch, wie eingangs angedeutet, ein lustiges „fröhliches Mondlicht" bzw. „ein Mondlicht voller Erbauung" oder eine erbauliche „Feierlichkeit".

Was dann auf Englisch folgt, ist mager. SB und KJ meinen „Dein.... könnte.... Licht" erkannt zu haben. BM brät wieder eine Extrawurst mit „Haus auf der Erde..... fröhliches Mondlicht". Man kann das am Anfang tatsächlich mit Fragezeichen stehende *TE.?-zu* unter Hinweis auf Z 331 der TH 27 zu *TE.GAL*$_2$*-zu* ergänzen, für das wir *Zerkleinerer* gefunden hatten. Zwei weitere Worte sind klar zu erfassen. Ein drittes wird in neueren Umschriften mit Fragezeichen versehen, steht in der ursprünglichen Bearbeitung von Sjöberg (17) jedoch als *ri*. Das können wir wegen Z 305 als *zerstoßen* nehmen. Deshalb:

Z 473: *Dein Zerkleinerer (*Verbum*) für das „Licht" reichlich/im Überfluss zerstoßenen..........*

Wir sind bereit, Wetten einzugehen, das Verbum habe *liefert* oder so ähnlich gelautet und bei dem *Gelieferten/Bereitgestellten*, das am Ende im Text fehlt, habe es sich um *zerstoßenen* Kalkstein für den Brennofen zur Karbidherstellung gehandelt.

Bei der nächsten Zeile fehlt wieder das Ende. Wir übersetzen, was deutlich ist bzw. in der Sjöberg-Quelle (17) angedeutet wird, wobei wir unter b) aufzeigen, wie man übersetzen muss, falls statt *nun* in der Umschrift zweifach *NUN* hätte stehen müssen (was höchst wahrscheinlich ist).

Z 474: *Dein Fürst, a) der Fürst des aus Glanzmetall gebauten „Lärmend-Leuchtenden" ....*

b) der von der Hinfahrstruktur für den aus Glanzmetall gebauten „Lärmend-Leuchtenden" ....

Auf Englisch kommt stattdessen bei SB ein „Prinz voller Freude" um die Ecke, bei KJ taucht ein „Prinz der heiligen Zeremonie" auf und BM erfindet einen „freudigen Prinzen des reinen Erbauens". Gemäß der **konventionellen** Übung wird dabei aus *Glanzmetall* halt eben nur „heilig" oder „rein".

Was dann kommt, hat uns beinahe verzweifeln lassen. Zimmern hatte eine so schlecht erhaltene Keilschrifttafel, dass er schon nach Z 472 aufgegeben hat. BM liefert **nie** den Originaltext in Umschrift. Bei SB stand zwar allerhand, aber da war kein Sinn hineinzulesen, bestimmt nicht. Ausnahmsweise wich dann die Umschrift bei KJ stark von der bei SB ab. Doch auch sie blieb zunächst ganz rätselhaft und zum Schluss immer noch in einem Punkt fragwürdig. Die schließlich hinzugezogene alte Sjöberg-Quelle (17) brachte noch eine Variante.

Doch zu den Einzelheiten, wobei die erste Zeilenhälfte geklärt werden konnte mit:

Z 475: *Vom blaumetallisch schimmernden „Himmel" her geht der „Lärmend-Leuchtende" nieder, dockt ..... an;*

Blausteinfarbenes Glanzmetall war schon in Teil I in Z 172 im Keilschriftoriginal aufgetaucht als Bauelement des *„Feurig Glänzenden"* von *U.tu*, der dann in Z 174 als das *„Licht"* identifiziert wurde. Wir hatten mit *bläulich schimmerndes Metall* übersetzt und unterstrichen, dass es sich um eine der wenigen Stellen in den Tempelberichten handelt, an denen der Begriff *Glanzmetall* mit einer Farbschattierung näher erläutert wird. Hier eine weitere Stelle dieser Art, bei der aber nicht der Konstruktionsstoff des *„Lichtes"* angesprochen wird, sondern die Bauart des *„Himmels"*. Da derartige technologische Einsichten der **konventionellen** Sumerologie fern liegen, erzählt BM blauäugig von dem „freudigen Prinzen, der fröhlich aus dem strahlenden Himmel kommt". KJ sehen „freudig" eine „Zelebrierung", die sich irgendwie „am Blausteinfarbenen Firmament" abspielt. Das sumerische Verbum für *andocken* war schon in Z 307 und 322 aufgetaucht.

Den zweiten Teil der Neuübersetzung der Z 475 muss man näher begründen, da sonst niemand etwas verstehen würde. Wir greifen dazu auf eine Gegenüberstellung der gefundenen Umschriften zurück. Sumerologen nennen das eine „Partitur", die wir in eine Endnote verschieben[16)]. Nach deren Überlegungen lautet der Zeile zweiter Teil:

Noch Z 475: („schwarzes Holz" =) ein Ölderivat wird hineingebracht; Getrocknetes, zur Gasfreisetzung Geeignetes …X (= Verbum*).*

Das Verbum könnte *geladen* gelautet haben.

Zum Antrieb des *„Lichtes"* wurde gemäß dieser Zeile ein Ölderivat zusammen mit im Fluggerät aus Karbid erzeugtem Azetylen verwendet. Ein äußerst interessantes Detail, das die Priesterfürstin sich wohl kaum selbst ausgedacht haben kann.

Leuchtend, stinkend, lärmend… darf dann nicht verwundern!

Unter vielfachen Vorbehaltszeichen meinten SB, ein „Mann grüßt ihn". Hoppla, wen denn?! Bei KJ „erweist der Held einer Feier die Ehre". Uff, Uff! Bei BM „grüßt die Jugend" (woher kommt die plötzlich?) jemand „mit ihrem Herzen"…

Unglaublich, so muss man beim Betrachten der Partitur und dem dann Gefundenen festhalten, was beim Lesen der Keilschrift die einengende Umdeutung von Wortzeichen in Lautzeichen anrichten kann.

Diese per akademischer Konvention erlaubte unwissenschaftliche „Übung" ist wissenschaftlich gesehen Unfug und müsste verboten werden !!! Wir kommen darauf grundsätzlich zurück.

In der folgenden Zeile das gleiche Dilemma. Im Keilschriftoriginal stand UD.UD. Und was machen die „Wissenschaftler" daraus? SB bringen *zal$_x$-zalag* und KJ *dadag*. Diese einengenden „Lesungen" meinen *aufscheinendes Licht* oder auch *strahlend machen/reinigen/klären*. Womit die Aussage der Wortzeichen verfälscht wird! Die wurden bei den Z 170/176 schon behandelt. Und um was ging es dort? Dort erschien der *„Große Strahlende"*, auch *„Glänzende und Lärmende"*, der im Kontext expressis verbis dem *u$_4$* = *„Licht"* gleichgesetzt wurde.

Da das *e* diesmal einen Ortshinweis *in Richtung auf* gibt, dürfen wir festhalten:

Z 476: Der in Richtung Sumer „Glänzende und Lärmende" (= das „Licht") bestätigt XX des Su.en (= des Herrn im All).

In englischen Umschriften wird vermutet, das XX hänge mit einem *-kam* zusammen - dann könnte man dafür vielleicht *Herrschaft* oder *Herrlichkeit* setzen. Aber das muss offen bleiben. Wenn Altorientalisten jetzt noch fragen sollten, wo das *bestätigen* in unserer Übertragung herkommt, dann haben sie das kleine *ga* halt übersehen...

Auf Englisch wird „das Land überstrahlt" oder so ähnlich und nicht begriffen, dass *kalam* Sumer ansagen will. Urum lag schließlich **außerhalb** des „Landes" = Sumer in Akkad und nur deshalb konnte das „Licht" *in Richtung* Sumer strahlen und lärmen!

Z 477: Oh Tempel von Urum (= dem Nebenstützpunkt), dein herrliches Bauwerk hat er zu seinem Aufenthalt erwählt, hat seinen Thronsitz bleibend dort errichtet.

Z 478: (10 Zeilen) Bauten des Nanna/Su.en in Urum.

Auf den originalen Tontafeln erscheint für diese Zeile mal diese, mal jene Bezeichnung des Tempelherrn.

Abschließend möchten wir noch auf zwei Bemerkungen von BM eingehen. Einerseits kann sie es wieder einmal nicht lassen, dem Tempelchef „Unterwelt"-Eigenschaften anzuhängen. Da sie in TH 37 trotz allen Bemühens keinen Anhaltspunkt aufzeigen kann, zieht sie zum Beweis TH 8 an – dort ist aber ebenfalls aus unserer Sicht nichts Dergleichen zu finden…

Dankbar darf man dagegen für den anderen Hinweis auf S. 217 sein, wonach L. Woolley bei seinen Ausgrabungen am Hauptsitz des Nanna in Ur ein Siegel der Stadt Urum gefunden hat. Dieses beweise, dass Urum in der sog. Vordynastischen Zeit (also grob etwa vor 3.100 v.u.Z.) Mitglied in der damaligen Städteliga war. Wir fügen unsererseits hinzu, es könne sich nur um die sog. *Kengi*-Liga gehandelt haben, über die man nicht viel weiß. Die Bezeichnung ruft Erinnerungen an einige Zeilen der Encheduanna hervor, in denen dieser Ausdruck ebenfalls aufgetaucht ist. *Kengi/ke-en-ge/ki en gir* wurde dabei z.B. in Z 28 oder Z 180 mit Sumer gleichgesetzt. Das uralte Siegel der Stadt Urum, die ja außerhalb von Sumer lag, könnte daher andeuten, dass das Gebiet der *Kengi*-Liga über den Landstrich hinaus nach Norden reichte, den man zu Zeiten von Encheduanna als Sumer bezeichete.

Warum auch nicht?

Schließlich ist *Kengi* nur eine andere Schreibweise für *ki en gir*. Das aber entspricht auf Deutsch dem *Gebiet des Herrn der Flugapparate*, deutlicher: dem Herrschaftsbereich von *En.lil*, dem Vater von *Su.en*.

Dieser Ausdruck „Kengi-Liga“ = *Gebiet des Herrn der Fluggeräte* hatte demnach in ferner Vorzeit höchstwahrscheinlich eine umfassendere Bedeutung als Sumer nur allein.

Sachaussagen TH 37

Ort: *u_2-ru-um ki* = Urum in Akkad = Nebenstützpunkt

Tempel-*Dingir*: *Su.en* = Herr im All oder

Asch.im.babbar.e = Der mit Gas-Feuer leuchtend aufsteigt oder

Nanna = Der im *„Himmel“* ruht

Tempel-Name: *e_2-u_2-ru-um* = Tempel des Nebenstützpunktes

Z 468: Der Nebenstützpunkt ist gewaltig aus Stein (Metall?) geformt und dient *Su.en* als Ort des Strafgerichtes.

Z 469: Das Gebäude für die *„Schüssel“* ist ein geräumig gebauter Hangar.

Z 470: Als *Asch.im.babbar.e* dient der Tempelherr dem *„Oben-mit-Gas-Lärmenden“* als Pilot.

Z 471: Das Fluggerät benutzt zum Antrieb einen *„Öl-Derivat-Apparat“* und fliegt unter Ausströmen *von Rauch und Gestank* weg.

Z 472: Dieses *„Licht“* des *Nanna,* der *„Lärmend-Leuchtende“*, macht irgendetwas...

Z 473: Ein *Zerkleinerer* liefert für das *„Licht“ reichlich Zertoßenes,* wobei es sich nur um zerkleinerten Kalkstein handeln kann.

Z 474: Der Tempelherr ist der Fürst des aus Glanzmetall gebauten *„Lärmend-Leuchtenden“* bzw. *der Hinfahrstruktur für diesen.*

Z 475: Der *„Lärmend-Leuchtende“* steigt vom *„Himmel“* nieder, der aus *blaumetallisch schimmerndem Glanzmetall* gebaut ist. Nach dem Andocken wird ein *Öl-Derivat hineingebracht* und *getrocknetes* Karbid, aus dem **im Fluggerät** (!) *Gas freigesetzt* werden soll.

Z 476: Das in Richtung Sumer zu sehende *„Licht“* bestätigt etwas (Fehlstelle) betreffend *Su.en,* den *Herrn im All.*

TH 38: U.tu: „Sonne“? – „Sonnengott“? – Nachtwandler in einer „Totenwelt“?

Konventionell unterrichtete Sumerologen würden die drei Fragen im Titel ohne Zögern mit „Ja!“ beantworten. Wir sagen dreimal „Nein!“.

Zum sogenannten „Sonnengott“ haben wir uns in Teil 1 schon bei TH 13 und in dem Abschnitt über Uruk als *Stadt der Himmels-Bogen* geäußert. Dort wurde z.B. auf die kritisch vergleichende Edition der sumerischen Königslisten (3) verwiesen. Der erste König im *Dingir*-Tempel E-anna, *Dem für An Errichteten,* d.h. an der Stelle, an der später Uruk gegründet worden ist, war *Mes-ki-ag*$_2$*-ga-sche-er*. Die Listen fügen hinzu, er sei ein Sohn des *U.tu* gewesen. Da dieser Sohn nicht mit dem *Dingir*-Determinativ gekennzeichnet wird, nehmen sogar konventionelle Wissenschaftler an, seine Mutter sei eine Menschenfrau gewesen.

Dann muss *U.tu* eine Person mit menschenkompatibler DNA gewesen sein, weshalb er nicht identisch mit der Sonne gewesen sein kann.

Nach der Quelle (10) führte diese Persönlichkeit auch die uralte Bezeichnung *DINGIR BAN.AN.NA*. Das heißt auf Deutsch - wen wundert es eigentlich noch außer verstockten Nein-Sagern? - *Himmelsbogen-Dingir* !!! Ein ***Dingir*** aus Fleisch und Blut! Will jemand außerdem bestreiten, dass *Bogen* und *Schale* bei Encheduanna das Gleiche meinen, den immer wieder auftauchenden, hier von einem *U.tu* aus Fleisch und Blut gelenkten *strahlenden bogenförmigen schalenartigen* Flugkörper?

Schon in TH 13 wurde zudem der Schrein von Larsa in Z 169 für *U.tu* als **Ziel** des Abstiegs vom *„Himmel"* dargestellt und in Z 171 ebenfalls als **Ziel** der mit *U.tu* vom *„Himmel"* kommenden *Schale* und nicht als zu diesem *Ort des Überflusses* startend. Wieder zwei Zeilen weiter steigt in Z 173 der *blaumetallisch Leuchtende* nicht nach oben auf, sondern *sinkt* **von dort** *rauchend herab*. Die Erdstation in Larsa wird damit drei Mal deutlich nur als Durchgangspunkt einer Reise vom *„Himmel"* zum *„Himmel"* gekennzeichnet. Klarer noch zwei Hinweise auf den Zweck dieser Reisen zur Erde: Z 173 deutet die Anlandung von *Gaben des „Himmels"* an, Z 172 Instandhaltung und Instandsetzung, auch mit *bläulich schimmerndem Metall.*

Der *„Himmel"* wird damit als die „Heimat" des *„Lichtes"* hingestellt, der Erdstützpunkt als Durchgangsstation.

Inzwischen konten wir auch bei BM in (28), auf S. 100 ff, einsehen, was sie zu *U.tu* bei dieser TH 13 zu fabulieren weis. Angeblich sei der Tempel „vom Himmel geschickt" worden, sei als „Weißes Haus" auf Erden ein Gegenstück zu einem „Weißen Haus", das sich in einem unsichtbaren Teil des Himmels befinde, der als „nachts unter der Erde" zitiert wird. Ein „weißer junger Zuchtbulle erhebe seinen Nacken zum Firmament, hin zu *U.tu*, der ihn führt" !?! Da „scheinen leuchtende Hörner auf" und ein „glitzernder Lapis-Lazuli-Bart hängt zerzaust herab" ?!?

Wie bitte? Ein Blaustein-Bart? Donnerwetter !!! Schön gemalt!!! Lustig auszudenken...

Den Gipfel der dichtenden Ungenauigkeit ersteigt die Dame dann zu TH 13, wenn sie im Kommentar auf S. 107 zustimmend einen Text zitiert, der ohne genauen Zeitbezug behauptet, der „Sonnengott" öffne abends das Westtor des Firmamentes, um sein Licht zu den dunklen Plätzen jenseits des Horizontes zu bringen. Sein Licht schwäche sich dort im „Totenreich“ ab. Gewissermaßen als Beweis für diese Exegese eines anderen Autors zitiert sie die jetzt besprochene TH 38, wo nach ihr angeblich „*U.tu* sich eine Krone um seinen Kopf bindet, um sein Licht zu dämmen“.

Wir werden sehen, all diese Behauptungen finden bei Encheduanna keinen Platz !!! **Später**, insbesondere in Babylon, wurde viel in diese Richtung fabuliert - Gegenstand des von der Priesterfürstin aufgezeichneten sumerisch-akkadischen Staatskultes waren derartige Glaubensmärchen keineswegs... **Gehen wir doch nach diesen Vorbemerkungen TH 38 an, um zu sehen, was dort tatsächlich zu finden ist**.

Es beginnt mit einem Namenssalat für die Bezeichnung des Ortes. SB übersetzen dreimal mit Sippar und BM folgt ihnen darin. Zimmern (1) nennt den Ort in seiner einleitenden Bemerkung ebenso, schreibt in der eigentlichen Übersetzung aber Zimbir. Dieses Zimbir wird von KJ sowohl in der Übersetzung als auch in der Umschrift des sumerischen Originals verwendet. Zimmern und SB liefern aber auch die ursprüngliche sumerische Schreibung des Ortsnamens, der in seiner Hauptform *UD.KIB.NUN ki* lautet.

Über die richtige Schreibung von Sippar und die Deutung dieser Bezeichnung lässt sich trefflich streiten. Wir fügen in dieser Hinsicht keine weitere Soße hinzu.

Zimbir soll „Stadt der Vögel“ meinen. Wir finden dafür die sumerische Schreibung *zi-im-bir ki,* was wegen *zi* = *zig*$_3$ = *aufsteigen* aber erst dann erfasst werden kann, wenn *bir* sich offenbart. Dafür wird normalerweise *schroten/zerreißen* angeboten, doch stößt man auch auf *Heuhupfer/Sperber/Habicht*. Wenn man den *Heuhupfer* zusammen im Namen mit *im* = *Gas* sieht, klingelt es und Z 332 wird aufgerufen. Dort waren wir einem *glanzmetallenen Heuhupfer* begegnet, der mit *dem Leuchtenden/dem „Licht“* identisch war. Dann besagt Zimbir: *Stelle des Aufstiegs des Gas-Heuhupfers* oder auch *Stelle wo der Gas-Habicht aufsteigt*. Das hört sich schon etwas anders an als eine x-beliebige „Vogel-Stadt“.

Passt die Übersetzung der oben erwähnten sumerischen Keilschrift-Hauptform des Ortsnamens in dieses Bild? Offensichtlich geht es um etwas, was dem *NUN*, d.h. dem *Fürsten* = *U.tu* gehört. *DU* = *strahlend leuchtend* in der Hauptbedeutung macht kaum Probleme, aber *KIB?* Nach langer Suche kommt ein *Gegenstand, auch aus Gold* daher oder - für das gleichklingende Wort *KIB*$_2$ - ein *Weizenkorn*, das ja auch golden glänzen kann.

Ein strahlender goldähnlich glänzender Gegenstand mit der Form eines Weizenkorns ???

Tolles Bild in einer technisch ungeeigneten alten Sprache - unverfälschte Überlieferung aus uralten vorgeschichtlichen Zeiten !?

Der von Encheduanna überlieferte Text löst noch in der Zeile, in der der Ortsname erscheint, das Rätsel auf, indem man alternativ *u*$_4$ und *UD* geschrieben findet, -*u*$_4$ als das Zeichen für das *„Licht"*, das größte Fluggerät der *Dingir*, das *durch die ewige Nacht* zum *Oben-Gerät „Himmel"* fahren kann.

Andererseits: legt man ein *goldmetallig glänzendes Weizenkorn* so auf seine Seite, dass die Einkerbung den Betrachter ansieht, dann erkennt man eine Art Untertasse, auf der symmetrisch ein schalenförmiger Deckel liegt. Besser kann man mit einfachen Worten wohl kaum das *„Licht"* in einer Seitenansicht skizzieren…

Wenn man möglichst nahe bei dem in uraltem Sumerisch gemalten Wortbild bleiben will, kann man den alten Namen der Stadt - die Homophone zusammenfassend - übertragen mit *Stelle des strahlenden weizenkornähnlichen Gegenstandes des Fürsten.* Und wenn *NUN* hier stattdessen *Hinfahr-Struktur* abgeben soll? Dann halt *Stelle einer Hinfahr-Struktur für den Weizenkornähnlichen …*

Einwände von konventioneller Seite?

Oder recht frei: *Ort für das „Licht-Ding" des Fürsten.*

Die Stelle wird heute lokalisiert mit Tell abu Habbah am Ostufer des Euphrat, am Nordrand des ehemaligen Sumer, leicht südwestlich vom heutigen Bagdad.

Die erste Zeile dieses Berichtes lautet dann:

Z 479: Ort für das „Licht-Ding" des Fürsten, (Zimbir,) *Erden-Sitz des U.tu, das „Licht" tendiert/fährt zu einer (Gestank verbreitenden) Stelle, die die Verbindung ermöglicht.*

Wie kommen wir zu der drastischen „anrüchigen" Einschiebung in Klammern? Nun, mit *dur₂* hat es so eine eigene Bewandtnis. Man findet dafür u.a., von uns vornehm verbessert, *Gesäß* und *Furzkuhle*, aber auch *Spalte*. Es geht um eine *Stinkstelle*, die (wörtlich auf Sumerisch so im Original des Berichtes ergänzt) *Verbindung ermöglicht* für das *„Licht"*. Leider geht bei einer knappen Übertragung aber die mit *Gesäß* und *Furz* verbundene anrüchige Duftnote verloren, die mit dem Betrieb des *„Lichtes"* jeweils verbunden war: Dieses wird doch immer wieder von der Priesterfürstin als *sich drehend* und *lärmend*, aber auch als *stinkend* beschrieben. Bei einer Verwendung von verunreinigtem Karbidgas und Erdölderivaten als Treibstoff kein Wunder !!! Diese Stink- und Rauch- Rampe/-Rinne dient gemäß dieser Zeile allgemein zur *Verbindung*, was eine ungenaue Aussage darstellt. Z 485 klärt nämlich anschließend ergänzend auf, zur *Landung* benutze das *„Licht"* in Sippar das Wasser. **Damit wird die *Stink-Rampe* zur *Start-Kuhle*.**

Dann meinen KJ in der nächsten Zeile, für *e₂-nun* ein „Haus des Himmelsfürsten" vorstellen zu können, das aus unserer Sicht aber nicht in die insgesamt trotz widersprüchlichen Originalen aufscheinende Grammatik-Konstruktion passt. BM übernimmt den Ausdruck, obwohl schon SB in ihrem Kommentar auf Unklarheiten verwiesen hatten und ihre eigene Verwendung von „Heiligtum" mit Fragezeichen versehen. SB nehmen außerdem diesmal keine eigenwillig verengende „Lesung" der gefundenen Keilschriftzeichen vor und bringen in der Umschrift *e₂-NUN*. Auch geben sie andere Fundorte für diese Schreibung an und setzen *NUN* einer Stelle mit *ga-ar* gleich. Dann aber wird aus dem rätselhaften Fundstück – eine *für etwas bestimmte Baustruktur*, eine *zweckgerechte Baustruktur*. Und dann stimmt auch die Grammatik für den Rest, wenn man das *e = hinausgehen* beachtet, das nur in einer Variante auftaucht.

Wenn in dem besonderen Abschnitt, in dem das Wortzeichen *NUN* weiter vorne besprochen worden ist, von uns für *NUN = SI-IL* auch die Bedeutung *platzieren zum Auffüllen* abgeleitet worden war, dann passt dies logisch zu Vorstehendem. Aus dem in der Umschrift dankenswerterweise unverfälscht vorzufindenden *e₂-NUN* wird damit *ein zum Platzieren und Auffüllen bestimmter Bauteil*. Kurz gefasst: ***Liege- und Wartungsteil!***

Im sumerischen Original taucht außerdem *mul* auf, was oft mit „Stern" gleichgesetzt wird. Genau genommen ist das wieder einmal eine unzulässige Verengung, weil eigentlich *sprinkeln/das Sprinkelnde/Blinkende* zu verstehen ist und damit **jeder** blinkende Gegenstand am Firmament, **jedes** *sprinkelnde Himmelsobjekt* - auch das *„Licht"*, wenn der gedankliche Kontext stimmt.

Mit einem Fragezeichen versehen erscheint in der Umschrift *men*, woraus bei SB, KJ und BM eine „Krone" wird, „geboren von *Nin.gal*" - ohne Rücksicht auf das Fragezeichen und ohne Rücksicht auf die Grammatik. Wir klopfen Halloran (31) ab und finden S. 38: Wortzeichen *MEN* = *tam* = *tan*$_2$ = *hell werden/sauber werden* und sonstwo auch *aufleuchten* und *reinigen*. Da können wir uns bedienen. Also wieder einmal eine unzulässige Verengung von *MEN* zu *men*! Und *Nin.gal* gehört gedanklich schon zu den nachfolgenden Zeilen. Daher:

Z 480: Aus der dazu bestimmten/zweckgerechten Baustruktur = Aus dem Liege- und Wartungsteil des „Himmels" geht das Sprinkelnde (= „Licht") hinaus, das Fimament leuchtet auf.///

Der von Nin.gal Geborene,

Wir können nicht sofort zu dem übergehen, was der „Geborene" anschließend in Z 481 bewerkstelligt, weil sonst eine äußerst wichtige Nuance des Textes überlesen werden könnte. Erinnern wir uns zunächst etwas eingehender an TH 15, die in Teil I behandelt worden ist. Wie bei uns üblich, kennzeichnen wir übersetzten Originaltext durch *Schrägschrift*.

Dort wird berichtet, dass das *„Licht"* in der Lage war, von der Erde *abzuheben/aufzusteigen*, um sich nach einer *großen Strecke* - die Diktion erinnert an den vorher in Z 231 beschriebenen Standard-*Pfad* - durch die *ewige Nacht des Alls* einem dort oben befindlichen *Gerät* anzunähern. Dieses *Gerät im All* ist ein *Großer Ort des Überflusses* - von den Sumerern schon *„Himmel"* genannt. Gelenkt wird der *Aufsteiger, das „Licht" = zweitgrößtes Fluggerät*, durch *Nin.gisch.zi.da*, d.h. wörtlich durch *den Herrn, der zum „Gerät" der Unsterblichen fahren kann*. Nachdem der *Aufsteiger* neben dem *Gerät/"Himmel"* aufgehört hat *zu rotieren*, fällt *eine Art Falle* herab, was nichts Anderes bedeutet, als dass sich an der Raumstation *„Himmel"* die Klappe einer Landebucht hermetisch schließt. Wörtlich die damalige Zentralzeile:

Z 191: *Das Drehen/Rotieren hört auf. Im „Oben = Himmel" entsteht Freude/Entzücken. Ein Gerät = „etwas wie eine Falle" wird zum sich Herabsenken/Landen zugeteilt.*

Encheduanna hat in TH 15 bewundernswert mit den einfachen Mitteln der sumerischen Sprache (*$esch_2$-ad gim* = „etwas wie eine Falle"!) eine verschließbare Landebucht am himmlischen „Gerät" skizziert. Die Priesterfürstin wusste, so mussten wir damals angesichts der Bildhaftigkeit des gefundenen Textes schließen, ziemlich genau, wovon sie berichtete.

In Z 480 geht das „Sprinkelnde", das in Z 479 kurz vorher schon „Licht" genannte Himmelsobjekt (*mul*), nicht einfach aus dem „Himmel" hinaus. Es verlässt dort die „dazu bestimmte Baustruktur" = den Liege- und Wartungsteil - wobei bis zu Z 485 sprachlich aber noch offen bleibt, wo diese „Struktur" zu suchen ist: in dem „Etwas wie eine Falle", d.h. der Landebucht, oder vielleicht weiter im Innern der Raumstation ???

Weiterfahrend zu Z 481 können wir leider wegen der beschädigten Tontafeln nicht über einen vollständigen Text verfügen, doch ist die Zeilenstruktur klar zu erkennen, wenn man beachtet, dass der Anfang des Gedankens, den wir in Klammern wiederholen, am Ende der Vorzeile steht.

Z 481: *(Der von Nin.gal Geborene), oh Gebäude des U.tu, dein Fürst* (macht irgendetwas irgendwie, irgendwo), *bringt „Gaben/Überfluss" vom „Himmel" zur Erde, steigt immer wieder auf.*

Betrachtet man diese Zeile zusammen mit dem, was die Hohe Priesterin in vorhergehenden Zeilen über die Flugtätigkeit des Tempelherrn geliefert hat, offenbart sich klar eine Nachricht, die bisherigem Denken der akademischen Altorientalisten so nicht ganz geläufig war.

In Z 169 wird vom *„Himmel"* herabgestiegen. Auch in Z 171 kommt *U.tu* vom Raumschiff/-station zum Hort. Z 173 erwähnt nicht nur ein Herabsinken, sondern auch, wie soeben Z 481, die Anlandung von *Überfluss/Gaben.* Darauf und auf den Charakter des Schreins von Larsa als Durchgangsstation vom und zum Raumschiff wurde oben schon hingedeutet. In Z 479 *kommt* das „Licht" zum Start- und Landeplatz, die Ankunft ist demnach wichtiger als das Starten. Z 480 stellt noch einmal den *Abflug* vom *„Himmel"* in den Mittelpunkt. Und nun der große Bang mit Z 481. Wörtlich: *bringt Gaben/Überfluss vom „Himmel" zur Erde.* Und noch einen drauf: *steigt immer wieder auf.*

Wohin denn? Wozu?

Zum *Ort des Überflusses*, zum Raumschiff, um *Gaben* zur Erde zu bringen, wo diese nicht erzeugt werden !!!

Falls die nachfolgenden Zeilen des Berichtes nicht widersprechen, möchte der Übersetzer davon ausgehen, dass Z 481 den Ausgangspunkt und einen Zweck der Flugtätigkeit dessen offenbart, den die Altorientalistik immer noch für einen „Sonnengott" hält.

Die sich sofort anschließenden Z 482 und 483 scheinen dem zwar zu widersprechen, passen aber irgendwie nicht in den Bericht. Weder von der simplistischen Aussage her, noch vom Wortrhythmus, noch von der Kürze der jeweiligen Texte. Wir vermuteten ein Einschiebsel von fremder Hand. Und tatsächlich sprechen SB in ihrem Kommentar eine ähnliche Stelle an, die man nach einigem Suchen als die Z 241 und 242 eines Epos ausmachen kann, das unter dem Titel „Lugalbanda in the mountin cave" (= Lugalbanda in der Berg-Höhle) im ETCSL (29) unter dem Siglum c 1.8.2.1 abgedruckt ist. Es gibt zwei wesentliche Unterschiede. Einerseits ist die Lugalbanda-Version sprachlich umständlicher. Andererseits stellt sie ein Gebet Lugalbandas an *U.tu* dar und spricht diesen in der zweiten Person an, während hier Z 482 und 483 eindeutig über einen *Dingir* berichten und daher auch in einer sumerischen Form geschrieben sind, die auf eine *Person* abstellt.

Z 482: Wenn der Herr zur Bett-Seite/zur Ruhe geht, tendiert auch das Volk zum Bett/zur Ruhe.

Z 483: Wenn er sich erhebt/aufsteht, dann tendiert das Volk dazu aufzustehen/sich zu erheben.

Wir betrachten diese zwei Zeilen als **Fremdkörper**, dies auch deshalb, weil Aussagen nachfolgen, die mit dem Gesamttext eher kohärent sind.

In der folgenden Zeile geht es auf Englisch wieder lustig zu. SB melden: „Der Stier............, das Volk wirft sich nieder". KJ behaupten beinahe wörtlich Gleiches. BM fabuliert von einem Bullen, der das Volk versammelt, das sich vor ihm verbeugt. Wir halten unter Hinweis auf Zeilenvarianten und eine Bemerkung im Kommentar von SB eine total verschiedene Übertragung für erforderlich.

Das *de*$_3$ am Anfang und am Ende der Zeile ist auf Deutsch als „Wenn…., dann…." zu nehmen. Für das erste Wort der Zeile bieten sich dann in den Originalen drei Versionen an: *gu*$_4$*/NE/gud-e,* d.h.der Reihe nach ein normaler *Stier*/der *„Glänzer"* oder ein *Flug-„Stier",* der wegen des *e* aus dem *ur*$_3$ = *Schutz/Unterstand hinausgeht.* Die Kommentar-Bemerkung läuft auf etwa zwei fehlende Worte und ein nachfolgendes *GAR TUKU* hinaus. Wegen des *GAR fährt* der Gelandete irgendwo hin, wohin dürfte in den etwa zwei Worten der unlesbaren Stelle stecken. Das *Volk* = *ug*$_3$ *erzittert* = *TUKU* vor *giri*$_{17}$ = *dem „Lärmenden".* Es *du*$_3$ = *wirft sich nieder.*

Z 484: *Wenn der Flug-Stier den Schutz/Bunker/Unterstand verlässt, um* (zum……………) *zu fahren, dann erzittert das Volk vor dem „Lärmenden", wirft sich* (vor ihm) *nieder.*

Wenn man die als Fremdkörper anzusehenden Z 482 und Z 483 ausblendet, erläutert diese Zeile **direkt im Anschluss an Z 481**, was *jeweils* geschieht, wenn der Gelandete gemäß dieser Z 481 ***immer wieder*** *aufsteigt.* Dies dürfte doch wohl unsere Vermutung endgültig bestätigen, es handele sich bei den beiden Zeilen tatsächlich um einen eingschobenen Fremdkörper.

Die dann zu betrachtende Z 485 stellt sich mit einem sinnwidrigen **Hörfehler**, einer **alt**sumerischen Grammatikbesonderheit und drei Varianten für das Satzende vor. Bei SB „stehen die Herden vor *U.tu*", bei KJ „weidet" das „Vieh" und bei BM „stehen die Herden vor *U.tu* auf der Weide". Von einer „Weide" ist aber nirgendwo im sumerischen Text etwas zu entdecken. „Herde" oder „Vieh" könnte wegen *masch*$_2$*-ansche* zutreffen, wenn sich dies nicht wegen des Kontextes als ein kapitaler **Hörfehler** erklären ließe. Von Encheduanna her soll man da wohl *ma*$_4$*-scha-an sche*$_3$ verstehen, wobei der letzte Teil keine Nachsilbe angibt, sondern hier eine Art **alt**sumerisches Vor-Wort darstellt, das *hin zu/in Richtung auf/um/wegen* im Hinblick auf die nachfolgende *Unterstützungsstelle* anmeldet.

Der richtig verstandene Anfang der neuen Aussage offenbart dann genau so Überraschendes wie die *zweckgerechte Baustruktur* als *Liege- und Wartungsteil* des *„Himmels"* in Z 480. Diese *Wartungsstruktur*/ dieser *besondere Bauteil* ist demnach gemäß Z 485 nicht etwa an das Raumschiff außen als Landebucht nur angebaut, sondern integraler Bestandteil, weil *scha-an* eindeutig ***das Innere*** *des „Himmels"* bezeichnet.

Die *Unterstützungsstelle* konnte entdeckt werden, weil u_2 auch *unterstützen* hergibt, das nachfolgende *a* ein Nomen andeutet und wir *KI* unter den gemäß Kommentar von SB möglicherweise nachfolgenden Zeichen finden. Unter den drei möglichen Zeilenenden entschließen wir uns für die Hauptvariante der Umschrift von SB, weil dann Z 486 logisch anschließen kann: der Kontext erhält mal wieder sein Recht, ob wir nun Übersetzungsvariante a) oder b) nehmen. Die beiden Fassungen ergeben sich, wenn man statt dem *ug* der Umschrift einen **Hörfehler** ug_2 annimmt. Dann ändert sich auch die Interpretation von su_8. Der von uns übersetzte sumerische Text lautet dann:

^{d} U.tu ma_4 scha-an $sche_3$ u_2-a-ki mu ni en su_8-$ug_{(2)}$

Z 485: *Wenn U.tu das Innere des „Himmels" verlässt in Richtung auf die Unterstützungsstelle um dort*

a) auf dem Wasser aufzusetzen und zu stehen/lagern,
b) den „Löwen"/das „Licht" zu besprühen,

Z 486: *dann sorgen die Schwarzköpfigen für Wasser, damit er zwecks brodelnder/fauchender Auflösung* (Karbid) *begießen kann.*

Mit den *Schwarzköpfigen* haben wir den Standardausdruck für die Bewohner Sumers vor uns. Das Wort *Karbid* wurde hinzugefügt, um zu erklären, was *mit Wasser begossen* werden soll, um eine *fauchende Auflösung* zu erzielen. Encheduanna beschreibt hier zum wiederholten Mal die Herstellung von Karbid-Gas oder Azetylen, das allein oder mit Sauerstoff und/oder Ölderivaten als Treibstoff für die Flugapparate der *Dingir* gedient hat. Dies wurde in allen Einzelheiten in Teil I beschrieben und wird wieder erläutert, wenn gegen Ende dieses Buches noch einmal auf TH 42 eingegangen wird.

Festzuhalten ist außerdem, dass *U.tu* zum *Stützpunkt* auf der Erde vom Raumschiff her kommt. Und zwar *aus desssen Innerem* – d.h. aus der dort befindlichen *zweckgerechten Baustruktur = dem Liege- und Wartungsteil* der Z 480, der nicht nur sprachlich **nicht** mit der Landebucht der TH 15 identisch ist. An Z 191 kann zur Erläuterung erinnert werden. Das *„Licht"* reduziert und stoppt zuerst sein *Drehen/Rotieren,* legt sich irgendwo **an der Seite** der Raumstation nieder. Sodann schließt sich *„etwas wie eine Falle"* um *„Licht"* und ersten Liegeplatz, um die Landung zu vollenden. Die unbedingt erforderliche Druckschleuse zwischen Landebucht und *Innerem* des Raumschiffes kann jetzt geöffnet werden. Erst in diesem Augenblick kann das *„Licht"* in das *Innere,* an seine *zweckgerechte Wartungsstelle.* Dies sind - zusammengefasst - zwar knappe, aber zureichende Beschreibungen, mit denen **zum vierten Mal** in den „Geheimen Offenbarungen" die Priesterfürstin mit den einfachen Mitteln Ihrer Sprache beweist, dass sie weiß, wovon sie berichtet.

Dies ist zudem mit der in TH 23, Z 287 beschriebenen, heute noch nicht verwirklichten technischen Vorrichtung für die Elektrizitätsproduktion aus Meereswellen eine der Stellen in den Tempeltexten, die eindeutig unsere Gesamt- Interpretation bestätigen.

Oder wollen Kritiker uns glauben machen, die Priesterfürstin habe - über eine für sie selbst schon ferne Vergangenheit berichtend - dann auch noch mehr als 4.300 Jahre in die Zukunft geschaut, um demnächst zu realisierende Techniken abstrakt in ihrem Hirn zu formen ???

Encheduanna kann nicht - über eine für sie ferne Vorzeit berichtend - mit ihrem Priesterhirn Vorrichtungen ersonnen haben, die heute 4.300 Jahre nach ihr von Technikexperten gerade erst angedacht werden.

Derartige Feststellungen müssen den bisherigen Übersetzern jedoch fremd sein. SB meinen, „die Schwarzköpfigen haben gebadet". KJ wiederholen dies und fügen noch hinzu, das sei „vor ihm" erfolgt. Lustigerweise erklärt uns BM, die Sumerer hätten dabei „Seife" benutzt. Wo diese Dame die im Text - oder sonstwo in ihrem Hirngestrüpp? - wohl gefunden haben will?

Der Übersetzer möchte sicherstellen, dass der Leser sich bewusst ist, welch unglaublichen, ja unwahrscheinlichen Weg über Zeit und Raum die gelesenen Aussagen bewältigen mussten. Am Anfang stand irgendwann in grauer Vorzeit ein Raumschiff unbekannter Herkunft. Konstruktionseigenheiten werden Vorzeitmenschen bekannt. Das Wissen kommt nach unbekannt langer Zeit „per Zufall“ irgendwie zu Encheduanna. Ihre Sprache ist ungeeignet, Technik genau zu beschreiben. Sie besitzt „zufällig“ die nötigen Hirnwindungen um es trotzdem zu schaffen, die Überlieferung in der unbedarften Schrift ihrer Zeit festzulegen. Das geformte Zeugnis wird beim Kopieren in den etwa fünfhundert Jahren nach ihr unbewusst verfälscht. Anschließend sind die Schriftzeugen für etwa 3.800 Jahre verschollen. Als man sie „per Zufall“ wiederfindet und im zwanzigsten Jahrhundert der Neuzeit aus Scherben zusammenbaut, fehlt jede direkte Überlieferung betreffend die uralte Schrift und die Sprache. In die Vergangenheit zurückschreitend bemühen sich Forscher, die alten Zeichen zu enträtseln und die unbekannte, nicht überlieferte Sprache zu verstehen. Durch einen ersten „Glücksfall“ unterbleibt bei der Umschrift von Keilschriftzeichen in abc-Schrift zumindest in einer Veröffentlichung mit *e$_2$-NUN* die sonst übliche moderne Verfälschung zu *e$_2$-nun*. Auch gibt es als zweiten „Glücksfall“ vor beinahe hundert Jahren die Arbeiten eines Professors Deimel, der von den Sumerern benutzten Keilschrift-Zeichen Bedeutungen zuordnet, die er in späteren babylonischen Schriften gefunden hat. Seine Arbeiten geraten weitgehend in Vergessenheit. Als jemand versucht, moderne Übersetzungen des Textes der Encheduanna zu hinterfragen, kennt gerade dieser Jemand „zufälligerweise“ die Arbeiten von Professor Deimel. Per „Zufall“ weiß er auch in der modernen Raumfahrttechnologie ein Bisschen Bescheid.........

Der Kommunikationsstrang aus der grauen Vorzeit zu uns in die Moderne bis in dieses Buch war demnach so reichlich von „Glück“ und „Zufällen“ abhängig, dass man sich fragen kann, ob die Wissensübertragung tatsächlich zufallsbedingt erfolgt ist ...

Die Phantasien der bisherigen Übersetzer gehen anschließend weiter, wenn SB und KJ unisono behaupten, „Das Land hat ... vor ihm“. BM übertrifft beide und meint, das „Land“ habe sich vor ihm „gedemütigt“. Man hätte zumindest erwartet, das „Land“ werde als Sumer gekennzeichnet.

Z 487: *Sumer ist gesagt, einzigartig geeignet zu sein/war einzigartig geeignet, damit er hinfährt, um dort aufzufüllen.*

Unsere Übersetzung holpert vor sich hin, weil wir möglichst nahe am Originaltext bleiben wollen, der mit *ist gesagt* genau genommen über eine vorgeschichtliche **Meinung** berichtet. Der Inhalt dieser Zeile schließt sich ganz einfach an die beiden Vorzeilen an und bestätigt nur, was dort zu lesen war: Treibstoff wurde hergestellt und nachgefüllt. Wir haben aber Zweifel, ob diese Zeile von Encheduanna stammt. Sie entspricht nicht ihrer Art zu berichten.

Was dann in der Umschrift auftaucht, macht irgendwie ratlos. Die Grammatik stimmt nicht und *uru*$_2$ = *Stadt* oder *Flut* passt nicht in den Kontext. Dann aber findet man im Kommentar von SB, dass die Lesung des Zeichens, das mit *Stadt/Flut* übersetzt werden sollte, nicht eindeutig ist. Wir ersparen dem Leser hochkomplizierte Exegesen und wählen eine erlaubte Deutung *GISCH.GAL*. Dann ergeben sich zwei Varianten, die vom Kontext her Sinn machen.

Z 488: Er will dort die ME überprüfen. Sein Schrein

a) (verfügt über) *hervorragende/mächtige Geräte.*
b) (ist ein) *großer Versammlungsraum.*

Wir ziehen Version a) vor, da sie erläutert, wie hervorragend die vorhandenen *Dingir*-Instrumente für Wissen und Macht sind (vgl. unsere *ME*-Definition). Es ist nicht unüblich, dass im Sumerischen einfache Verben manchmal fehlen. Wir haben sie ergänzt in Klammern.

Z 489 ist nicht auf allen Tontafeln vorhanden. Die Umschrift bringt zahlreiche Varianten, doch läßt sich ein vernünftiger Zusammenhang erkennen. Wir haben folgenden Text herausdestilliert und übersetzt:

di ku$_5$-ru ki u$_4$-e$_3$ u$_4$ uru$_{16}$-na sun$_4$ lal-e

Z 489: Ort der Ausarbeitung von Strafurteilen; das „Licht" steigt auf; es hört nicht auf zu leuchten/strahlen, steigt weiter/wird kleiner.

Könnte man tatsächlich unter den Tisch fallen lassen. Es sei denn, man will über die bisherigen Übertragungen der Zeile kräftig lachen. Die gehen gemäß ihrer „Sonnengott"-Tradition alle davon aus, *UD/u*$_4$ sei die „Sonne" oder ein „Licht, das einen Bart trägt" oder auch „Er (= *U.tu*) läßt seinen Bart in Sonnenstrahlen herunterhängen".

Na, na ... wo kommt denn der Bart her und was soll denn dieses Herunterhängen?

Doch die Anhänger des „Sonnengottes" machen dann noch mehr mobil bei Z 490. SB finden nämlich: „In der Nacht bindet er die *musch*$_3$-Krone (um sein Haupt)". KJ kommen so ähnlich zu Topfe. SB kommentieren, das scheine etwas seltsam, doch könne man fragen, ob dies sich auf die Reise des *U.tu* durch die Unterwelt beziehe, wo er die Toten zu richten habe. BM erläutert ihrerseits, die Übersetzung von SB in etwa übernehmend, bei Sonnenuntergang sei *U.tu* durch das Westtor in die Unterwelt eingetreten, um dort die Nacht zu verbringen. Die umgebundene Krone habe sichergestellt, dass niemand ihn dort für einen Dauerbewohner dieses Reiches habe halten können.

Schön, sehr schön, ausgezeichnet, mit viel Hirnkitt trefflich und märchenhaft erfunden !!!

Wir haben stattdessen, sachlich suchend, zwei Varianten gefunden, weil das letzte Zeichen uns mal als *de*$_3$, mal als *de* in den Umschriften geliefert wird:

Z 490: Beim Umdrehen/Umkehren vom Land/von der Erde weg ist da eine Vorrichtung

a) zum Zweck des Angeschirrtseins/Festgezurrtseins.
b) zum Festzurren/Anschirren und Wegfahren/Wegeilen.

Mit modernen Augen: Wenn das *„Licht"* die Erde wieder in Richtung Raumstation verläßt, ist *U.tu* im Shuttle, weil beim Start stark beschleunigt wird, in einer zweckgerechten *Vorrichtung festgezurrt* – genau wie es bei modernen Astronauten auch geschieht – und wie in Z 502 erneut dargestellt wird...

Man könnte meinen, Enchedunna habe der Vorbereitung eines Startvorgangs beigewohnt !!!

Dies ist eine weitere Stelle, an der die Priesterfürstin 4.300 Jahre in die Zunkunft hätte sehen müssen, wenn sie keine konkreten Überlieferungen aus ferner Vorzeit oder eigene Erkenntnisse hatte.

Die Schlusszeilen haben zwar die übliche Form, unterscheiden sich aber zu Ortsnamen und Tempelbezeichnung. Dies erklärt sich offensichtlich damit, dass die Kopierer schon nach einigen hundert Jahren den Inhalt nicht mehr verstanden haben – genau so wenig wie die modernen

Übersetzer, die auch wegen einer einengenden „Lesung" von Wortgruppen-Zeichen nicht zum Sinn des Textes durchdringen konnten.

Wir beziehen uns für unsere Arbeit auf die Tontafel aus Ur, die bei SB als Tafel B registriert ist. Sie diente schon Zimmern (1), der auch heraushebt, dass im Tempelnamen nicht *babbar-babbar* auftaucht, sondern *UD.UD*. Die falsch „gelesene" Schreibung mit doppeltem *babbar* führt dazu, dass entweder nicht übersetzt wird oder - nur bei KJ - von einem „Leuchtenden Haus" erzählt wird.

Im Zusammenhang mit TH 13 für *U.tu* in Larsa haben wir in Teil I schon bei Z 170, Z 176 und Endnote 35 folgendes abgeleitet: *UD.UD* ist der *„Große Strahlende"* identisch mit dem u_4 = *„Licht"*. Das im Tempelnamen enthaltene *-ra* besagt, der Bau sei *für/geeignet für* etwas gewesen - *für UD.UD* halt eben.

Z 491: U.tu, der König des für das „Licht" geeigneten Tempels,

Z 492: hat, oh Tempel am „Ort des Licht-Dings des Fürsten", dein herrliches Bauwerk zu seinem Aufenthalt erwählt, hat seinen Thronsitz bleibend dort errichtet.

*Z 493: (14 Zeilen) Tempel des U.tu in (*kurz*) Zimbir.*

Damit kein falscher Eindruck entsteht: dies ist die übliche Schlussformel, die aber in krassem Gegensatz zu der Aussage steht, die für den Kern der Texte sowohl hier als auch für TH 13 festzuhalten ist. Oben war schon für TH 13 unterstrichen worden, dass Larsa als Durchgangsstation gekennzeichnet wird, als „Heimat" für *U.tu* dort jedoch der *„Himmel"* im All schwebt. Die Essenz der TH 38 bestätigt diese Sicht. *Immer wieder* kommt das *„Licht"* aus der Raumstation, nutzt Zimbir als *Unterstützungsstelle,* bringt *Gaben des Himmels* hin, erzeugt dort Treibstoff und verlässt den Ort *immer wieder* - dem Betrachter der Z 490, der letzten mit einer Sachaussage, das Bild eines Heimkehrers einprägend, der, zu seiner Sicherheit *im „Licht" festgezurrt,* zum *„Himmel"* katapultiert wird.

Der Mittelpunkt von *U.tu* war die Raumstation, Larsa und Zimbir waren Erdstützpunkte, die er immer wieder angeflogen hat mit seinem *„Licht"*. Weder diese *Schale der Unsterblichen* noch er selbst können mit der „Sonne" gleichgesetzt werden.

Sachaussagen TH 38

Ort: Sippar/Zimbir = *zi-im-bir ki* = Stelle an der der Gas-Habicht aufsteigt

= *UD.KIB.NUN ki* = frei: Ort des „Licht-Dings" des Fürsten

= heute als Tell abu Habbah lokalisiert

Tempel-Name: *e_2-UD.KIB.NUN ki* = Schrein am Ort des „Licht-Dings" des Fürsten

= Schrein an der Hinfahr-Stelle des „Licht-Dings".

Z 479: In Sippar/Zimbir steht für das *„Licht"* eine mit Gestank verbundene vertiefte Vorrichtung bereit., bei der zunächst vom Text her nicht klar wird, ob sie nur zum Start oder auch zum Landen dienen konnte. Z 485 präzisiert dann, die Landung finde auf dem Wasser statt.

Z 480: Wenn das *„Licht"* den bergenden *zweckgerechten Bauteil* des *„Himmels", die Liege- und Wartungsstruktur,* verlässt, leuchtet das Firmament auf.

Z 481: *U.tu* wird als Sohn der *Nin.gal* dargestellt, der Ehefrau von *Nanna.* Dieser Sohn bringt *„Gaben"* des *„Himmels"* zur Erde, um dann *immer wieder* zum *„Himmel"* aufzusteigen.

Z 482: (Ein Einschiebsel von fremder Hand?) Wenn er zur Ruhe geht, geht auch das Volk zur Ruhe.

Z 483: (Ein weiteres Einschiebsel?) Wenn er aufsteht, pflegt auch das Volk aufzustehen.

Z 484: Wenn der Flug-Stier seinen Erd-Unterstand verlässt, erzittert das Volk vor dem *„Lärmenden"* und wirft sich nieder.

Z 485: Wenn *U.tu* das *Innere* des *„Himmels"*, die *zweckgerechte Baustruktur, den Liege- und Wartungsplatz,* verlässt, um auf Erden auf dem Wasser zu landen,

Z 486: dann sorgen die *schwarzköpfigen* Bewohner dafür, dass er mit Wasser Karbid *fauchend auflösen* kann (zur Treibgasherstellung).

Z 487: Sumer soll einzigartig geeignet gewesen sein, um Treibstoff zu laden. (Einschiebsel?)

Z 488: Im Schrein an der Unterstützungsstelle, der über *mächtige Geräte* verfügt, überprüft *U.tu* die *ME.*

Z 489: Am Ort ergehen *Strafurteile.* Wenn das *„Licht"* aufsteigt und sich entfernt, *wird es immer kleiner.*

Z 490: Beim Abflug von der Erde weg wird (wir fügen hinzu: wie im modernen Shuttle zum Schutz der Insassen) eine *Vorrichtung zum Festzurren/zum Anschirren* benutzt.

Wir haben den Eindruck, zumindest die Zeilen 482/483/487 entsprächen nicht der Diktion der ursprünglichen Verfasserin.

Ziusudra und Hennoch als Verwalter der *Dingir* enträtselt

Das in dieser TH besprochene Sippar/Zimbir und eine Formulierung in der Eröffnungszeile Z 479 veranlassen uns, zwei Persönlichkeiten kurz näher zu beleuchten.

Für den Leser mag eine Aussage des babylonischen Baalspriesters Berossos interessant sein, den wir schon einmal im Zusammenhang mit dem Auftreten von *Oannes*, dem *AB.GAL*, wörtlich: dem *Wasser-Wesen*, zitiert haben. In seiner uns erst aus dritter Hand im ersten Jahrtausend der Neuzeit überlieferten „Geschichte Babyloniens", geschrieben auf Griechisch im 3. Jahrhundert v.u.Z., erwähnt er einen Xisuthros oder so ähnlich, der **in Sippar *vor* Beginn einer großen Flut** vorsorglich Tafeln mit dem Wissen seiner Zeit vergraben haben soll. Dieser auf Griechisch Xisuthros Genannte taucht schon in wesentlich älteren sumerischen Texten auf, in deren deutscher Übersetzung er normalerweise **Ziusudra** heißt. Er ist der Held der sog. sumerischen Flutgeschichte, der von *En.ki* verbotenerweise einen indirekten Hinweis erhält, wonach *En.lil* den Befehl gegeben hat, die Menschen durch eine große Flut zu vernichten. Daraufhin baut er eine Arche und rettet Tiere und den „Menschensamen" vor der Flut, eine Geschichte, die so ähnlich auch im Gilgamesch-Epos für einen Ut-napischtim erzählt wird. Aus den verschiedenen Fassungen der sumerischen Königslisten geht hervor, dass Ziusudra der letzte König von Schuruppak vor einer großen Flut war.

Seine Bezeichnung geht auf unterschiedliche sumerische Schreibungen zurück, die man hier und da in der wissenschaftlichen Literatur geliefert bekommt. Wir halten uns für die Übersetzung dieses Namens an *zi-*u_4*-*su_3*-ud-*ra_2. Das hat mit dem bei Wikipedia und auch sonst ernsthaft behaupteten „Leben von langen Tagen" wirklich nichts zu tun. Zwar geht in einer möglichen Bedeutung su_3*-ud = lange anhaltend* vordergründig in diese Richtung, doch passt das nicht zu dem bekannten u_4 = *„Licht" -Schiff* und dem Kontext. Wir finden für su_3*-ud* auch *tief sein*. Dann haben wir wörtlich für **Ziusudra**: ***Der Getreue für das Tief-sein des „Lichtes" -*** **im Klartext: derjenige, der für das „Licht" als Diener der *Dingir* sorgt, wenn es sich, vom „Himmel" aus gesehen, „tief" = unten auf der Erde befindet.**

Ein anderer König von Schuruppak (andere Quellen: Larak), sogar noch vor Ziusudra und dessen Vater *U-bara-*tu_3*-*tu_3, wird oft als *En-me-dur-an-ki* vorgestellt und normalerweise mit **Hennoch** gleichgesetzt.

Als *En-me-dur-an-ki* wurde er auf Deutsch in der sumerologischen Literatur schlampiger Weise zum „Herrn der Himmel-Erd-Verbindung", wobei man *dur* als *Band/Verbindung* ansah und das *me* unter den Tisch fallen lies. Inzwischen wird nun aber ***En-men-***dur_2***-an-na*** allgemein als richtigere Schreibung angesehen. Wir sind oben in Z 479 dur_2 begegnet und haben *eine mit Gestank verbundene Startkuhle* enttarnt. In Z 480 kam uns dann *MEN/men* in die Quere. Eine der möglichen, dort aber nicht zutreffenden Bedeutungen war *reinigen*.

Hennoch = *EN-MEN-*DUR_2*-AN-na* war somit - man lese die wörtliche Übersetzung und bestaune die Kohärenz - der ***Herr der Reinigung an der Startrampe zum „Himmel"***.

Wir dürfen ihn demnach verantwortlich halten für die Dekontamination vor dem Start zum *Oben-Gerät,* zum *„Himmel"*. Dass dies nur ein kleiner Teil seiner für die *Dingir* ausgeübten Aufgaben war, geht aus seinem Ttitel *lu.gal,* normalerweise als *König* übersetzt, eigentlich = *wichtigster Mann,* von Schuruppak hervor. Er war der Chef der *Schwarzköpfigen,* die den *Dingir* am Ort zu *dienen* hatten.

Ob nun der „König" des ersten Beispiels *Ziusudra* oder der „König" im zweiten Beispiel Hennoch/*En-men-*dur_2*-an-na* genannt wurde, die Bedeutung der Bezeichnungen war demnach letztlich im Hinblick auf das *Dienen* für die *Dingir* die Gleiche.

TH 39: Nin.chur.sag.ga$_2$ und das Reservat von CHI.ZA ki

Dies ist der dritte Bericht in der Sammlung, in dem die gleiche Tempelherrin namentlich angesprochen wird. Wir sind ihr bereits mit TH 7 in Kesch begegnet und mit TH 29 in Adab nahe Kesch. Weiter vorne bei TH 29 wurde hier diese *Dingir*-Dame nicht näher besprochen, doch ist die dreimalige namentliche Herausstellung jetzt wichtig genug, zumindest Teile dessen zu wiederholen, was in den „Geheimen Offenbarungen" bei TH 7 über sie gemeldet worden ist.

Ihr Name ist in sumerischen Originalen und noch mehr in der wissenschaftlichen Literatur meist ohne das End-*ga*$_2$ zu finden. In den Tempelberichten der Priesterfürstin ist dieses Endzeichen aber immer Teil ihrer Benennung. Dass führte zu der Frage, wie denn die alte, längere Bezeichnung der Tempelherrin zu deuten ist. Das erst in **späterer** Zeit weggefallene -*ga*$_2$ meint *Tempel/Gebäude/Haus*. Das allgemein als „Berg" verstandene *chur* kann nach allem, was TH 7 anbietet und die nachfolgenden Tempelberichte bestätigen, aber eindeutig auch eine andere Bedeutung, nämlich *brennen/rösten/entschlacken/schmelzen* oder entsprechende Hauptwörter hergeben. Dann kann die Bezeichnung der Tempel-Dame auf Deutsch sowohl **konventionell** *Herrin des Hauptberg-Tempels* als auch, von der Sache her richtiger, *Herrin des Haupt-***Schmelz***-Gebäudes* verraten. Das ergibt ein anderes Bild! Der Inhalt der TH 7 spricht für die zweite Version, weshalb wir in Kesch auch den **frühen** *Haupt-Röster/-Entschlacker/Haupt-Schmelzer/Hauptverhüttungsofen* gefunden haben dürften.

So wie in der auf TH 7 folgenden TH 8 drei Bezeichnungen für *Su.en* aufgeführt werden, so werden in TH 7 neben *Nin.chur.sag.ga*$_2$ noch die Namen *Nin.tur = Herrin des Gebärhauses* und *A.ru.ru/A.RU.RU = Gestalterin, die das Leben zuteilt* von der Hohen Priesterin in die Textzeilen eingeflochten. Eine Zeile gibt ihr dort ausdrücklich den Rang einer Schwester von *En.lil,* was wir aber nach anderen Quellen zu Halbschwester berichtigt haben.

Woher BM bei ihrer Besprechung von TH 7 folgende Behauptungen nimmt, bleibt unerfindlich: die Tempelherrin werde im sumerischen Original als „Prinzessin des Schweigens" bezeichnet und stehe dort als „unfehlbare große Herrin des Himmels" im Text, deren „Rede den Himmel erschüttert". Bedauerlich ist auch, dass BM in ihrer Besssenheit, überall „Schlangen" zu finden, dort nicht nur Z 88 falsch übersetzt, sondern die falsche Übetragung auch noch der Tempelherrin anheftet, die sie damit zu einer „giftigen Angst verbreitenden Schlange“ stilisiert. Bedauerlich ist dies umso mehr, als BM auch für TH 39 vorgibt, die gleiche Schlange liege dort „schlafend“. Doch damit sind wir schon beim Text der TH 39 angekommen. Sofort zur ersten Zeile.

Am Anfang (Z 494) taucht wie so oft der Tempelname auf: *e₂-chur-sag*. Bisher wurde dies entweder als Eigenname nicht übersetzt oder als „Bau, der ein großer Berg ist“ oder so ähnlich erfasst. Den Leser wird es nicht wundern, wenn von uns ein *Tempel des mächtigen Rösters/Schmelzofens* erkannt wird. Die damit angesagte Hinwendung zur *Verhüttung von Abgebautem* wird während der weiteren Analyse des Textes bestätigt. Anschließend erscheint *schim*, aus dem bisher **konventionell** zusammen mit dem davor stehenden *u₂* „Grünzeug“ gemacht worden ist. Deshalb soll angeblich „der Berg (= Tempel) wie Kräuter und Pflanzen herrlich blühen“, wozu BM noch „lieblich süß duftende Kräuter“ irgendwo im Gestrüp ihrer reichen Phantasiewelt gepflückt haben will.

„Grünzeug“ und „lieblich süß duftende Kräuter“ sind Erfindungen von naturmalenden „Götter“-Gläubigen, bei denen so etwas wie das vorzeitliche Technologie-Kompendium der Encheduanna undenkbar ist. Und doch liefert deren Z 496 die in den Kontext passende Lösung. Dort trifft man ganz konkret auf *schi-im*, weshalb *schim* als **Hörfehler** angesehen werden muss. In Z 55 war *schi* schon als *zerstören/auflösen* aufgetaucht und spätestens bei TH 42 stellt sich später eindeutig heraus, dass *im* nicht nur *Wind/Rauch* hergibt, sondern insbesondere auch *Gas*. Wir sind somit hier auf einen bisher von Encheduanna unbenutzten Ausdruck für *Karbid-Gas* gestoßen, auf *schi-im* = *Auflösungs-Gas*. Durch *Auflösung* von *Karbid* mit Wasser entsteht *Azetylen* !!! Wir waren diesem Zusammenhang schon bei den Z 254 und 386 begegnet und hatten dort erlaubterweise auf *zerstörerischen Antriebswind* abgestellt.

Trotz dieser Erkenntnis führten auch uns falsche Zuordnungen in der gefundenen Umschrift und unsere ziemlich freie Übersetzung von Z 199 der TH 16 – die wir weiter hinten korrigieren – lange in die Irre. Bei einer allerletzten Revision aber fanden wir: erstens durfte *gim* nicht an *schim* = *schi-im* angehängt werden, um *ähnlich wie* zu besagen, sondern hatte frei stehend die Bedeutung *als;* zweitens war *gurun* kein *Hügel* sondern *Frucht/Früchte/Erzeugnis;* drittens konnte das hier fälschlicherweise an *gurun* angehängte *na* auch ein - wie die Grammatiker sagen - modales Präfix sein, *wie/auf welche Art* meinen, als Präfix nicht anzuhängen sein und das nachfolgende *sa*$_7$*-ga* bestimmen. Damit:

Z 494: *Tempel des mächtigen Rösters/Schmelzers, Basis, wo Auflösungs-Gas/Azetylen als Frucht/Erzeugnis schön/gut hergestellt wird;*

Man hat nur kleine Hinweise auf die Lokalisierung von *CHI.ZA ki* gefunden, dem Ort, der in der nächsten Zeile genannt wird. Schon Zimmern hat den Namen und den Sinn der Bezeichnung diskutiert (1), ist zu keinem Ergebnis gekommen, hat aber eine geografische Liste gefunden, wonach man zwischen Akkad und *Esch.nun.na* suchen müsse. Über die Lage von Akkad streitet man sich, dass *Esch.nun.na* rechts oberhalb und außerhalb von Sumer lag, weiß man. Den Ortsnamen zu knacken, hat niemand versucht.

CHI ist uns schon bei den Z 140, 305 und 448 mit recht verschiedenen Bedeutungen begegnet. Eine davon dürfte auch hier vom Kontext her zutreffen: *verarbeiten/Verarbeitung*. In der Zeile der Ortsnennung wird nämlich von der *Gestaltung von Gaben/Süßem/Überfluss* berichtet und etwas weiter von *Metallverarbeitung*. Vieldeutig ist der zweite Bezeichnungsteil *ZA*. Sollen wir auf *Mann/Mensch* abstellen, auf *Steine/Abgebautes* oder auf *Eigentum* oder *zuschließen/abschließen*? Wir entscheiden uns für Letzteres im Sinn von *etwas Vorbehaltenem*, einem *Reservat*. Dann:

Z 495: *Ort des Verarbeitungsreservates, günstig für deine Gestaltung von Gaben/Überfluss/Süßem;*

Es taucht eindeutig das persönliche Fürwort *dein* auf, ohne Hinweis auf die zugehörige Person. Diese wird in Z 500, 504 und 506 nachgeliefert.

Dann wird in den bisherigen Übersetzungen von einem Ort erzählt, an dem „das Schicksal bestimmt“ wird, wobei alle Zimmern abschreiben, wonach „Du an der Schicksalsbestimmung teilnimmst“. Wir finden stattdessen:

Z 496: *Ort, wo du das Umdrehungswesen planen kannst,*

(Ort) für das Schaffen von Auflösungs-Gas/Azetylen,

(Ort) wo du vom Schrein wegfährst.

Wir können voll und ganz nachempfinden, dass die dann folgende Aussage **konventionell** nicht erfasst werden konnte. Zimmern meinte, eine „Krone“ überschreite jetzt „den Himmelsdamm“. SB lassen eine „Krone“ irgendwohin „Freude bringen“, eine Übertragung, der sich KJ und BM anschließen, wobei Letztere aus den Untiefen ihrer feministisch angehauchten Seele noch hinzufügt, es handele sich um die „Krone der *Nin.tur*“. Nichts Dergleichen !!! Unsere Wahl erläutern wir in Endnote [17)].

Z 497: *Wenn an deinem Bauwerk das Leuchten aufsteigt, dann mahlst du eine bestimmte Steinart = Kalkstein, um „Fauchend-Verfeinerbares“ passend zu brennen,*

An dieser Stelle ist mit *Verfeinerbarem* Karbid angesprochen, das mit Wasser *fauchend* Azetylen abgibt.

Bei den bisherigen Übersetzungen folgt dann bei Zimmern und SB etwas mit einer „Wurzel“, die irgendwie mit einer Schlangenart (!?) verglichen wird. Bei KJ „funkeln“ die Wurzeln und die „Schlange“ ist „immens“, während bei BM die „Wurzel verborgen“ ist und eine „große Schlange schläft“.

Wir kommen zu einem entschieden anderen Ergebnis, das kohärent mit dem Gesamtansatz der Hohen Priesterin ist und sich in den Kontext dieses Tempelberichtes einpasst. Der Weg dorthin wird eingehend beschrieben, damit nicht nur interessierte Laien begreifen, warum wir eine andere Welt gefunden haben. Vielmehr wird auch **konventionellen** Altorientalisten die Stolperstrecke vorgeführt, damit sie widersprechen können.

Die bei SB bzw. KJ vorgefundene Umschrift der Keilschriftzeichen in abc-Zeichen wird nicht als sog. Partitur präsentiert, weil sich die angeblich fünf Schreibweisen der ersten Zeilenhälfte auf zwei Grundfassungen reduzieren lassen und sich die zweite Zeilenhälfte im fortlaufenden Besprechungstext als Alternative aufzeigen lässt. Die zwei Grundfassungen des Zeilenanfangs finden wir gemäß SB einerseits als eine behauptete Schreibung und andererseits als dort vorgeschlagene Lesung.

Schreibung: ^{gisch}*i- LU*$_2$*-scheschschig -na zu*

Lesung: ^{gisch}*i- ri*$_x$ *-na zu*

Durch die Hochstellung von *gisch* in der modernen Quelle wird ersichtlich, dass man ein Determinativ vermutet hat, das andeutet, was nachfolgt habe etwas mit „Baum/Holz“ zu tun. Übersetzung bisher daher „Wurzel“. Da die Annahme eines Determinativs durch das sumerische Original nicht unterstützt wird, ist erstens zu überprüfen, ob *gisch* stattdessen seine normale Wortbedeutung *Apparat/Werkzeug/Vorrichtung/Gerät* bringen soll, und zweitens, was die Schreibung sagt. Ein *scheschschig* ist unbekannt. Offensichtlich stehen auf den Keilschrifttafeln die Zeichen *schesch+schig*, wobei für Letzteres auch ein Hörfehler *sig* vorliegen könnte. Da die „Lesung“ nichts bringt, gehen wir von der von uns vermuteten Schreibung aus, wobei *-na zu* noch offen bleibt:

gisch	*i*	*LU$_2$*	*schesch*	*schig/sig*
Apparat	Stein	Helfer	Bruder	flach legen/starten
Vorrichtung	Öl	Assistent	Stinkender	formen/reparieren

In die Berichte der Encheduanna könnte wegen der von ihr oft benutzten Gleichung „Stinker“ = Flugapparat folgende Teil-Übertragung (ohne Beachtung von *-na zu*) passen:

Stein-Vorrichtung, die hilft, den „Stinkenden“ flach zu legen/zu starten/zu reparieren oder:

Stein-Vorrichtung zum Flachlegen/Starten/Reparieren des Flugapparates

Da man bei Encheduanna immer versuchen muss, ihre Wortbilder untereinander zu verbinden, denken wir hier nicht nur an die mehrmals gemeldete *Wallgestaltung* (z.B. TH 16, Z 198 und TH 7, Z 88), sondern auch an die kürzlich in TH 38, Z 479 gefundene *Stink-Rampe/Start-Kuhle*. Das angehängte *–na* weist als Lokativnachsilbe darauf hin, dass in dieser *Vorrichtung* etwas geschehen kann. Das *zu* besagt, die Vorrichtung gehöre zur Tempelherrin – *Deine Vorrichtung*. Sie kann entweder Subjekt oder Objekt der jetzt hier nachfolgenden zweiten Zeilenhälfte sein:

(musch) sag KAL/kal u$_3$- zu zu gim/gin$_7$

Die Klammer erklärt, dass *musch* nicht auf allen Tontafeln steht, es demnach später hinzugefügt worden sein kann oder dass man den Sinn des Textes nicht mehr verstand. Was liegt auch für Nicht-Eingeweihte näher als eine „vornehme“ oder „wilde“ oder „Kopfstarke Schlange“ -

alles in anderem Zusammenhang von Sumerologen angebotene Lösungen. Nimmt man einen **Hörfehler** an, wird aus der „Schlange" mit *MUSCH*$_3$ eine *Form/Gestaltung*. Zudem bietet *sag KAL* folgende Auswahl:

*sag = wichtigst/**hervorragend**/ältest/**herrlich** u.s.w.*

*KAL = Diener/Umsorger/Pfleger//**Schaufel/Schale***

Die entdeckte *herrliche Schalen-Ausgestaltung/hervorragende Schaufel-Form* passt zu *Wallgestaltung* und zu *Start-Kuhle*. Sie kann angesichts der gängigen sprachlichen Verwechselungen statt aus *Stein* auch aus *Metall* sein.

Es folgt *u*$_3$*-zu = dein Land*. Das kann wieder Subjekt oder Objekt sein, weshalb im Zeilenrest das Verbum stecken sollte.

zu	*gim*	*gin*$_7$
wissen/verstehen/lernen	ähnlich/herstellen	drehen

In den Kontext fügt sich *lernen herzustellen* nahtlos ein, wenn man das *Land* als Subjekt ansieht und die *Stein*-Vorrichtung, die ja auch eine *Metall*-Vorrichtung sein könnte, als Satzobjekt. Wenn die Einzelteile der Überlegung zusammengefügt werden, entsteht **vorläufig**:

Z 498: Dein Land lernt, deine (Stein-) Metall-Vorrichtung herzustellen, die herrliche schalenförmige Gestaltung zum Flachlegen/Reparieren/Starten des „Stinkenden" (= Flugapparates).

Welche Wundertüte öffnet anschließend Z 499, klärt sie **endgültig**, was in der *schalenförmigen Gestaltung* geschehen soll: *flachlegen, reparieren und/oder starten?*

Zimmern erzählt von einem „hellen Grundstein" in dem „Licht aufleuchtet". SB folgen mit einem „Heiligen Fundament" nach, das ebenfalls „aufleuchtet". BM weiss es wieder einmal besser und behauptet ernsthaft, man müsse verstehen: „Möge dein heiliges Fundament viele Tage halten".

Wir lassen uns von der Grammatik nicht abschrecken. Während wir sonst oft *che*$_2$ *= Gaben/Überschuss* gesetzt haben, entdeckt man hier mit diesem Zeichen eine sog. Prekativandeutung, wonach etwas **geschehen möge.** Dann:

Z 499: *Von deinem glanzmetallenen Podest möge das „Licht" fauchend aufsteigen.*

Damit ist die bei Z 498 aufgeworfene Frage beantwortet: Der *Startvorgang* wird von Encheduanna durch *aufsteigen* herausgehoben. Die *Vorrichtung* ist tatsächlich aus *Glanzmetall,* nicht aus Stein. Und *die Metallgestaltung* ist nicht irgendein „Fundament", sondern ein *schalenförmiges Podest* – eine wegen des verunreinigten Karbidgases *übel riechende Startkonstruktion,* wie bei Z 479 beschrieben.

Die nachfolgende Zeile wechselt das Thema und geht auf die Metallbearbeitung ein. Da KJ eine andere Umschrift bringen als SB, zwei Fassungen:

Z 500: *Die Hüterin Nin.tu(d) ist die Herrin*

a) des in Formen Gießens.

b) des Röstens und der Metallverarbeitung.

Der Name der Tempelherrin ist eine der Schreibweisen der Bezeichnung *Nin.tur,* die schon in TH 7 für *Nin.chur.sag.ga*$_2$ aufgetaucht war und die *Herrin der Geburtshäuser* oder so ähnlich bringen soll. Die Fassungen a) und b) sind ähnlich, nur dass b) mehr ins Einzelne geht und die Vorstufe der Erzverhüttung bzw. das Kalkbrennen ausdrücklich anspricht.

Zimmern meint, *Nin.tu* sei die *Herrin der Schöpfung* und befinde sich gemäß der nachfolgenden Z 501 „inmitten des Ortes der Finsternis". SB wollen sogar Näheres erkannt haben, weil die Hüterin „an einer dunklen Stelle ihre Aufgabe erfüllt". KJ und BM so ähnlich. Die Umschriften weichen leicht voneinander ab. Eine Tafel scheint die Zeile zu vergessen. Die gefundene Aussage ist interessant:

Z 501: *Der Andock-Platz steht in der Dunkelheit/nachts bereit, zu plazieren zu suchen.*

Wir sind bewusst holprig ganz nahe beim sumerischen Original geblieben – man kann auch freier meinen, *nachts könnten Suchende platziert werden* oder noch deutlicher: **an der Hort-Stelle waren Nachtlandungen möglich**.

Die bisherigen Übertragungen lassen dann die „Geburt" eines Königs erfolgen, dem ein „Schmuck" oder eine „Krone" umgebunden wird. Den

Bearbeitern hätte aber auffallen können, dass nicht *u-tu* im Text steht, sondern *u$_3$-tu*. Das meint im Kontext: *die Erde verlassen*. Statt *Krone* findet man in der Umschrift tatsächlich eine *Vorrichtung zum Überleben*. Dieses *Gerät* wird *festgezurrt* oder *angelegt*, damit jemand beim *Verlassen der Erde* trotz der Startbeschleunigung *heil/gesund bleibt*. Dieser *Vorrichtung* waren wir bei der Z 389 für *Nin.in.si.na* und Z 490 für *U.tu* schon einmal begegnet, wenn sie mit dem *„Licht"* aufsteigen wollten. Eine Variante meint hier noch, die Vorrichtung sei *geeignet zum Heil-Bleiben*. Kein Zweifel, beim Start wurden die Insassen festgezurrt.

Z 502: *Wenn der König die Erde verlässt, wird er in einer Vorrichtung zum Überleben festgezurrt, um heil zu bleiben.*

Wer der „König" sein soll, erfährt man genau so wenig, wie wer in der folgenden Zeile der „Herr" sein soll. Vielleicht ist damit in Z 503 der jeweilige Flugapparat-Lenker gemeint.

Die Neuigkeiten, die wir in diesem Tempelbericht erfahren, reißen nicht ab. Nicht nur, wie oft in den Berichten, Hinweise auf einen großen Röstofen, sondern auch dass eine *bestimmte* Steinart für die Azetylenproduktion erforderlich ist, dass die Menschen des Landes lernen sollen, das *Gerät* für das *„Licht"* selbst zu bauen. Auch wird *Metallguss* und allgemein *Metallverarbeitung* vorgeführt sowie die Möglichkeit von *Nachtlandungen*. Und jetzt:

Z 503: *Wenn der Herr die Erde verlässt, überwacht sie das gewaltige Aufleuchten, damit er nicht Karbid und gespeichertes Öl durcheinander wirbelt.*

Statt *men* ist mal wieder *MEN* zu verstehen, *leuchten/aufleuchten*. Die berichtete *Überwachung* entspricht gemäß unserem heutigen Chemie-Wissen simpelster Vorsicht zur Vermeidung eines nicht gesteuerten *Durcheinanderwirbelns* von Karbid und Öl – womöglich noch in Gegenwart von sauerstoffhaltiger Luft?

Prost, Mahlzeit, Buuumm !!! Alles kaputt…?!!!

Auch diese Formulierung legt nahe, das Treibgas Azetylen werde erst **im Flugapparat** aus Karbid erzeugt.

Die anschließend auftretende „Hebamme im Himmel und auf Erden“ hat Zimmern bei einem Forscher entdeckt, der sich mit altbabylonischem Gerichtswesen befasste. Nun meint *scha*$_3$ zwar *empfangen/aufnehmen* und kann daher als *Kindes-Empfängerin* = *Hebamme* verstanden werden, doch sollte man beim Übersetzen nach mehr als 80 Jahren hin und wieder vielleicht den einen oder anderen Begriff hinterfragen: bei Encheduanna hat das Zeichen dutzendweise die Meinung *Empfänger/Aufnehmer/Hort* im baulichen oder technischen Sinn.

Offensichtlich hat sich außerdem kein Übersetzer um die bei *Nin.chur.sag.ga*$_2$ im Text auftauchende Genitiv-Andeutung Gedanken gemacht, die in krassem Gegensatz zur bisher immer wieder angebotenen modernen Übersetzung steht. Nun ja, die Gesamtkonstruktion ist kompliziert und ungewöhnlich…

Nicht völlig ungewöhnlich ist bei der Berichterstatterin, dass schon diese nächste Zeile in den Schlusskanon einbezogen wird. Etwas gewöhnungsbedürftiger ist es andererseits aber schon, dass *zu* erneut nicht *dein* bezeichnet, sondern wiederum als *lehren/wissen/verstehen* Verb-Charakter aufweist.

Z 504: Empfänger der Nin.chur.sag.ga$_2$*, der „Himmel“ und Erde versteht,*

Z 505: Tempel von CHI.ZA (= Verarbeitungsreservat), diese hat dein herrliches Bauwerk zu ihrem Aufenthalt erwählt, hat ihren Thronsitz bleibend dort errichtet.

Z 506: (12 Zeilen) Bauten der Nin.chur.sag.ga$_2$ *am Ort des Verarbeitungsreservates.*

Sachaussagen TH 39

Ort: *CHI.ZA ki* = Ort des Verarbeitungsreservates, zwischen Akkad und *Esch-nun-na*

Tempel-*Dingir*: *Nin.chur.sag.ga*$_2$ = Herrin des Haupt-Verhüttungs-Ofens oder

Nin.tur = Herrin des Gebärhauses oder

A.RU.RU = Gestalterin, die Leben zuteilt

Tempel-Name: *e_2-chur-sag* = Tempel des mächtigen Schmelzers/Rösters/Verhüttungsofens

Z 494: Tempel des *mächtigen Schmelzofens,* Basis für die Herstellung von Azetylen.

Z 495: Stelle des *Verarbeitungsreservates zur Umgestaltung von „Gaben/Überfluss“.*

Z 496: Ort zum *Planen des Umdrehungswesens,* zum Herstellen von Azetylen und zum Starten.

Z 497: Wenn ein Aufleuchten zeigt, dass im Bauwerk gearbeitet wird, dann *mahlt* die Herrin eine *bestimmte Steinart* (wir ergänzen: Kalkstein) *für die fauchende Steinauflösung.*

Z 498: Das Land der Herrin muss lernen, eine *herrliche schalenartige Vorrichtung* zum *Starten* des „Stinkenden“ selbst herzustellen. Diese Vorrichtung dürfte gemäß der nachfolgenden Zeile aus Metall gewesen sein.

Z 499: Von seinem *schalenartigen glanzmetallenen Podest* kann das *„Licht“* aufsteigen.

Z 500: Die Tempelherrin ist die *Herrin des Formgusses und der Metallverarbeitung.*

Z 501: Der *Andockplatz* steht *auch nachts* für Landungen bereit.

Z 502: Wenn der König mit dem *„Licht“ die Erde verlässt,* wird er darin *festgezurrt,* damit er *heil bleibt.*

Z 503: Die Herrin überwacht den Startvorgang, damit im Innern des Startenden das *dort geladene Karbid* und *dort gespeicherte Öl* nicht in Kontakt geraten. (Dies würde sonst zu einer Katastrophe führen).

Z 504: Ein Empfänger spricht mit „Himmel“ und Erde.

Bei Z 498 haben wir festgehalten, dass *schesch* auch *Stinkender* und damit auch *„Skorpion“ = Flugapparat* aussagen kann. Wenn man sich erinnert, Uruk habe auch *schesch ki* geheißen, dann begreift man vielleicht, warum wir zu Recht bei Uruk von einer *Stadt der Himmelsschale* ausgehen dürfen.

TH 40: Eine In.an.na im explodierenden Ul-masch

Der Titel, den wir diesem Bericht geben, hört sich eindeutig an. Dem ist nicht so und die Hymne birgt reichlich Überraschungen.

ei Zimmern (1) fehlt die zweite Hälfte des Textes, seine Umschrift und Übersetzung sind daher nicht sehr ergiebig. Die Umschriften von SB und KJ weichen an wichtigen Stellen voneinander ab, SB bringen zudem eine Vielzahl von Keilschriftvarianten. Die Zeilen 515 und 516 sollen von Tafel A stammen und sind „collated", was wörtlich mit „vergleichen" zu tun hätte, wir halten sie für „unter Vermutungen zusammengesetzt". Die Gesamtzahl der Zeilen ist fragwürdig, da die Tafel B auf 14 Zeilen hinzuweisen scheint, die „collationierte" Tafel A effektiv 12 aufweisen soll und die Umschrift bei SB für die Berichtszeile 519 behauptet, dort die Zahl 10 gefundenzu haben. wir kommen darauf zurück.

Vor diesem sprachlichen Hintergrund wurde vorgezogen, zunächst den Ortsnamen zu hinterfragen und die Lokalisierung des Tempels zu suchen. teils mit Erfolg, teils ohne…

Wegen *ul* = *uralt* und *masch* = *Vision/Orakel* hatten wir selbst früher *ul-masch ki* als *Uralte Orakel-Stätte/Uraltes Heiligtum* übersetzt. Indessen meint *masch* aber auch *Hälfte/Zwillingsteil* und *ul* kann *in Schrecken fallen* bringen wie auch in Z 531. Zweite mögliche Bedeutung: *In Schrecken gefallene Zwillingsstadt*. Das könnte Sinn machen, weil die Tempelstelle in anderen Keilschrifttexten als Teil der Stadt Akkade bezeichnet wird und ein *Schrecken* eher zum Berichtsinhalt passt.

SB haben wieder einmal das Verdienst, im Kommentar zur Schlusszeile der Hymne einen weiteren Hinweis zu geben. Demnach wurde die *In.an.na* dieser TH auch als die *Dingir*-Dame vom *ul-ma-asch* bzw. *ul-ma-asch*$_2$ verehrt. Da wir für *ul* auch *einst/früher* finden und für *asch* = *vollständig* sowie für *ma* = *brennen*, wurde sie als *Die vom einst vollständig Abgebrannten* verehrt, wobei der *Abgebrannte* ihr Tempel war.

Doch stoßen wir wegen *asch*$_2$ = *Fluch/verfluchen* auch auf *Die vom einst Abgebrannten und Verfluchten*. Zu beiden sumerischen Varianten passt gedanklich *Die in Schrecken gefallene Zwillingsstadt…*

Zur Lokalisierung von Ulmasch wurde soeben schon auf Sargons Hauptstadt Akkad verwiesen. Wo die genau lag, darüber streiten sich die

Gelehrten immer noch. Wir selbst hatten vor längerer Zeit zu dieser Frage in dem unvollendenten Entwurf für einen historischen Roman über Encheduanna Stellung genommen, den wir bereits bei TH 31 zu Kazallu zitiert haben. Hier nun, was wir romanhaft vor Jahren geschrieben haben.

Wo die Großbaustelle für die Hauptstadt Akkad lag

„Sargon setzte alle verfügbaren Kräfte ein, um seine neue Hauptstadt groß, schön und sicher zu gestalten.

Encheduanna bat den einzigen ihrer Landvermesser, den sie dem Vater nicht wie alle anderen zur Verfügung gestellt hatte, um eine Kartenskizze, damit sie des Vaters konkrete Pläne besser verstehen konnte.

Während normalerweise alle Karten mit ihrem oberen Rand nach Osten, zum Sonnenaufgang hin blickten, wählte der praktische Mann die Richtungen so, dass oben der Norden war. Zwei Ströme kamen von den dort liegenden Gebirgen heruntergeflossen, links der Euphrat, an dem auch weit unten Ur lag, und rechts der Tigris. In diesen mündete weiter oben von rechts kommend der Diyala. Von diesem Zufluss zum Tigris zeichnete der Helfer einen Querstrich. Dua sah ein auf der Spitze stehendes Dreieck, der Zusammenfluss unten, die beiden Ströme aufsteigend und, oben quer – was war das?

„Ein Kanal, Herrin. Die Wasser des Diyala werden zum Teil direkt in den Tigris geleitet. Das ist der *Kanal von Akkad*. Wie die beiden Ströme die Hauptstadt von rechts und links schützen werden, so wird dieser Kanal sie im Norden sichern. An diesem Kanal wird ein großer Hafen gebaut. Die Schiffe von Süden werden hauptsächlich über den Diyala hochfahren und nach Westen über den Kanal und den Tigris wieder abgeleitet."

„Und die Schiffe von Norden, zumindest die, die von Mari her und von noch weiter oben den Euphrat herunterkommen?"

„Ein zweiter Kanal wird den Namen „Nar Scharri", *Kanal des Königs*, tragen. Er kommt vom Euphrat halbwegs bis in die Ebene zwischen den großen Strömen, teilt sich, um mit einem Zweig weiter nach Osten zu eilen, wo dieser Arm in den Tigris dort mündet, wo von der anderen Seite der *Kanal von Akkad* herantreibt. Der zweite Zweig geht nach unten, wieder zum Euphrat zurück."

„Dann können die Schiffe also von Agade den Euphrat sowohl nach Norden als auch nach Süden befahren?"

„Zumindest soweit Wind und Ruder und Treidler gegen die Strömung ankönnen!"

„Gut durchdacht!“

Neben der Hauptstadt würden im gesicherten Dreieck auch der Hauptstützpunkt des Heeres liegen, Fischteiche und Gärten zur ersten Versorgung, Lagerhäuser mit Reserven aller Art, die Handwerkerhütten zum Schmieden, Töpfern, Sägen, Weben, Färben, Bleichen.

Die Kernstadt würde mehr als 20 Hektar ausmachen, das Hauptstadtgebiet fünffach die Kernstadt umfassen. Der künftige Palast des Königs der Lichtmessstadt würde mindestens fünfmal so groß gebaut wie die bisher größte Residenz.

Aber da gab es ein Problem.

Noble Familien, die seit der Flucht aus Kisch nun schon lange Jahre in der Nähe der alten Residenz gewohnt hatten, sollten deshalb weichen. Sargon versprach ihnen neuen Siedlungsgrund.

In den eroberten Westländern stattete er sie denn auch, wie die *Chronisten berichten*, mit *herrschaftlichen Domänen* aus!“

Es scheint, wir könnten damals richtig gelegen haben, wenn wir lesen, was BM auf S.231 über die Forschungsergebnisse von Wall-Romana berichtet. Doch sicher ist es nicht, dass Akkad irgendwo in oder nahe den nördlichen Außenbezirken des heutigen Bagdad zu finden sein müßte.

BM hebt übrigens zu Recht hervor, dass TH 40 und TH 41 beide Akkad betreffen, einmal mit einer *In.an.na* und einmal mit *Aba*.

Wenn es um die erste Zeile der TH 40 geht, bedeutet *igi* nicht *rechts*, nicht *mit Blick auf*, sondern schlicht *früher/einst*. Dass man in dieser Zeile bisher nicht mit *nim KAB*, unserer Ansicht nach eher *NIM x KAB* zu schreiben, zu Stuhle kam, wundert nicht. Das hat nicht einmal entfernt irgendwie mit „Hochland“ zu tun, wie gerätselt worden ist. Wir waren stattdessen wegen Varianten im Keilschrifttext bei Z 191 der TH 15 auf *nim/NIM = GISCH = Gerät = Raumstation „Himmel“* gestoßen. Das im Kontext nachfolgende Verbum meint bei Encheduanna immer wieder *auf dem Wasser landen/wassern*. Was aber war in diesem Gesamtzusammenhang *KAB*?

Es könnte gemäß dem ePSD so etwas wie ein ***Flügel*** *außen an der Gebiss-Stange von Pferden* gewesen sein, also die Seitenbegrenzung, die bei diesen starren Lenkinstrumenten rechts und links aus dem Pferdemaul herausschaut. Als Begrenzungsenden sind nun aber nicht nur *Flügel*, sondern auch *Rosetten/Scheiben* usw. bekannt. Vom Kontext her hat man daher wegen *nim* eine *„Himmels"-Scheibe/* einen *„Oben-Flügel"* zu verstehen. Damit:

Z 507: *Ul-masch ki, Stelle der in Schrecken gefallenen Zwillingsstadt, wo einst die „Himmelsscheibe"/der „Oben-Flügel" aus Sumer auf dem Wasser gelandet ist,*

Dann taucht die schon reichlich oft erwähnte *pirig/PIRIG*- Verwechselung wieder auf und man darf keinen *schreckenerregenden Löwen* umher schreiten sehen, muss vielmehr einen *schreckenerregenden „Leuchtenden"* ausmachen – besser bekannt als u_4 = *„Licht"*. Zu diesem passt auch das Verbum *andocken.*

Z 508: *(wo einst) der schreckenerregende „Leuchtende" immer wieder angedockt hat, (alles) durcheinander wirbelnd.*

Das in Klammern gesetzte „alles" steht nicht im Original. Wo wir *immer wieder* lesen, erscheint auf Englisch für *am* wie so oft ein „Wildbulle", der sich dann auch noch mit dem nicht vorhandenen *Löwen* angeblich streitet. Der **Hörfehler** *sa-bara*$_3$ kann in *sa-par*$_3$ = *Überwachungsnetz* (vgl. Z 442) richtig gestellt werden. Es folgt:

Z 509: *(wo einst) die andere Seite voll war mit Feinden und er dazu gedient hat, ein Überwachungsnetz auszubreiten,*

Die *andere Seite/jenseits* könnte auf nördlich oder östlich liegende Berge hindeuten. Dass in Z 508 tatsächlich der *„Leuchtende"* angesprochen wird und jetzt wieder als *er* erscheint, wird anschließend offensichtlich. Da ist von einem *nig-me-gar* die Rede, dem *Ding mit der Steinauflösung zum Fahren,* besseres und verständlicheres Deutsch: *dem Fahrzeug mit Karbidgas-Antrieb.*

Z 510: *(wo einst) das Fahrzeug mit Karbidgas-Antrieb das opponierende Land durcheinander wirbelte,*

In der nächsten Zeile wird bei SB „giftiger Speichel ausgegossen" und auch bei BM „spuckt" der Löwe „Gift". Nichts Dergleichen können wir entdecken. Der seltsame Zeilenanfang hat auch nichts mit einem *EN* gemein, sondern erinnert an Z 143, wo wir dafür *dauerhaft* übertragen durften. Probleme machte das *eme.* Dann war in einem Kommentar zu lesen, *eme = Zunge* könne auch figürlich im übertragenen Sinn gebraucht werden, demnach *eine zungenähnliche Konstruktion* meinen.

Z 511: (wo einst) dauerhaft zum Andocken des Sich-schnell-Drehenden/des „Vogels" eine zungenähnliche Konstruktion bereitstand zum Starten und zum Rasten,

Auch in dieser TH wird demnach wieder das *Landen auf dem Wasser* bestätigt (Z 507) und die Existenz einer *zungenähnlichen Konstruktion* beglaubigt, wobei wir das vorhandene *sig* als **Hörfehler** für *sik = starten* annehmen. Wir erinnern von der Form her wegen der *Zungenähnlichkeit* an die *Start-Stink-Stelle* der Z 479 in TH 38 betreffend *U.tu.* Gedanklich nicht weit davon entfernt wird mit Dichterworten in Z 498 und 499 versucht, uns das Bild eines *schaufelförmigen glanzmetallenen Podestes* zu vermitteln.

Wir erkennen so ein an den Seiten hochgezogenes metallenes Podest, in dem das „Licht" ruhen kann, wenn es aus dem Wasser gehievt worden ist, und das mit seinem erklärten „Schalen"-Charakter einen reibungslosen Start nach oben ermöglichen sollte. Könnte die Eingeweihte sich das aus dem Ärmel gezogen haben???

Man beweise, dass unzulässig übersetzt worden ist !!!

Zurück zu TH 40 stoßen wir für den zweiten Teil der nächsten Zeile auf recht unterschiedliche Umschriften bei SB und KJ, die zudem in ihrer sprachlichen Deutlichkeit zu wünschen lassen. Der Zeilenanfang ist klar und benennt so nebenbei die Tempelherrin:

Z 512: (wo einst) der Tempel der In.an.na aus glänzendem Blaumetall,

Auch die allerletzten Worte sind problemlos wie bei Z 283: *zum Aufbewahren/Lagern gemacht.* Dazwischen das Variantendurcheinander.

Die Variante bei SB begreifen wir auf zwei Arten, da sie zwei sumerische Texte bietet. Einerseits wird *e_2-gi-na* vorgestellt, andererseits *u_6-nir-gi-na.* Zudem kann *gi* unterschiedlich *umkehren* (Z 41, 490) oder *antworten* (Z 50) bringen.

a) der Umkehrtempel, der funktionsbereite Hort, für Gold zum Lagern gemacht war,

b) der bewundernswert als Antwort-„Stein" aufragende fumktionsbereite Hort, für Gold zum Lagern gemacht war,

Die nachfolgend betrachtete Variante bei KJ ist nur zu deuten, wenn man *e₂-schutum* nicht pleonstisch als *Lagerhaus*, sondern als *e₂-schutum₂*, als *Haus, für Karbid geeignet*, begreift. Dann findet man:

c) der als Karbid-Haus Geeignete, für Gold zum Lagern gemacht war,

Der stets von uns wegen der Gesamtstruktur der Hymne betonte Rückbezug auf *einst* ist anschließend zum letzten Mal berechtigt. Die Zeile wird in allen bisherigen Übersetzungen von einem „arabu"-Vogel beherrscht und einer „Nugig". Für Letztere bemühen wir unsere Ausführungen zu Z 216, 309, 320 usw., um die von Anderen bisher angebotenen **konventionellen** Deutungen wieder einmal abzulehnen. Der behauptete „Vogel", richtig geschrieben gefunden mit *u₄-ra₂-bu*, war schon so nebenbei bei Z 376 aufgetaucht. Es geht **wörtlich** nicht um irgendeinen mystischen Vogel, sondern um das Fluggerät *„Licht", das zum Ablöschen gebracht wird*. Mit *ablöschen* ist dabei *wässern zum Abkühlen* angesagt.

Z 513: (wo einst) deine Fürstin das „Licht" zum Ablöschen hingebracht hat, zum Umkehrplatz für den Schnell-sich-Drehenden, zum in den Rundbau Fahren,

BM stilisiert den allseits vermuteten „arabu"-Vogel zu einem „Wasservogel" auf, den sie dann sogar mit der Tempelherrin gleichsetzt, und lässt diese als „Nugig", als „eine geweihte Frau der inneren Kammer" auftreten. Diese sei, so ihre angebliche „Übersetzung" der folgenden Zeile, „bereit zum Kampf, überschwenglisch und herrlich geschmückt".

Schön gesponnen, doch an der Realität wieder einmal weit, sehr weit vorbei.

Wie auch sollte BM bei der Art ihres Herangehens an das sumerische Original darauf gekommen sein, dass *me₃* in der nächsten Zeile *Verfeinerbares* bezeichnet wie bei Z 243/244/497. Damit ist hier *Karbid* gemeint, bei dem es – wie mehrfach betont – unbeabsichtigt durch Feuchtigkeit zu Azetylenbildung und, wenn dieses Gas entstanden ist, durch spontanen Luftkontakt zur Selbstentzündung und Explosion kommen kann. Was denn hier auch berichtet wird. Zwar bleibt der Bericht gewissermaßen noch im *„einst“* einer fernen Vergangenheit, doch ereignet sich plötzlich etwas - eine Explosion.

Der Anfang der Zeile ergibt sich leicht, wenn *me*$_3$ wie vorerwähnt erkannt worden ist. Wir fügen den weiteren Text sofort an, um ihn erst anschließend zu erläutern.

Z 514: (wo dann) Verfeinerbares (= Karbid) in Flammen aufgegangen ist, einst aufgehäufter Reichtum wurde zusammengeschlagen und zermalmt, der Tempel durch Brand zerstört. Der U.DUG (= der mit der Sprechverbindung Beauftragte) ließ Worte hinausgehen, die das Hochtreiben/die Explosion bekannt machten.

Fangen wir von hinten an. Mit *Hochtreiben* ist *die Azetylen-Explosion* gemeint. Der *U.DUG,* dessen Aufgabe wir in der Klammer umschreiben, ergibt sich über zwei **Hörfehler** aus dem Kontext. *utug*$_2$ *imin e* konnte in der gegebenen Situation nicht „sieben Keulen gingen hinaus“ meinen, weshalb wir an den gängigen Hörfehler *imin* statt *inim* = *Worte* dachten – denn *Worte konnten hinausgehen.* Dann lag statt *utug*$_2$ vom Zusammenhang her ein falsch gehörter *U.DUG* nahe. An den hätten wir nicht gedacht, wenn ein derartiger nachgeordneter *Dingir* uns nicht schon in den „Offenbarungen“ (33) in Z 58 begegnet wäre, als wir die Aufgaben von *En.lil´s* Sohn *Nuska* in TH 4 untersucht haben. Wörtlich meint *U.DUG Überwacher/Umsorger des Vermittlers/der Sprechverbindung.* Dieser hatte nach Encheduannas Aussagen im „Berg“ für *Nuska* einen großen Werkbau errrichtet, wobei mit „Berg“ der E-kur-Tempel in Nippur gemeint war. Und *Nuska,* eigentlich *Nu.usch.ka,* ist *Derjenige, der seinen Worten nicht nachfolgt,* der für die Nachrichtenverbreitung verantwortliche Sohn von *En.lil.* Damit kein Zweifel auftritt: *U.DUG* war kein Name, sondern eine Amtsbezeichnung, die beiden Hilfs*dingir* in TH 4 und TH 40 daher wohl nicht identisch.

Bleibt der Mittelteil zu erläutern. Die Umschrift lautet gemäß SB:

chu – ul – chu – ul – le – esch sa$_7$ *- ga*

Abgesehen davon, dass *sa*$_7$ durch das gleichwertige *sig*$_7$ ersetzt wird, stimmen KJ in ihrer englischsprachigen Zitierweise damit überein. BM bringt keine Umschrift, bei Zimmern (1) fehlt die Stelle als abgebrochen. SB vermerken in einer Fußnote, auf einer Originaltafel fehle das *le.*

SB strecken die Waffen, deuten ein *chu* als „schön“ und schweigen zum Rest. KJ meinen unzusammenhängend so etwas wie „jubelnd (?) schön“ gefunden zu haben und BM entdeckt mit ihrem feinen Gespür klar und deutlich eine „ausgelassene und herrlich geschmückte“ *In.an.na.*

Wie wir zu unserer Übertragung gekommen sind, erklärt eine Endnote[18)].

Uns kamen anschließend Fragen wieder hoch, die anfangs schon angeschnitten worden waren: die von SB zugegebene „Collationierung“ der Z 515 und 516 und der Wirrwar um die Gesamtzahl der Zeilen dieses Tempelberichtes. Die Übersetzung dieser beiden Zeilen bietet im Gesamtzusammenhang des technologishen Approaches keine Schwierigkeit, doch ist die Einordnung in die vorherige Zeitgliederung vom reinen Text her nicht leicht ersichtlich. Immerhin läßt aber Z 516 einen Gedanken anklingen, der wegen etwa vier unlesbaren Zeichen dann jedoch nicht klar formuliert aufscheint. Dort wird festgehalten, dass *die Quelle des Verfeiner-baren (= Karbid) in einem* ***Behälter*** *zur Seite gelegt/aufgehoben wird* – weshalb das Einschließen in einem Behälter erfolgt, bleibt sprachlich offen, weil die Keilschriftzeichen nicht lesbar sind. Nach der erwähnten Explosion liegt nahe, durch Einschluss in einen Behälter habe man Feuchtigkeitszufuhr und Azetylenbildung unterbinden wollen. Zumindest gedanklich wird der Zweck des Wegschließens damit offensichtlich.

Auf Grund vorstehender Überlegung gehen wir von folgender zeitlicher Gliederung des Gesamtberichtes aus. An einer unbenannten Stelle in Akkad gab es *einst* routinemäßige Abläufe betreffend das *„Licht“* (Z 507 – 513). *Dann* flog der Tempel wegen Selbstentzündung von Karbidgas auseinander und die Explosion wurde nachrichtlich verbreitet (Z 514). *Anschließend* wurde der Tempel wieder aufgebaut und die Karbidproduktion unter Vorsichtsmaßnahmen wieder aufgenommen (Z 515, 516). Im wiederaufgebauten *e_2-ul-ma-asch* der Z 518, dem wörtlich *einst vollständig abgebrannten Tempel,* hat *In.an.na* dann **wieder** ihren Thronsitz errichtet. Der zeitliche Ablauf wird von Encheduanna auch angedeutet, indem sie den *einst vollständig abgebrannten Tempel* der Z 518 in Z 512, als er noch nicht vernichtet worden war, simpel als *Tempel der In.an.na* benennt. Wir tragen dieser zeitlichen Gliederung bei den nachfolgenden Zeilen sprachlich durch Einfügungen Rechnung.

Z 515: (Später) *wurde wieder Kraftstoff zum Aufsteigen durch Begießen mit Wasser verfeinert,*

Z 516: *doch wurde das verfeinerbare Material (vorher) in einem Behälter aufgehoben, ...*

Ergänzt werden könnten in Z 516 die unlesbaren Keilschriftzeichen als: *...damit kein Azetylen entstehen konnte.*

Z 517: *In.an.na, deine Großartige aus dem „Himmel",*

Z 518: *hat* (dann)*, oh einst abgebrannter Tempel, dein herrliches Bauwerk* (erneut) *zu ihrem Aufenthalt erwählt, hat ihren Thronsitz bleibend dort errichtet.*

Z 519: *12 (Zeilen) Tempel der In.an.na an der einst mit Schrecken geschlagenen Stelle.*

Wir möchten nicht verschweigen, dass SB in den Z 514 - 516 von „Schlacht/Kampf" gelesen haben wollen, von „Blut" und „Waffen". KJ haben getreu nachgeplappert, während BM wie immer ausführlich fabuliert und davon berichtet, die „Dame Wasservogel" = *In.an.na* habe „sieben Keulen vorbereitet, Waffen im Blut der Schlacht gewaschen und das Tor des Kampfes aufgestoßen".

Wie bitte? ... blumiger geht es wohl kaum?

Sachaussagen TH 40

Ort: Ulmasch = *ul-ma-asch ki* = die einst vollständig abgebrannte Stelle in Akkad

Tempel-*Dingir*: *In.an.na* = Die sich am Firmament bewegt (Volksetymologie; vgl. später)

Tempel-Name: *e*$_2$*-ul-ma-asch* = Einst völlig abgebrannter Tempel

Z 507: In Ulmasch, der *in Schrecken gefallenen Zwillingsstadt* von Akkad, landete einst immer wieder - aus Sumer kommend - die *„Himmelsscheibe"* auf dem Wasser.

Z 508: Wenn der *schreckenerregende „Leuchtende“* dort zum Andocken hinkam, wurde alles immer wieder durcheinander gewirbelt.

Z 509: Irgendwo auf der anderen Seite waren viele Feinde und der „Leuchtende“ breitete ein *Überwachungsnetz* aus.

Z 510: Dieses *Fahrzeug mit Karbidgas-Antrieb* wirbelte das opponierende Land durcheinander.

Z 511: Dem Sich-schnell-Drehenden stand dauerhaft damals zum Andocken, Rasten und Starten *ein schalenförmiges Metall-Podest* bereit.

Z 512: Der Tempel der *In.an.na* war aus *glänzendem Blaumetall.* Dort konnte Karbid hergestellt und *Gold gelagert* werden.

Z 513: Dorthin hat die Fürstin damals das *„Licht“* immer wieder hingebracht, um es im Rundbau zu parken.

Z 514: Dann erfolgte eine *Karbidgas-Explosion,* der vorhandene Reichtum wurde zermalmt, der *Tempel brannte* ab. Das Unglück wurde *elektronisch weitergemeldet.*

Z 515: Der Tempel wurde dann *wieder* für *In.an.na aufgebaut* und die Treibgaserzeugung wieder aufgenommen.

Z 516: Unmittelbar nach der Produktion aber wurde von da an das Karbid *in einem Behälter vor Feuchtigkeit geschützt,* um eine nicht gewünschte Gasentstehung zu unterbinden.

Z 517: In.an.na wird als *die Großartige aus dem „Himmel“* bezeichnet.

TH 41: Geheimnisvoller Dingir Aba im Tempel von Akkad

Dieser Tempelbericht hat nur 8 Zeilen, wovon auf den bisher uns bekannten Tontafeln eine halb und zwei völlig unleserlich sind. Ohne eingehende sumerologische Erläuterungen würde uns kein Wissenschaftler glauben, dass man aus dem Text trotzdem mehr und grundverschieden Anderes herausholen kann als bisher gefunden worden ist. Wir begründen daher die Übertragung eingehend. Der Laie möge das Vorgehen entschuldigen. Es soll dem Resultat Glaubwürdigkeit verleihen.

Wir gehen von der Umschrift bei SB aus, die wir mit KJ abgleichen und sehen von den dort vorgeschlagenen Zeichenzusammenfassungen ab, die persönliche Ansichten und damit mögliche Einengungen wiedergeben. X steht für von der Zahl her erkannte aber nicht lesbare Zeichen. Wenn nicht anders erwähnt, werden die Zeichenbedeutungen aus dem ePSD (32) bzw. aus (14/15/16/18/31) oder Hinweisen bei (30) entnommen, von uns auf Deutsch übersetzt und durch Homologe ergänzt. Dabei wird der Tatsache Rechnung getragen, dass das gleiche Zeichen Wort- oder Lautzeichen sein kann und meist sowohl als Verbum als auch als Substantiv, Adjektiv oder Adverb verstanden werden darf. Es werden nicht alle so erarbeiteten Bedeutungen aufgeführt.

Z 520: *e_2 a_2 zi da X X X X*

e_2 = ***Tempel,*** *Palast, Gebäude, Aufgerichtetes, Bau, Bauten*

a_2 = Arbeit, Arm, Flügel, Horn, ***Kraft****, Kraftstoff, Moment, Seite, Stärke, Zeit*

a_2 = a_5 = setzen, stellen, legen, einrichten

*zi = Leben, recht, richtig, rechts,****voll****, wegnehmen, abschneiden, entladen, ergreifen,benutzen,*

auslöschen, betreiben, Atem, Kehle, Seele

da = ***verkünden****, reden, sprechen, an der Seite, mit, von*

-da = Comitativ-Andeutung: für etwas, mit etwas

-da = Nomen- oder Verbverstärkung

Z 520: Tempel, voller Kraft X verkündend, X X X

Damit lehnen wir die gängige Übersetzung „Tempel rechter Seite" vom Gesamtkontext her ab. Encheduanna berichtet dutzendweise über Sprechverbindungen, die von Tempeln ausgehen. Hervorstechende Beispiele finden sich in Z 1 und Z 240. Die gefundene unleserliche Zeichengruppe könnte eine Ortsbestimmung enthalten, da aus Z 521 hervorgeht, dass der Tempel als Ort für „ihn" bereitsteht, für ein startfähiges Fluggerät. Da für diesen „ihn" im Gebäude das „Mittelstück/Oval" als „Schutz" vorgehalten wird, kann an die anderen Tempelberichte erinnert werden, für die Encheduanna offen gelegt hat, dass ein „*Rundbau*" dem „*Licht*" dient.

Z 521: a gar_3 sig_7 sig_7 ga bi ib_2 dun dun

a = Vater, sein, schöpfen, gestalten – aber auch Hinweis auf Zustand, ***dauerhaft da sein***

gar_3 = ***etwas einleiten****, zu etwas führen, veranlassen*

sig_7 sig_7 = ***starten*** *(maru-Form)*

ga = ***bereit stehen****, existieren*

bi = für ihn, ***um ihn***

ib_2 = Mitte, **Mittelstück/***auch IB = eb =* ***Oval***

dun dun = ***schützen****, bedecken (maru-Form)*

Z 521: Er ist dauerhaft da, um das Starten einzuleiten, steht bereit, um ihn im Mittelstück/Oval zu schützen.

Mit „er" ist der Tempel gemeint, das „ihn" kann sich nur auf den *Sich-schnell-Drehenden*, das „*Licht*", beziehen. Die letzte Bemerkung setzt voraus, dass das „*Licht*" in den unlesbaren Zeichen der Z 520 erwähnt wird. „Grüne Wiesen" wie bei allen bisherigen Übersetzungen kommen vom Kontext her dort nicht in Frage.

Z 522: Einige Zeichen erkennbar, doch nicht lesbar.

Z 523: Einziges bei SB als lesbar vermerktes Zeichen: AN

Es bleibt unklar, ob damit der „Oberste" der *Dingir* gemeint sein soll oder die Raumstation „*Himmel*" bzw. das Firmament. BM bringt: „Die göttliche *Nin.tur* hat das Gebäude dort aufgebaut". Die Umschrift, auf die sie sich bezieht, wird nicht offen gelegt. Das bei SB zu findende AN ist auf den ersten Blick mit der Übersetzung von BM nicht vereinbar, es sei denn es finde sich dort als „göttlich“ wieder.

Z 524: nun zu ur sag X X X ra ra

nun – zu = ***dein Fürst***

ur – sag = ***der Held**, der Kämpfer*

ra – ra = rein sein, klar sein, formen, ***zerschlagen**, herstellen*

Z 524: Dein Fürst, der Held, zerschlägt X X X

BM meint, als Tätigkeit des Tempelchefs gefunden zu haben: „zerschlägt das rebellische Land“. Geht dies aus einer ergänzten Umschrift hervor, die uns nicht vorliegt, oder liegt wieder einmal reine Phantasie vor?

Z 525: me_3 $schar_2$ ra MIR.KAR_2 X X e ne di

me_3 = verfeinern, ***Verfeinerbares**, Schlacht, Kampf*

$schar_2$ = ***Überfluss**, überfließen, Vielzahl*

ra = formen, zerschlagen, ***herstellen***

MIR = ***Angst***

KAR_2 = ***Aufstieg***

e = hinausgehen, aufsteigen, ***hochsteigen***

ne = gesagt werden, ***gemeldet werden***

di = heil sein, ***heil bleiben***

Z 525: Verfeinerbares wird im Überfluss hergestellt. Aufstiegsangst X X

... beim Hochsteigen als heil bleibend gemeldet wird.

Verfeinerbares meint wie in den vorhergehenden Tempelberichten (z.B. Z 243/514) Karbid zur Produktion von Azetylen als Antriebsgas. Die beim Starten des *„Lichtes“* zu beobachtende *Aufstiegsangst* wird von Encheduanna auch in anderen Tempelberichten angesprochen. Der Aufstieg wird anschließend als *Hochsteigen* bestätigt. Die Meldung, dass dabei jemand *heil bleibt,* muss im Licht der Z 490 und 502 gesehen werden. Demnach wurde beim Start der Pilot *in einer Vorrichtung festgezurrt, damit er heil bleibt. e ne di* hat demnach nichts mit der auf Englisch zu findenden Deutung „spielen" oder „jauchzen" zu tun. Das passt einfach nicht in den Kontext. Man vergleiche z.B. auch weiter vorne bei Z 279, wo eine ähnliche Stelle noch anders als *hochkommen und leuchtend durcheinander wirbeln* zu verstehen ist.

Z 526: ^{d} a-ba$_4$ KID (?) dingir a-ga-de$_3$ ^{ki}- ke$_4$

^{d} = Zeichen 13 bei Deimel (13), für das dort als einer der „babylonischen Zeichennamen" DI.IN.GIR vermerkt wird. DI = Entscheider, IN = sich bewegen, GIR = „Skorpion" = Fluggerät. Bekannter als ***Dingir = Entscheider aus den Fluggeräten.***

a-ba$_4$ = ***„Der mit dem Zerkleinerungsgebäude".*** *Dies ergibt sich als Nispe wegen a = esch = Haus/Gebäude/Bau und ba$_4$ = be$_4$ = verkleinern, aufteilen, zerteilen, zuteilen*

KID (nur bei SB in einer Fußnote mit Fragezeichen aufgeführt) = suchen, erkennen, Schilfmatte, ***geheimnisvoll***

dingir = siehe vor

a – ga –de$_3$ ^{ki} = ***Stelle/Ort des zum Hinfahren bereitstehenden Gebäudes***

- ke$_4$ = Nachsilbe, die den Genitv/Zugehörigkeit ansagt.

Z 526: Der Dingir A.BA$_4$, „Der mit dem Zerkleinerungsgebäude", der geheimnisvolle Dingir von Agade, dem Ort mit dem zum Hinfahren bereitstehenden Gebäude,

In der Übersetzung wird die Bezeichnung des Tempelherrn so geschrieben, wie es der ursprünglichen Schreibung entspricht. In der Altorientalistik sind zwei Stein-Inschriften von Sargon dem Großen in

> Sumerisch bzw. Akkadisch bekannt, dem Vater der Priesterfürstin, die – wenn richtig „gelesen" und mit lateinischen Buchstaben richtig umgesetzt – eine Identität erkennen lassen: ^{d} *ZA.BA$_4$.BA$_4$* = ^{il} *A.BA$_4$* Dabei entsprechen sich ^{d} und ^{il} als Determinativ/Bestimmungskennzeichen für das sumerische *dingir* und das akkadische *ilu*. Letzteres meint wörtlich *Leuchtender/Strahlender.*

ZA.BA$_4$.BA$_4$ wird, wie bereits zu TH 35 bemerkt, in der Literatur meist mit dem späteren Haupt-„Gott" der Hethiter gleichgesetzt, dem Wetter-„Gott" *Tarchunna.* Dieser ist seinerseits mit ^{d} *IM* identisch, von dem wir von TH 27 her wissen, dass er niemand anderes als *Isch.kur* war. Wir finden daher:

A.BA$_4$* = *Isch.kur

Nun weiß man sicher, dass *ZA.BA$_4$.BA$_4$* = *Isch.kur* schon lange vor der Priesterfürstin in der sog. Dynastischen Frühperiode (also je nach Definition zwischen 3.000 und 2.340 v.u.Z.) neben *NIN.CHUR.SAG.GA$_2$* in Kisch verehrt worden ist. Wenn Sargon entsprechend den erwähnten Steintafeln nach der Rückeroberung dieser Stadt Kisch *A.BA$_4$* als seinen „persönlichen" *Dingir* bezeichnet hat, dann tat er, da inzwischen die Bedeutung der Halbschwester des *En.lil* dort zurückgegangen war, nichs Anderes, als dem normalen Stadt-*Dingir* von Kisch, dem *Isch.kur*, die königliche Ehre zu erweisen.

Nur die Unkenntnis dieser Zusammenhänge hat dazu geführt, dass SB in ihrem Kommentar behaupten konnten, *Aba* sei in der Sumerisch-Babylonischen Mythologie unbekannt gewesen. Dass BM 40 Jahre später seine Erwähnung in akkadischen Texten richtig anspricht, ansonsten aber in die gleiche Kerbe schlägt, darf angesichts des bei ihr auch sonst fehlenden Überblicks nicht verwundern.

Die nachfolgenden Zeilen sind von der Übersetzung her Routine, weshalb sofort übertragen wird:

Z 527: ***hat, oh Tempel von Akkad, dein herrliches Bauwerk zu seinem Aufenthalt erwählt, hat seinen Thronsitz leibend dort errichtet.***

Z 528: 8 (Zeilen) Tempel des A.BA$_4$, des Dingir mit dem Zerkleinerungsgebäude,

Tempel errichtet in Akkad, am Ort mit dem zum Hinfahren bereitstehenden Bau.

Wenn BM bei Z 523 aus einer uns unbekannten Tafel übersetzt hat, *Nin.tur* habe für *A.ba* den Tempel in Akkad errichtet, dann darf man daran erinnern, dass gemäß TH 7 der Encheduanna *Nin.tur* gleich *Nin.chur.sag.ga$_2$* war. Da diese *Dingir*-Dame und der *Dingir*-Herr *Isch.kur* in Kisch zusammengearbeitet haben, warum soll dies nicht auch in Akkad der Fall gewesen sein?

Sachaussagen TH 41

Ort: Akkad = *a-ga-de$_3$ ki* = Stelle des zum Hinfahren breitstehenden Gebäudes

Tempel-*Dingir*: *A.BA$_4$/a.ba$_4$* = *Isch.kur* = Der mit dem Zerkleinerungsgebäude

Z 520: Der Tempel besitzt eine Sendeanlage.

Z 521: Er kann das „Licht" schützen in seinem Mittelstück und steht bereit zum Starten.

Z 524: Sein Herr ist ein Held, der zerschlägt.

Z 525: Verfeinerbares = Karbid wird im Überfluss hergestellt. Vor dem Aufstieg des Flug-Gerätes macht Angst sich breit, bis der Pilot beim Hochsteigen als unversehrt gemeldet wird.

Z 526: Tempelherr ist *A.BA$_4$* = *ZA.BA$_4$.BA$_4$* = *Isch.kur* = Der mit dem Zerkleinerungsgebäude.

Z 527: Der Tempel liegt in Akkad, am Ort mit dem zum Hinfahren bereitstehenden Bau.

Wir haben den Namen des Landes Akkad auf Grund einer als *aga-de* gefundenen Schreibweise in Teil I vor TH 8 mit *Kronlande/Kronrecht* übersetzt. Wir können nicht nachprüfen, ob es diese Schreibweise für das Land tatsächlich gab. Der Name der Hauptstadt des Landes muss auf Grund der bei Encheduanna überlieferten Schreibweise *a-ga-de₃ ki* eindeutig mit *Stelle des zum Hinfahren bereitstehenden Gebäudes* erfasst werden.

Uruk: Interdisziplinär ist schwer

Bei Z 526 hätte man für *a-ba₄* statt *Zerkleinerungsgebäude* auch *zugeteiltes Gebäude* oder so ähnlich übertragen dürfen, was aber dort nicht in den - ausschlaggebenden - Kontext gepasst hätte. Doch tauchte sofort per Assoziation die Frage auf, ob das etwas mit Kullab/Kulaba zu tun haben könnte, das uns in TH 16 betr. Uruk und einer *In.an.na* begegnet war. Dort hatten wir in der Umschrift *kul-abba₄ ki* vorgefunden und mit *Ort der Konstruktion der Schale* gedeutet. Wir hatten damals insgeheim überlegt, ob von der Sache her *Konstruktion* richtig sein konnte und lernten mittlerweile in den nachfolgenden Berichtstexten, dass die Schale *aus dem* ***Innern*** *des „Himmels"* gekommen war. *Gebaut* worden war sie demnach tatsächlich nicht in Uruk.

War die Kulaba-Schreibung auf den Tontafeln überhaupt richtig oder lag ein Hörfehler vor?

Wir fanden nach einigem Suchen verschiedene moderne Schreibungen, die meist - auch schon wegen uralten Hörfehlern - so falsch waren, wie *unug ki* für die Stadt, die schon lange von den Archäologen Uruk genannt wird. Machen wir es im Ergebnis kurz: Z 7/8 des Epos „Enmerkar and the Lord of Aratta" (29) präsentieren folgende Umschrift:

unug ki   kul aba₄ ki   e₂-an-na … sag il₂-la …

Das wäre richtig zu „lesen" als

u₂- nu-ug ki   kul-a-ba₄ ki   e₂-an-na … sag il₂-la …

Wozu führt uns das?

Die erstgenannte Zeichenfolge ist im *Dingir*-Kontext erlaubterweise zu begreifen als *Stelle der* ***Basis*** *des sich schnell drehenden „Leuchtenden"*. Mit anderen Worten: „Uruk" = Heimathafen des „Lichtes"!

Der zweite Zeichenkomplex lautet dann auf Deutsch: *Der Schale dauerhaft zugeteilter Ort.*

Das ist eine identische Aussage, nur mit anderen Worten !!!

Der Rest des Textes meldet trotz der grammatikalischen Unwägbarkeiten des löchrigen Originals, dass **an dieser Stelle/diesem Ort** das *E-an-na, Das für An Errichtete/Die Gebäude für An ihr Haupt erheben.* Damit wird ein *aufgehöhter* Gebäudekomplex festgehalten…

Der Unterschied zwischen den als Apposition nebeneinander stehenden Bezeichnungen **könnte** darin bestehen, dass mit der ***Basis*** ein umfassenderes Gelände gemeint sein **könnte**, als eine *konkrete* Dauerstelle für die „Schale". Wie *Basis* genau zu definieren ist, wissen wir aber nicht… In diese Richtung **könnte** die Tatsache weisen, dass das *a* in *kul-a-ba*$_4$ nicht nur *dauerhaft* angeben kann, sondern auch *Haus/Gebäude/Bau.* Dann **wäre** die Stelle *Ort des der Schale zugeteilten Gebäudes* genannt worden. Hinzu kommt, dass dieses *kul-a-ba*$_4$ gemäß mehreren Tontafelberichten aus *gebrannten Ziegeln* gebaut war, demnach gewissermaßen *feuerfest* gewesen sein soll.

Andererseits berichtet das ePSD (32), *u*$_2$*-nu-ug ki* sei (wen wundert das?) sprachlich mit *a-ba*$_4$ *ki* gleichgesetzt worden und mit *gi-gun*$_4$*-na ki.* Das Erste wäre dann mit *dauerhaft zugeteilte Stelle* nicht überraschend. Das Zweite wird **konventionell** mit *Ort der heiligen hohen Terrasse* oder so ähnlich gedeutet. Das aber ist ebenso wie *gig*$_2$*-u*$_3$*-na* in Z 201 der TH 16 betr. Uruk ein Hörfehler für *gi-gu*$_2$*-na = metallener Antwort-Sprecher = Sprechfunkverbindung* (vgl. auch Z 95 und *gi-pa-ru* – oder so ähnlich gehört – in Z 109, Z 161, Z 245). Womit ein Bezug hergestellt worden ist zu TH 16, den wir dann auch bei der letzten Revision unserer Untersuchung ausgebaut haben, indem wir unsere frühere Übersetzung dieser Hymne im Lichte dessen überprüften, was inzwischen an zusätzlichen Erkenntnissen – auch durch Diskussionen mit Archäologen und in Bezug auf die Spracheigenheiten der Verfasserin – gewonnen worden war.

TH 16

Z 198: *Gebäude für wichtige ME an dem der „Schale" dauerhaft zugeteilten Ort,*

- *aufstrebende Wallgestaltung* oder

- *aufstrebender Wall des Feuervogels/des drehenden Lichtes* oder

- *aufstrebender Abkühlwall* oder

- aufstrebende Wallkrone,

wichtiger Schrein,

zusammenwachsend.

Die alternativ aufgezeigten vier Übertragungen von *BAD MUSCH*$_3$ *e* ergeben sich aus den verschiedenen Bedeutungen des Zeichens *MUSCH*$_3$. Wir gehen vom Text her davon aus, Encheduanna habe drei Baulichkeiten am Kulaba genannten Ort beschrieben, die zu einem Komplex zusammen gewachsen waren. Der *Feuervogel* der Z 198 kommt rhythmisch wieder als *Stier* der Z 200, als *Oben-Glänzer* der Z 202, als *leuchtende Metall-Schale* der Z 204 und als *Großdrache* der Z 206.

Z 199: *Dann aber Früchte gut erzeugend, Erstaunen hervorrufend, mit reichem Ertrag sich erhebend.*

Die beiden Zeilen müssen zusammen gesehen werden. Encheduanna schafft eine Spannung, indem sie aus verehrungswürdigen *Dingir*-Bauten eine profane, von Menschen zum Gartenfruchtanbau genutzte *Erhebung* werden lässt. Da sie diese profane Gartenanlage mit dem bisher verkannten Wortzeichen *GIBIL = neu sein/nun aber/dann aber* anbindet, verweist sie die in Z 198 beschriebenen Gebäude in die Vergangenheit. Dies bedeutet nicht unbedingt, dass sie den Gartenzustand als zu ihrer eigenen Zeit weiter bestehend beschreiben will. Deshalb ziehen wir für *GIBIL* hier *dann aber* vor, um *nun aber* zu vermeiden und um damit den Anschein einer sicheren Fortdauer bis ca. 2.300 v.u.Z. auszuräumen. Der sumerische Text ist insofern verwirrend, als bei einer der möglichen Deutungen *Abbrennen* eine Rolle gespielt haben könnte. Doch können *Früchte* nicht durch Abbrennen *erzeugt* werden... Vgl. auch Bemerkungen zu Z 494.

Z 200: *Aus dem Innern des „Himmels" wurde herabgestiegen in den Schrein, wohin der „Stier" herabsank, um versorgt zu werden.*

Hier wird versucht, den gedrechselt anmutenden aber wie immer phonetisch wohlklingenden sumerischen Text halbwegs wörtlich zu bringen. Etwas Überlegung verlangte uns dabei die Aussage ab, *aus dem Innern des Himmels* sei *herabgestiegen* worden. Ähnliches hatten wir schon in anderen Keilschrifttexten und auch in Tempelhymnen der Priesterfürstin gefunden. Jetzt war der Text indessen eindeutiger: der Abstieg begann nach Encheduannas Aussage eindeutig im ***Innern*** des *Himmels* – der

Himmel war an dieser Stelle also eindeutig nicht das *Firmament*, sondern die auch auf anderen Tontafeln schon öfters gefundene „oben" schwebende *glanzmetallene Konstruktion der Herren/das „Oben-Gerät" der „Unsterblichen"* – siehe ausführlich dazu TH 15! Deshalb die Anführungszeichen in der Übersetzung

> Z 201: *E-an-na, Baulichkeit aus (sieben =) vielen Teilen; hinaus gehen rechte Worte/Weisungen, vom „Antwort-Sprecher" aufsteigend.*

Z 200 und Z 201 sind als nachgestellte Ergänzungen zur Eingangszeile 198 und daher als Zeiten vor Encheduanna betreffend zu begreifen. Wir wissen aus einem von uns an anderer Stelle besprochenen Schlachtenbericht mit historischer Beziehung, dass die *GAL GAL* der *Dingir*, ihre Großmeister, das *E-an-na* für *An* errichtet hatten, weshalb wörtlich kein „Himmels-Tempel" vorliegt, sondern *Das für An Errichtete/Gebäude des An*. Letztlich ging es mit *IB imin* nicht um „sieben Stufen", sondern um *viele Bauteile* des für *An* errichteten *Gesamtkomplexes* namens *E-an-na*.

Zur Erläuterung: In den Zeilen 201 und 202 taucht in der lateinischen Umschrift drei Mal das Wort *imin* auf. Zwei Mal erscheint die Aussage *sieben* oder *siebenfach = oft/viel* durchaus akzeptabel. Doch ergibt sich dann aus dem Kontext, dass in Zeile 201 in deren zweitem Teil ein mehrfach auch in anderen Tempelhymnen zu findender **Hörfehler** vorliegt (*inim* = „Worte/Weisungen" statt *imin* = „sieben/siebenfach/oft/viel"). Die Alternative macht im technologischen Zusammenhang voll und ganz Sinn, da sie auf *hinausgehende rechte Worte/Weisungen* abstellt, die mittels eines *Antwort-Sprechers* aufsteigen. Wenn in der gefundenen Umschrift *gig$_2$-u$_3$-na* steht statt des von uns übersetzten *gi-gu(n)-(na)*, dann ist das ein uralter Hörfehler – erklärbar, weil die Kopisten um 2.000 v.u.Z. schon nicht mehr den Kontext begriffen haben. Ähnlich geschriebenen *Antwort-Sprechern* und derartigen weisungsgebenden Antennen sind wir in den Tempelberichten mehrfach begegnet – wie oben bereits aufgezeigt.

> Z 202: *Damals/Früher schallte (siebenfach =) oft der Antriebslärm des „Oben-Glänzers"/der „Herrlichkeit des An" hinaus.*

Dass auch der Text ab dieser Zeile als die Vergangenheit beschreibend erfasst werden muss, wird dann klar, wenn Encheduanna der Deutlichkeit halber hier *igi-gal$_2$* einfügt. Das kann vom Kontext her keineswegs, wie auch erlaubt, *Vorderseite/Anblick/Erscheinung/Blick auf* oder *existie-*

ren/verfügbar sein bedeuten, sondern stellt mit seiner anderen Aussage auf *früher/zuerst/damals* ab. Zudem beschreiben die nachfolgenden Zeilen 203 und 204, damit gedanklich eng verschrenkt, Tätigkeiten, die *immer wieder* ausgeführt worden sind. Um dies klarzustellen, hat die Dichterin einen anderen Kunstgriff angewandt: beide Male ergänzt sie das Verb mit *am*, um mit Hilfe von *sein/ist/seiend* die Dauerhaftigkeit zu unterstreichen.

Die in Z 202 in der Umschrift zu findenden uralten Wortzeichen *KA.AN.NI.SI* sind – wie an anderer Stelle umfangreich mit einer Bedeutungstabelle erläutert – als *Lärm des Antriebs des „Oben-Glänzers“* oder auch, um für das Flugding den entsprechenden Ausdruck der Bibelübersetzungen auszuleihen, *der „Herrlichkeit“* des *An* zu verstehen! Das passt zu der Tatsache, dass kurz vorher *der Schrein/das Heiligtum* als (ursprünglich) für den *„Stier“* bestimmt bezeichnet wird, also als für den Flugapparat des *An aufgerichtet…*

Z 203: *Dein Fürst, der An, hat immer wieder an dieser Basis zum Starten aufgefüllt.*

Die Chefeigenschaft des *An* für die Gebäude wird damit bestätigt ebenso wie der Lärm, den der Antrieb des Fluggerätes beim Starten erschallen lässt. Dabei übersetzen wir *nun zu* **konventionell** mit *Dein Fürst*, obwohl man dafür eigentlich *Der von deiner Hinfahr-und Liegestruktur* schreiben müsste. Das *E-an-na* wird hier eindeutig als ***Basis*** des Flugbetriebes genannt, da vorher ab Z 201 keine anderen Baulichkeiten angesprochen werden. Das ist für die Interpretation der Bezeichnung Uruk/*u_2-nu-ug* ausschlaggebend, in der mit *u_2* die ***Basis*** ganz klar wieder angerufen wird.

Z 204: *Deine Herrin, In.an.na, ist immer wieder – platziert in einer/der leuchtenden/feurigen Metall-Schale – vorbeigerauscht,*

Z 205: *wie eine Frau geschmückt, wie ein Mann mit einem Helm bedeckt,*

Z 206: *dem blausteinfarbigen Kopfschutz gegen den Antriebslärm des „Oben-Glänzers“, des Großdrachens im Rundbau!*

Mit Z 204 wird eine in den überlieferten Umschriften **konventionell** als *In.an.na* Benannte als *Herrin* des *E-an-na* **parallel** zu *An* gestellt. Z 206 teilt uns mit, die *leuchtende Schale* sei mit dem *„Glänzer“* des *An* = *Großdra-*

che identisch gewesen. Statt *kul* wird für *Schale* wie an mehreren anderen Stellen der Tempelberichte durch Encheduanna hier *bur* benutzt. Wir müssen zusätzlich betonend vorwegnehmen, später geklärt zu haben, **dass erstens die Bezeichnung *In.an.na* eine in die Irre führende Erfindung früherer Übersetzer darstellt und es zweitens mehrere Persönlichkeiten dieser Art gegeben hat.** Eine mit dem Zeichen *MUSCH$_3$* bezeichnete Persönlichkeit wird daher grundsätzlich nur als **irgend** *„Eine mit dem Feuervogel"* gekennzeichnet. Bei der *NIN*, die wir **konventionell** hier als *Herrin* darstellen, womit aber von der Wortbedeutung her sowieso *„Jemand der sich mit Leuchten bewegt"* beschrieben wird, könnte es sich um *Nin.in.si.na*, die Tochter des *An* mit Erstgeburtsrecht, gehandelt haben.

Z 207: *In.an.na, die „Große Herrscherin" über Firmament/"Himmel" und Erde*

Z 208: *hat, oh E-an-na, deine herrlichen Bauten zu ihrem Aufenthalt erwählt, hat ihren Thronsitz bleibend dort errichtet.*

Z 209: *(11 Zeilen) Tempel der/einer In.an.na, in Uruk = am „Ort der Basis des Leuchtenden" gebaut.*

Die Priesterfürstin benutzt somit in TH 16 für eine vor ihrer Zeit liegende Periode die Begriffe *Schrein, E-an-na, Basis und In.an.na-Tempel* alternativ, was Deckungsgleichheit ansagt. An Einzelgebäuden werden in diesem **ursprünglichen E-an-na** einerseits *Bauten für wichtige ME* und andererseits *eine aufstrebende Wallgestaltung = ein zur Abkühlung dienender kronenförmiger Wall* herausgestellt ...

Die Sorgfalt, mit der die für den Tempel zuständige Hohe Priesterin über den für sie wichtigsten Baukomplex der Königsstadt Uruk schreiben will, ist offensichtlich...oder interpretieren wir Aussagen in den sumerischen Text, die dort nicht stehen???

Die Archäologen meinen ihrerseits, es gäbe eine Stadt Uruk und darin zwei große Bezirke, von denen der eine von ihnen als „Eanna-Bezirk" bezeichnet wird und der andere als „Anu-Bezirk". Im Erstgenannten liegt für sie die „Inanna-Zikkurat", im zweiten vermuten sie einen Ortsteil „Kullab" genannt oder so ähnlich.

Die von den Archäologen verwendeten Bezeichnungen haben mit den ursprünglichen sumerischen Bezeichnungen nicht viel zu tun. Der

sumerische *An* und der akkadisch/babylonische *Anu* werden durcheinandergewirbelt, ihr „Eanna" ist vor allem ein konkreter Tempel einer „Liebes- und Kriegsgöttin Inanna", der tatsächlich aber erst etwa 200 Jahre nach Encheduannas Zeit erbaut worden ist.

Falls es keinen konkreten Orts**teil** Kulaba je gegeben hat, sondern nur einen *Dauerhaft der „Schale" zugeteilten Ort* als alternative Benennung für die Gesamtheit des „ursprünglichen E-an-na", dann war die von ihnen und zeitweise auch von uns propagierte Suche nach einer enger abgegrenzten konkreten Stelle von der Logik her sinnlos.

War dagegen mit Kulaba d i e *Stelle des der „Schale" zugeteilten Gebäudes* gemeint, dann sollte stattdessen der konkrete Platz des *BAD MUSCH$_3$ e,* des einem Amphitheater ähnlichen Abkühl- und Ruhe-Hortes für das „Licht", gesucht werden, weil man dann (neben dem Bericht der Hohen Priesterin in einem anderen ihrer Gross-Epen, wonach die Gegensprechanlage zu den *Dingir* zu ihrer Zeit noch funktionsfähig war) weitere greifbare Beweise für die Existenz der *Dingir* finden könnte.

Fragen an die Ausgräber von Uruk in diese Richtung brachten keine befriedigenden Antworten..., weil sie zugeben müssen, leider nur kleine Ausschnitte der frühen Stadt zu kennen.

TH 42: Der Tempel des „Himmels" in der Karbid-Stadt Eresch und die zu NI.SA.BA verfälschte NAGA

Wir gehen auf diesen Bericht, der ausführlich in den „Offenbarungen" (33) behandelt worden ist, hier wegen seiner Bedeutung für die Gesamtaussage der Encheduanna noch einmal umfangreich ein und verbessern dabei unsere Aussage in doppelter Hinsicht.

Die Bezeichnung des Tempels lautet in der Auftakt- und Schlusszeile unterschiedlich. Der Tempelort kann bei dieser Hymne wie üblich aus der Schlusszeile Z 545 entnommen werden. Davor steht die bekannte Passage, in der Encheduanna die Autorenschaft für die Tempelberichte beansprucht und diese ihrem Vater, dem König von Akkad, widmet. Der Tempelort wird außerdem mindestens einmal (Z 531) genannt, in einer Nebenversion des Keilschriftoriginals zweimal. Zimmern (1) verweist darauf, dass der mit „Eresch" übersetzte Name mit dem Wortzeichen „elteg" (gemeint wohl EL-TE-IG, vgl. Zeichen 165 bei (13)) auf den Keilschrifttafeln geschrieben ist und lässt uns auch wissen, dass zusätzlich in Z 532 das gleiche Zeichen weitere zwei Mal in den Originalen steht. In den Umschreibungen fanden wir stattdessen sowohl bei SB als auch KJ für den Stadtnamen zwar die Umschrift *eresch*$_2$, für Z 532 bzw. Z 540 stattdessen *naga*. All das kam uns seltsam vor…

Dann wurden die Fragezeichen noch größer. Im Kommentar zu Z 532 führen SB nämlich, nach einer Übersetzung aus dem Sumerischen suchend, für *NAGA/naga* akkadische Äquivalente an, die „Pottasche" oder „Seife" oder gar „Krankheit/Ruhe/Überraschung" bzw. eine unbekannte Pflanze bedeuten. In der Übersetzung der Zeile ringen sich SB dann zu einer einzigen „Laugenpflanze" durch, obwohl das ominöse Zeichen zweimal vorhanden ist. KJ erzählen etwas von einer „Pottaschpflanze", ebenfalls vergessend, dass das Zeichen doppelt erscheint.

Wir haben unsererseits bereits zu Z 6 in TH 1 bemerkt, dass keine dieser Übersetzungen in Frage kommen kann, und erklärt, eine alte Wortliste setze dafür „Alkali", wobei wir damals offen ließen, was tatsächlich gemeint ist. In den Bemerkungen zu TH 14 gingen wir noch einmal auf damit verbundene Fragen ein.

Erste Versuche, mit der Übersetzung dieser Tempelhymne zu Gange zu kommen, zeigten auf, die Lösung des *naga*-Rätsels könne durch Klärung des Produktionsprozesses gefunden werden, auf den die Berichterstatterin in unlogischer Reihenfolge über viele ihrer Berichte verteilt hingewiesen hat. Um Wiederholungen zu vermeiden, verweisen wir den Leser auf den Abschnitt „**Technik und Chemie der Karbidgas-/Azetylen-Erzeugung in vorgeschichtlicher Zeit**" am Anfang dieses Buches.

Was war das „Alkali", das aus einer bestimmten „Stein"-Art durch einen doppelten Brennvorgang gewonnen werden konnte und bei Wasserzusatz brodelnd ein Flugapparat-Treibgas absonderte?

Zu den Alkalimetallen bzw. Erdalkalimetallen gehören seltene Vertreter, die den meisten Laien unbekannt sind, aber auch Natrium, Kalium, Magnesium und Calcium. Und da kam beim Querdenken TH 27 ins Spiel mit der Geschichte von einer *zerstörerischen Flut*. War da nicht in Z 342 die Rede davon, bereits fertig behauene Bausteine hätten die *Dingir* in ihrer

Zeitnot mit einem *Diorit-/Basaltstößel* zerkleinert, um eine Brenngrundlage für die Treibstofferzeugung zu fertigen?

Bereits behauene Bausteine ??? Mit einem harten Stößel ???

Da konnte es sich in Mesopotamien doch eigentlich nur um Calciumhaltige Kalksteine handeln - vor allem aus dem Norden per Euphrat oder Tigris herbei geschafft oder sofort im Norden an Ort und Stelle verarbeitet?

Der nächste Schritt bei der Suche nach „Alkali" hätte in den Wirrungen der Chemie wahrscheinlich etliche Zeit gebraucht und wäre vielleicht sogar nie ans Ziel gekommen, wenn nicht der so genannte Zufall wie ein „deus ex machina" interveniert hätte

.Jugenderinnerungen stiegen im Verfasser auf. Zusammen mit anderen „bösen Buben" hatte man sich aus Industrieabfällen Karbid besorgt, in Flaschen gefüllt, Wasser hinzugefügt, im Steinbruch zurückgelassen und in sicherer Entfernung gewartet, bis die Flaschen zerbarsten. Karbid mit Wasser hatte demnach Gas erzeugt, das mächtig ballern konnte.

KARBIDGAS?

Das Gas war in geschichtlicher Zeit erst 1862 erneut entdeckt worden, etwa um die Wende vom neunzehnten zum zwanzigsten Jahrhundert gelang die industrielle Erzeugung, 1902 wurde in den USA die Karbid-Lampe patentiert und das Gas dann vor allem auch durch Zusatz von Sauerstoff als Schweißgas verwendet - wie im Geburtsort des Verfassers. Das gelöschte Karbid wurde irgendwo am Ortsrand abgekippt. Die „bösen Buben" suchten sich in diesen „Karbidhaufen" ungelöschte Karbid-Reste und trieben damit ihr gefährliches Spiel.

Das erzeugte Karbidgas hat den wissenschaftlichen Namen Ethin und ist besser bekannt als **Azetylen**. Es verbrennt an der Luft mit einer Flamme von 1.900 - 2.300 Grad. Wird es mit Sauerstoff zu **Schweißgas** gemischt, werden daraus beim Verbrennen 3.200 Grad. Als Gas ist es sehr schwer aufzubewahren, aber leicht in Alkohol löslich - und dann auch in Fluggeräten mitzuführen.

Während Karbidgas bereits angesichts seiner Kraftreserven als Raketentreibstoff verwendet werden könnte, was aber technisch schwer händelbar ist, ist die Alkohollösung damit wohl die nächstliegende technische Wahl, auf die die *Dingir* hätten zurückgreifen können. Fünfzehnprozentiger Alkohol war von ihnen leicht durch Gärung aus im Überfluss vorhandener Biomasse zu gewinnen, durch anschließende Destillation auch jedes gewünschte Höherprozentige. Einige Zeilen der Priesterfürstin lassen jedoch erkennen, dass das Gas - zumindest im größten Fluggerät „Licht" - aus Karbidpulver **erst an Bord** erzeugt worden ist.

Zur Technik noch ein Wort: Erdöl gab es - sogar einfach zum Abschöpfen an der Oberfläche von Tümpeln - genug im alten Sumer. TH 31 betreffend *Nu.musch.da* in Kazallu möge als Beweis gelten. Wer Alkohol destillieren konnte, wusste auch, wie man Petroleum zerlegt. In TH 21 betreffend die Erdölaktivitäten der *Ba.*U_2 sind wir der entsprechenden Ölraffinerie der *Dingir* begegnet. Wenn in eine brennende Alkohol-Karbidgas-/Azetylenlösung noch ein hochenergetisches Öldestillat eingeblasen wurde, gab das einen beträchtlichen Schub...

Quod erat demonstrandum - Seit etwa 70 Jahren sind wir mit modernen Trägerraketen wieder so weit !!! Die waren in der Vorzeit doch nicht dümmer als wir Heutigen !!! Eresch war demnach wörtlich die Karbid-Stadt.

Übrigens ist reines Karbidgas/Azetylen geruchsneutral, hat aber, wenn keine chemische Reinheit bei der Erzeugung gesichert werden kann, einen Knoblauchartigen Beigeschmack. Wenn Encheduanna nicht nur in TH 27 in Z 332 berichtet, das *künstliche Insekt* habe beim feurigen Aufstieg *geraucht und gestunken*, sondern den *Gestank* immer wieder betont, dann hing das wohl einerseits mit der Unreinheit des gewonnenen Karbidgases zusammen und andererseits mit der nicht nur in TH 27, Z 335 in einer Variante anklingenden Beimischung von „Öl", um welches Destillat es sich dabei auch immer gehandelt haben mag. Die Bezeichnung „Skorpion" für einen Fluggerätetyp war doch schließlich nur naturmalend. Echte Skorpione stinken halt auch.

So hat die Priesterfürstin das große Geheimnis der *Dingir* puzzelartig über viele hundert Zeilen hinter einem Code versteckt, der mit unterschiedlichen Lese- bzw. Hör-Bedeutungen von Keilschriftzeichen arbeitet. Nur der kultisch Eingeweihte, der zudem auch noch die Technik erfassen musste, konnte verstehen...

Doch nun zur ersten Zeile des Schlussberichtes TH 42 der Sammlung, wo sofort der Tempelname erläutert werden muss – **und wo wir unsere Meinung klärend ändern müssen**. Drei Versionen finden sich nach summarischer Angabe von SB in den Keilschriftoriginalen. SB gehen aber großzügig über das damit aufgeworfene Problem hinweg und vermuten für das von ihnen als Hauptversion zitierte *e₂ mul mul* ein „leuchtendes Haus". KJ entschließen sich auf dieser Basis, damit es wieder mal besser klingt, zu einem „Haus der Sterne". BM fügt beide Meinungen freizügig zusammen als „Leuchtendes Haus der Sterne".

Wir haben die **Behauptung**, als Hauptversion müsse *mul mul* gelesen werden, in den „Geheimen Offenbarungen" nicht hinterfragt und leider nur versucht, dieses *mul mul* näher zu bestimmen. Wörtlich heiße dies – so formulierten wir - etwa das *Glitzernd Glitzernde*, konkret „Himmelsbild aus Himmelskörpern"/„Gestirn der Gestirne". Wer sumerische Astronomie kenne, wisse indessen, dass entweder unser Sonnensystem oder die Plejaden/das Siebengestirn gemeint sein könnten. Da eine der Nebenversionen vom „Gestirn der Gestirne des *Höchsten*" berichte, scheide unser Sonnensystem aus. In die gleiche Richtung könne deutlicher die andere Nebenversion zeigen, die vom „Gestirn/Himmelskörper des *Dingirs An*" handele. Dies könne indessen als „Himmelskörper" nicht die Plejaden meinen, sondern vielmehr den „Himmel", das „Gerät" der *Dingir*. Wir hätten demnach entweder einen „Tempel der Plejaden" vor uns, d.h. das Siebengestirn würde als „Gestirn des *Höchsten*" bestimmt – oder den „Tempel des oben schwebenden Himmels-Gerätes". Letztlich könne *mul* und seine Homophone zudem „breit/großflächig" hergeben und auch „Fundament/Basis", schließlich „Pfeil".

Wir fassten **damals, irregeleitet von SB,** die möglichen Bedeutungen des Tempelnamens zusammen:

- *Tempel der Plejaden*
- *Tempel für den „Himmel" des An*
- *Tempel für den „Pfeil" des An*
- *Tempel mit dem breiten Fundament*
- *Basis-Tempel für den „Himmel" des An.*

Leider aber könne - so hatten wir geschlossen - **niemand feststellen, was genau Encheduanna der Nachwelt übermitteln wollte, weil wir nicht wüssten, wie sie tatsächlich geschrieben hat**.

Eine allgemeine Frage eines Dritten nach den Tontafel-Quellen der Tempelhymnen hat uns während der allerletzten Revision des Textes dieses Buches nun aber veranlasst, in die bei SB abgedruckten Abzeichnungen der Tontafel-Originale zu sehen, um - entgegen unserer normalen zeitsparenden Arbeitsweise - die Keilschriftzeichen selbst zu lesen. Wir staunten und ärgerten uns über uns selbst!

Die bei SB und - unkritisch nachgeplappert - auch ansonsten in der Literatur als Hauptversion geltende Quelle ist die Kolonne I der Rückseite der Tafel N aus Ur, die als kleines Bruchstück gerade Mal 9 Zeilen bringt. Dort steht 6 Mal das bei Deimel (13) als Keilschriftzeichen 13 geführte, mehr oder weniger erkennbare Abbild eines Sterns. „Gelesen" werden kann es, **einfach** stehend, u.a. als *AN/an, DI.IN.GIR/Dingir* oder als Determinativ für Letztere, aber auch, wenn **dreifach** stehend, als *mul* = *Himmelsobjekt/ Sprinkelndes/ Stern*. Da das Zeichen in diesem Bruchstück 2 Mal **dreifach** steht, machten SB daraus ein *mul mul*. Daraus wurden - nicht zur Zeit der Encheduanna, sondern einige hundert Jahre **später -** die Plejaden. Wir machten uns neben der unkontrollierten Übernahme der SB-Deutung einer der Kardinalsünden der Sumerologie schuldig, indem wir das **spätere** Konzept nicht hinterfragten und in die Zeit der Priesterfürstin in die Vergangenheit zurück projektierten!!!

Zu deren Lebzeiten schrieb man für die Plejaden aber gänzlich andere Keilschriftzeichen, die zudem unterschiedlich „gelesen" werden konnten: *IMIN.BI.*(Z13)*.MESCH.GAL.MESCH.* Wenn wir völlig ungewöhnlich - statt der normalen Benennung für ein Keilschriftzeichen - mit (Z 13) das Zeichen 13 von Deimel dazwischen gesetzt haben, dann deshalb, um das **spätere** Missverständnis zu erläutern. Wir übersetzen zunächst so wie die **späteren** „Götter"-verliebten Babylonier dies taten, indem sie (Z 13) = *DI.IN.GIR* „gelesen" haben: *die sieben weit draußen seienden dunklen Götter, die großen Dunklen*. Das waren dann die Plejaden **als „Götter"-Sternbild**.

Denkt man aber daran, dass (Z 13) auch als *Stern* genommen werden darf, dann werden daraus *die sieben weit draußen seienden dunklen Sterne, die großen Dunklen*. Das bezeichnete **zu Encheduannas Zeiten ein reines**

Sternzeichen, das mit „Göttern" oder deren angeblicher Herkunft nichts zu tun hatte!

Wir beziehen uns nach all diesen Wirrungen als unsere Schlussmeinung auf die besterhaltene umfangreiche Keilschrifttafel A aus Ur, die auch SB sonst immer als Normal-Referenz bringen. Offensichtlich wurde diese von SB in diesem Fall zur Seite geschoben, weil sie nichts damit anfangen konnten. Diese Tafel A zeigt nämlich auf der Rückseite in Kolonne IV an der fraglichen Stelle nicht 2 x dreifach das Zeichen 13, sondern **nur 5 mal**. Davon sollte man – bitte die Ausführungen zu Z 480 vergleichen – 3 für *mul* nehmen, 1 für *Dingir* und 1 für *An*. Wir dürfen das als *Himmelsobjekt des Dingir An* „lesen" !!! Womit die Zeile auf Deutsch anfangen sollte mit

Tempel für den „Himmel" des An.

Das hat nun aber eindeutig mit den Plejaden nichts zu tun!

Man sollte im Übrigen versuchen, die Gestaltungskraft der Priesterfürstin zu erfassen. In TH 1, der Eröffnungshymne, ist die besungene Baulichkeit gemäß Z 2 die irdische – wörtlich – ***Dingir- Hinfahr-Struktur.*** In TH 42, der Schlusshymne, ist die gepriesene Baulichkeit dem *„Himmel" des An* gewidmet, der unmittelbaren ***Dingir-Herkunfts-Struktur***. Encheduanna versucht uns einen Kreislauf vorzuführen. Über diesen Kreis hinaus erfolgen bei ihr keine geheimen Offenbarungen....

Auch für die nächsten Worte dieser Zeile liegen verschiedene Fassungen vor, von denen jedoch die erste keinen Sinn ergibt, wobei allerdings das Verbum *zerstören/zerstückeln* auffällt. Nur hier im Kommentar vermerken wir, was als zweite, aus unserer Sicht schon in der Antike falsch verstandene Version angesehen werden kann: „leuchtend geschaffenes Blausteinhaus". In den Kontext passt die dritte Aussage, bei der ein anderes sumerisches Verbum ebenfalls *zerstören* liefert.

Nur indirekt mit „Bergen" hängt *kur kur* zusammen, vielmehr heißt dies direkt *Kohle.* Offensichtlich meint Encheduanna ganz allgemein – man kann es kaum für die damalige Zeit glauben – das chemische Element Kohlenstoff in irgendeiner in Mesopotamien verfügbaren Form: aus Holz, Öl oder Schilf (!) gewonnen – einen *Kohlenstoffhaltigen Brennstoff* also.

Eine überzogene Deutung? Mitnichten !!!

Damit bei der Karbiderzeugung in der dritten Stufe aus gebranntem Kalk in einem zweiten Brennvorgang Karbid erzeugt werden kann, wird heutzutage Koks zugesetzt, um die am Anfang dieses Buches erläuterte chemische Reaktion zu ermöglichen.

Z 529: *Tempel für den „Himmel" des An;*

zerstört; neu gestaltet, schillernd wie ein Rebhuhn/wie Sirius;

Brennstoff produzierend; (so geformt, dass Fluggeräte sich nach oben

entfernen können) für den Flugapparat nach oben geöffnet.

Wir deuten an, dass hier Einzahl und Mehrzahl sprachlich für „Fluggerät" möglich sind, obwohl wir meinen, Encheduanna konstruiere mit Z 530 einen Gegensatz, der für Z 529 den Singular verlangt.

Z 530: *Mehrere „Skorpione" sind auf der Plattform an der*

Seite des Schreins zur Überprüfung/Pflege versammelt.

Dann kommt eine Stelle, die uns ebenfalls lange beschäftigt hat, weil frühere Übersetzer in ihr „uralte Lords"(= frühe *Dingir*-Chefs) gefunden haben wollten, die „monatlich" nach dem nunmehr namentlich mit Eresch bezeichneten Tempelort gereist sein sollen. In den achtzehn (!) Keilschriftvarianten dieser Zeile war aber kein *Dingir*-Determinativ zu finden. Mehr noch intrigierte, dass ein Keilschriftzeichen anstelle des behaupteten „monatlich" als mit Großbuchstaben zu übertragendes Wortzeichen auch ein „Hügel" sein konnte, in einer Variante sogar eindeutig von einem *Schutthaufen/Ruinenhügel* die Rede war. Auch war die Zeile unverhältnismäßig lang in der Umschrift.

Der mit allen Bedeutungsvarianten multipel versuchsmäßig übertragene Text wurde deshalb zunächst darauf überprüft, ob am Ende eine Aussage steht, die vom Kontext her an den Anfang der folgenden Zeile 532 gehören könnte. Wir wurden fündig… Der in der nachfolgenden Zeile stehende Text ließ sich in einer Variante mit dem Ende von Z 531 verknüpfen und außerdem logisch in den Zerstörungs-Kontext der Z 529 und späterer Stellen einordnen.

Z 531: Eresch (= Karbid-Stadt) fiel in Angst und Schrecken; mächtig war das Feuer; von einem Ruinenhügel wird berichtet, von schrecklicher Zerstörung.

Man darf ab dieser Stelle endgültig davon ausgehen, dass es in sehr früher Zeit in Eresch zu einer Katastrophe gekommen ist, weil entweder explodierendes Karbidgas aus unsachgemäß gelagertem Karbid unbeabsichtigt entstanden (vgl. TH 40) oder bereits produziertes Karbidgas unbeabsichtigt seine enorme Kraft zur Vernichtung des ersten Tempelkomplexes freisetzte. Technisch gesehen muss an die Möglichkeit der Selbstentzündung von Karbidgas erinnert werden, wenn es in einem bestimmten Verhältnis zu Vermischung mit normaler Luft kommt!!!

Bei dieser Explosionskatastrophe wurde offensichtlich nicht nur die ursprüngliche Produktionsstätte vernichtet, sondern es kam auch unter den **menschlichen** Hilfskräften der *Dingir* zu solchen Verlusten, dass man **später** von Eresch als von der „Totenstadt" erzählte – **noch später** wurde daraus die „Unterwelt" bzw. die „Hölle".

Wir heben für den aus Z 531 abgeschnittenen Textteil in manchen Berichten *NI.IN/ni.in* hervor. Das heißt wörtlich *Die sich mit Glanz Bewegende. NI* kann aber nicht nur *Glanz* besagen, sondern auch *Gebiet der Schmelzer.* Dieses *Gebiet* lag im *Norden* und aus *IN/in* wurde **später** *Königin.* Damit war irgendwie für Abschreiber von einer *Nord-Königin* die Rede, einer Schöpfer-Herrin aus dem Waldgebiet im Norden Sumers und Akkads.

Ende Z 531: (Die „Königin aus dem Waldgebiet") Die sich mit Glanz Bewegende bringt Steine zum Tempel.

Z 532: Auf der Ofenseite des Karbid-Hauses wird Karbid zerkleinert.

Von einer bei SB und ähnlich bei KJ zu findenden unbekannten „Laugenpflanze", was lustigerweise angeblich ein Beiname der Tempelherrin (!) sein soll, kann keine Rede sein…

Dem Leser ist vielleicht aufgefallen, dass wir zu diesem Tempelbericht BM noch nicht zitiert haben. Ihre blumigen Gedanken sind derart widersinnig und ungenießbar, dass wir ihr hier die Ehre einer fortlaufenden Einzelerwähnung nicht gewähren möchten. Nur so viel: Bei ihr kommt ebenfalls eine „Seifenpflanze" vor…..

Auch die nächste Zeile ist für orthodoxe Sumerologen ebenso unverständlich wie Zeile 532 mit dem Karbid-Haus. **Wie sie uns in Umschrift vorliegt**, sieht sie wie ein großer Pleonasmus aus, wie eine unnötige Verdoppelung. Es geht offensichtlich um die Nordgebiet-Tempelherrin, deren Name/Titel bisher unübersetzt geblieben ist. **Und damit kommen wir hier zur zweiten wesentlichen Änderung im Vergleich zur Fassung in den „Geheimen Offenbarungen".**

Mit ungewöhnlichem, doppeltem *Dingir*-Hinweis wird sie **in der bei SB zu findenden Umschrift** am Anfang der Zeile als *NI.SA.BA* benannt und dazu noch als *gal* herausgestellt, als *wichtig/hervorragend/berühmt/großartig.* Der verdoppelnde Hinweis besage, so schlossen wir in Teil I der Untersuchung, sie gehöre zu der allerersten Reihe der „Entscheider aus den Fluggeräten". Die erwähnten Wortzeichen waren für uns als Nispe zu begreifen und wir fanden zusammen mit **konventionellen** Hinweisen *„Die wahrlich äußerst wichtige Dingir-Dame aus dem Waldgebiet mit dem Feurigen".*

Als wir uns weiter hinten in diesem Teil der Untersuchung um das *In.an.na*-Rätsel bemühten, überkam uns dann – ja was denn? – ein Schock oder eine Erleuchtung…!?! **Auf den Tontafeln stand offensichtlich nichts von einer NI.SA.BA !!!** Beim Vergleichen mit Zimmern (1) erschien dort zwar die gleiche Bezeichnung in der Umschrift, doch kam in einer Fußnote, geschrieben sei „elteg".

Wir suchten im Internet bei *oracc.museum.upem.edu* unter „Ancient Mesopotamien Gods and Godesses" nach der Tempelherrin und fanden zunächst nur eine *Nidaba.* Von der wurde dann dort berichtet, sie sei zuerst in archaischen Texten in Ur als *^{d} NAGA* oder später *^{d} SCHE.NAGA* aufgetaucht. Man habe in lexikalischen Texten festgestellt, die **akkadische (!) Aussprache (!)** habe *ni-is-sà-ba/ni-da-ba* gelautet. **Auf den Keilschrifttafeln stand daher – genau wie einmal in Z 531 und zweimal in Z 532 – in Z 533 offensichtlich zweimal „elteg" = *NAGA*. Schließlich schälte sich heraus, auch die Umschrift *$eresch_2$* beruhte auf *NAGA*. Das Zeichen kam dann, nach den Umschriften zu urteilen, noch ein- bis zweimal vor in Z 540, einmal in Z 542 und zweimal in Z 545.**

Damit war *„elteg"=NAGA=$ersch_2$* und auf Deutsch identisch mit Karbid, womit Eresch als „Karbidstadt" bestätigt wurde und die Tem-

pelherrin statt *NI.SA.BA* richtig als *NAGA* erkannt wurde, als „Die mit dem Karbid".

Die betroffenen Zeilen waren entsprechend neu zu übertragen.

Der erneute Blick auf die Umschrift von Zimmern klärte dann auch für Z 533 das bei SB als doppelt behauptete *Dingir*-Zeichen auf. Es war einmal als „Himmel" oder „himmlisch" zu nehmen. Zudem konnte erkannt werden, dass eine komplizierte sog. Ergativ-Konstruktion vorlag. Wir fassen das Ganze auf Deutsch etwas eleganter:

Z 533: *Oh himmlische, als berühmt bezeichnete Dingir-Dame mit dem Karbid, Du, NAGA,*

Z 534: *hast die ME vom „Himmel" herab gebracht, deine ME sind im „Himmel" erzeugt worden.*

Z 535: *Weit ausgedehntes stufenförmiges Gebäude, errichtet für*

Z 536: *die großartige Frau, für die mit ausgezeichneter/überaus großer Weisheit/Kenntnissen Ausgestattete.*[19]

Bevor die nächste Zeile mit viel Mühe zerlegt wird, noch zu einigen Namen und Bezeichnungen. Man findet die Tempelherrin in anderen Keilschrifttexten auch als *scha-ni-ib-gal,* als *„Die mit dem großen leuchtenden fauchenden Vogel";* als *SCHE.NAGA,* d.h. *„Die mit den Karbid-Körnern";* als *munus-zi-mul-an-da,* d.h. als *„Großartige Frau vom Himmelsobjekt des An";* dann auch noch als *munus-mul-mul-la.*[20]

Wir haben uns weiter oben entschieden, nicht von einem „Tempel der Plejaden" auszugehen, sondern von einer Basis für den Flug zum *„Himmel" des An.* Aus den uns überkommenen Originalen der TH 42 zu schließen, Encheduanna gebe einen Hinweis auf die Herkunft von *NAGA* und damit von *An* und damit der *Dingir* von den Plejaden, ist bei den gegebenen Überlieferungsproblemen und den aufgezeigten Deutungsmöglichkeiten wissenschaftlich keineswegs erlaubt.

Keine Interpretationsschwierigkeiten haben wir mit einer anderen Überlieferung. Der Tempel wird in Keilschrift angeblich auch als *E.GISCH.PI.TUG AN NI.SA.BA* bezeichnet, wobei am Ende jedoch *NAGA* zu verstehen ist. Das heißt – auch wenn sich die beamteten Sumerologen bisher daran verzweifelt die Zähne ausgebissen haben – schlicht und einfach *„Gebäude der Dingir-Dame NAGA mit dem Gerät zum Zerkleinern und Befeuchten/Auflösen“.*

Passt doch für Kalkstein, Karbid und Azetylen !!! Oder will das jemand immer noch bestreiten???

Wenn es neben dem Schlüsselbegriff *KA.AN.NI.SI* in den uns vorliegenden Keilschrifttafeln einen Beweis gibt, dass der Text mit vieldeutigen Wortzeichen geschrieben war, dann kann die nun zu besprechende Z 537 benannt werden. Das Unverständnis, das auch bei dieser Zeile schon vor 3.800 Jahren unter den Kopierern herrschte, ist unverkennbar. Kein Wunder, wenn es mit der Übersetzung bisher haperte.

Und noch eine grundsätzliche Bemerkung. Die klassische Sumerologie macht den Fehler, Wortzeichen „lesen“ zu wollen, um sie dann wie einen einzigen gesprochenen sumerischen Laut mit lateinischen Buchstaben umzusetzen. Wortzeichen darf man nicht wie ein Lautzeichen „lesen“, nicht auf die Aussage eines einzigen Lautwertes einengen. Wortzeichen sind Fixierungsversuche für - nicht immer homogene - Gedankengruppen. Sie wurden in Mesopotamien zudem gleichermaßen für mehrere Sprachen verwendet, bedeuteten in diesen Sprachen jeweils ungefähr das Gleiche, hatten aber in jeder dieser Sprachen andere spracheigene Zeichennamen - und dem manchmal vieldeutigen Inhalt entsprechend meist mehrere Zeichennamen für ein Wortzeichen...

Was mag unter diesen Voraussetzungen mit *IM GAR MUSCH*$_3$ gemeint sein, dem Begriff, der bisher unverstanden blieb? *IM* umschreibt normalerweise *Wind/Sturm/Blasen; GAR* umschreibt *Erzeuger/Planer/Ausrichter/Steuerung; MUSCH*$_3$ umschreibt in einer Bedeutung *Gestalt/ Form/Gestaltung/Wesen.* Die auf Deutsch aufgezeigten Werte sind dabei als eine Art innerer Kern anzusehen, um den sich eine gewollte Aussage lagert: Encheduanna hat uns in die Produktionstechnik in Eresch eingeführt, wo es um die Erzeugung eines Treibgases ging. *IM* also *Gas*? Wenn das zutrifft, dann meint *GAR* sicherlich *Erzeuger. MUSCH*$_3$ wäre dann eine *Gestaltung*, die *Gas* erzeugen kann: ein *Gerät!* KJ lesen einengend *sed*$_4$ statt *MUSCH*$_3$ *DI* – u.s.w.

Wir wollen die an sumerologischen Spitzfindigkeiten nicht Interessierten nicht mit Einzelheiten noch weiter belästigen. Wir begründen aber unsere Wahl von *Gas* für *IM* damit, dass die technologische Aussage der

Zeile nicht auf *Wind*-Erzeugung abstellt, sondern den Produktionsprozess für Karbid-*Gas* eindeutig beschreibt. Daher:

Z 537: Das Gas-Erzeugungsgerät legt sie still/kühlt sie ab, indem sie die Wasser-Öffnung/das Zulaufventil des Kessels beseitigt/schließt.

Z 538: Das dauerhafte Stein-Zerkleinern erschallt mit Echo.

Z 539: Im ganzen Land hallt der Lärm des Tempels wider.

Unsere These von der Karbidproduktion wird so mit technischen Einzelheiten in den vorstehenden Zeilen bestätigt. Am deutlichsten wird dabei Z 537, beschreibt sie doch wie das Karbid*gas* in einem ansonsten geschlossenen Kessel erzeugt wird, indem man Wasser zuführt. Sobald dann das *Zulaufventil geschlossen* wird, kommt die *Gas*entstehung, die Feuchtigkeit benötigt, langsam zum Stillstand. Der chemische Vorgang setzt auch Wärmeenergie frei, die verfliegt/*kühlt ab*, wenn der Vorgang durch Anhalten des Wasserzuflusses gestoppt wird.

Vor rund viertausenddreihundert Jahren gelingt es so einer Priesterin, einen technisch und chemisch komplizierten Produktionsprozess darzustellen, der ihr aus der Vergangenheit überliefert worden war. Dies schafft sie - zudem mit ihrem vieldeutigen Schreibkode für Uneingeweihte nicht verständlich! - mit den Mitteln einer Sprache, die dafür vom geistigen Entwicklungsstand her uns Heutigen bisher nicht geeignet erschien.

Somit meint *IM* nicht nur *Wind/Sturm* sondern auch *Gas*. Das sprachliche Problem war von uns schon für TH 14, Z 179 betr. *E-ne-gi ki*, TH 19, Z 238 betr. *Mu-ru-um ki* und TH 27, Z 351 betr. *Kar-kar-ra ki* angesprochen worden. Die **konventionelle** Sumerologie behauptet, diese Schreibungen seien syllabische Schreibungen - Schreibungen in Silbenschrift - für *IM ki*. Das trifft offensichtlich nicht zu! *IM ki* ist eine Zusatzbezeichnung für diese Orte, die sie als Produktionsstellen für Karbidgas kennzeichnen sollen. Bei Eresch, der Karbidstadt, für die Encheduanna jetzt anschließend ein schreckliches Unglück beschreibt, wird diese Bezeichnung im Berichtstext nicht erwähnt und auch nicht im Kommentar.

Wenn die Priesterfürstin bisher ein schreckliches Unglück nur hat durchschimmern lassen, folgt nun eine brutale Aussage:

Z 540: *Eresch, Karbid-Stadt, durch zerstörerisches Karbid aufgezehrt/ zerschlagen, das im Schilf-Ofen-Haus geschaffen worden war!*

Erneuter technologischer Paukenschlag: Bei der zum zweimaligen Rösten von Kalk bzw. danach für Branntkalk erforderlichen Hitzeentwicklung hat Schilf - wohl in getrockneter Form - eine große Rolle gespielt, vielleicht auch zur Bereitstellung des chemischen Elementes Kohlenstoff (siehe vorne). Wir fügen hinzu: die größere Hitze des zweiten Brennvorgangs könnte auch durch Einblasen eines Erdölabkömmlings in die Schilfglut erreicht worden sein - oder aber mit Hilfe von Elektrizität, denn *Dingir,* die mit dem Weltall sprechen konnten und über Richtfunk verfügten, mussten dazu und zu *„Himmels"*-Flügen die Elektrizität beherrschen - und beherrschten sie auch, wie die Eingeweihte in der TH 23 betreffend *Nin.mara* und die Bucht mit der Wasserkraft-Erzeugung offenlegt. Zudem entwickelt Karbidgas/Azetylen selbst beim Verbrennen mit Luft 2.000 - 2.300 Grad, was allein schon für den Zweitbrand ausreicht.

SB und KJ bemühen stattdessen wieder einmal kaltblütig eine „Pottasch-Pflanze" ...

Dann kommt die Schlussfanfare. Am Anfang steht wieder *an-ne*$_2$, die *Oben-Herrlichkeit/der am Firmament Leuchtende,* womit das *„Licht"-Schiff* angesprochen wird, das vom *Basis-Tempel* zum *„Himmel"* fahren kann. Wo wir *erzittern* benutzen, steht im Sumerischen ein Verbum, das *schlagen/kneten* meint, wodurch bildhaft die Erde mit einem gekneteten Teig verglichen wird. Wir bleiben möglichst wortgetreu bei dieser seltsamen sumerischen Formulierung, die offen lässt, wer handelt.

Z 541: *Die „Herrlichkeit"/der „am Firmament Leuchtende" wird aufsteigen gemacht/steigt auf, die Erde wird geknetet/geschlagen/erzittert.*

Z 542: *Gelobt sei NAGA (= Die mit dem Karbid) !!!* (und nicht eine NI.SA.BA, die es nicht gibt)

Es folgen die beiden ganz am Anfang unserer Untersuchung bearbeiteten Zeilen, mit denen die Königstochter und Eingeweihte sich namentlich als Autor der Berichte bezeichnet, auf das Außerordentliche ihres Tuns hinweist und den Text dem König widmet - ihrem Vater, Sargon dem Großen, dem Herrscher über den ersten Viel-Völker-Großstaat der Geschichte. Dann erst kommt die Schlusszeile der TH 42, wobei wir in der

Übersetzung wegen des Zeilenzähldurcheinanders der Keilschrifttafeln die Zeilenzahl wählen, die ohne Mitrechnen des Verfasserhinweises dem Umfang der eigentlichen Hymne entspricht:

Z 545: 14 (Zeilen), Tempel der NAGA in Eresch/der Karbidstadt.

Die Keilschrifttafeln erwähnen dann noch, nachdem wie üblich die Anfangsworte des Gesamttextes wiederholt worden sind, dieser Gesamttext habe 480 Zeilen. Wir hatten bereits darauf verwiesen, dass TH 9 mit 15 Zeilen sich selbst als Einschiebsel zu erkennen gibt. Die Standardzählung von SB kommt auf 545 Zählungen. 65 zusätzliche Zeilen müssten erklärt werden. Die eingeschobene TH 9 hat 15 echte Berichtszeilen. Dann bleiben noch 50 offen. Wir hatten bei TH 20 auf 5 fremde Einschiebsel getippt, bei TH 36 auf 4 und bei TH 38 auf 3. Dann wären immer noch 38 zu viel gezählt. Es dürfte sich in etwa um die Zählzeilen am Ende der einzelnen Berichte handeln…

Sodann: Wo lag Eresch, der Ort der höllischen Explosion, die Basis einer Flugroute zum „Himmel"?

SB geben den Hinweis, der Forscher Th. Jacobsen habe den Ort - mit Zögern - dem heutigen Jarin gleich gesetzt. Sie zitieren aber auch eine andere Quelle, wonach er zwischen Sirara und Zabalam gelegen hat. Wir erinnern an die Reihenfolge von Orten, die am Ende der Ausführungen zu TH 26 erarbeitet worden ist. Demnach hätte man zwischen Sirara und Zabalam zu suchen, was immer das auch konkret aussagt. Und, so wagen wir kaum zu fragen, wie ist das Verhältnis zum Erech der Bibel, zu Uruk?

Noch ein Wort zum Ortsnamen. Wegen der erwähnten Gleichsetzung von Eresch mit *NAGA* haben wir immer von einer Karbid-Stadt gesprochen. Interessant wird es dann aber doch noch, wenn man versucht, über die Wortwurzeln einen Hinweis zu erhalten. Geht man von akkadisch *e-ri-isch* aus, dann findet man eine *„Fern in den Bergen errichtete Stadt"*, was dann auch den akkadischen Hintergrund erklären würde, wenn es sich um die Berge im Norden Sumers gehandelt hätte. Greift man auf das von SB berichtete *e-re-esch* bzw. das verwandte *E.RI.ESCH* zurück, haben wir - sumerisch erfasst - eine *„Stadt des Schreins, in den Gezwungene/Weggeführte/Sklaven/Gefangene gebracht werden"* vor uns. Kürzer *„Stadt des Sklaven-Schreins"!* Oder aber auch *„Stadt des von Furcht und Lärm umgebenen Heiligtums"*. Schließlich: *„Stadt der übermäßigen Angst"!!!* Doch damit nicht genug der Deutungen. In einer alten Wörterliste wird *eresch* mit *irresch* gleichgesetzt. Ist das etwa eine über die vorzeitlichen Jahrhunderte hinweg entstandene Verballhornung für *ir-i-esch*? Auch das würde in den Gesamtzusammenhang passen: wir hätten dann eine Stadt des *Stein-Stoß-Hauses* vor uns...

Der Leser möge seine Wahl treffen!!!

Das einzig Neue, was anklingt, sollte uns nicht überraschen: Für eine Stelle mit einer derart gefährlichen und widerlichen Produktion wie Karbidgas - u.a. durch damit technologisch bedingt laufendes Entstehen von tödlichem Kohlenmonoxid! - waren sicherlich keine *Dingir* als Hilfskräfte zu finden und auch keine freiwillig handelnde Menschen. Also griffen die „Entscheider mit den Flugkörpern" auf *Gezwungene/Gefangene/Sklaven/Weggeführte/Deportierte* zurück! Siehe auch TH 33 und *En.lil´s* Bruder *Isch.ta.ra.an,* den *Sklavenaufseher* der *Dingir.*

Der Gedanke an eine „Totenwelt" ist dann nicht mehr weit weg, weil die *Deportierten* in diesen fürchterlichen **Arbeitslagern (!)** der Besatzungstruppe laufend unter der Gesundheitsschädlichen Technologie litten und außerdem jederzeit, wie von Encheduanna auch in vier anderen Tempelberichten dargelegt, mit ihrem Tod durch ein schreckliches Produktionsunglück rechnen mussten.

Wenn in TH 15 und auch ansonsten immer wieder der Verkehr mit dem Raumschiff/-station *„Himmel"* beschrieben worden ist, dann scheint damit hier eine Gegebenheit auf, die über das Menschheitsgedächtnis - **später** - zum Begriff der „Hölle" geführt hat.

Encheduanna selbst beschreibt zwar die schrecklichen Ereignisse der Vorzeit, fasst diese aber nicht zu diesem Begriff zusammen ...

xxxxxxxxxxxxxxxxxxxxxxxxxxxxxxxxxxxxxxxxxxxxxxxxxxxxxxxxxxxxxxxx

Querschnitte

Hirngespinste oder Fakten?

Die Realität der Tempel in Sumer und Akkad und des dortigen Tempeldienstes lässt sich für das dritte Jahrtausend vor unserer Zeitrechnung nicht wegdiskutieren. Wenn es damals Tempel und Tempeldienst gab, dann muss es irgendwann in früherer Zeit allererste Tempelbauten und ersten Tempeldienst gegeben haben. Kein vernünftiger Mensch kann annehmen, erster Bau und erster Dienst seien gewissermaßen aus sich heraus und ohne Grund und Zweck entstanden. Am Anfang des Staatskultes müssen reale Ereignisse gestanden haben, die zu Bauwesen und Dienst führten. Von nichts kommt nichts...

Auch ist nicht denkbar, dass sich Menschen zu Lebzeiten Encheduannas - d.h. etwa um 2.300 v.u.Z. - einem Dienst unterworfen hätten, den sie **selbst** irgendwann in der Vorzeit **erfunden** haben.

Doch könnte man vielleicht einwenden, die von uns präsentierte Neuübertragung müsse selbst eine Erfindung sein. Sie weiche von den bisherigen Deutungen, die alle von Sjöberg und Bergmann (2) ausgehen, derart radikal ab, dass dies nicht mit rechten Dingen zugehen könne.

Welche **Fakten** sprechen für die neue Annäherung?

Erstens hat sich die Sumerologie selbst seit dieser vor mehr als 50 Jahren erarbeiteten Grundlage wesentlich weiter entwickelt. Es gibt neue stark ergänzte Wörterlisten und die großen Umrisse der auch regional unterschiedlichen Grammatikentwicklung zeichnen sich inzwischen ziemlich deutlich ab.

Zweitens hatten Sumerologen um 1960 nicht den geringsten Anlass, an ein Raumschiff oder Startrampen für einen Shuttle-Betrieb mit dem „Licht" überhaupt zu denken - geschweige denn anzunehmen, etwas Derartiges könne sich im Text auftun.

Drittens begannen einige Forscher seither mit Bedeutungstabellen und Partituren zu arbeiten, unverzichtbare Werkzeuge, die von uns angesichts der für den sumerischen Text gefundenen, oft ausschlaggebenden Varianten bei fast allen Zeilen benutzt worden sind, jedoch in unserem Kommentar nur selten aufscheinen.

Viertens ist es uns gelungen, die an fünf Stellen auftauchende Schlüsselsequenz *KA.AN.NI.SI* relativ früh zu knacken. Siehe dazu Teil I, S. 157 - 161. Keinen der bisherigen Übersetzer hatte es gestört, dass sie diese Sequenz recht unterschiedlich übertragen mussten, um sie an den fünf Stellen in den bisher vorgegebenen sakral-ritualen Kontext einzuordnen. Von den mit einer umfassenden Bedeutungstabelle abgeleiteten erlaubten Deutungen passte aber an den fünf Stellen nur eine einzige technologische Aussage in den jeweiligen Kontext. Damit waren alle für die 42 Texte bis dahin gefundenen sakral/ritualen Deutungen im technologischen Sinn zu überprüfen.

Fünftens wurde an einigen Stellen relativ früh klar, dass bei der sog. Umschrift von Keilschriftzeichen in abc-Schrift vor Jahrzehnten einengend „gelesen“ worden war. Statt subjektiv beeinflusster Lautwerte hätten in abc-Schrift Wortwerte mit einem viel weiteren Bedeutungsspektrum angezeigt werden müssen. Grundsätzlich war es deshalb erforderlich, immer wieder bei der Erstellung der Bedeutungstabellen zu prüfen, ob sich eine „Rückrechnung“ in Wortwerte aufdrängt. Manchmal half - da die Tontafeln nicht verfügbar waren - nur der Rückgriff auf eigenes Lesen der Abzeichnungen der originalen Keilschriftzeichen.

Sechstens konnte mit dem Sumerischen Lexikon von Prof. Deimel (13) eine wertvolle Quelle für die manchmal für die Übersetzung ausschlaggebenden Zeichennamen der Wortwerte verwendet werden, eine Quelle, von deren Benutzung bei SB und den Nachfolgern nichts zu finden ist.

Siebtens wurde bald erkannt, dass unsinnige frühere Deutungen oder leere Stellen auch auf Hörfehler der alten Kopierer zurückzuführen waren.

Achtens führte dies dazu, bei den gefundenen Umschreibungen auch die Homophone einzubeziehen, die gleichklingenden Wörter mit anderer Aussage.

Neuntens wurde dadurch plötzlich die einfache von Encheduanna verwendete Verschlüsselung offensichtlich: der sumerische Text war nicht in seiner Schreibform zu beachten, sondern wollte gehört werden.

Zehntens gab es einen Zufall, der kaum erklärlich ist. Es darf bezweifelt werden, dass Azetylen als Treibgas erkannt worden wäre, hätte der Übersetzer und Kommentator in seiner Jugend nicht als „böser Bube" mit Flaschen hantiert, die von Karbidgas zum Bersten gebracht wurden.

Wer behauptet, die hier gebotene Übersetzung sei ein unglaubwürdiges Hirngespinnst des Autors, möge versuchen, wissenschaftlich einwandfrei zu beweisen, dass Übertragungen sich unerlaubt vom Original entfernen.

Wir sehen nicht, wie man angesichts der archäologischen Funde bestreiten könnte, dass es um 2.300 v.u.Z. *ergebenen Dienst* an den *Dingir* als sumerischen Staatskult gab. **Dann aber gab es irgendwann logischerweise auch *Dingir!*** Kein Rauch ohne Feuer! Doch war der Dienst keine verbindende Religion im heutigen Sinne eines Gebens und Nehmens, sondern Befehlshinnahme, Unterwerfung unter eine wegen ihrer überlegenen Technologie übermächtige Besatzungsmacht und Gehorsam ohne „Wenn" und „Aber".

Encheduanna, eine kultisch Eingeweihte und Sternweise, hat mit ihrem doppelten Hochpriesteramt in den beiden wichtigsten Staatstempeln und mit ihrem königlichen Namensrecht die Verantwortung für die Berichtssammlung übernommen. Wie real und spürbar für sie selbst das Wirken einer normalerweise *Dingir In.an.na* Genannten war, hat sie - teilweise unter Wehklagen und Stöhnen – in ihrem Grossepos *nin-me-schar$_2$-ra* (18) der Nachwelt beschrieben. Dort lässt sie mit Z 66 keinen Zweifel daran, dass sie den *gi-pa-ru* ihres Tempels, die für die Verbindung zu den *Dingir* bestehende *Antwort-Ermöglichungs-Kammer,* **zu ihrer Zeit** für funktionsbereit hält. Auch steht aus historischen Quellen fest, dass ihr an die Adresse der *Dingir* geäußerter Wunsch erfüllt worden ist, wieder in einen ihrer Tempel zurückkehren zu können, aus dem sie vertrieben worden war.

Wem das noch nicht genügt, um zu begreifen, dass Encheduanna in einen Staatskult integriert war, dessen Realität um 2.300 v.u.Z. von ihr und der Umwelt erlebt und erlitten wurde, dem ist nicht zu helfen.

Sie hatte mit ihrem eigenen *gi-pa-ru* **einen im engsten Wortsinn greifbaren, berührbaren Grund,** die für eine ferne Vorzeit und Eridu in Z 4 angesprochene und hier in Teil II mit Z 245 für die Vorzeit von Lagasch wieder aufscheinende Gegensprechanlage für real, getreu überliefert und glaubwürdig zu halten.

Wenn sie statt über ihre eigene Gegenwart zu berichten in die Vergangenheit zurückschaut, dann behauptet sie um 2.300 v.u.Z., Eridu und Lagasch hätten in der Vorzeit an einem *Meerbusen* gelegen. Moderne Geologen bestätigen, die Küstenlinie des Persischen Golfes verlief **vor** etwa 5.000 v.u.Z. genau so, dass ihre weit zurück blickende Aussage zutrifft.

Auch hat die Menschheit in den letzten anderthalb Jahrhunderten staunend der Erfindung von Dingen beigewohnt, die von der doppelten Hohen Priesterin um 2.300 v.u.Z. mit den ungelenken Mitteln der sumerischen Sprache für eine ferne Vorzeit – teils mit erstaunlichen Einzelheiten – **als Tatsachen** umschrieben werden: Druckluftwaffen, Blitzkanonen, ein Unterwasser-Fahrzeug, eine Ölraffinerie, Elektrizität, Sendetürme, unterschiedliche Typen von Flugapparaten, Wasserlandeplätze, Startrampen, Azetylenproduktion, Shuttle-Technik für Raumflüge, ein Kühlhaus .... und so weiter ...

Doch damit nicht genug. Zur Raumstation *„Himmel"* – das ist eine Übersetzung für das von der Königstochter beschriebene *Oben-Gerät aus Glanzmetall*, **die nicht wir sondern Altorientalisten gefunden haben** – führt in der Vorzeit gemäß ihren Texten eine *Pfad* genannte vorbestimmte Route. Das von der Erde startende Fluggerät *„Licht"* legt dort aber nicht einfach an. *Etwas wie eine sich schließende Falle* umhüllt es, wird wörtlich beschrieben, – eine Landebucht. Das haben sich unsere Ingenieure inzwischen zwar auch ausgedacht, aber noch nicht verwirklicht. Und dann setzt die Berichterstatterin noch einen drauf, indem sie unterstreicht, das Fluggerät gelange von dort *in das Innere* der Raumstation, um dort zu *ruhen und gewartet* zu werden. Ganz schöne Ausmaße muss dieses *glanzmetallene Oben-Gerät* gehabt haben.

Schließlich noch der Bericht in TH 23: ein Kraftwerk im Meerbusen von Lagasch, das alternativ ersatzweise mit *gelagerter Nahrung* (Öl?) oder normal mit *Wasserkraft* betrieben werden kann. Womit die erstaunlichen Einzelheiten nicht aufhören: *etwas sich Schlängelndes* erzeugte dort gemäß der Überlieferung normalerweise die Elektrizität, womit kaum Durchlaufturbinen gemeint sein können, weil das Flusswasser sich grundsätzlich stetig in den Meerbusen ergießt, die Wasserkraft aber manchmal angeblich ausgeblieben ist. Wer denkt da nicht an die gegenwärtigen Versuche vor den Orkney-Inseln. Dort *schlängeln* sich mit Gelenken verbundene große Metall-Hohlkörper in den Wellen und mit den Gelenkpumpen soll Strom erzeugt werden....

Zusammenfassend:

Wer will behaupten, die Priesterfürstin habe um 2.300 v.u.Z. sie persönlich betreffende Dinge und Ereignisse als präsent, vorhanden und greifbar darstellen dürfen, obwohl für die Gläubigen diese Präsenz nicht real gewesen wäre?

Wer will behaupten, die Priesterfürstin habe um 2.300 v.u.Z. für eine für sie selbst ferne Vergangenheit mit teils präzisen Einzelheiten über Ereignisse und Dinge berichtet, die einst nicht real waren?

Wer will behaupten, die Priesterfürstin habe um 2.300 v.u.Z. für eine ferne Vergangenheit mit seherischen Fähigkeiten viele Erfindungen erdacht, die in der Moderne erst in den letzten anderthalb Jahrhunderten verwirklicht worden sind?

Wer will behaupten, die Priesterfürstin habe um 2.300 v.u.Z. keineswegs aus einer fernen Vergangenheit über Fakten berichtet, sondern mehr als 4.300 Jahre in die Zukunft geschaut und Technologien aus ihrem Gehirn gesogen, die wir - wie eine Raumstation mit Landeklappe und für Fluggerät aufnahmefahigem Innenteil oder einwandfrei funktionierende Wellenkraftwerke - heute noch nicht verwirklichen können?

Könnte jemand, der all dies trotzdem behaupten würde, vielleicht doch akzeptieren müssen, dass man ihn einen unverbesserlichen Sturkopf nennt, der aus ideologischen Gründen für nicht denkbar hält, was nicht sein darf ???

Ergänzung der Kernaussagen über die Vorzeit

Beinahe fünfhundert Zeilen sumerischen Textes konnten neu und anders übersetzt werden, weil die Kunstlehre Sumerologie in den letzten fünfzig Jahren viel dazu gelernt hat, weil die genial einfache Verschlüsselungsmethode der Berichterstatterin erkannt werden konnte und weil nach Klärung der Schlüsselstelle *KA.AN.NI.SI* der stark technologische Charakter der Berichte plötzlich offen lag.

Die vorgelegte Übertragung ist von den Wortbedeutungen her erlaubt. Sie ist vollständig und präsentiert im Gegensatz zu den Vorläufern keine Wortlücken oder fehlende Satzteile. Die Zeilen wahren unter sich den Kontext. Das Gesamtergebnis ist in sich kohärent.

Vielleicht mögen einige wenige der gefundenen Sachaussagen nicht oder nicht genau so von Encheduanna stammen, weil sich beim jahrhundertelangen Kopieren der Texte zwischen 2.300 und 1.800 v.u.Z. Änderungen eingeschlichen haben. Auch kann trotz größter Sorgfalt angesichts der Entwicklung und der Eigenheiten der sumerischen Sprache, wegen von uns nicht zu verantwortenden Fehlern bei der Transkription und individueller Interpretationen anderer Forscher nicht ausgeschlossen werden, dass hier und da eine andere Übersetzung die von der Hohen Priesterin gewollte Übermittlung an die Nachwelt noch richtiger erfassen würde.

Insbesondere eine Eigenheit der sumerischen Sprache führt fast in jeder Zeile zu einem Interpretationsproblem, das oft, aber nicht immer gelöst werden kann, wenn man auf den Kontext blickt. Diese Sprache kennt weder bestimmte noch unbestimmte Artikel bei Wörtern, die als Substantive zu verstehen sind. Ein Beispiel: *MUN/mun* meint in einer Bedeutung *Skorpion.* In einem sumerischen Text kann dies je nach Zusammenhang – unabhängig davon, ob damit wie meist „fliegender Stinker" = Fluggerät angesagt werden soll - als ***ein*** *Skorpion,* ***der*** *Skorpion,* ***die*** *Skorpione* oder einfach *Skorpione* interpretiert werden. Wenn der Kontext für die Wahl keine Klarheit schafft, müssten daher vom wissenschaftlichen Standpunkt her in einem übersetzten deutschen Text die entsprechenden Varianten aufgezeigt werden. Das wäre für den Leser reichlich unverdaulich gewesen, weshalb darauf nur an einigen Stellen hingewiesen worden ist.

Auch wenn wir hier und da vielleicht daneben liegen – niemand ist unfehlbar! – kann es keinen Zweifel **am Kern** der Aussagen geben, die hier zusätzlich zu denen erarbeitet worden sind, die am Anfang dieses Buches für Teil I der „Geheimen Offenbarungen" (33) vorgestellt werden.

- Das „Licht" hieß für die Sumerer nicht nur der „Neben-den-Himmel-Gehende", sondern hatte noch viele andere Bezeichnungen. Dazu gehörten: Schale der Unsterblichen, Welten-Vogel, Feuer-Vogel, Himmels-Kessel, IM.DU.GUD, *Dingir*-Pfeil, BAD_3 (= bewohnter künstlicher Wegschwebender), großer Glänzer, großer Leuchtender, Lärmend-Leuchtender, Oben-mit-Gas-Lärmender u.s.w.

- Dieses „zweitgrößte Gerät“ hatte seinen Ursprung im „Himmel“, wo es nach seiner Rückkehr in die Landebucht anschließend weiter in einen für das „Ruhen und Warten“ „zweckgerechten Bauteil“ im Innern der Raumstation gebracht wurde. Der „Himmel“ war seine echte Startstelle. Alle Tätigkeiten der *Dingir* auf Erden gingen mit Hilfe seiner Transporte vom „Oben-Gerät“ aus.
- In Eridu, der Stadt der *fischartig aussehenden Schöpfer,* der Stelle des *Herausgleitens,* dem Ort der *Weisungen,* gab es lange **vor** einer *zerstörerischen Flut* eine *geglückte Erstlandung,* ein *Herausgleiten* aus den Wogen durch einen *AB.GAL,* einen *im Wasser Wohnenden,* einen *Fischartigen,* der den Menschen *Weisungen* erteilte.
- Wie für Eridu in Teil I wird auch für Lagasch eine „sprechende heilige Truhe“ beschrieben, ein Gegensprechgerät, das Mitteilungen über Flugbahnen und Bewegungen anderer Himmelskörper erlaubte.
- Der *Dingir Ningirsu,* ein Sohn von *En.ki,* dem Haupttechniker des Clans, befehligte das „sich drehende Fluggerät“, den IM.DU.GUD = „Licht“, der mit einem „Blitzewerfer“ und einer Luftdruckwaffe ausgestattet war. Eine Schreibvariante seines Namens bezeichnet ihn als „Herr des Unterwasserfahrzeuges“.
- Nicht nur der „Blitzewerfer“ und eine Luftdruckwaffe werden über Teil I hinaus zusätzlich zu den ME/me, den Macht- und Wissensinstrumenten der Besatzer, beschrieben. Auch wird ein im *„Licht“* mitgeführter *Steinschmelzer* erwähnt. Ganz allgemein wird festgehalten, dass bestimmte ME nur im „Himmel“ hergestellt werden konnten und deshalb „immer wieder aus seiner Mitte herab gebracht“ worden sind.
- Für eine Bucht bei Lagasch wird ein glänzendes metallenes Unterwasser-Fahrzeug gemeldet, das aus den Wellen hochsteigt. Als dessen Erfinder wird *En.ki* benannt. Dieser hatte im Bett der Bucht auch einen Unter-Wasser-Hort für dieses - wörtlich - *kunstvoll Zusammengefügte* gebaut. Damit ist geklärt, was es mit seinem akkadischen Namen *E.a* auf sich hat. Der besagt *Der mit dem Wasserhaus.*
- Der erwähnte metallgeschützte (!) Wasserhort wurde bei Lagasch in der Nähe von Nina für das *Unterwasser-Schiff* und das mit dem *„Himmel“* verkehrende große *„Licht“*-Fahrzeug schon **vor** einer „zer-

störerischen Flut" errichtet. Dort überstehen diese beiden wichtigsten Fahrzeuge der *Dingir* die geschilderten Flut-Ereignisse unbeschadet.

- In einer Bucht bei Lagasch stand ein Kraftwerk, wo aus den Wellen des Wassers mit „etwas sich Schlängelndem" Elektrizität erzeugt wurde. Im Klartext: die Pumpen in den Gelenken der verbundenen, sich schlängelnden Hohlkörper wurden zur Energieerzeugung genutzt. Für den Fall ungenügender Wellentätigkeit konnte das Kraftwerk alternativ mit Brennstoff betrieben werden.
- In der Gegend von Lagasch wurde eine Erdöl-Raffinerie betrieben, die auch als Verteilerstation für die Tempelbauten diente und von der aus, im Laderaum des „Lichtes", regelmäßig ein Öl-Derivat als Treibstoff zum Raumschiff *„Himmel"* geschickt wurde. Für den Antrieb des *„Lichtes"* wurde - neben im Fluggerät aus Karbidpulver und Wasser hergestelltem Azetylen - ein *Öl-Derivat-Apparat* benutzt. Das Karbidpulver wurde in einem verschlossenen Behälter streng getrennt vom Öl-Derivat mitgeführt.
- In Kazallu und an anderen Stellen waren *Erdöl-Sammler* in Betrieb. Damit wurde auf Wasserstellen hervorquellendes Oberflächen-Öl abgeschöpft und von Schmutz geklärt, damit es zum Raffinieren geeignet war.
- In Umma befand sich ein Kühlhaus der *Dingir*. Dort wurden die vom Raumschiff *„Himmel"* gelieferten *Gaben des Himmels* bis zum Verbrauch *frisch gehalten*. Ein uralter Name für Umma ist wörtlich zu verstehen als *Ort des Gerätes für das Frischhalten…* An anderen Stellen wurden diese *Gaben*, auch *Wohltaten, Genussmittel* oder *Bekömmliches* genannt, weiter bearbeitet. Es handelte sich um im Raumschiff hergestellte Speisen und Getränke, von denen nicht nur die auf der Erde tätigen *Dingir* profitierten, sondern teilweise auch die normalen Erdbewohner. Auch in Adab könnte ein Kühlhaus funktionsfähig gewesen sein.
- Irgendwo zwischen Adab und Esch-nun-na lag ein Verarbeitungsreservat für die Umgestaltung von „Gaben des Himmels", bei dem Fluggeräte auch nachts landen konnten.
- Mehrfach wird ein am Firmament errichtetes unsichtbares *Überwachungsnetz* bestätigt.
- Nicht nur in Eridu wurde Gold gereinigt und zum Raumschiff geliefert. Auch für Bad-tibira werden Goldbearbeitung und Lieferung nach oben angesprochen. In Ul-masch war ein Goldlager.

- Einige Tempelgebäude hatten tief ins Erdreich eingesenkte Kellerteile, wo nicht nur Kalkstein zu dem zur Azetylen-Erzeugung benötigten Karbid gebrannt wurde, sondern auch Erz zu Metall verhüttet. Metallguss und Metallformung waren den Besatzern bekannt. Wenn der sumerische Name der Priesterkleidung „Gefahr" und „Leiden" andeutet, dann hatte das nicht nur mit Strahlung bzw. Risiken bei Start- und Landevorgängen zu tun, sondern auch mit der Hitzeentwicklung nahe den Verhüttungsöfen.
- *Nergal* war keineswegs der immer wieder behauptete „Unterwelt-Gott", sondern eine Art Verhüttungstechniker. Er überwachte in einem dieser *ins Erdreich eingesenkten Kellerteile* die Metallerzeugung. Diese Tatsache wird von Encheduanna derart verklausuliert überliefert, dass man schon 200 Jahre nach der Priesterfürstin daraus falsch interpretierend eine „Unterwelt" für Tote konstruierte. Diese erfundene „Unterwelt" machte sich anschließend in den Mythen Babylons, Assyriens, der alten Griechen und der Römer mit „Höllen-Schmieden" und viel erfundenem Glaubens-Beiwerk breit. In den Tempelberichten selbst sind jedoch keine Hinweise auf „Unterweltgötter" oder erdverhaftete „Schlangengötter" zu finden.
- In Lagasch und an anderen näher beschriebenen Stellen konnten **alle** Fluggerät-Typen der *Dingir* auf dem Wasser landen, während in den bisher in Teil I bearbeiteten Textzeilen nur Landungen auf **festem** Land berichtet worden waren. Es bleibt somit offen, ob das „Licht" und die „Skorpione" Amphibien waren oder nur eine technische Weiterentwicklung aufgezeigt werden soll.
- Agade, die spätere Hauptstadt des Reiches von Akkad, erhielt seinen Namen von einem für das „Licht" *zum Hinfahren bereitstehenden Gebäude.*
- Uruk und Kulaba waren keine verschiedenen Orte oder Ortsteile. Die uralte Schreibung für Uruk lautete *u_2-nu-ug ki,* die für Kulaba *kul-a-ba_4 ki.* Das Erste ist auf Deutsch gleich *Ort der Basis für das sich schnell drehende Leuchtende,* das Zweitgenannte gleich *Der Schale dauerhaft zugeteilter Ort.* Da „Schale" und „Leuchtender" identisch sind, besagen beide Ortsbezeichnungen gemäß TH 16 das Gleiche, nämlich die Stelle des *E-an-na = Des für An errichteten Baukomplexes.* Als Bestandteile dieses *aus vielen Teilen bestehenden* ursprünglichen E-an-na werden ausdrücklich erwähnt: Bauten für große ME, eine kronenartige Wallstruktur zum Abkühlen des Flug-Stiers des An und ein großer

„Schrein". Auf die verwirrenden falschen Bezeichnungen der Archäologen wird unsererseits hingewiesen, damit wenigstens einige Missverständnisse geklärt werden können.

- Die für Teil I übersetzten Zeilen ließen anklingen, dass die Startvorgänge des „Lichtes" u.a. aus wallumkränzten/wallbegrenzten Backsteinmulden erfolgt seien. Ähnlich dem Puzzle, mit dem Encheduanna umständlich das Stufenverfahren für die Azetylen-Erzeugung herausschält, entschleiert sie nun alternativ mit verklausulierten Hinweisen eine an den Seiten hochgezogene metallene bogenartige Konstruktion, in der das „Licht" ruhen kann, wenn es aus dem Wasser gehievt worden ist. Diese metallene „Stink-Kuhle" für *MUSCH*$_3$ *= den Feuer-Vogel/den Stinkenden/das drehende „Licht"* mussten die Sumerer zu bauen lernen.
- Wie beim Start moderner Weltraumfahrzeuge wurden die Insassen des zum „Himmel" startenden Fluggerätes vor dem Start darin *festgezurrt*, damit sie die enorme Startbeschleunigung *überleben* konnten.
- Die *Dingir* waren eindeutig eine Besatzungsmacht. Die Abwehr von äußeren nicht näher definierten „Feinden" mit Waffen war an der Tagesordnung. Das besetzte Land selbst hatte zu gehorchen und zu dienen. Unbotmäßigkeit wurde nicht geduldet und mit Waffengewalt unterdrückt.
- Die für Erech im Zusammenhang mit der Azetylen-Produktion gemeldete Großexplosion war nicht das alleinige Ereignis dieser Art. Derartige Höllenereignisse werden auch für Enegi, Kutha/Gudua, Ul-masch und Umma gemeldet.
- Außerhalb von Sumer, im Gebiet des heutigen Iran, wurde eine *große Manufaktur* für Sumer errichtet, in der von den *Dingir Sklaven* beschäftigt wurden. Andererseits wird für einen Ort in Sumer ausdrücklich gemeldet, die *Dingir* hätten ihn *von der Last des Glühens* befreit. Damit schufen sie sich im besetzen Sumer eine Art Ruheraum mit gehorsam dienenden Hilfskräften.
- Zu den Leitpersonen unter diesen Hilfskräften zählten Ziusudra und Hennoch. Der erste wird als der letzte König von Schuruppak vor der Flut überliefert. Analysiert man seinen Namen, erhält man in der Übersetzung *Der Getreue für das Tief-sein des „Lichtes"* – im Klartext: derjenige, der für das „Licht" als Diener der *Dingir* sorgte, wenn es sich, vom „Himmel" aus gesehen, „tief" = unten auf der Erde befand. Der Zweitgenannte, Hennoch, war identisch mit *EN-MEN-DUR*$_2$*-AN-*

na, einem anderen König von Schuruppak (andere Quellen: Larak), sogar noch vor Ziusudra und dessen Vater *U-bara-tu$_3$-tu$_3$*. Er war gemäß der Übersetzung seines Namens der *Herr der Reinigung an der Rampe zum „Himmel"*. Man darf ihn demnach verantwortlich halten für die Dekontamination vor dem Start zum *Oben-Gerät,* zum *„Himmel"*. Dass die aus den Namen der beiden hervorgehenden Tätigkeiten nur ein kleiner Teil ihrer für die *Dingir* ausgeübten Aufgaben waren, beschreibt ihr Titel *lu.gal,* normalerweise als *König* übersetzt, eigentlich *wichtigster Mann.* Sie waren Chef der *Schwarzköpfigen,* die den *Dingir* in Schuruppak = Kesch zu *dienen* hatten.

- *a$_2$-dam* meint *Reinigungsstelle* und bezieht sich auf die Dekontamination vor bzw. nach einer Verbindung zum *„Himmel"*. Als Nispe verstanden wird daraus *Der von der Reinigungsstelle.* Der *Adam* des Alten Testamentes könnte daher ein zu dieser Dienstpflicht bestimmter Mensch gewesen sein.
- Von den in anderen Quellen genannten Siedlungsgründungen, die **vor** einer großen Flut erfolgt sein sollen, werden Eridu, Bad-tibira, Sippar und Schuruppak = Kesch bestätigt. Außerdem lassen sich als Standorte von vor der Flut in den Tempelberichten noch Adab, Karkara und Lagasch mit verschiedenen Orten seiner Umgebung feststellen. Larak ist nicht zu erkennen.
- Auf den Tontafeln für die Tempelberichte war für die Vorzeit keine *NI.SA.BA* oder *Nidaba* zu finden wie in allen Umschriften behauptet. Vielmehr tauchte im Text für TH 42 mehr als ein halbes Dutzend Mal das Wortzeichen *NAGA* auf. Dies war auf Deutsch - wie von uns abgeleitet - *Karbid,* womit Eresch als „Karbidstadt" bestätigt wurde und die Tempelherrin statt *NI.SA.BA* zu *NAGA* wurde, = *Die mit dem Karbid.*
- Die Tempelberichte können auch nicht als Zeugnis für die vorzeitliche Existenz einer Person namens *In-an-na* in Anspruch genommen werden. Wo diese Bezeichnung in der Umschrift der Keilschrifttafeln auftaucht, ist dies eine irreführende **konventionelle „Lesung"** für das Keilschrift-Wortzeichen *MUSCH$_3$*. Genau genommen handelt es sich bei diesem Zeichen wegen der verschiedenen dafür überlieferten Zeichennamen um einen Gattungsbegriff mit – wenn es sich um eine Nispe handelt - der Bedeutung *Chef-Herrin/Oberste sich mit Leuchten Bewegende/Die mit dem Feuer-Vogel/Die mit dem drehenden Licht* oder *Die mit dem Stinkenden.* In den Tempelberichten können mindestens

drei weibliche Persönlichkeiten dieser Gattung ausgemacht werden, die den *Dingir* zuzurechnen sind. In anderen Texten der Encheduanna erscheint, für ihre Zeit bestätigt, eine vierte Person dieser Gruppe, bei der es sich jedoch auch um eine privilegierte normale Menschenfrau gehandelt haben kann.

- Die Tempelhymnen besagen nichts darüber, wo das Raumschiff „Himmel" herkam, insbesondere kann, wie versucht worden ist, kein Hinweis auf eine Herkunft von den Plejaden herausgelesen werden.

„Woher?" und „Wann?"

Kritiker haben uns bösartig untergeschoben, wir hätten in Teil I der „Geheimen Offenbarungen" den Besuch Außerirdischer **als bei Encheduanna belegte Tatsache** zu verkaufen versucht. **Dies ist und bleibt eindeutig falsch**.

Erstens haben wir selbst nirgendwo eine derartige Vorstellung unterstützt, sondern mehrfach klar herausgestellt, dass wir übersetzen und kommentieren, uns aber aus wissenschaftlichen Gründen nicht an derartigen Spekulationen beteiligen wollen.

Zweitens kann man der doppelten Hohen Priesterin nirgendwo dergleichen - wiederum wissenschaftlich gesehen – nachweisen. Zwar hätte man vielleicht meinen können, die Berichterstatterin habe im letzten ihr zugeschriebenen Text, der Tempelhymne 42, ursprünglich einen versteckten Hinweis auf die Herkunft eines Raumschiffes *„Himmel"* gegeben, wenn sie in den Mittelpunkt der Ausführungen tatsächlich einen *Tempel des* ***mul.mul*** gestellt hätte. Die Keilschrifttafeln sollten jedoch, wie zu TH 42 in diesem zweiten Teil der Untersuchung eindeutig klargestellt, ganz anders gelesen werden: *Tempel des* ***mul ^{d}An*** *= Tempel für den „Himmel" des Dingir An.*

Deshalb kann diese Stelle keineswegs als Hinweis auf einen ursprünglichen Herkunftsort im All angeführt werden.

Zudem: Selbst für den somit hypothetischen Fall, dass ein Hinweis auf die Plejaden vorliegen würde, wäre im Zusammenhang eventuell kein ortsbezogener, sondern vielleicht nur ein zeitbezogener Hinweis gemeint: Eine Erstlandung vom *„Himmel"* her sei, so könnte die Hypothese lauten, eventuell erfolgt, als dieses Sternbild im Jahresverlauf am Horizont des letztlich unbekannten Landungsortes aufgetaucht ist. War dies zum dortigen Frühlingsanfang, was wegen der sog. Plejaden-Regel behauptet werden könnte? Aber: wann hat man diese Regel überhaupt erfunden?

Noch ein Schritt weiter ist als Zusatz-Hypothese denkbar, wenn man denn auf den Frühlingsanfang abstellen möchte. Dieser entspricht der Tag- und Nachtgleiche. In uralten Mythen wird von einem „Ersten" oder „Goldenen Zeitalter" berichtet, während dessen es keinen Wechsel der Jahreszeiten auf der Erde gab. Es wird argumentiert, das sei durch einen Stand der Erdachse bedingt gewesen, der während des gesamten Jahresumlaufs um die Sonne zu einer Tag- und Nachtgleiche geführt habe. Sollte in dieser Richtung irgendwo - jedenfalls nicht bei Encheduanna - ein Hinweis vorliegen, könnte das daher spekulativ zeitbezogen so gemeint sein, dass die Ankunft der *Dingir* - theoretisch wieder zwei Deutungen möglich - schon vor einer den „goldenen" Zustand verändernden Erdachsenverschiebung anzusetzen wäre oder kurz nach dieser.

Bei einer Landung im Zusammenhang mit einer Erdachsenverschiebung könnten die Berichte in den Tempelhymnen über eine „zerstörerische Flut" dann in einer Hypothese auf etwa 11.300 v.u.Z. datiert werden (was von manchen Autoren auch mit „vor 13.000 Jahren" angesetzt wird) (36), oder in einer anderen, wenn man Otto Muck folgt (37), auf den 5. Juni 8.489 v.u.Z. Diese Argumentationsstränge würden andererseits - **...hypothetisch, wäre, vermuten, könnte, könnte, würden ...** - mit all ihren prekären gedanklichen Verästelungen auch zu dem unten erwähnten Rettungs-Raumschiff aus der Erdvergangenheit führen, wenn dieses etwa wegen einer erwarteten Erdachsenverschiebung rechtzeitig gestartet wäre (38).

Doch grundsätzlich zusätzlich Vorsicht mit jeder Jahreszahl, wie demnächst begründet wird!

Logik und darauf aufbauende, ins jeweilige gedankliche Menu passende sich verästelnde Alternativketten aus Hypothesen sind eine gedankliche Art der Annäherung aber keine wissenschaftlich zulässige Folgerung auf der Basis des Textes der Encheduanna. Wo die beschriebene Raumstation/das Raumschiff herkam und wann es im Laufe der Jahrtausende erschienen ist, bleibt damit in den Tempelberichten der Encheduanna rundweg offen. Mit „wenn, dann, könnte, würde" kann

kein Beweis geführt werden. Auch nicht der Beweis, dass die Herrschaften von irgendwo aus dem All kamen. Wir finden bei Encheduanna keinen wissenschaftlich verwertbaren Hinweis darauf, ob der *„Himmel“* eine von der Erde gestartete Raumstation war oder ein aus dem All kommendes Raumschiff, das nach einer der möglichen Deutungen ihrer Aussagen geostationär (ein *„Pfad“* führte zu dem *„Gerät“*) plaziert gewesen sein könnte.

Eine zweite im Hinblick auf eventuelle SETI-Überlegungen interessante Stelle ist Zeile 54 in Tempelbericht 4, der einen Bauteil der Erdenzentrale der *Dingir* im sumerischen Nippur beschreibt:

Kammer des Lebens, in ihrem Innern für die Nachkommenschaft

günstig angesichts der ausgeprägten Feindlichkeit und

Dunkelheit des Alls.

Lediglich aus dem Zusammenhang ergibt sich hier, dass das Raumobjekt *„Himmel“* von den *Dingir* für die Geburt und das Heranwachsen ihrer Kinder als ungeeignet angesehen wurde, gleichzeitig ihnen aber ihr ursprünglicher Herkunftsort dafür nicht zeitgerecht oder überhaupt nicht mehr zur Verfügung stand. Die Frage nach dem „Warum?“ dieser Nichtverfügbarkeit bleibt bei Encheduana indessen eindeutig unbeantwortet…

Rein **von unserer begrenzten menschlichen Logik her** kommen über diesen gedanklichen Umweg der Z 54, da Nippur als **nach** der Flut geschaffen gilt, vorweg wieder folgende Möglichkeiten für den Zeitpunkt einer Landung in Betracht: Erstens kann es sich bei den *Dingir* um privilegierte Reisende aus der Vergangenheit der Erdgeschichte gehandelt haben, die in einem Rettungs-Raumschiff/-Station vor einer erwarteten Katastrophe geflüchtet waren. Zweitens könnten sie von einem anderen bewohnbaren Himmelskörper gekommen sein. Dann wäre entweder die Reise dorthin (vielleicht aus technischen Gründen) nicht mehr möglich gewesen oder der Herkunftsort so weit entfernt, dass sich eine Stippvisite dorthin zu Zeugung, Geburt und Großwerden der Nachkommen nicht anbot.

Aber das sind – wie bei den obenerwähnten Hypothesen im Anschluss an *mul.mul* – auf begrenzter menschlicher Logik beruhende – frei erfundene Spekulationen... Letztlich bleibt **bei Encheduanna** immer die ungeklärte, aber eindeutige Alternative: von der Erde oder von draußen?

Wenn man mit „Wann?" **Fragen zur geschichtlichen Einordnung** stellten will, öffnet sich für die spekulativen Gedankensprünge ein noch viel größerer Flohsack.

Um als eindeutig zeitlich einordenbare Geschichtsquelle zu dienen, müsste ein klarer Zeitbezug für die berichteten Ereignisse möglich sein. Der kann nicht hergestellt werden, weil sich Archäologen, Geowissenschaftler, Sumerologen und Chronologen/Kalendermacher widersprechen oder nicht unter einen Hut zu bringen sind.

Eindeutig ist in den übersetzten Texten der Bezug in TH 27 auf eine „Zerstörende Flut" zumindest im Vorderen Orient. Obwohl die Berichterstatterin für diese Flut, die über **Karkara** hinwegfegt, den gleichen Terminus verwendet, der später zur Bezeichnung der sog. Sintflut der Bibel gedient hat, berichten wir meist lieber von einer „zertörerischen Flut" und lassen damit ganz bewusst offen, um welche der bekannten und unbekannten großen Fluten der Vorgeschichte es sich handelt. Die *Dingir* waren - und das wird deutlich - gemäß Encheduanna vorher gelandet und nachher noch oder wieder präsent.

Der nicht datierbare Flut-Bezug betreffend Karkara steht nicht allein. Auch TH 29 handelt eindeutig **vor** der Flut, da in Z 375 *Asch.schir.gi* erwähnt wird, ein ausschließlich **vor** der Flut in **Adab** tätiger *Dingir.* In dieser TH 29 wird außerdem in Z 373 angesprochen, dass **Kesch** bereits parallel **vor** der Flut Bestand hatte. Ebenso eindeutig beschreibt TH 22 die Aktionen von *Nansche* **vor** und nach der Flut in **Sirara bei Lagasch** und lässt deren Tochter *Nin.mara* in TH 23 **nach** der Flut dort die Nachfolge antreten. *Nin.gir.su,* der ältere Bruder von *Nansche,* war in **Lagasch** logischerweise schon **vor** der Flut tätig: TH 20 und 21.

Andererseits behaupten andere Keilschrifttexte (insbesondere die sog. Sumerische Flutgeschichte, Quelle 35) eine gewisse Siedlungsabfolge der *Dingir.* **Vor** einer Flut sollen **Eridu, Badtibira, Larak, Sippar und Schuruppak** gegründet worden sein. Durch die bei Encheduanna gefundenen Berichte können für diese erste Periode bis zur Flut sofort **Eridu** = TH 1 und 9, **Bad-tibira** = TH 17 **und Sippar** = TH 38 gewissermaßen bestätigt werden. Dann aber kann man fragen, warum Larak und Schuruppak von Encheduanna nicht ebenfalls besungen werden.

Die Antwort betreffend den letztgenannten Ort dürfte in einer geänderten Bezeichnung zu finden sein. Schuruppak wurde ursprünglich als *SU.KUR.RU ki/SU.KUR.LAM ki/LAM.KUR.RU ki* geschrieben - und für das Kesch der TH 7 findet man in einer Keilschriftversion ebenfalls die zuletzt genannte Schreibweise. **Schuruppak = Kesch** (= Tell Fara) wäre damit von Encheduanna ebenfalls für **vor** der Flut erfasst. Bleibt demgemäß die Frage offen nach dem in den Tempelberichten nicht erwähnten **Larak** oder Larag. Dafür ist, wenn man lange sucht, eine alte Schreibweise *la*$_7$*-ra*$_3$*-ak-a ki* zu finden. Als erlaubte Übersetzung präsentieren wir *Stelle (ki) eines Gebäudes (a) zum (ak) Auffüllen (la*$_7$*) und Dekontaminieren (ra*$_3$*)*. Das ist eine Bezeichnung, die sich nahtlos als eine Art Gattungsbegriff in die *Dingir*-Berichte der Priesterfürstin sogar für viele Orte eingliedert. Ein konkreter Ort dieser Bezeichnung wird zwar für **nach** der Flut in mehreren anderen Keilschrifttexten kurz erwähnt, erfährt aber bisher keine weitere Beachtung. Er könnte modern mit Tell el-Wilaya nicht weit von Telloh übereinstimmen.

Auch die sog. Sumerischen Königslisten (34) bringen uns nicht weiter. Wenn man die vorgelegten Übersetzungen wörtlich nimmt, kommt man auf kumulative Herrschaftszeiten bis zur Flut von hundertausenden von Jahren. Doch ist keineswegs sicher, dass das sumerische Wort *mu* vor der Flut das Gleiche besagen wollte wie nach der Flut. Zwar kann es *ein Jahr* wie nach der Flut meinen, doch haben wir erhebliche Zweifel, nicht nur wegen der angeblich überlangen, aber trotzdem bisher außer den Überlieferungen rückstandsfreien Verweildauer der Besatzungstruppe.

Gemäß verschiedenen Überlieferungen der Menschheit dauerte ein Umlauf um die Sonne weit zurück 280 Tage, dann 320, anschließend 360 und - mit einigen kurzfristigen Zickzackbewegungen - schließlich unsere rd. 365 Umdrehungen pro „Jahr“ = Erdumlauf um die Sonne. Da man aber nicht genau weiß, wann sich die Änderungen ergaben (und z.T. noch weniger weshalb), sind Rückrechnungen in die Vergangenheit allein deshalb schon zerbrechlich. Frühere „Jahre“ würden halt vielleicht heutige Jahre nicht ausfüllen, weshalb die Jahreszahlen zu hoch wären.

Doch damit nicht genug der Fragezeichen. Die **konventionelle** Übersetzung der Zeilen der Königslisten mit den Zeitangaben ist ebenfalls fragwürdig. Das behauptete „...regierte xxx Jahre..." steht dort nämlich nicht in den Originalen. Als verbale Aussage findet man *i3-a5*. Dabei kommen wir für *a5* zu *setzen/stellen/legen/bereitstellen* und *i3* ist nicht wie üblich gleich *Öl* oder *Stein*. Halloran (31) verweist darauf, dass damit auch eine Verbenvorsilbe *ia* gemeint sein kann. Die bedeutet vom Sprecher/Schreiber *weg sein/entfernt sein*. Damit haben wir für *i3-a5* auf Deutsch so etwas wie *weg legen/hinter sich bringen*. Wenn *mu* nun aber nicht *Jahr* im Sinne eines Umlaufs um die Sonne bringen sollte, sondern in einer anderen Bedeutung erlaubterweise *Aufstieg/Aufgang*, dann hätten die erwähnten Herrscher nicht „regiert", sondern *Aufgänge hinter sich gebracht*.

Das könnte einerseits auch **Sonnenaufgänge** angeben. Aus dem mit *mu* verbundenen Kreiszeichen *schar* für angeblich 3.600 **Jahre** wären dann plötzlich 3.600 **Sonnenaufgänge** geworden.

Dann aber hätte in den Königslisten für eine bestimmte Erdzeitperiode das Kreiszahlzeichen keine 3.600 Jahre sondern nur 3.600 Sonnenaufgänge angezeigt !?! Nur etwa 10 unserer Jahre? Weshalb man die „Hunderttausende von Jahren" durch 360 zu dividieren hätte! Unsinn ??? Um weiter zu verwirren: bei welcher Tageszahl pro anderem „Jahr" ???

Das könnte andererseits aber auch **Neumondaufgänge** meinen. Dann würde *mu schar* stattdessen 3.600 **Mondphasen** besagen. Womit man dann noch wissen müsste, wie lange in der zu messenden fernen Epoche eine Mondphase nach heutigen Begriffen gedauert hat und ob die Mondphasen immer so etwa 28 unserer Tage gedauert haben...

Gab es da übrigens nicht auch Behauptungen, die Tage hätten irgendwann länger gedauert oder wären viel kürzer gewesen ???

Auch die Chronologen/Zeitberechner sind sich untereinander nicht einig. Sie basieren ihre Berechnungen von Jahreszahlen auf Abfolgen von als gesichert angesehenen Ereignissen, hauptsächlich von überlieferten Herrschaftszeiten. Doch gibt es wegen fehlender geschichtlicher Quellen z. T. wesentliche Lücken, die irgendwie künstlich überbrückt werden müssen. Daher steht die Frage im Raum, ob nicht vielleicht doch – wie von unterschiedlichen Autoren behauptet – das zweite Jahrtausend v.u.Z. zumindest teilweise erfunden worden ist und auch zwischen 500 und 800 neuer Zeitrechnung beinahe 400 Jahre zu viel gezählt worden sind......

Beim Ausfüllen der Lücken greift man auf alle Fälle u.a. mit Hilfe von Venus-Zyklen auf Eckpunkte zurück. Das führt dann dazu, dass man z. B. für die Lebensperiode der Encheduanna gemäß einer langen, mittleren, kurzen oder ultrakurzen „Chronologie" die unterschiedlichsten Zahlen ansetzt. Der Leser wird bemerkt haben, dass wir deshalb normalerweise die Hohe Priesterin betreffende Jahreszahlen als Rundungen gekennzeichnet haben.

Die Archäologen behaupten ihrerseits, die ersten Baureste für Eridu auf etwa 5.000 v.u.Z. datieren zu können. Sie meinen auch, die ersten Baureste von Uruk stammten ungefähr aus der gleichen Epoche. Nirgendwo aber ist aus einem Keilschrifttext herauszulesen, Uruk sei etwa gleichzeitig mit Eridu gegründet worden. Im Gegenteil, Eridu müsste doch nach den Quellen viel älter sein. Oder ???

Wurde ein erstes Eridu an Ort und Stelle völlig ausgelöscht oder lag es gar **vor** der Flut ganz woanders ???

Gab es auch Bad-tibira oder Kesch/Schuruppak zweimal ??? Haben wir es mit konkreten Namen für eine bestimmte Stelle zu tun oder sind uns nur, ohne dass wir es bisher erkannt haben, Bezeichnungen überliefert worden, die über die Flut hinweg auf unterschiedliche Orte passen? Betrachten wir doch die Bezeichnungen der gemäß der sog. sumerischen Flutgeschichte (Quelle 35) **vor** der Flut gegründeten *Dingir*-Siedlungen!

Eridu = *Stelle einer Dingir- Hinfahr-Struktur*; Bad-tibira = *Stelle eines mit zugerichtetem Gold Wegschwebenden;* Larak = *Stelle eines Gebäudes zum Auffüllen und Dekontaminieren*; Sippar = Zimbir = *Stelle wo ein Gas-Habicht aufsteigt*; Schuruppak = *Stelle eines zum Rösten/Schmelzen geeigneten Ofens.*

Beliebig auf verschiedene konkrete Stellen zu beziehen, die der Beschreibung entsprechen? Noch Fragen, lieber Leser?

Die Geologen sehen es andererseits als sicher an, etwa um 5.000 v.u.Z. sei die südliche Küstenlinie von Sumer tatsächlich auf der Höhe von Lagasch verlaufen - und einige Zeit vorher ebenso.

Fragezeichen - Behauptungen - Zweifel - sachliche Widersprüche ...

Wann hat Encheduanna tatsächlich gelebt und berichtet ???

Vielleicht sollte man einige Keilschrifttafeln, die uns ihre Texte überliefern, mal mit der Radiocarbon-Methode oder einer anderen naturwissenschaftlichen Methode zur Altersbestimmung überprüfen - trotz deren Unschärfe…

Beiträge zum Versuch einer Auflösung des *In.an.na*-Rätsels

Noch eine ketzerische Frage: Encheduanna berichtet - wie angedeutet - in *nin-me-schar$_2$-ra,* ihrem anderen bereits angesprochenen Großtext, von Eingriffen einer *In.an.na* vom Firmament her in den Geschichtsablauf ihrer eigenen Zeit. Doch wer garantiert, dass es sich dabei tatsächlich um eine *In.an.na* aus der Zeit von vor der Flut gehandelt hat? Oder noch kritischer: War dies überhaupt eine Angehörige des *Dingir*-Clans oder hatten zu ihrer Zeit vielleicht bevorzugte Menschen die Technik der Vorzeit übernommen? Bevor wir diese Frage angehen, weiter zurück in die Vergangenheit und zuerst zur Bezeichnung *In.an.na.*

Da hier der sowieso schon arg strapazierte Normalleser nicht noch mehr durch eine umfangreiche sumerologische Abhandlung verärgert werden soll, verzichteten wir auf jeglichen „wissenschaftlichen Apparat".

Wie so oft erklärt sich Einiges, wenn man den Weg zurück in die Vergangenheit verfolgt: In Texten aus Assyrien fanden die Gelehrten eine mit zwei Silben ausgeschriebene „Göttin" *Isch-tar.* Weiter zurück bei den Babyloniern wurde daraus eine *esch$_4$-tar$_2$*. Das kann man als *Die vom Spalt-Tempel* übertragen, womit - wahrscheinlich unverstanden - auf die Azetylen-Erzeugung oder das Öl-Kräcken angespielt worden sein dürfte. Bei den Akkadern, in der Zeit noch weiter zurück, wurde die gleiche Persönlichkeit dann plötzlich auch mit dem Wortzeichen *MUSCH$_3$* bezeichnet. Noch weiter in der Zeit zurück tauchte dieses Wortzeichen ganz offensichtlich auch in sumerischen Keilschrifttexten auf.

Statt *MUSCH$_3$* auch in der abc-Umschrift zu schreiben, wollten die Sumerologen etwas anderes „lesen", da die ihnen bekannte Normalbedeutung *Gesicht/Erscheinung/Gestalt/Formung* nicht in den üblichen „Götter"-Kram passte. Sie fanden für *MUSCH$_3$* u.a. einen babylonischen Zeichennamen *in-na(-an)-na,* den man in Anlehnung an die sog. *eme-sal*-Form *ga-scha-an-na = Herrscherin am/vom Himmel* **per Konvention** (!) als *in-an-na* übernahm und mit „Himelsherrin/Himmelskönigin“ übersetzte und nach Sumer zurückdatierte.

Dass *in-an-na* vielmehr vom Wortsinn her eine ist, *Die sich am Firmament bewegt,* wurde bei dieser **Konvention** genau so wenig beachtet wie die anderen von den Babyloniern überlieferten Zeichennamen für *MUSCH*$_3$. Dort hätte man gemäß dem ePSD (32) auch finden können

EN.NIN Chef-Herrin/Oberste sich mit Leuchten Bewegende

CHI x ASCH Feuer-Vogel – als Nispe: *Die mit dem Feuer-Vogel*

U.DAR Drehendes Licht – als Nispe: *Die mit dem drehenden Licht*

SCHESCH Stinkender – als Nispe: *Die mit dem Stinkenden*

DISCH Keil – als Nispe: *Die mit dem Keil/den Spaltern*

BULUG Meisel/Trennscheid - als Nispe: *Die mit dem* (Stein)*Meisel*

Das war aus sakral-ritualer „Götter“-Sicht halt nicht verwendbar. Wir aber können diese Zeichennamen als weitere Bestätigung für den technologischen Ansatz nehmen, der bei der Gesamtuntersuchung der „Geheimen Offenbarungen“ angewendet worden ist.

Genau genommen hätten wir nach den üblichen Übersetzungsregeln geschlechtsneutral und ohne bestimmten Artikel formulieren müssen. Aus dem Kontext aber ergibt sich an allen Stellen, an denen *MUSCH*$_3$ **personenbezogen** auftaucht, dass die gemeinte Persönlichkeit **weiblich** ist.

Doch nun zu dem, was die Berichterstatterin uns bietet, oder vielmehr, was die überlieferten Keilschrifttafeln uns vorsetzen. Gerne möchte man die auf ihnen gefundenen Zeilen ernst nehmen, weil sie wegen ihres ursprünglichen Alters vielleicht Licht in das Wirrwar der Überlieferungen zu den Familienverhältnissen im Führungsclan der *Dingir* bringen könnten. Doch mußten wir im Laufe der Untersuchung feststellen, dass die aus lokalen Traditionen begründeten Änderungen am vermuteten Text der Encheduanna wahrscheinlich doch ein gewisses Gewicht haben. So bleiben Unklarheiten, offene Fragen und Widersprüche. Was nachfolgt, kann deshalb nur, wie in der Überschrift betont, ein **Beitrag zum Versuch einer Klärung** sein. Wenn ein jüngerer Sumerologe darauf aufbaut, möge er bitte auf das Alter seiner ergänzenden Keilschriftquellen achten, die Einbindung in lokale Traditionen und die tatsächliche Schreibung in Keilschrift. Viel zu oft finden sich in den Umschriften **Konventionen**, die sich nicht halten lassen, da sie Wortzeichen falsch und insbesondere einengend wiedergeben.

Als die Bezeichnung *In.an.na* in der Umschrift für die Tempeltexte zum ersten Mal in **TH 15** in einer **Variante** zu Z 193 zusammen mit einem „Goldschatz" aufgetaucht ist, haben wir dies nicht näher besprochen. Wir hielten die Variante für ein verspätetes, nicht zu beachtendes Einschiebsel, weil sie nur in einer von vier überlieferten Tontafeln auftauchte und zudem einerseits kaum in den Kontext passte bzw. zweitens von der Zeilenlänge her den Sprachrhythmus störte. Mit dieser Begründung gehen wir auch hier nicht weiter darauf ein.

Eine mögliche Ableitung der Zusammenhänge könnte mit **TH 30** beginnen. *Nin.in.si.na = Die königliche Herrin des Hochtreibers* wird dort nach der uns vorliegenden **Umschrift** zwar nicht ausdrücklich mit *MUSCH*$_3$ bezeichnet, aber als *Große Königin* (Z 386), als *Hüterin der Umkehrstelle der Großen Dingir* (Z 387) und als *Tochter des An* (Z 393). Von der Sachlage her ist sie damit eindeutig eine *MUSCH*$_3$.

Normalerweise wird sie in anderen Keilschrifttexten als Mutter von *Du.mu.zi* angesehen. Im Tempel dieses *En.ki*-Sohnes taucht in **TH 17** in Z 211 gemäß den konventionellen **Umschriften** ein „metallen glänzendes Schlafgemach der *In.an.na*" auf, die in der nächsten Zeile als *in-nin*$_9$ gekennzeichnet wird. Wir haben dabei, indem wir die Tiefzahl ausdrücklich erwähnten, sofort unterstrichen, dass wir es nicht mit einer normalen „Herrin" zu tun haben, sondern mit einer „königlichen Schwester" aus dem *Dingir*-Clan. Dies wird dann klarer, wenn man beachtet, dass sie und *En.lil* die gleiche Halbschwester von *An* als Mutter hatten. *En.lil* war damit nach den Gesetzen der *Dingir* der rechtlich erstgeborene Sohn des *An*, seine Schwester *Nin.in.si.na* die rechtlich erstgeborene Tochter. So wird denn auch *En.lil* in TH 30 in Z 383 als der *Oberste* bezeichnet und seine ranggleiche Schwester, wie erwähnt, in Z 386 als *Große Königin*.

Andererseits kommt das in TH 30 gefundene Etikett *Hüterin der Umkehrstelle* der *Nin.in.si.na* in **TH 25** in Z 309 für eine sonst nicht näher gekennzeichnete konventionelle *In.an.na* wieder. Demnach könnte *Nin.in.si.na* nicht nur die Mutter von *Du.mu.zi* sein, sondern auch von

Schara! Normalerweise wird konventionell lediglich (irgend) eine *In.an.na* als seine Mutter angeführt.

Auch in **TH 26** wird die Handelnde in Z 316 in konventioneller **Umschrift** als *In.an.na* vorgestellt. Es sollte nicht unbemerkt bleiben, dass diese *In.an.na* außerdem im Zusammenhang mit dem Ortsnamen in der **Umschrift** als ***EN.NIN*** angesprochen wird, als eine Art „Chef- Herrin". Man könnte dies so deuten, kein weibliches Mitglied des *Dingir*-Clans stehe über ihr, was ihrem Rang als rechtlich erstgeborene Tochter des *An* entsprechen würde. Da *EN.NIN* aber auch als Zeichenname für *MUSCH*$_3$ bekannt ist, mögen jüngere Sumerologen nachprüfen, wie oft das erwähnte Wortzeichen auf der Keilschrifttafel im Original tatsächlich zu finden ist?

Doch scheint für diese TH 26 letztlich Identität mit *Nin.in.si.na* zu bestehen. In Z 325 erfolgt ein Hinweis, die *In.an.na* sei die *(große) Tochter* des *EN.ZU*. Wenn *groß* hier in Klammern steht, dann deshalb, weil es zwei Keilschriftversionen gibt. So oder so entspricht dies wegen der heutzutage normalerweise erfolgenden Gleichsetzung von *EN.ZU* und *Su.en* sumerologischem Standarddenken und ordnet sich in die Fehlinterpretationen um *Du.mu.zi/In.an.na* ein, die erstmals bei TH 17 aufgedeckt worden sind. *EN.ZU* wird aber von Encheduanna in den Tempelberichten **nirgendwo** mit *Su.en* identifiziert! Wenn die in TH 17 Erwähnte – wie von uns abgeleitet - als Mutter von *Du.mu.zi* gleich *Nin.in.si.na* war und auch in dieser TH 26 anzutreffen ist, dann kann *Su.en* nicht ihr Vater gewesen sein, sondern *An* mit einer Halbschwester. Offensichtlich liegt daher, wie die Berichterstatterin selbst in Z 393 per Zirkelschluss nahelegt, eine **Identität von *EN.ZU* und *An*** vor !?!?

Die Tempelchefin wird in der oben ersterwähnten TH 30 durch Z 393 lediglich als *„Tochter des An"* angekündigt und nicht, wie in der Literatur für andere Stellen behauptet und auch von uns genealogisch abgeleitet, als dessen *„Erstgeborene Tochter"*. In **TH 21** gibt Encheduanna in Z 269 an *Ba.U*$_2$ den Titel *der aus der Sicht des „Himmels" wichtigsten Tochter*. Verschiedentlich wird außerdem in der Literatur **Identität von *Ba.U*$_2$ mit *Nin.in.si.na*** behauptet, wobei beide als *„Heilerin"* gekennzeichnet werden. Die Identität liegt auch deshalb nicht zu weit weg, weil beide in den Tempelberichten der Encheduanna mit Öl-Behältern bzw. Öl-Produktion und Öl-Zuteilung zu tun haben. Zudem gibt es Hinweise, der *„Gatte"* in

TH 17 sei eventuell *Nin.gir.su* gewesen und nicht wie von uns in Teil I vermutet *Nin.ur.ta*. Bestätigt die Aufeinanderfolge von TH 20 (*Nin.gir.su*) und TH 21 (*Ba.U*$_2$) diese Sicht?

Die Termini *wichtigste/große/erstgeborene* Tochter steigen im Gedächtnis auf, wenn in **TH 40** bei Z 517 die (*MUSCH*$_3$ =) *In.an.na* dieser Hymne als die *gal-zu-an-na = Großartige/Wichtigste aus dem „Himmel"* vorgestellt wird.

Heißt dies, die Handelnden der TH 16/17/21/25/26/30/40 seien ein und dieselbe *Dingir* - Persönlichkeit mit dem Klarnamen *Nin.in.si.na*, d.h. die Tochter des *An* mit Erstgeburtsrecht? Das kann zutreffen, muss aber nicht. Waren die Umschriften zweifelsfrei richtig oder doch vielleicht konventionell verdreht? Haben wir selbst gar Hinweise interpretiert, die vielleicht doch keine waren?

Wie dem auch sei, die eingeweihte Hohe Priesterin Encheduanna führt in den TH 7/14/29/39/42 Tätigkeiten von *Dingir* - Damen auf, die diese entweder eindeutig oder mittelbar als *sich am Firmament Bewegende* und damit von der Sache her eigentlich als eine *In.an.na* kennzeichnen. Doch nirgends ist in den **Umschriften** der Tempelhymnen im Zusammenhang mit diesen Persönlichkeiten ein Hinweis auf das Wortzeichen *MUSCH*$_3$ zu entdecken - es sei denn, dieses wird in den jeweiligen Schlusszeilen der einzelnen Berichte immer wieder mit seiner anderen Bedeutung *Gestaltung/Bauwerk* verwendet oder hier und da als *Gestaltung/Formung* erfasst.

Doch wird *Nin.chur.sag.ga*$_2$, die in den **TH 7** und **39** mit Namen aufgeführte Herrin, auf Keilschrifttafeln, die **noch ältere** Texte überliefern, als *MUSCH*$_3$ vorgestellt, konventionell übersetzt also als *In.an.na,* richtig übersetzt als *Die mit dem drehenden „Licht"* bzw. *Die mit dem Feuer-Vogel*. Dies ist z.B. in Texten aus der Fara-Zeit der Fall oder auch in der sog. Flood Story. Im ETCSL, c.1.7.4, (29), erscheint gemäß der gelieferten Umschrift das angesprochene Wortzeichen zudem in Segment C in Z 7 für eine in Z 6 als *Nin.tur*$_5$ Handelnde. Die ist gemäß TH 7 identisch mit *Nin.chur.sag.ga*$_2$. Auch wird sie in Segment B, Z 12, als *nu-gig = Die von der Flugapparat-Umkehrstelle* präsentiert, womit dieser Titel, den *Nin.in.si.na* trug, ihr auch zukam. Hoppla!

Erwähnt werden muss, dass schon in Segment A eine vielgerühmte Dreiergruppe von *Dingir*-Herrscherpersönlichkeiten zitiert wird, die immer wieder in der Literatur aufleuchtet: *En.lil*$_2$*, En.ki* und eben diese

Nin.chur.sag.ga$_2$. Wie erklärt es sich, dass gemäß der Flood Story bei der Aufteilung der vorsintflutlichen Herrschafts-Bastionen *Nin.in.si.na,* die *erstgeborene* Tochter aus *An* und Halbschwester *Ur.asch,* keine Rolle spielte und auch nicht zu der erklärten wichtigen Dreiergruppe gehörte???

Das Puzzle dürtfe mit Zeitverzögerungen zusammen hängen.

Nach allem, was wir wissen, war *Nin.chur.sag.ga*$_2$ das erste Kind des *An*. Da die Mutter keine Halbschwester des Vaters war, galt dies rechtlich aber nicht als Erstgeburt. Das gleiche Problem verstellte dem nach ihr von der gleichen Mutter geborenen Bruder *En.ki* den Weg zur *An*-Nachfolge. Dann wurde *En.lil* geboren. Da dieser von *An* mit seiner Halbschwester *Ur.asch* gezeugt worden war, kam ihm das Erstgeburtsrecht zu. Er war somit ein Halbbruder der beiden, die vor ihm das Sonnenlicht erblickt hatten. Von *En.lil* wird nun aber in einem Keilschrifttext geschrieben, er habe seine kleine Schwester *Nin.in.si.na* auf seinen Knien geschaukelt. In der zeitlichen Abfolge kam sie damit an vierter Stelle, doch war sie *rechtlich* gesehen die *erstgeborene Tochter* des *An,* da mit der Halbschwester gezeugt. Sie war offensichtlich an der in der Flood Story geschilderten Herabkunft nicht beteiligt.

Wer verbirgt sich hinter den *Dingir*-Damen der TH 14/29 und 42, die von den Funktionen her ebenfalls als *In.an.na* anzusehen sind?

In **TH 14**, Z 182, berichtet Encheduanna, *Nin.a.zu* sei der Sohn von *Eresch.ki.gal.la* mit dem *„Großen Herrn"*. Der Kommentar von SB zu dieser Stelle verweist auf verschiedene Quellen, wonach als Vater von *Nin.a.zu* sowohl *Nergal,* als auch *Nanna* oder *En.lil* in Frage kommen. Der *„Große Herr"* wird normalerweise mit *En.lil* gleichgesetzt. Wenn es Letzterer wäre, wäre gemäß der entsprechenden Quelle *Nin.mach,* dessen Halbschwester, die Mutter, was per Zirkelschluss zu einer Identität von dieser mit – richtig geschrieben – *Eresch*$_2$*.ki.gal.la* führen würde. Nun ist *Nin.mach* aber nur ein anderer Name für *Nin.chur.sag.ga*$_2$. Die Quellen betreffend die verschiedenen Vaterschaften stammen aus verschiedenen Zeiten und entsprechen zudem lokalen Traditionen. Ein jüngerer Sumerologe möge versuchen, die Zusammenhänge zu entwirren.

In **TH 29** wird die *Nin.chur.sag.ga*$_2$ der TH 7 bzw. 39 in Z 373 eindeutig von der Funktion her als *eine Sich am Firmament Bewegende,* eine *In.an.na* beschrieben. Hinzu kommt ein interessantes Verwirrspiel um die bei

Encheduanna anzutreffende Bezeichnung des Tempels der TH 29. Der wird nämlich in Z 367 als *e*$_2$*-schar*$_2$*-ra* gekennzeichnet. Die bisher in englischen Texten verwendeten „Tempel des Alls“ oder „Tempel für die Volksmenge“ geben zwar erlaubte Varianten für Teile der sumerischen Bezeichnung wider, entsprechen aber nicht der vollen Wahrheit, die in ihr steckt. In der Literatur wird dazu zweifelnd gefragt, ob dieser in unserer Quelle einmalig vorkommende Tempel der *Nin.chur.sag.ga*$_2$ identisch gewesen sei mit dem sonst noch für Adab des Öfteren erwähnten Tempel *e*$_2$*-sar-ra* einer ***In.an.na.*** Wir nehmen Identität an. Die häufigere Schreibung mit *sar-ra = Rauch erzeugen* gibt zwar evtl. einen Hinweis auf *Gas*-Erzeugung, doch wäre dies weniger wichtig als *schar*$_2$*-ra = Überfluss bearbeiten.* Vielleicht existierten beide Benennungen des Tempels von Adab nebeneinander.

Im Kommentar von SB zu **TH 42** betreffend Z 533 wird über eine Keilschriftquelle berichtet, die *NAGA/ni-sa-ba,* konventionell fälschlicherweise *NI.SA.BA*, mit *A.ru.ru* gleichsetzt, die selbst von Encheduanna in TH 7 mit *Nin.chur.sag.ga*$_2$ identifiziert wird. Diese wurde eindeutig auch als *Nin.mach* bezeichnet. Womit gemäß doppeltem Dreisatz gilt: *NAGA = A.ru.ru = Nin.mach = Nin.chur.sag.ga*$_2$ *= Eresch*$_2$*.ki.gal.la.* Dann aber muss wegen der Rolle, die *NAGA = Die mit dem Karbid* in TH 42 spielt, im Namen der im doppelten Dreisatz soeben Letztgenannten, wie gerade erfolgt, richtigerweise die Fußzahl 2 erscheinen und zumindest in Übersetzungen der Tempelhymnen nie wieder von einer „Königin der Unterwelt“ erzählt werden… - sondern eindeutig von *Der Großen/Berühmten aus der Karbid-Stadt.* Das hindert nicht daran, dass ihr **später** (!) wegen einer falschen spätsumerischen Rezeption des in TH 42 eindeutig nachgewiesenen „Höllen“-Ereignisses eine Art falsch verstandener „Unterwelt“-Charakter angedichtet worden ist.

Kurz noch einmal zu ***Ur.asch,*** die in **TH 33** als Mutter von *KA.DI*, dem Bruder von *En.lil,* angesprochen wird und zu der wir in Teil I schon bemerkt haben, ihre Bezeichnung besage *Die mit Feuer kommt.* Damit war sie von der Sachlage her auch eine *Sich am Firmament Bewegende,* eine *In.an.na,* wofür angeblich auch eine seltene Gleichsetzung mit *MUSCH*$_3$ sprechen soll…

Schließlich hat eine in Sumerisch nach den vorliegenden **Umschriften** deutlich mit dem Namen *In.an.na* Titulierte zu Encheduannas Zeit gemäß deren Großepos *nin-me-schar$_2$-ra* (18) gelebt und agiert. Nach unserer Auffassung könnte es sich um eine Tochter von *Schem/Shem/Sem* gehandelt haben, dem ältesten Sohn von *Noah*. In der Literatur ist sie - der semitisch/akkadischen Tradition entsprchend - oft mit ihrem akkadischen Namen *Esch.tar/Isch.tar = Die sich mit Feuer dreht* anzutreffen.

Wir haben also mindestens vier Flugherrinnen gefunden, von denen drei eindeutig in den konventionellen Umschriften als *In.an.na* bezeichnet worden sind:

- ***Ur.asch,* die Halbschwester und Hauptfrau des *An,***
- **die rechtlich erstgeborene Tochter von *An: Nin.in.si.na* (= *Ba.U$_{2?}$*),**
- ***Nin.chur.sag.ga$_2$,* diese eine tatsächlich erstgeborene Halbschwester von *Nin.in.si.na* und *En.lil* und Schwester von *En.ki,* identisch mit *Nin.tur, U.ru.ru, Nin.mach,* Eresch$_2$.ki.gal.la und *NAGA (fälschlich „NI.SA.BA"),***
- **Noah`s Enkelin aus *Shem,* die wohl bekannteste Trägerin des Namens *In.an.na,* auch und später insbesondere als *Esch.tar/Isch.tar* bekannt.**

Zum Abschluss muss noch einmal unterstrichen werden, dass diese auf den vorgefundenen Umschriften basierenden Überlegungen lediglich Beiträge zur Lösung des *In.anna*-Rätsels sein können. Jüngere Sumerologen mögen die Hinweise mit anderen Quellen falsifizieren oder bestätigen, wobei sie aber bitte auf die zeitliche und regionale Herkunft dieser Quellen achten sollten. Besser noch: die originalen Tontafeln beäugen und selbst „lesen" ….

Süß-Saures für Altorientalisten

A) Für eine Öffnung des Elfenbeinturms der Sumerologie und wider die Kardinalsünden dieser Kunstlehre

Man darf davon ausgehen, dass die in der Gesamtuntersuchung der Tempelberichte gefundenen Aussagen zusammen mit der hier und da vereinzelt dargebotenen Wissenschaftskritik in der beamteten akademischen Sumerologie zu einem zumindest leichten Schock führen. So wurden z.B. einer führenden deutschen Wissenschaftlerin Hinweise auf die verwendete Methode und kurze Entwurf-Teile der Übersetzung von Teil I vor Jahren mit dem Angebot zugesandt, jede von ihr unverstandene Übertragung werde in der Art belegt, wie es in ihren Kreisen üblich ist. Die erwartete Reaktion blieb nicht aus. Kurz und knapp wurde in einem von einer Sekretärin (!) unterzeichneten Brief mitgeteilt, man könne das Ergebnis „nicht nachvollziehen". Das Angebot wurde nicht abgerufen, die Diskussion grundsätzlich verweigert!

Einbindung in Konventionen?

Angst um die universitäre Karriere?

Geistiger Dünkel?

In einem Elfenbeinturm gefangen?

Im Innern des Elfenbeinturms Sumerologie war die erste Reaktion nicht nur, aber weitgehend Schweigen. Man wird versuchen, dieses Schweigen so lange aufrecht zu erhalten wie immer möglich. Doch mit der Veröffentlichung der gesamten Übersetzung ist jetzt ein Stein des Anstoßes im Wasser. Die Wellen lassen sich auf Dauer nicht unterdrücken. Entweder der Elfenbeinturm wird von innen geöffnet, weil – obwohl auch unsere Arbeit nicht perfekt sein kann – beherzte Professoren einsehen, dass heiß geliebte Methoden und grundlegende Annahmen überfällig sind, oder der von außen geführte Rammstoss lässt sich nicht mehr verheimlichen

Die Sumerologie wird letztlich nicht umhin kommen, ihrem Wissenschaftsanspruch besser als bisher zu entsprechen, indem sie sich im Hinblick auf **vier Grundfragen** neu orientiert, die wir als **Kardinalsünden** ansehen:

Erstens gilt es, alle alten Umschreibungen in lateinische Buchstaben zu überprüfen. Die Zeichenleser haben oft einerseits gesündigt, indem sie Wortzeichen „lesen“ wollten und damit die Gedankenvielfalt des Wortzeichens subjektiv einengten. Ein * kann *oben/Firmament/Himmel* besagen, aber auch den *Obersten* der *Dingir* andeuten oder ein Determinativ für die Bezeichnung eines anderen *Dingir* abgeben. Andererseits wurden in der Vergangenheit aussagekräftige Textvarianten vom Bearbeiter einfach deshalb unterdrückt, weil sie ihm unverständlich blieben oder gar vom persönlichen Standpunkt aus widersinnig klangen. Zudem sind erkannte Wortzeichen nicht nach Gusto mit Kleinschrift in der Umschreibung zu drucken, sondern mit Großbuchstaben, damit die mit der Kleinschreibung einhergehende Bedeutungseinengung vermieden wird.

Fazit: Alle alten Umschreibungen in moderne Buchstabenschrift sind zu überprüfen, wobei alle gefundenen Textvarianten in Form von Partituren aufzuzeigen sind. Wortzeichen dürfen nicht als Lautschrift „gelesen“ werden. Wortzeichen sind unbearbeitet in Großbuchstaben mit ihrem Hauptzeichennamen zu schreiben oder bei Vieldeutigkeit durch Standardidentifikationsnummern zu kennzeichnen. Man überwinde bitte außerdem internationale Hahnenkämpfe oder Gleichgültigkeiten betreffend die moderne Aussprache und schaffe über die vorliegenden Einzelvorstöße hinaus mit einem einheitlichen Identifikationssystem die Grundlage für sichere, durch persönliche Deutungen nicht eingengte Umschreibungen.

Zweitens muss die Sumerologie zur Kenntnis nehmen, dass die von ihr vorgefundenen alten Keilschrifttafeln oft einen lange zurückliegenden Versuch darstellen, zum Hören bestimmte Texte in schreibbare Zeichen umzusetzen. Ihr Wissenschaftsgegenstand sind – was die älteren Texte angeht – überwiegend keine im modernen Sinn zum Lesen niedergeschriebenen Gedankenformungen, sondern zum Hören bestimmte Sprachformungen. Noch klarer werden die Probleme, wenn man bedenkt, dass während der etwas mehr als tausend Jahre, während denen Sumerisch gesprochen und geschrieben worden ist, sich die Schreibmethode, die Schriftzeichen, die Grammatik, der Klang der Sprache selbst und das dahinter wirkende Denken teils langsam, teils sprunghaft verändert haben. Wer will denn bestreiten, dass bei gleicher Schriftform manchmal unterschiedliche Aussagen unterstellt werden müssen? Wer will bestreiten, dass Bedeutungsunsicherheit auftritt, sobald in der Umschrift in lateinische Buchstaben durch Fußzahlen Homophone als vorhanden zugegeben werden müssen? Der mit der vorgelegten Übersetzung eines gedanklich reichen Textes lückenlos erfasste kohärente Gedankenfluss beweist doch eher, dass das Geschriebene mit umfassenden Bedeutungstabellen abgeglichen werden muss, - zumal schon die Abschreiber eindeutig oft nicht mehr erfassten, was sie denn schreiben sollten.

Fazit: Die in lateinischen Buchstaben bereits vorliegenden Lesungen sumerischer Texte sind zumindest Wortzeichen für Wortzeichen und Lautzeichen für Lautzeichen unter Beachtung der Homophone mit umfassenden Bedeutungstabellen in der Zielsprache abzugleichen, wobei die Kohärenz mit dem Kontext die Wahl des Übersetzers zu bestimmen hat.

Drittens erleichtern Konzepte/Denkschemata/Begriffe zwar während gewisser Zeiträume die menschliche Kommunikation, verfälschen indessen das gegenseitige Verständnis, wenn ihr Zeitwert fraglich oder abgelaufen ist. Dies gilt in zweierlei Hinsicht. Zum Einen änderten sich die Denkformen während der doch verhältnismäßig langen Zeit, in der man sumerisch Gedachtes oder Gesprochenes niederschrieb. Zum Anderen nahmen in der Neuzeit die Forscher immer wieder Zuflucht zu Standardisierungen, die das Denken nachfolgender Forscher verfestigten und dadurch die Forschungsergebnisse einengend beeinflussten. So ist z.B. Religion für Sumerologen aus heutiger Sicht ein Geben und Nehmen zwischen Menschen und einer Gottheit bzw. Göttervielfalt. Die Hohe Priesterin Encheduanna zeigt indessen in ihren Tempeltexten klar auf, dass in der Vorzeit, über die sie berichtet, von einem Bund mit einer Gottheit keine Rede sein konnte - die Herren Besatzer aus den Fluggeräten befahlen und die Menschen hatten zu gehorchen, im Extrem als Deportierte/Gefangene in todbringender Sklavenarbeit. Doch zeigt die Berichterstatterin andererseits bereits für ihre Zeit eine Art Anspruch oder Hoffen auf Gegenseitigkeit auf, wenn sie sich in ihrer Großdichtung *nin-me-schar*$_2$ *- ra* zeitweilig beklagt, dass ihr „ergebenes Dienen" von *Dingir*-Seite nicht dauerhaft anerkannt wird. Ein anderes Beispiel ist der Begriff der Unterwelt, der umfassend durch die Altorientalistik geistert. Gewiss findet man dieses Konzept klar **später** und vor allem in babylonischen und assyrischen Schriften und heutzutage als Hölle. Encheduanna berichtet stattdessen einerseits über Verhüttungsöfen in Tempelunterteilen und andererseits über fünf Orte, die in der Vorzeit durch *eine große Menge Karbid zerstört* worden sind und wo *Hingebrachte/Gefangene/Sklaven* unter todbringenden, menschenunwürdigen Bedingungen den *Dingir* dienen mussten - Wahrlich also eine Art Hölle auf Erden!!! Sie lässt nirgendwo in den Tempeltexten die spätere Unterweltvorstellung anklingen.

Fazit: Die Sumerologie darf Konzepte nicht in die Vergangenheit projezieren, weil bei den Assyrern oder Babyloniern gefundenes Gedankengut keineswegs schon vorher existiert haben muss. Bei jeder neuen Übersetzung sind deshalb die Begriffe abzuklären und es dürfen keine nicht hinterfragten Begriffe aus bisherigen Übertragungen per Konvention übernommen werden, weil die in den Orginaltexten gefundenen Konzepte jeweils in ihre Zeit zu stellen sind. Als Voraussetzung dafür muss- soweit wie immer möglich- geklärt werden, zu welcher Zeit der Text ursprünglich entstanden ist. Bei Bearbeitungen ist dieser Zeithinweis unbedingt zu vermerken.

Viertens kann im Zusammenklang des Vorstehenden die Sumerologie so lange keinen Anspruch auf Wissenschaftlichkeit erheben, als sie in ihren Texten von Gestalt gewordenen Naturkräften erzählt und Götter erfindet, wo in den Originalen vor einem Namen/einer Bezeichnung als Determinativ ein * steht oder dessen Nachfolgezeichen. Es kommt - wie noch jüngst in einer ansonsten anerkannten Grammatik geschehen - einem intellektuellen Verbrechen gleich, das in den Umschriften hochgestellte *d* mit *deus* = *Gott* zu deuten, statt redlicherweise zuzugeben, dass die ersten Forscher eindeutig damit die Bezeichnung *Dingir* abkürzten. Die Babylonier mögen an „Götter" geglaubt haben, mehr noch die Assyrer, für die Vorzeit wird in sumerischen Texten nicht, wie allgemein von Sumerologen behauptet, über einen „Himmelsgott An" oder „Sonnengott Utu" oder „Mondgott Nanna" berichtet. Encheduanna beschreibt vielmehr z.B. in Bezug auf Nanna, dass dies ein *Dingir* war, der mit einem *schwebenden Schiff* zum Firmament aufstieg, dessen Leuchten *selbst zur Mittagszeit mit der Sonne rivalisierte.* Und diese Aussagen sind so in einen Zusammenhang eingebettet, dass sie nicht erfunden sein können.

Fazit: Die Sumerologie kann so lange keinen Anspruch auf Wissenschaftlichkeit erheben, als sie für bestimmte Zeiten die Existenz der Dingir leugnet, der Entscheider aus den Flugapparaten.

B) *Dingir* -„Namen" auf Deutsch

Niemand weiß, welche Sprache die *Dingir* unter sich verwendeten. Niemand kennt ihre richtigen Namen. Keilschrifttafeln überliefern uns nur die von den Sumerern und anderen Völkern verwendeten Benennungen. Um nicht zu verwirren, schreiben wir hier – abgesehen von der Wortaufteilung – so, wie in den modernen Darstellungen zu finden, oft mit Kleinbuchstaben in abc-Normalschrift, wie wenn es sich (wegen Keilschrift-**Laut**zeichen) um normale Namen/Bezeichnungen handeln würde. Die richtige Schreibweise müsste oft aber mit Großbuchstaben erfolgen, um den ursprünglichen **Wort**zeichen in Keilschrift zu entsprechen. Für Sonderfälle, die sich aufzwingen, erfolgen Ausnahmen. Die Ziffer bei der fremdsprachlichen Benennung verweist auf die Zeile der Übersetzung, in deren Nähe die Erläuterung für die deutsche Aussage zu finden ist. Dort ist oft auch die wissenschftlich richtige ursprüngliche Schreibung zu finden.

A.ba$_4$, **448,526**	Der mit dem Zerkleinerungshaus
A.nun.na, **384/386**	Die Geschöpfe der Fürsten
A.ru.ru, **98**	Schöpferin, die Leben zuteilt
A.zu.gal, **392**	Die große Weise/Heilerin/Ärztin
An, nach Z 24	Der Oberste
An.tu, nach Z 24	Gebärerin des An, Hauptfrau
Asch.im.babar.(r)e, **470**	Der mit Gas-Feuer leuchtend Aufsteigende
Asch.schir.gi, **375**	Der ausschließlich vor der Flut als Dingir von Adab Tätige
Ba.U$_2$, **269**	Die für den Aufstieg zuteilt
Da.gan, vor TH 6	Gründer des Hags, Der metallisch Sprechende/Weisungen Erteilende
Di.bur, **114**	Die mit der Urteils-Schale, richtig: DI.BUR
Di.gi.ir, **114**	Die Rat und Urteil bringen, richtig: DI.GI.IR
Di.in.gir, **114**	Die Entscheider, die sich mit den Leuchtenden, mit „Skorpionen", bewegen, richtig: DI.IN.GIR
Dim.me.ir, **114**	Die Gestalter/Schöpfer, die dic Schlüssel zu Wissen und Macht mitbringen: DIM.ME.IR
Dingir, nach Z 24, **114**	Entscheidungsträger aus Flugkörpern

DINGIR BAN.AN.NA, **479**	Himmelsbogen-Dingir; siehe U.tu
Dingir.gal.gal, **384**	die wichtigsten Dingir, ihre „Großmeister“
Dingir ma-gur, vor TH 8	Der Dingir mit dem Schiff, das aufsteigen kann
Du.mu.zi, TH 15	Der mit einem Fluggerät zu den Unsterblichen geht
En.lil, zu TH 2	Herr der Lüfte
En.schu, **399**	Herr des zur Gaserzeugung Geeigneten = Herr des Karbids
EN.ZU, **399**	Oberster Weisungsgeber
Eresch$_2$.ki.gal.la, **179**	Die Bedeutende/Große aus der Karbid-Stadt
Gu.la, **271**	Die Große/Die Majestätische
Huskia, **464**	= dingir chusch ki = Der für das Beängstigende (den furchterregenden Kellerteil) Zuständige (Fehldeutung!)
Ilaba, **448,526**	= ^{il}A.ba$_4$ – siehe wegen Falschschreibung a.a.O
IM, **328,526**	Sturmherr, Herr des Gases
In.an.na, Sondertext Teil II	Die sich am Firmament bewegt; vgl. MUSCH$_3$
Isch.kur, Ende TH 29,**526**	Der mit dem Steinbrennhaus
Isch.ta.ran, **416** =Isch.ta.ra.an	= Der vom Schrein zum „Himmel“ fährt
Isch.tar, vor TH 6; nach Z **100** und Sondertext Teil II	Die sich mit Feuer dreht
KA.DI, **416**	Der sich mit Lärm bewegt
Lugal.BIR.an.na, **416,422**	König des Firmament-Heuhupfers
Lugal.mar$_2$.da, **407**	König der Ausweichstelle? = Nin.ur.ta
Lugal.SA.TU.i, **416**	König des Absetzenlassens und Herausnehmens von Öl
Ma.nun.gal, **224**	Der mit dem „Schiff“ des Großfürsten
Me.dim.scha, Ende TH 27	Die Empfänger herstellt
Meslamtaea, **465**	Der vom Verhüttungsofen(MES.LAM$_2$) Hochsteigende
Mi.ni.in, **319**	Wald-/Nord-Herrin/-Königin

Mu.ul.lil, Beginn TH 2	Der aus dem Flugkörper „Hauch der Ewigkeit“ = En.lil
Munus.zi.mul.an.da, **537**	Großartige zum Gestirn/Himmelsobjekt des An gehende Frau
Muschen.im.du.gud Beginn TH 2	Der mit dem drohenden Sturmvogel/Gasvogel = En.lil
NAGA, **533**	Die mit dem Karbid
Nanna, TH 8	Der im „Himmel“ ruht
Nansche, **276**	Die mit dem metallgeschützten Unterwasse-Hort für den Fischartigen
Nergal, **463**	verballhornte Bezeichnung für den Chef des Meslam, den Dingir der Verhüttungstechnik (ne$_3$.eri$_{11}$.gal = Der von der Schmiede aus der berühmten Stadt)
NI.SCHE, **324**	Die majestätisch Andockende
Nin= NI.IN, **45,531**	Der/Die mit Feuer/Glanz/Strahlen sich Bewegende//„Königin aus dem Waldgebiet“
Nin.a.zu, **184**	Stolzer Weisungsgeber für Fluggeräte
Nin.chur.sag.ga$_2$, TH 7	Herrin des Tempels mit dem Haupt-Schmelz/Verhüttungs-Gebäude
Nin.ga$_2$.gi$_4$.a, **286**	Herrin des funktionsgerechten Wasserbaus
Nin.girim, **237**	Herrin der Reinigung
Nin.gir$_2$.su, **242**	Herr der Fluggeräte bauen lässt
Nin.gir$_2$.schu.ku$_6$, **260**	Herr des Unterwasserfahrzeuges
Nin.gisch.zi.da, **194**	Der zum „Himmel“ der Unsterblichen fährt; Herr des Gerätes, das zu den Unsterblichen fährt
Nin.gu.balag x EZEN, **155**	Der Herr mit der Jubel-Harfe
Nin.gub.lam, **147**	Der das Netz von Richtungen vorgibt
Nin.i$_3$.in.si.na, **393**	Herrin des Ölbehälters für den königlichen Hochtreiber
Nin.in.si.na, **393**	Herrin des königlichen Hochtreibers
Nin.lil, TH 3	Herrin der Lüfte
Nin.mara, **291**	Herrin des Wasser-Hortes und der Wasser-Kraft
Nin.ni, vor TH 3	Nordherrin, Herrin des Waldgebietes,
NIN.NU, vor **240**	Herr der Sich-schnell-Drehenden

Nin.schu.bur.a, **227**	Der die (Flug-)Schale aufleuchten lässt
Nin.tur$_2$, **93**	Herrin des Gebärhauses
Nin.ur.ta, **61**	Schutzherr des Umlandes
Ni.sa.ba, **533**	Die aus dem Waldgebiet mit dem Feurigen – Fehldeutung; Siehe NAGA
Nu.dim.mud, **11**	Zweitoberster Schöpfer = En.ki
Nugig, **309,387**	= mu-gi$_{17}$-ib = Die von der Flugapparat-Umkehrstelle
Nu.musch.da, **328,396**	Der mit der Lichtschlange/ dem Blitz geht (und andere Bedeutungen)
Nu.nam.nir, **11**	Zweitoberster Entscheider = En.lil
Nuska = Nu.usch.ka, **58**	Der seinen Nachrichten nicht folgt
Scha.ni.ib.gal, **536**	Die mit dem großen leuchtenden fauchenden Vogel
Schara, **307**	= SCHA$_2$.RA = Der den „Überfluss" pflegt
Sche.naga, **537**	Die mit den Karbid-Körnern
Schu.zi.an.na, **77**	Die mit der himmlischen Lebens-Weisheit
Schul.pa.e$_3$, **375**	Der junge „Pfeil"-/"Vogel"- Bewacher
Sîn, vor TH 8	Der Leuchtende, Der mit dem „Licht"
Su.en, **106**	Höchster Herr/Herr im All
Tammuz = Ta.mu.zu, **210**	Der vom Feuerstein-Haus
U.dug, **58, 514**	Amtsbezeichnung für einen Hilfs-Dingir, der als Überwacher einer Sprechanlage handelt
U.tu, **16, 171**	Der leuchtend Hervorgehende
U$_3$.mu.un.a.zu, **184**	Stolzer Weisungsgeber für Fluggeräte am Firmament
U$_3$.mu.un.keschi ki, **375**	Stolzer Fluggerät-nach-oben-Treiber von Kesch
U$_3$.mu.un.in.na.ba ki, **405**	Stolzer Fluggerät-nach-oben-Treiber von Nina
U$_{18}$.lu, **255**	Der mit dem großen Fluggerät, das alles durcheinander wirbeln kann(vgl. Endnote 6, Teil II); Bezeichnung für Nin.gir$_2$.su
Ug.u, **72**	Überwacher der Hitzeerzeugung
Ur.asch, **105, 421**	Die mit Feuer Kommende
Za.ba$_4$.ba$_4$, **448, 526**	Der Steine zerkleinert und zuteilt = Isch.kur = IM = Ilaba = ^{il} A.ba$_4$

C) Verwendete deutsche Bedeutungen sumerischer und akkadischer Textstellen

Man kann nicht immer davon ausgehen, dass die in den Umschriften der Tempelberichte tatsächlich gefundenen Schriftzeichen die Schriftzeichen darstellen, die vom ursprünglichen Verfasser an der jeweiligen Stelle einst verwendet worden sind - siehe Teil I, Abschnitt „Sprache und Schrift...". Doch übernehmen wir hier die fremdsprachlichen Begriffe zunächst meist wie gefunden (Kleinschrift oder Großbuchstaben), obwohl sich hinter den kleinen Buchstaben der lateinischen Umschrift auch Wortzeichen verbergen, die von Sumerologen normalerweise wegen ihrer Mehrdeutigkeit durch Großbuchstaben hätten gekennzeichnet werden müssen. Aus dem Kontext zu erkennende Hör- oder Schreibfehler der Tafelschreiber oder Übertragungsfehler der Sumerologen werden normalerweise ausgebessert. Die Verbindung von zwei Begriffen mit einem X zeigt an, dass die zugehörigen Zeichen beim Schreiben miteinander verwoben worden sind - meist ineinander geschrieben. Dies war ein beliebtes Hilfsmittel, um der Kombination einen übertragenen, oft bildhaft neuen Wert zu geben. Da wir bei den Tempelberichten nicht die Schreibform als ausschlaggebend ansehen, sondern den gehörten Lautwert, wird auf die Wiedergabe der Tiefzahlen, mit denen normalerweise die Homophone differenziert werden, manchmal verzichtet. Manchmal beruhen die Fußzahlen auf der gefundenen Umschrift, die falsch sein kann.

Die hinter dem zu Übersetzenden in Fettdruck stehende Zahl bezieht sich auf die Zeile der Übersetzung, in der in Teil I oder II die Ausdrücke verwendet werden bzw. bei der sich ein Kommentar finden lässt. Oft werden nur der Hauptbezug oder die wichtigsten Hauptbezüge vermerkt. Steht vor der Zeilenzahl ein E, handelt es sich um die entsprechende Zeile von „*En.ki* und die Weltordnung".

A/a	*Wasser, Vater, Schöpfer, schöpfen, sein, werden, gestalten, Gestalter;* **(198, 521)***dauerhaft sein, längerfristig*
a_2	*Arm, Arbeit, Horn, Seite, Seitenteil, Flügel, Stärke,Kraft, Kraftstoff, Moment, Zeit*
$a_2 = a_5$,	**63, 520** *setzen, stellen, legen, einrichten*
a-a, **287**	*Energie/Kraft erzeugen; Wasser-Kraft;* ***Elektrizität***
a-a-nigin, **290**	*Wasserkraft-Rundbau*
a-da-ab, **107**	*Quelle der Verkündung des Schöpfers*

a-ga-de$_3$ ki, **526**	*Stelle des zum Hinfahren bereitstehenden Gebäudes*
a-gi, **297**	*Wasser-Rückkehr*
a-i-zi-ba, **279**	*Fluten-Teiler, Wellen-Teiler*
a-mar, **183,400**	*Seitenmauer*
a-pa$_4$-gal, **179**	*Stelle großer Angst/Trauer*
a-ra-li, **215**	*= A$_2$.RA.LI = Adler-Liege-Seitenarm (des Gebäudes)*
a$_2$-dam, **449**	*Reinigungsstelle, Der von der Reinigungsstelle*
a$_2$-me$_3$, **63, 243**	*ME einrichten*
	Kraft zum Verfeinern
a$_2$-mi, **276,289**	*Zelle/Kammer*
a$_2$-na$_2$-da, **211**	*Schlafgemach*
a$_2$-pa$_3$-da, **256**	*die Kraft des in kleine Stücke Reißens*
a$_2$-zi-da, **240**	*mit voller Kraft*
a$_5$, **244**	*setzen, legen, bereitstellen, einrichten*
a$_5$ –me$_{(3)}$, **244**	*Verfeinerbares bereit stellen*
ab, **3**	*Fenster, Öffnung*
ab, **171**	*Hort*
ab, **467**	*Quelle*
ab-ba-ka, **278,289**	*Meeresbucht; auch* **E 419**
ab-zu, **3**	*Fenster zum Wissen, Quelle des Wissens*
AB.EN.NIN, **318**	*Schrein der Chef-Herrin = Zabalam-Tempel*
aba$_x$, **283**	*Wasser*
ad, **14**	*aufgereiht; beschädigt*
ad, **298**	*Lärm*
ad, **319 I**	*Ruder, Planke*
ad, **319 II, 391 II**	*Lärm, Reeling*
aga, **106**	*Wulstkappe als Herrschaftszeichen, Krone; im technischen Sinn: oberer Gebäudeaufsatz = Turmkrone*
aga-de, vor TH 8	*Kronrecht, Kronlande; siehe aber a-ga-de$_3$ ki*, **526**
AGGA, **265**	*arbeiten, tun*
agrig, **286**	*Chef(in), Leiter(in)*
ak, **501**	*plazieren in…*
AL/al, **140**	*hoch, Hacke, Spitze, Antenne, Netz*
alan, **500**	*Form, Geformtes, Statue*
ALAN, **87, 500**	*Metallformung, Metallverarbeitung*
alim, **399**	*etwas wie ein Wildstier, figürlich zu nehmen: der Stierähnliche*
am, **151, 256, 398**	*Verstärkung des nachfolgenden Wortes*
am-chusch, **256**	*der überaus Wütende*

am$_3$, **8, 138, 203,380, 384**
sein, ist: mit Verbum= immer wieder etwas tun wiederholt, verstärkt

ama, **45,267,269** *Hüter(in), Mutter;* **299** *Überwacher*

an, **1, 10.....303** *oben, das/der Obere, Firmament, Himmel, „Himmel"*

an-BAD$_3$, **215** *der sich oben Entfernende= ein Flugapparat*

an-dagal, **115** *am weiten Firmament*

an-eden-na, **91, 214**
obere Steinebene/-terrasse; auf der oberen Terrasse

An-kam, **116** *Herrschertum über alles*

*an-ku$_3$,***248,263,269**
glanzmetallener „Himmel"

an-ne, **371,379** *„Oben-Glänzer", ein Fluggerät*

an-scha$_3$-ta, **371** *aus der Mitte/dem Innern des „Himmels"*

*ana$_x$,***480** *Firmament*

*AR/ar,***137, 140, 480**
Hingestelltes, Struktur, Gerät, Ruine

ARA$_5$, **189** *Wegstrecke*

aratta-ki, **90** *berühmte, verehrte Stadt= lam-kur-ru-ki*

*a-ra-tu-u,***90** *Zum Gestalten geeignet und zum Anrufen des Alls*

asil, **306** *Freude, Feier*

AS/as, **140** *Fluch, Rat, Wille, Weisung, Befehl, Eid*

AS$_2$, **276** *Container*

ASAL/asal, **140** *Weisungsnetz/-antenne, Befehlsnetz/-antenne*

ASAR/asar, **140** *Rats-Struktur/-Gerät, Weisungs-Struktur/-Gerät*

ASCH, ==== *Feuer, mit Feuer, feurig*

asch, **379, 507** *allein, ausschließlich, vollständig*

asch$_2$, **507** *Fluch, verfluchen*

BA/ba, **266** *verteilen, zuteilen, aufteilen*

ba-an, **E 418** *„Himmels"-Vogel*

ba$_4$/be$_4$, vor **448** *verkleinern, zerteilen*

ba-ad-ba, **183** *Verkleinern des Lärmmachens, Lärmreduktion*

ba(d)-du, **436, 471** *wegfahren*

babbar, **470** *weiß, strahlend*

BABBAR.BABBAR, **176**
„Der Große Strahlende/Große Strahler", Name des „Lichtes" des U.TU = UD.UD

BAD, **8, 275** *Wall*

BAD$_3$/bad$_3$,**8,275,416**	aufsteigen, das sich Entfernende, das Wegschwebende
Bad$_3$-tibira, **219**	=BAD$_3$.TI.BI.RA=Ruhe- und Wartungsplatz für Flugapparate; aber älter: BAD$_3$.URUDU.NAGAR ki = Stelle des mit „zugerichtetem" Gold Wegschwebenden
bal,**497**	ausgraben, Ausgegrabenes, Abgebautes
bal-da, **142**	opponieren, sich revoltieren
BAR, **67**	Ewigkeit
bar, **29**, **30**, **106**	Sender, Ratgeber, Zuteiler
bar, **65**	zuteilen
bara$_2$, **479**	Sitz
bar-aga, **80**	aufleuchten lassen; **210** = weit weg bringen
bi, **213**, **380**	derjenige, diejenige, dasjenige, dessen…, solch ein
bi, **373**	äußerst, sehr
bi**, 521**	für ihn/sie, um ihn/sie
BIR/bir,**422, 479**	=buru$_5$=Heuhupfer; siehe buru$_5$-ku$_3$; Habicht, Sperber
bir$_9$, **479**	= NE
BU/bu,**213,256**	= kim$_3$ = Stein
bu, **258**	nachstreben
bu$_{3,6}$,**434**	abschneiden, auslöschen
bu(r$_2$)-ru, **434**	Leben (=RU) auslöschen
BU-RU, Endnote 21	Der Leben auslöscht = „Licht"
bul bul, **204**	vorbeirauschen, erzittern lassen
bur, **150, 204, 224, 248**	Flugschale; BUR, **334**: Flugschale
BUR-DI-ISCH, Endnote 21	Zerstörende Urteils-Schale = „Licht"
bur$_2$, **165**	Flugschale
bur$_2$, **103**, **148**	verkünden, weissagen, entschlüsseln
bur$_{12}$, **434**	= bu$_{3,6}$
buru$_5$-ku$_3$, **332**	glanzmetallener „Heuhupfer" = Fluggerät
CHA/cha/che$_{(2)}$/chen **42, E419**	Überfluss, Wohlhabenheit, Reichtum/Fisch, Meereswesen
CHA.A ki, **137**	Stelle der fischartigen Schöpfer
cha mun,**246, 298**	mehrere „Skorpione"
che/che$_2$, **305, 310**	so ist es…/…ob sie…/…jetzt aber…
CHE$_2$, **498**	…möge/soll… Prekativ-Andeutung

che$_2$-ag, **488** *ausmessen wollen, überprüfen wollen = Prekativ*

che$_2$-em, **497, E419**
die „Steinart“ Kalkstein = das aus Meereswesen (CHE$_2$) Entstandene (em)

che$_2$-gal$_2$, **42** *voll des Überflusses, wahrer Überfluss/Reichtum*

CHI/chi, **140, 307** *Blitz, Strahl, blitzend, strahlend*

CHI/chi, **305, 495** *verarbeiten, mixen, legieren//Süßes, etwas Gutes*

CHI/chi, vor **448** *Vogel, fliegen*

CHUB$_2$.CHUB$_2$, **172**
Äquivalent des akkadischen kubbu, *d.h. für umsorgen, pflegen, unterhalten; hier, da doppelt: wirksam verstärken*

*chul-gal$_2$,***436** *vollständige Zerstörung*

chul$_2$-la, **151** *Freude zeigen*

chulu, **278,296** *Nugetier*

chur, **92** *siehe kur*

chusch$_{(2)}$, **243, 328, 440**
rot, furchterregend, schrecklich, beängstigend

chusch, **328, 464** *(das Beängstigende=)Keller, Unterteil*

DA/da, **1, 107, 240**
aussprechen, reden, gehen, Verkündung

da, **39, 288** *an der/von der Seite, mit, von*

-da, **256, 398** *Nomen- oder Verbverstärkung*

-da, **496, 520** *Comitativ-Andeutung: für etwas/mit etwas*

dadag, **374, 428** *rituell reinigen, dekontaminieren*

*dadag-ga/-ge,***237, 264**
glänzend machen, reinigen lassen, Glanz erneuern

DAG.KISIM$_5$, **306, 321**
dauerhafter insektenartiger Aufsteiger

DAG.KISIM$_x$.GUD, **332**
gleiche Bedeutung, „bewohnbares Insekt“, Endnote 48

dagal, **192, 450** *großzügig, freigiebig, weithin*

dagal-la, **442, 469** *weitläufig seiend*

dal dal, **340** *fliegend flüchten*

dalla, **273** *sichtbar in, aufleuchtend bei*

dal-la, **169** *entsprechen, Abbild sein, Zwilling*

dam, **250** *= ta-am$_3$, dabei sein sich anzunähern*

dam/tam, **449** *reinigen, rein sein*

DAR-a, **273** *zum Drehen hergestellt, zum Spalten gemacht*

de, **490**	*wegfahren, wegeilen*
de$_2$*-a*, **248**	*sich herabsinken lassen*
de$_3$, **189, 307**	*für de*$_2$ *= begießen*
-de$_3$, **482, 490**	*Zweck, Ziel, künftiges Tun ansagend:…tendieren zu…*
de$_5$, **191**	*herabfallen lassen; entspricht* rib-ba
di, **502, 525**	*heil sein/heil bleiben*
di$_4$*-di*$_4$*-la*$_2$, **532**	*zerkleinern*
di ku$_5$, **53, 489**	*Strafurteil*
DI-BUR, **114**	*der/die mit der Urteilsschale, Urteilsbringer =* Dingir
dib, **443**	*überragen, übertreffen*
DIB-ba, **69**	*Verdunkelung zuteilen, verdunkeln*
dim, **423**	*Leibeigener, Sklave*
DIM$_{(2)}$*.ME.IR*, **114**	*die Herren Macher dessen, was zur Herstellung der ME benötigt wird=* Dingir
diri(g)-ga, **425**	*hervorragend sorgen für…*
diri-gal, **82**	*zahllos, zahlreich, unzählig*
du$_3$, **484**	*sich niederwerfen*
du$_3$*-a*, **283**	*zum Aufbewahren/Lagern gemacht*
du$_6$, **77**	*das All, alles*
du$_6$, **530**	*Plattform, Rampe*
du$_6$, **532**	*Ofen*
du(l)$_6$*-ku*$_3$, **4, 245**	*„Sprechende Heilige Truhe", ein Gegensprechgerät*
du$_7$, **50**	*das Gesprochene, Gesagte, Berichte*
du$_7$, **226,512**	*funktionsbereit*
du$_7$*-du*$_7$, **279, 502, 503**	*durcheinander wirbeln*
du$_8$, **299,374**	*zeigen, bereitstellen, ausbreiten*
du$_8$, **430**	*backen, brennen*
du$_8$ *du*$_8$, **384**	*sich verbreiten/zeigen*
du$_8$*-mu*$_2$, **299**	*Brennstoff bereitstellen/herstellen*
du$_{10}$, **8, 263, 312**	*schön, herrlich//süße Sachen, Wohltuendes: vgl. dug*$_3$
du$_{10}$*-bi*, **373**	*das „äußerst Bekömmliche"*
du$_{11}$, **299, 304**	*wirbeln*
du$_{11}$*-du*$_{11}$, **298**	*widerhallen*
DU, **239, 397, 409**	*Loch, Vertiefung, Nest*
DU, **441**	*dauerhaft, zerreißfest*

du-sag-asch, **81**	*Verbindungsgebäude zu Rat und Beschluss, Zikkurat von Nippur*
dub$_2$*-dub*$_2$, **256**	*zerschmettern*
dub-la za, **31**	*Steinzerkleinerer*
DUB, **272**	*= DU-U*$_2$*-GU = brennen von Aufsteiger-Treibstoff*
dug$_3$, **436**	*für richtig halten, es genießen*
dug$_3$*-dug*$_3$, **E420**	*aufbewahrend umhüllen*
dug$_4$*/du*$_{11}$,	*(im Namen von Eridu) anordnen, Weisungen erteilen*
dug$_4$*-dug*$_4$, **298**	*widerhallen*
DUL, **435**, **531**	*Schutthaufen, Ruinenhügel*
dumu, **260**	*Sohn, Schützling, Liebling, Favorit*
dun, **521**	*bedecken, schützen*
dungu, **153, 335**	*„Bedeckung/Schutz des Landes"; Sicherheitsnetz; Erläuterung a.a.O.*
dur$_2$, **426**	*= duruna, einbringen von (Plural)*
dur$_2$, **479**	*Gesäß, Furzstelle, Vertiefung, vertiefte Stinkstelle*
dur$_2$*-gar-ra*,**479**	*eine Vertiefung/Stinkstelle, die Verbindung ermöglicht*
duru$_5$, **101, 173**	*Rauch, Dampf, dampfend, rauchend, feucht, besprüht*
e, **480,525**	*hinausgehen*
e, **184**	*wässern, wassern*
-e, **429, 475, 484, 487**	*statt e*$_4$*: in Richtung, vor etwas, dort – auch Prekativ*
e-ne, **252**	*landen und ruhen*
e$_2$*-belim*,	*Konstrukt der „Herren", als im Luftraum/Weltraum befindlich gekennzeichnet*
E.GISCH.PI.TUG,**537**	*Tempel des Gerätes zum Zerkleinern u. Befeuchten*
E-musch, **213**	*=e*$_2$*-musch*$_3$*-a=e*$_2$*-mu-scha= Hort für Fluggeräte*
e$_2$*-nim/NIM*, **191**	*das oben Errichtete = GISCH = Raumstation „Himmel"*
e$_2$*-ri-du ki*, **6**	*Ort am Gebäudekomplex der geglückten Ankunft; siehe aber insbesondere nach TH 24 !!!*
e$_2$*-ri-isch ki*, TH 42	*Fern in den Bergen errichtete Stadt*
E.RI.ESCH, TH 42	*Stadt des Sklaven-Schreins/der übermäßigen Angst*
e$_2$*-schim*, **223**	*Mälzerei*
e$_2$*-u*$_6$*-nir*, **1**	*Tempel, bewundernswert aufragend*
E x SAL, **79**	*Frauenhaus*

e$_2$-galga su$_3$, **265** *e$_2$-gal$_2$-ga-su$_3$: Gebäude zum Produzieren und Befeuchten*
e$_2$-gi-na, **512** *Umkehrbau, Wendetempel*
e$_2$-NUN, **480** *e$_2$-ga-ar = zweckbestimmte Baustruktur für den NU-UN, zum Platzieren und Auffüllen bestimmt*
e$_{11}$-de$_3$, **14** *sehr hoch sein (Prekativ!)*
em, **E419** *(auch im/imi) Ton, Lehm*
eme, **511** *zungenähnlich*
eme-cha, **153** *unterschiedliche Weisungen*
en, **194** *anrufen, ansprechen*
en, **531** *Verbverstärkung*
EN, **174** *erhöht sein, in der Höhe, Herrscher, Chef-Priester*
EN, **276** *Flut*
en-na, **143** *wenn, so oft wie, sobald, bis zu, bis hinauf …*
EN-na, **276** *bis nach der Flut*
EN.GUR, **113** *Herr der Fülle/der Überwachung/des Aufsteigers = andere Bezeichnung für En.lil*
EN.SCHU, **399** *Herr über das zur Gaserzeugung Geeignete, Karbid-Herr*
EN.ZU,**399** *Herr der Weisungen, Oberster Weisungsgeber*
enku(d), **290, E419**
= ZA$_3$.CHA = Fischartiger Ohnegleichen
ensi$_2$, **70** *Flugapparat-Lenker/Stein-Einfüllchef/Stadtfürst?*
-Emesal: u$_3$-mu-un-si=*stolzer Fluggerät nach oben Treiber;*
-„Silben“schrift: i$_3$-in-si=*mit Öl bewegender Hochtreiber*
-Akkadisch: ischschi`akum=auflösen/sorgen für/.
er, **315** *Strahlung, Glühen*
eresch$_2$,TH 14,TH 42
Karbid
erim$_2$, **54, 434, 435**
Feindlichkeit, Unwirtlichkeit, Feinde, Zerstörung
erin$_3$, **284** *Lagerhaus, Zeughaus*
esch-bar, **53, 329** *außerhalb des Tempels*
esch-bar, **266** *Verteilerstation*
esch$_2$-ad gim, **192** *etwas wie eine Falle = verschließbare Landebucht*

ga, **4,41, 320, 396**
Haus, machen, ausgestalten, sein, existieren, unterdrücken, Gemachtes, Güter, Produkte, Erzeugnisse, Gaben
ga, **476** *bestätigen*

ga$_{(2)}$, **287, 299, 425, 438** *sorgen für, bereitstehen für*

ga-esch-ki, **166** *Ort des Hauses der Entscheidungen*

ga-kam, **388** *Überwachung, Pflege, Einregulierung*

ga$_2$, **297** *platzieren*

ga$_2$, **399,501** *bereitstellen, herstellen*

ga$_2$*-ga*$_2$, **372,373,388** *überwachen, betreuen (und auch)* **503, 530** *abliefern, lagern*

ga$_2$*-gi*$_4$*-a*, **286** *funktionsgerechter Wasserbau*

GA$_2$ x MI, **188** *dunkler Gebäudeteil*

gaba, **259, 299** *Gleichartige(r), Rivale*

gaba x esch, **165** *Lichtrivale = rivalisierendes Licht*

gal, **238** *laut*

gal$_2$, **42, 43, 247, 475** *bereit stehen, voll sein mit, Bewahrer, Aufnehmer*

gal$_2$*-la*, **148** *nicht zerstören = verfeinern, läutern*

galam, **329,432** *geschickt gemacht, kunstvoll hergestellt*

galam kad$_5$, **E285** *das kunstvoll Zusammengefügte*

galu, **307** *der Große*

gan$_2$*/gan*, **190** *Produkte, Überfluss*

GAR, **107,187,251,484** *Wagen/Geführt/Licht/Nahrung, fahren*

GAR, **284** *Licht, Blitzen, Elektrizität*

gar-ra, **65** *Verbindung ermöglichen*

GAR-*ra*, **284** *Licht ermöglichen = Elektrizität erzeugen*

gar$_3$, **521** *etwas einleiten, veranlassen*

ge, **285** *vorher, vorherig*

ge, **304, 386** *neu, neuerlich, erneut, zum wiederholten Mal*

ge, **450** *zurückkehren*

ge$_5$, **257** *= gi = rechtlich bestätigen*

ge-en, **13** *Form geben*

GI/*gi*, **41** *treu ergeben, geprüft, vertrauenswürdig, gut funktionierend; drehen, zurückkehren, drum herum gehen*

gi, **50, 95** *antworten*

gi, **257** *rechtlich bestätigen*

gi$_{(4)}$, **297** *sich drehen, Rückkehr*

gi$_4$, **286** *funktionsgerecht, gut funktionierend*

gi$_4$*-gi*$_4$, **241, 403** *hin und her drehen, seine Lage unter Drehen verändern*

gi$_6$, **276, 490** *zurückgehen, drehen, umdrehen*

gi-gu$_{(2)}$(n$_4$)-(na),**95, 201**
metallener Antwort-Sprecher = Lautsprecher

gi-na, **50** Antwort-„Stein“ (metallischer Gegenstand)

gi-par$_2$(-ru), **109, 161**
Antwort-Kammer = Fernmeldezentrale

GIBIL, **199** neuerlich, dann, danach, nun aber, inzwischen

gid$_2$, **181** überwachen

gid$_2$-da, **438** stark ziehen, runzeln

gidri, **471** = duru$_6$ = Öl-Derivat-Apparat (Antriebsaggregat)nutzen

gig$_2$-gig$_2$, **501** schwarz, dunkel seiend, nächtlich

GIG$_4$, **8** in die Nacht/in das Dunkel

gim, **135, 245** ähnlich wie

gim, **494** anstelle, als

gim, **328** Hörfehler = gin == drehen

GIN$_2$, **6** bewohnt, zusammengebaut, konstruiert

GIR$_2$/*gir$_2$*,**14, 242, 462**
Schwert, Krummdolch, die Luft durchstoßendes Fahrzeug, „Skorpion“, aufflammen

gir$_2$-schu-ku$_6$, **260**
„Fischart“; genauer: Wasser durchstoßendes Fahrzeug= Unterwasserfahrzeug

gir$_3$, **370** herrlich gestalten, herrlich herrichten

GIR$_3$, **462** der Mächtige, Stolze, herrlich Gestaltende, Schreckenerrende

gir$_4$, **17, 462** „Skorpion“, Brennofen, „Brenner“ als Antrieb

gir$_4$, **17, 19** richtig= gir$_5$ = Gleitgelegenheit, Durchgleit-Ding, Gerüst

gir$_5$, **278** tauchen, hindurchgleiten

gir$_5$ gir$_5$, **278** Wasser-Nagetier= Biber oder Fischotter

gir$_{10}$, **278** Ärger, Wut

gir-i-zal, **330** Steinbrennofen

giri$_3$, **190, 370, 435**
Zu-Weg, unterwegs, auf dem Weg dahin, mit Hilfe von

giri$_3$, **E418** einfangen

giri$_{17}$, **472, 474, 475**
= KA = Lärm, lärmend

giri$_{17}$-zal, ebenda der „Lärmend-Leuchtende“

girin-na, **210** Abfallsteine

GISCH/*gisch*, **190**
siehe vor dieser Zeile; auch: Gerät, „Himmel“

gisch-ban$_3$-da, **190**
der/das neben den „Himmel“ Gehende
gisch-bur, **103,148**
Gerät zum Verkünden/Offenbaren
gisch-che$_2$, **324** „Gaben des Himmels“
GISCH.GAL, **64, 87**
Versammlungsraum, -ort
GISCH.GI/gisch-gi, **41**
Umkehrpunkt, Drehstelle, Rückkehrstelle
gisch i-LU$_2$, **498** Stein-Vorrichtung zum…/…die für etwas sorgt
gisch I-RI$_x$-NA, **498**
Vorrichtung zum Sammeln von Brenn-/Leucht-Öl
gisch-meddu, **63** Brennkammer, Brennerloch
gisch-nu-gal, **102** zweitgrößtes Gerät, großes schnell drehendes Gerät=“Licht“
GISCH.U$_2$.CHI, **314**
Gerät zum Frischhalten = Kühlhaus
gisch es$_2$-ad, **191** Falle
giskim, **272** Vorahnung
gu, **E287** pulsierend
gu-NU, **332** sich schnell drehend
gu-ul, **306** schrecklicher Lärm
gu$_2$, **433, 509** Rücken, andere Seite, jenseits
gu$_2$-ab-ba, **284, 291**
Wasser-Kraft (zur Erzeugung von Elektrizität)
gu$_2$-de$_3$-a, **180** aufleuchten lassen, in Flammen setzen
gu$_2$-du$_8$-a, **180** von Unterwerfung befreien, Last wegnehmen
gu$_2$-gal, **240** große Stimme
gu$_4$-gu$_4$-a, **241** schallen lassen = Echo
gu$_7$-gu$_7$, **249** schwimmen
gub, **258** erlangen, erzielen//sich halten, behalten
gub, **437** ausfahren, ausschreiten
gub, **E418** setzen, stellen, legen
gub$_2$, **E418** reinigen, dekontaminieren
gul, **255, 437** zerstören, einebnen
gun$_3$, **273,399** drehen, spalten
gun$_4$, **404** Leiter
gur$_3$, **315** ausladen, auskehren=säubern
gur$_3$-ru, **48, 199** Erzeugung ermöglichen
gur$_3$-ru, **63** Hochheben ermöglichen

gur$_5$, **434**	*entzweibrechen*
gurun,**199, 494**	*Frucht, Früchte*
i, **433**	*Wehgeschrei*
i-dib, **404**	*Schwelle*
I.DIB, **404**	*Öl-Sammler*
i-schi-ib, **71**	*fauchende, brodelnde Stein-Auflösung*
i$_3$, **114, 379**	*Öl, Fett, Ölbehälter/Stein*
i$_3$*-gal*$_2$, **503**	*aufbewahrtes Öl, Ölbehälter*
i$_3$*-i*, **114, 263**	*Öl (hinein)bringen*
I$_3$*-si-in ki*, **379**	*Ort des Ölbehälters für den aufsteigend sich Bewegenden, den „Hochtreiber der Königin"*
i$_7$, **376**	*Wasserlauf, Kanal*
ib, **71,497, 499**	*wütend, fauchend, brodelnd*
IB, **521**	*= eb = Oval*
ib$_2$, **521**	*Mittelstück, Mitte*
ib$_2$*-il*$_2$, **163**	*Angst machen*
ibi, **332, 399**	(eme-sal=) *Rauch, rauchend*
id$_2$, **376**	*Wasserlauf, Kanal*
-ig, **487**	*Verben-Nachsilbe = …um dort (etwas zu tun)*
igi, **106, 221**	*Front, Vorderteil, Anblick, Auge, mit Sicht auf, Ausstrahler, Strahler*
igi, **202**	*früher, einst*
igi-chusch, **251**	*schreckenerregender Anblick*
il, **3, 40**	*abfüllen, einfüllen*
il$_2$, **298**	*Arbeiter*
il$_2$, **448**	*erheben*
IM/im, **479,**	*Gas*
im-u$_{18}$*-lu*, **433**	*gewaltiger, sich steigernder Sturm*
IM.DIRI, **335**	*„Wolke" mit „Gas im Überfluss"*
IM.DU.GUD, **136, 241, 308, 332, 335**	*„mit Rauch und Rotglühen fliegendes Gefährt" = das „Umwölkte", mit „Wasser-Gas"(= Karbidgas)* **450** *getriebener Aufsteiger = „Licht"*
IM.GAR.MUSCH$_3$, **537**	*Gas-Erzeugungsgerät*
im$_2$, **341**	*rennen, laufen*
IN/in, **393**	*sich bewegen; die Sich-Bewegende = später „Königin"*
ingar, **334**	*konkav*

IN.GAR, **334** *Dickdarm-Bogen = „Gebogenes“ = konkav*

in-nin$_9$, **212** *königliche Schwester, Halbschwester*

IR, **332, 463** *Gestank*

i-ri, **62, 247** *Stein stoßen, Steinstoßer*

iti$_6$=U$_4$.NANNA, **93**
kein Mondlicht, sondern das „Licht des Nanna*“* **472**

ITU, **43** *Hügel, Plattform, Rampe, Erhöhung*

itu, **43** *Monat*

ka-asch-bar, **115** *etwas beschließen, Entscheidungen trefffen*

KA, **404** *Quelle, Herkunft von…*

KAxBALAG, **241** = *gi*$_4$*-gi*$_4$ = *Echo*

KAxCHUR, **154** *Widerhall der Berge*

KAxLI, **92** *Lärmdröhnen; Speichel = feuchter Abfall* **231** *zerschlagen, wässern*

KAxSCHID, **310** *Herkunft und Weg*

KA x SCHU, **184** *Quelle gebietender/planender Worte, Weisungsgeber*

KA.AN.NI.SI, **202**
Antriebslärm der „Herrlichkeit“/des =Oben-„Glänzers“

KA-schu-gal$_2$, **266**
gefährlich glühende Vertiefung

KA-zal, **330** *Brennöffnung, Schmelztiegel*

ka$_2$, **247** *Mund, Öffnung, Einmündung, Ausbuchtung*

KAB, **507** *Scheibe, Flügel*

KAL, **140** *Diener, Umsorger, Pfleger*

KAL, **287,498** *Schaufel, Schale, Wurmähnliches*

KALxGA, **287** *Schaufelkammer, Schalen-Haus, Flutungs-Kammer*

kad$_5$, **380** *Aushöhlung, Auskehlung, konkave Vorbereitung*

kal, **140** *stark, mächtig*

kam-ma, **388** *Pflegewesen, Überarbeitung, Einregulierung*

Kar-kar-ra, **350** *Kai der Flucht*

kar-zi-da, **160** *Kai der tatsächlichen Ankunft*

KAR$_2$, **525** *Aufstieg*

kar$_2$*-kar*$_2$, **499** *aufsteigen (maru-Form)*

KASCH, **107** *Weg/Zufahrt, Kommen und Gehen ermöglichend*

kesch$_2$, **389,490** *Verbindung, Joch/umbinden, anschirren, rüsten* **490,502** *festzurren*

kesch An ki, **87** *Rüstplatz des An*

ki-abrig, **157** *Ort der Koordinierung der Weisungen=Flugkontrolle* *ki-bala*, **434** *revoltierendes Gebiet*

ki-en-ge/gi/gir,**28, 240**
Gebiet des Herrn der Fluggeräte, im Kern= Sumer

ki-gar-ra, **379**, **449**
Verbindungsstelle

KI.KASCH.GAR-ra, **107**
Ort geeignet für das Kommen und Gehen des „Lichtes“

ki-i-schi-ib, **71, 266**
Platz des fauchenden Steinauflösers; auch:dafür
454 *Veratwortlicher*

ki-i-schi-ib-gal$_2$, **71**
gefährliche Stelle des fauchenden Steinauflösers

ki-sa$_2$, **450** *Ruhestelle*

KI.SI.IM, **272** *Stelle für Hochtreib-Gas*

ki-sikkil, **269** *Ort des Startens und Auffüllens*

ki-tusch, **426, 429** *Einbringungsstelle, Heimathafen*

ki-ur$_3$, **44** *Frauenbereich*

ki-zi, **320** *erhabener Ort*

KIB, **479** *Weizenkorn, Ding (aus Gold?)*

KID$_2$*.KID*$_2$, **277** *aufbrechen, auseinander brechen*

kig$_2$, **501** *etwas suchen, etwas aufsuchen*

KIN/kin, **10, 135** *werken, arbeiten, herstellen, reifen lassen*

kin, **501** *senden, ordern, benachrichtigen*

kin-gal, **10, 58** *großer Rundbau, Werkbau*

ku$_2$ *kur kur-ra*, **104**
Zermalmer der Feindesländer

ku$_3$, **102**, **107** *edelmetallen, schicksalbestimmend, Befehle erteilend, Anweisungen übermittelnd, glanzmetallig*

ku$_4$*-ku*$_4$, **249** *Flut, Wellen, Wogen= kur-ku*$_4$*= Wasserberge=Wellen*

ku$_3$ *schem*$_3$, **107** *Befehle erteilendes Becken/Bassin/“Trommel“*

ku$_3$ *ub*, **107** *edelmetallene Kammer, -Zone, -Käfig – im Sinn von Faraday´scher Käfig; edelmetallene Abteilung zur Befehlsübermittlung*

ku$_3$*-za-gin*$_3$*-na*, **172**
bläulich schimmerndes Metall

ku$_5$, **53, 468** *bösartig, als Strafe*

KU$_6$*/ku*$_6$, **276** *etwas im Wasser, Fisch, fischartig, Fischartiges*

ku$_6$*-nig*$_2$, **E420** *„Wasser-Ding“ = Unterwasser-Bunker*

ku$_7$*-ku*$_7$, E420 *Süßes, Bekömmliches, Gutes*

ku$_{10}$-ku$_{10}$, **501** *dunkel seiend, schwarz, nächtlich*
KU.AR/ku-ar, **137**
Struktur/Ruine der „Fischartigen"
KUD, **239** *„Schale"= Flugapparat*
KUL/kul, **169, 198** *„Schale"= Flugapparat*
kul-aba$_4$ ki, **198** *richtiger wohl: kul-a-ba$_4$ ki = dauerhaft der „Schale" zugeteilte Stelle, oder: Stelle des der „Schale" zugeteilten Gebäudes*
kun$_4$, **404** *Leiter, Treppe, Treppenhaus*
kur, **92** *entschlacken, brennen, rösten, schmelzen*
kur-gu$_2$, **433** *andere Bergseite, jenseits der Berge*
kur-kur,**425**, **529** *Kohle, Brennstoff*
kur-kur-ra, **425,529**
Brennstoffherstellung
kur$_2$-di, **322** *sich ändern gehen, sich laufend verändern*
kur$_2$-re, **432** *er ändert, er wechselt*
kusch a-la/ala, **107**
lederbespannter Metallgegenstand, Resonanzapparat
kusch E.IB$_2$-ur$_3$,**441**
Schild
kusch-dam, **33** *was machtvoll beschlossen wurde*
kusch$_2$-u$_3$, **57, 212**
etwas zu erhalten suchen, sich bemühen, sich müde machen, sich kümmern um

LA/la, **240, 433** *Überfluss, Glück, Luxus, Reichtum, Wunsch, Begehren*
(l)a, **442** *vorhanden seiend*
la, **258** *beruhen auf, abhängen von*
LA.GA.SCHA ki, **240**
Ort der glückbringenden Ratschläge
la (2), **276,283,298** *festlegen, anbinden, überprüfen*
la$_2$, **287** *entnehmen, abzapfen*
la$_2$-a, **40, 306,362** *gewähren, zuteilen//überdecken*
la-za, **9, 247,417** *Wartungsarbeiten (mit* za *als Nomenandeutung)*
lal, **489** *kleiner werden*
lam$_2$, **362**, **368** *Ofen*
lam-kur-ru ki, **90** *Stadt des Schmelzofens*
lam$_2$-ma, **251** *luxuriös erbaut/gegossen*
larsa ki, **177** *LA.AR.SA ki, Ort des Voll-Schutzes gegen die Hitze, Ort des Hitze-Schildes*

lipisch-me$_3$, **440**	*Mitte der Schlacht*
lu, **255**	*niederbrennen*
lu, **264**	*im Überfluss/voll mit*
lu, **396**	*verschütten, verunreinigen*
lu, **433, 435**	*sich steigern, runddrehen, durcheinanderschütteln,-wirbeln*
LU, **246**	*aufwühlen, verwirren*
LU$_2$/lu$_2$, **307, 498**	*Besorger, sorgen für etwas*
lu$_2$, **189**	*Sorgen äußern*
lu$_2$, **264**	*jemand, der*
lu$_2$-chi, **140**	*Umsorger für das Licht/die Elektronik des Weisungsnetztes*
lu$_2$-ra, **243**	*zu den Menschen gehen*
lu$_2$ nu-zu, **E287**	*den Menschen unbekannt, für Menschen unvorstellbar*
LUL, **366**	*Kälte*
ma, **437**	*und*
ma$_{(5)}$, **341, 500, 537**	*gießen, brennen; substantivisch: „Brenner"*
ma-gur, vor TH 8	*das Schiff, das aufsteigen kann*
ma-ra, **13**	*brennen lassen/gießen lassen*
ma$_4$, **341, 485**	*verlassen, wegfahren, hinausgehen,flüchten*
MAR, **291**	*Wanne, Schaufel*
MAR.A, **291**	*Wasser-Schaufeln*
mar ki, **291**	*Schaufel-Ort, Stelle mit den (Wasser-)Schaufeln*
mar$_2$, **415**	*„sich Schlängelndes", Schaufeln, drehende Wannen*
masch, **497**	*Vision, Orakel*
masch-masch, **153**	*Einheit herstellen, zusammenführen, abstimmen*
me/ME, **7, 23**	Dingir-*Schlüssel zu Wissen und Macht; Gestaltungen, Formungen; Kürzel: ME*
me, **68**	*Stimme, sprechen*
me, **266, 368, 497**	*formen, gestalten, verfeinern, raffinieren*
me NI-i, **266**	*raffiniertes Öl wegbringen*
me$_3$ = me, **243, 244**	*verfeinern, Verfeinerbares, auch:* **514, 525**
me$_3$, **440**	*Schlacht, Kampf*
me-er, **114**	*= gir$_2$ = Krummdolch, Skorpion, Fluggerät*
me-ib, **497**	*(dort Vokalangleichung zu mi-ib) fauchende Steinauflösung*
me-ku$_3$-ga, **109**	*ME gemacht aus Glanzmetall*

me-nam, **71** Gestaltungswissen, Gestaltungskraft, Formkraft

men, **12, 13** Herrschaftskappe, Kuppel

MEN, **480, 497, 503** = tan$_2$ = hell werden, aufleuchten, Leuchten

mesch$_3$, **266, 475** etwas Schwarzes, „schwarzes Holz“ = gemeint ist ein Ölderivat als Brennmaterial

Meslam, **462** = MES.LAM$_2$ = Verhüttungsofen, Röstofen (vgl. Endnote 14)

MI/mi, **391** Frau

mi$_2$, **299** Nomenandeutung

mi$_2$ du$_{11}$, **299** der/die Wirbelnde(n)

MIR/mir, **339** Wut; **340, 525:** Angst

mu, **1** Anleitung, Weisungen

mu, **56,150** Lärmender = Flugapparat;

mu-du$_{10}$-gu, **263** herrlich gestalteter Flugapparat

mu,**74** ruhmreich

mu, **139** Text, Lautzeichen

mu, **432** Lärm machen, lärmen

mu-un, MU-UN, Endnote 21, **E 285** = Oben-Lärmender/Hochsteiger

mu-un-ku$_6$, **263** fischartiger Hochsteiger

mu$_2$, **1, 198** hervortreten, herausgehen, zusammenwachsen

mu$_2$, **62, 244, 299** Holz, Brennstoff, Heizmittel; auch: **403, 408, 432**

mu$_2$, **14, 43, etc.** Flugapparat

mu$_2$, **308** schön, gut

mu$_2$-a, **1,198** herausgehend, zusammengewachsen (seiend)

mu$_3$, **432,497** brennen

Mu-ru-um ki, **238** Den Fluggeräten gewidmeter Ort

mud, **54** Dunkelheit

mul, **480** sprinkeln/blinken, das Sprinkelnde/Blinkende, Himmelskörper

mul-mul, 529 Gestirn der Gestirne, konkret: Sonnensystem oder Plejaden; siehe Erläuterungen zu **529**

mun,**153, 223, 246** Quelle (15): Brennendes, Stechendes, Skorpion, Salz, Säure, Name; hier vom Kontext her: Brenner = Skorpion = Stinkender, wegen der Abgase = kleines Fluggerät = MU.UN = Oben Lärmender

munus-ra, **205** frauenartig, wie eine Frau

muru$_9$, **136, 308, 450**
siehe IM.DU.GUD

musch$_3$, **318, 396, 490, 497**
Gestalt, Gerät, Vorrichtung, Geformtes, Ausgestaltung, Bauwerk;

MUSCH$_3$ *siehe „Beiträge zum Versuch einer Lösung des In-an-na–Rätsels“*

musch$_3$*-BU*, **14** *leuchtende Schlange*

musch$_3$*-kesch*$_2$, **389, 490, 502**
Vorrichtung zum Festzurren

musch$_3$*-ZI*, **502** *(Über)Lebensgerät, Gerät zur Lebenssicherung*

musch$_3$*-za-e*$_2$, **23** *Steinturm*

musur, **150** *= mu-su-ur = Ruheplatz für Flugapparate*

na-, **503** *vor Verb: … damit nicht…(prohibitiv!)*

na, **199, 494** *modales Präfix: wie, auf welche Art*

NA, **404** *rauchen, brennen*

na/na$_2$, **210** *bearbeiteter Stein*

na$_2$, **482, 490** *niederlegen, schlafen, ruhen//nicht hinausgehen*

na$_2$*-a*, **143** *Bett-Seite, Ruhe*

na-di$_5$, **51** *Weisungs-„Stein“ (metallischer Gegenstand)*

na-gar, **210** *Steinbearbeiter*

na-gul, **74** *Steinzertrümmerer*

na$_2$*-musch*$_3$, **342** *geformte/gestaltete Steine, Bausteine*

na-ru, **183** *behauener Stein*

na-sa$_2$, **257** *ausgelöscht, verschwunden*

NAGA/naga, TH 42
Karbid;siehe besonderen Abschnitt Ende der Einführung II

NAGAR, nach **302**
eng: Zimmermann; weiter: Zurichter, Bearbeiter – zugerichtet

nam-che$_2$, **42, 448** *Wohlhabenheit, Reichtum*

nam-che$_2$ *a*, **308, 363, 495**
im Überfluss Erzeugtes, reichlich erzeugen, aber auch: Technik/Kunst des reichlich Erzeugens

nam-ischib, **230** *Kunst/Technik der fauchenden Steinauflösung*

nam-kal-kal, **108** *ergebenes Dienen, großes Dienertum*

nam-nun, **448** *Fürstenschaft,*

nam-tar, **25, 245, 381**
Umlaufbahnen, Drehungs-Gesamtheit, Schicksal

naga-dub$_2$ **6**	*Alkali-Zerkleinerer, Karbid-Zerkleinerer*
ne, **525**	*gesagt werden, man behauptet dass…*
ne$_3$, **462**	*Brennstelle, Schmiede*
NE/ne, **9**	*Ruhe; auch Kraft, Feuer, Glanz; entspr. Verben*
NE, **66**	*„der für das Gesprochene“ = Sender*
NE, **475**	*trocken, getrocknete,Getrocknetes, Getrockneter*
*ni-,***324, 429, 499**	*Verben-Vorsilbe, die angibt, wo etwas geschehen soll*
NI/ni, **391, 462, 531**	*die Schmelzer, deren Gebiet = Waldgebiet/Nordgebiet*
NI, **263, 404**	*Öl (von: das zum Leuchten Fähige)*
NI-esch, **171**	*feuriger „Glänzer“*
NI-i, **263, 266**	*Öl bringen*
NI.IN/ni-in, **531**	*„Sich mit Glanz/Leuchten Bewegende(r)“ =Königin/Herrscher aus dem Nordgebiet*
ni$_{(2)}$, **308**	*sein, ihr*
ni-chusch, **68**	*schreckliche Angst*
ni$_2$-chusch, **453**	*„ „*
ni$_2$/ne$_2$, **27, 68, 88, 429**	*auch: der Glänzende/“Glänzer“/die „Herrlichkeit“*
ni$_2$, **324**	*selbst*
ni$_2$-babbar$_2$, **323**	*das Hell-Leuchtende/der “Glänzer“/die „Herrlichkeit“*
ni$_2$-gu$_7$gu$_7$, **249**	*etwas Schwimmendes*
ni$_3$, **284, 285**	*etwas*
ni$_3$-schu, **138**	*„rotglühendes Ding“ = muru$_9$ = „Umwölktes“, ein Flugapparat = Glänzer“ = „Herrlichkeit“ der Bibel*
nig$_2$-dug$_3$, **312**	*Wohltaten, Wohltuendes*
nig$_2$-me-gar, **510**	*Fahrzeug mit Karbidgas-Antrieb*
nigin gal$_2$, **9**	*das rund Seiende = Rundbau, Halle*
nigin$_3$-gar, **206, 316**	*Rundbau*
nim, **139**	*summen, hummen*
NIM=GISCH, **191**	*das oben Seiende = “Himmel“*
NIM x KAB, **507**	*„Himmels“-Scheibe, „Oben“-Flügel*
ninda$_2$, **17, 170, 398**	*Schale, Saattrichter, Sinnzeichen Stier, Flugstier*
nin-da, **101**	*Stier; Nahrung/Brot; Vater/Erzeuger/Schöpfer; = Lautzeichen für NI.IN.NIG = „Ding der mit Strahlen/Glanz Sich Bewegenden“ = Flugstier*

nin-in, **395** *königliche Herrin*

ninnu, **240** *= NIN.NU = Herr des sich schnell Drehenden*

nir, **1** *bewundernswert*

nita-ra, **205** *männerartig, wie ein Mann*

NU/nu, **332** *sich schnell drehen, etwas sich schnell Drehendes*

NU, **240** *Vogel*

NU$_{11}$, **240** *„Vogelart"*

nu-bar, **390** *Nicht-Ruhe, Bewegung, Bewegungskraft*

nu-gal, **102** *„Großes Licht"*

nu-gi$_{4}$, **138** *nicht überdrüssig werden*

nu-gig(-ga), **309, 320, 387, 389, 513**
= mu-gi$_{17}$*-ib = MU.GI.IB = Flugapparat-Umkehrstelle, aber auch als Person „Die von der Flugapparat-Umkehrstelle"*

nu(n)-e, **3, 39, 66** *unsichtbar*

nu-ri, **304** *unglücklich*

nu-silig-ge, **250, 289**
= nu-SCHIL-iggi = vorher nicht zu sehender Standort

nu-si-sa$_{2}$, **249** *hochsteigen ohne Ankündigung*

nu-di-tam, **249** *= nu-di-te-am*$_{3}$ *= ohne jemals die Annäherung anzukündigen*

nu$_{2}$, **482** *Bett*

nu$_{2}$*-a*, **482** *Bett-Seite, Ruhe*

numun, **263,346** *Saat*

NU.MU.UN,**263,332**
(statt numun): Schnell drehender Oben-Lärmender ="Licht"

nu-silg-ge/-gi, **64** *das Nicht-aufhören-zu-antworten = Diskussion*

nun, **296** *laut*

nun, **304, 310** *fürstlich*

nun-ra, **273** *hoch platziert*

NUN, **2** *= GA.AR = Liege- und Hinfahr-Struktur*

NUN, **480** *= ga-ar = (wenn mit e*$_{2}$*:) zweckgerechte Baustruktur*

NUN, vor TH 25 *jemand mit einem Sich-schnell-Drehenden, Jemand von der Hinfahr-Struktur*

nun$_{2}$, **308** *schön, gut*

NIGIN$_{2}$*.NIGIN*$_{2}$, **54**
das sich vielfach Drehende, All, Weltall

PA/pa, **5 etc, 320**
Vogel, Flügel, Pfeil; Keim, Schössling; Kanal, Behälter, Becken,

Speier; Ankündiger, Ankündigung; fliegen, aufkeimen, aufscheinen, ankündigen

pa$_3$, **189, 256** *das Zerkleinerte, Krümel, Fetzen, Scherben*
PA.RA.GA, **230** *„Vogel-Liege-Haus"= Hangar*
pap-gal, **179** *große Trauer*
pap ki, **179** *hervorragender Platz*
par$_3$, **442** *ausbreiten*
pesch$_{10}$, **277** *Rand, Ufer, Kai*
PIRIG, **73, 91, 141**
„Leuchtender" „Glänzer", nicht pirig *= Löwe*
216,297(*nig*$_2$*-ga*$_2$), **328** (*ug*$_2$*-gal*), **331, 399**

RA/ra, **274, 307, 425, 481, 524**
formen, zerschlagen, kräcken, herstellen, pflegen
-ra, **320** *= -ta nach Vokal (z.B. nach u*$_4$ *oder ma)*
ra$_2$, **307,316,481** *gehen zu, fahren in, bringen zu, begleiten zu*
ra$_2$*-ki*, **274** *Liegestelle*
ra$_3$, **274** *platziert sein, liegen*
ri, **304** *glücklich*
RI, **305** *stoßen, zerstören*
RI-a, **246** *sich wässern, auf dem Wasser landen, wassern*
rib, **498** *Form*
rib-ba,**191** *herabfallen lassen*
ru, **315, 440** *bearbeiten, hämmern, zerschlagen*
ru-gu$_2$, **284** *geeignet als Kraftstoff*
RU, **98, 434** *Gewährung, Widmung; aber auch = TIL = Leben*

sa/sa$_2$*/sa*$_4$, **263, 265, 304, 404,453**
niederlegen, still legen, ruhen lassen, herunter gehen
sa-tu, **404** *ruhen lassen und hinausdrücken*
sa$_2$, **249** *ankündigen, offenbaren*
sa$_2$, **304** *ruhen lassen, außer Dienst sein*
sa$_2$, **19** *richtig = SA = Sehne, Saite, Flechse, Nerv*
SA, **442** *Nerv*
SA$_{(4)}$, **441** *Netz*
sa-par$_3$, **442, 509** *„Nerven ausbreiten" = unsichtbares Überwachungsnetz*
sa$_4$*-a*, **263** *niederlegen*
sa$_7$, **303** *gut, schön*
sa$_7$*-ga*, **199,494** *gut gemacht/erzeugt, schön gestaltet*

sa$_7$*= sig*$_7$*,* ***248, 303*** *starten*

sa$_7$*-ga*$_{(2)}$*,* ***245, 295*** *durch/zum Abbrennen/Rösten geschaffen/produziert*

sa x za, ***18*** *eher: SAxZA: Fachleute, Spezialisten*

SA$_7$*.ALAN,* ***87,500*** *rösten/schmelzen plus Metallverarbeitung/-formung*

sachar, ***66, 438*** *Staub*

sag, ***77*** *verbinden mit,* ***323*** *zerstreuen, erzeugen,* ***269,498*** *herrlich, hervorragend, ältest, wichtigst*

sag$_9$*,* ***503*** *gewaltig*

sag-gi$_6$*,* ***486*** *„Schwarzköpfige“ = Sumerer*

sag-gir-re, ***72*** *Fluggerät-Konstrukteur*

sag-tug$_2$*,* ***205*** *Helm*

sal-sal, ***310*** *fein zerstreut, auseinander gebreitet*

SAL.SAL.KU$_6$*,* ***310*** *angeblich eine „Fischart“; Fischiges*

SAR, ***323*** *Rauch*

SAR.SAR, ***323*** *wachsend, zunehmend*

scha, ***74, 221 379*** *Hülle, Hort, Inneres, Verehrung*

scha, ***307, 536*** *Vogel; siehe auch Endnote 21= „Licht“*

scha-an, ***485*** *Inneres des „Himmels“*

scha$_3$*,* ***29, 42, 57, 82*** *Ankündiger, Empfänger, Aufnehmer, Hort*

scha$_3$*,* ***136, 495*** *= schag*$_4$*, günstig sein, dienen als*

scha$_3$*-kusch*$_3$*-u*$_3$*,* ***57, 288*** *Rat zu erhalten versuchen, sich um Rat bemühen*

scha$_5$*,* ***307*** *schnappen, andocken*

scha$_6$*-scha*$_6$*,* ***183*** *kräftig begünstigen (=sag*$_9$*-sag*$_9$*)*

schag$_4$*,* ***396, 504*** *= sche*$_3$

schar, ***242*** *Blitz*

schar-ur$_3$*,* ***242*** *Blitze-Erzeuger, Blitze-Werfer*

schar$_2$*,* ***147, 307, 367, 481, 525*** *Überfluss, überfließen, Gaben, Vielzahl*

schar-re, ***81*** *Beratungswesen, Verkündungswesen, Beschlusswesen*

-sche, ***487*** *um dort, um da zu…*

SCHE, ***400*** *andocken, zuschnappen, Haken legen*

sche$_3$*,* ***254, 265, 307, 322, 475*** *andocken, an den Haken legen, anpflocken; siehe scha*$_5$

sche$_3$, **241,433,434**
verderben, vernichten, Verderben

SCHE$_{(3)}$,*sche*$_3$, **54, 106, 135**
günstig sein für/dienen als

sched$_{10}$, **275** *abkühlen*

schen, **441** *Einzelkampf, Duell*

SCHESCH, **328** *Hilfs-/Bruder, salzig, stinkend, Stinker~"Skorpion"*

scheg-a, **143** *gehorsam sein, gehorchen wollen*

schi, **55** *Zerfall, Zerstörung, Auflösung, Schmelzen, Ausströmen*

SCHI-IL Endnote 21; *Unter Ausströmen sich Erhebender* = *„Licht"*

SCHIBIR, **332** = SCHI.BIR = *Zerstörungs-Heuschrecke*

schim, **498** = *schi-im* = *Auflösungs-Gas* = *Karbidgas* = *Azetylen*

schi-ib, **486** *fauchende, brodelnde Auflösung*

schi-ibi-ir, **332** *zerfallen mit Rauch und Gestank*

schi-im, **254,386,494**
zerstörerischer Antriebswind, oder wörtlich:Auflösungs-Gas

SCHIBIR *ku*$_3$, **332**
glanzmetallener Heuhupfer, -schrecke

schid, **123** *Pfad*

SCHID, **404** *Lager, Topf, Tonrohr, auflecken*

SCHID *x* A, **11, 104**
Vater des Rechnens = *Rechenapparat/Rechner*

schig, **498** *flach legen, flach liegen*

SCHIL,**103, 250, 272**
Aufbewahrungsort, Empfänger, Standort

SCHIL.LAM- *ma*, **103, 272**
Aufbewahrungsort des „Großen Lichtes"/des „Lichtschiffes"

SCHIR, **274** *(Knolle, Hoden =)i-zi* = *Welle, Flut*

schir, **502** *festlegen,aufreihen*

SCHIR.BUR.LA *ki*, **274**
Lagasch vor der Flut als „Ort zum Festlegen der Schale"

schir$_3$-*schir*$_3$, **298** *Kette, Reihe*

schita, **172, 182** *Überprüfung, Überwachung, Revision, Revisor*

schu, **40, 308, 512**
das zu Rauch/Gas Werdende, das zur Gaserzeugung
Geeignete = *Karbid*

schu,**71, 308, 475** *Rauch, Gas*

schu, **139 in II** *Weisheit, Plan, Urteil*

schu, **260** *durchstoßen*

schuba, **315, 387** *=schu-ub-ba= rot glühender Kellerteil*
schusch, **116** *Eroberer, Herrscher*
schu-ba, **216** *das Leuchten/die Glut erhöhen (durch Gaszuteilung)*
schu-gar$_3$, **251** *leuchtendes Gefährt*
schu-ku$_6$, **260** *der Wasser-Durchstoßer*
schu-luch, **40, 55, 428**
(keine Handwaschung, sondern) Wässerung von schu = des Rauchenden/des zur Gaserzeugung Geeigneten=Befeuchtung des Grundmaterials Karbid für die Treibgaserzeugung; siehe auch TH 42
SCHU.MER, **114**
Land, in dem den Herstellern der ME gehuldigt wird
schul, **63** *mächtig*
SCHUL, **375** *Mann, männlich, jung*
si, **8, 66, 481** *hochtreiben, Antrieb, aufsteigen*
si, **487** *auffüllen*
si-a, **450** *Antrieb anstellen*
si-gal, **9** *„großer Hochtreiber" = Fluggerät*
SI.IM, **272** *Hochtreib-Gas*
sipa/SI.PA, TH 17
Hochtreiber des Flügels/Vogels = Fluggerät-Lenker
sig, **187** *spitz zulaufend, hoch aufstrebend*
SIG$_4$*/sig*$_4$, **245, 334**
Backstein
sig$_7$, **248, 303, 521**
starten
sig$_{10}$, **14, 310** *in Ordnung bringen, reparieren, überprüfen*
sig$_{10}$*-sig*$_{10}$. **257** *wiederherstellen*
sik, **40, 511** *paddeln, wegschlagen, starten*
sikil, **4, 290** *„reine Nahrung" der* Dingir
sikil, **40, 78, 161, 203, 269, 425**
gleich sik-il oder sig-il: füllen zum Starten
sikil-a, **5,290,374** *„reines Wasser" der* Dingir
sikil-la, **6, 105** *Reinheitsprüfung*
sila, **172** *Überwachung, Sicherheit*
silig-ga, **249** *Hörfehler: SCHIL.IG.GI = vorher zu sehender Herkunftsort*
silim$_2$, **310** *heilsam, vollkommen, bekömmlich*
sir$_2$, **266, 274, 335**
Pech, Bitumen, Ölderivat, Fackel

sir$_2$-ra, **335** geformt wie eine Fackel

su, **242** wachsen lassen, bauen lassen

SU, **267** Omen

SU$_2$, **284** Fehlen, Manko, Nichtvorhandensein

su$_3$, **265, 430** anbeten, besprühen, befeuchten

su$_3$, **278, 368, 397** tief sein, tief runtergehen, eingesenkt sein, tauchen

su$_3$-gir$_5$-gir$_5$, **278** „tauchendes Nagetier"; siehe ZU$_2$.NE.NE

su$_6$, **312** zerfasern, kauen

su$_8$, **248** auf dem Wasser landen, wassern

su$_8$/sug$_2$, **248, 386, 486**
besprühen, wässern

SU.GAN, **101** in der Metallurgie verwendetes Material, „Bau"-Metall

su-chusch, **328** das eingesenkte Beängstigende = beängstigendes Unterteil

su-lim, **328** gefährliche Strahlung

su-pa-li-tu, **318** wo aus dem sprühenden Speier Feuchtigkeit dringt

su$_3$-ga, **370** tief eingesenkt gebaut

su$_3$-su$_3$,**17, 56, 243, 430**
sich ausbreiten, überziehen, besprinkeln, versorgen

su-zi, **385** Furcht ums Leben, Todesangst

such$_3$-a, **E287** Verwirrung stiften

such$_{10}$, **389, 490, 504**
Kopfschutz, Krone, Diadem

sud, **368** weit weg, unerreichbar

sug, **224** gehämmerte/fabrizierte Schale = Fluggerät

sug$_4$, **430** ausleeren, besprühen

sug$_{10}$, **224** gehämmerte konstruierte Schale

sukkal, **224** = sug$_{10}$-kal = große konstruierte Schale = Fluggerät des An **227**
= wichtigster Diener

sukud, **426** groß gestaltet

sukud$_2$, **426** hell aufleuchten

sum, **432** Knoblauch; Zwiebel; deren Geruch

sum/sum$_2$, **371** werfen, geben, bringen

sum$_2$ mu, **244** Holz/Brennstoff bringen

Sumer, **114** siehe SCHU.MER

sun$_2$, **152, 299** Ofen

SUN/sun$_4$, **91, 173, 489**
scheinen, leuchten, strahlen; Strahlender, Leuchtender

sur-(r)a, **135** „reines" Wasser

sur$_2$, **255** wütend

sur$_5$, **439**	*aufhängen, aufknüpfen*
ta, **135, 137**	*hervortreten, hervorgehen, errichten*
tab, **404**	*Zwilling; verdoppelt, verdoppeln*
tag-ga, **43, 450**	*Furcht machen, ängstigen*
tag-ga, **183**	*größer machen, vergrößern*
tar, **103, 268**	*Beschluss, Berater, Ratgeber, Überwacher; Stachel*
tar, **266**	*spalten, aufspalten, kräcken*
TAR, **311**	*der Drehende = Fluggerät*
-te-en-te, **429**	*abkühlen*
TE.GAL$_2$, **331**	*Klein-Macher, Zerkleinerungsgerät*
TE.NE, **236**	*sich annähern zum Ausruhen*
TE *ingar*, **334**	= TE IN.GAR = *Dickdarm-Bogen*
temen, **64, 334, 499**	
	Rampe,Fundament
ti, **254**, **386**	= *ti-en* = **248:** *ti-in* = *sich annähern*
ti-a, **398**	*Annäherung machen, sich annähern*
tigi, **7**	*„Trommel“ = Wiedergabegerät*
til, **9**	*„Pfeil“ = Fluggerät*
TIL, **98**	*Leben*
til-e, **64**	*Aufstieg abschließen*
tu, **398**	*freisetzen, öffnen*
	= *tu*$_{11,12}$, = *tun,dun* = *schlagen, schütteln*
tu-da, **398**	*kräftig schütteln*
tu$_5$, **486**	*begießen, wässern*
TUG/*tug*$_2$, **404**	*besitzen, bekommen, haben*
TUG.DI/TUK.DI, **435**	
	= *Urteil erhalten, Urteil bekommen*
tum-ma-al, **39**	*hoch gebauter Hort, spitzer Schatzturm*
tum$_2$, **367, 497, 512**	
	passend, geeignet
tum$_9$, **433**	*auslöschen, abschneiden, wegnehmen*
tuku, **259**	*zittern*
TUR/*tur*$_2$, TH7	*Kalbungshütte/Stall/Gebärhaus; Tempel*
U, **184, 214**, **465**	*u*$_3$*-mu-un=NIN=Stolze(r) mit einem „Oben-Lärmenden“ = stolze(r) Flugapparat-Lenker(in)*
U.DUG, **58, 514**	*ein mit der Sprechverbindung Beautragter*

U.GAR.SCHAR$_2$-a, **164** — *Gebäudeteil aus dem Weisungen erfolgen*

U.TU, **54** — *Nachkommenschaft*

u$_2$, **56** — *= aufsteigen*

u$_2$, **203, 304, 468, 494** — *= Basis*

u$_2$, **210** — *= stolz*

u$_2$, **306** — *aufsteigen*

u$_2$, **430** — *etwas unterstützen*

u$_2$-a ki, **485** — *Unterstützungsstelle*

u$_2$-nu-ri, **304** — *unglückliche Basis*

u$_2$-zu = u$_2$-schu, **306** — *Gas-Aufsteiger*

U$_2$, **266** — *Aufstieg, Aufsteiger, Hochsteiger*

u$_3$, **184** — *stolz*

u$_3$, **201, 299, 490, 498, 502** — *Land, Erde, Erd-*

u$_3$, **435** — *und*

u$_3$-li-li, **279** — *Wehklagen*

u$_3$-ma-gub, **258** — *errungene Siege*

u$_3$-tu, **283** — *Erzeugung*

U$_3$.CHI, **314** — *frisch Gehaltenes, Unverdorbenes, kalt Aufbewahrtes*

u$_4$, **10, 176, 276, 311** — *„Licht-Gefährt"/"Licht"* **318, 329, 376, 499**

u$_4$-chusch, **243, 440** — *furchterregendes Licht/furchterregender Sturm*

u$_4$ EN en, **174** — *Herr/Lenker des „Lichtes" in der Höhe*

u$_4$-ra$_2$-bu, **376,513** — *das „Licht", das zum Ablöschen/Abkühlen gebracht wird*

U$_4$, **276** — *Lärm, Tosen*

u$_5$, **147** — *kontrollieren*

u$_5$, **297** — *lenken*

u$_5$, **E418** — *All, Welt*

u$_5$ muschen, **E418** — *„Welten-Vogel"*

u$_6$, **138** — *bewundernd, zufrieden seiend*

u$_6$-di, **199** — *Erstaunen hervorrufend*

u$_6$-nir-gi-na, **514** — *bewundernswert errichteter Antwort-„Stein"*

u$_8$-lu-a-ra, **214** — *= U.LU.A.RA = stolzer Flugapparat-Lenker U/ der Stelle LU/wo die Adler A/sich hinlegen RA*

u_{18}, **221**	= GISCH.GAL = *Großes Gerät; auch:Versammlungsraum,*
u_{18}, **435, 440**	*gewaltig, sich steigernd*
u_{18}*-lu*, **435**	*gewaltiges Durcheinanderschütteln*
u_{18}*-lu*, **255**	*siehe oben bei Abschnitt B) „*Dingir-*Namen“ auf Deutsch*
u_{18}*-ru*, **426**	*große Halle zum Bearbeiten/Herstellen = Hammerwerk*
ubur, **390**	*Ziegenzitze, Düse*
uch, **140**	*Volk, Menge, Menschen*
uch_2, **278**	*Schaum*
uch_2-pu_2, **278**	*stehendes Wasser (nach der Flut)*
UD.UD, **170, 176, 476**	*weiß/hell scheinend, lärmend, Sonne, Hitze, Tag Mächtig Strahlender, Heller „Glänzer“*
ug, **485**	*stehen, hinlegen, lagern*
ug_2, **485**	*= Löwe, siehe jedoch PIRIG bei 73,91, etc.*
ugu_2, **299**	*(Platz zum) Landen auf dem Wasser*
ul, **497**	*mahlen*
ul, **507**, **531**	*in Schrecken fallen*
ul-chi, **194**	*ewiges Dunkel, ewige Nacht*
ulutim, **500**	*=* $uludin_2$ *= Form*
umbin, **400**	*Poller, Nagel, Klaue*
Umun, **360**	*siehe U*
umusch, **404**	*Gedanke, Konzept, Plan*
umusch musch, **404**	*Schlange, bildlich gemeint = gedachte Schlange*
un, **214, 379, 442**	*Firmament, hoch sein, hoch aufsteigen, oben sein*
un-gal, **207**	*Machthaberin, die „Oben-Wichtigste“*
ur-mach, **432**	*Löwe = PIRIG = “Glänzer“ (vgl. PIRIG)*
unu_2, **304, 305**	*Halle*
ur_2, **33**	*Spitze (= Antenne)*
ur_2*-ta*, **341**	*einschließlich der Fundamente/bis auf die Fundamente*
ur_3, **242**	*erzeugen, schaffen*
ur_4, **61**	*Schutz*
uru_{16}, **E418**	*stark, mächtig*
uru_{16}, **276**	*= urun = beruhigen, Beruhigung*
uru_{16}*-na*, **489**	*sich nicht beruhigen zu…, nicht aufhören zu …*
URU x TU, **96**	*Gebärhaus*
URUDU,nach **320**	*Gold – URUDU NAGAR: „zugerichtetes“ = gereinigtes Gold*
us-ga, **372**	*bewusst/entsprechend platziert*

usch, **432**	*Pfad, Flugrichtung*
usch$_{11}$, **432**	*Gift*
uschu,**434**	*Heuschrecke, Heuhupfer*
utul$_{5}$*-an-na*, **332, 469**	*„Himmels"-Schüssel*
ZA, **318**	*Stein*
ZA, nach **404**	*Mensch*
ZA, **404**, **485**	*abschließen, Zugeschlossenes, Eigentum, Reservat*
za, **429, 499**	*an deinem, von deinem (Lokativ)*
za-ba-la ki, **318**	*Ort des Zerkleinerns und Befeuchtens von Steinen*
za$_{3}$, **11,30,31,35**	*gezähnt, stufenförmig, hart*
za$_{3}$*-du*$_{8}$, **30**	*stufenförmig aufsteigend*
za$_{3}$, **443**	*= zag = einzigartig, ohne etwas, ohnegleichen*
ZA.MUSCH.AB, **318**	*Schrein des Stein-Gerätes = Tempel von Zabalam*
ZA$_{3}$*.CHA*, **E419**	*der Fischartige ohnegleichen*
zach$_{6}$, **110**	*überfluten*
zag, **487**	*einzigartig, ohne etwas*
zag-nu-di, **443**	*einzigartig, ohnegleichen*
ZAG.KU$_{6}$, **290**	*einzigartiger Fischartiger, Fischartiger ohnegleichen*
zal, **371, 472**	*leuchtend, aufscheinend*
zal, **330**	*auflösen, zerbrechen, schmelzen*
zi, **62, 264, 299, 307, 433**	*wegnehmen, abschneiden, ergreifen, benutzen, auslöschen,entladen*
zi-du, **54**	*Kammer des Lebens*
zi, vor **479**	*= zig*$_{3}$ *= aufsteigen*
zi-zi,**483**	*sich erheben, aufstellen, aufsteigen*
zi-zi-i, **433**	*Leben unter Wehgeschrei auslöschen*
zu, **498,504**	*informieren, wissen, lehren, lernen, verstehen, planen*
ZU, **399**	*Weisheit, Plan, Urteil, Weisungen, Wissen*
ZU.EN, **399**	*der Herr der Weisungen, des Urteils, des Planens = An*
ZU, **370**	*Nutzung*
zu$_{(2)}$, **296, 318, 399**	*Rammspitze, Trennscheit,Zahn, Flintstein, Spaltgerät*
ZU$_{2}$*.NE.NE*, **278**	*= su*$_{2}$*-gir*$_{10}$*-gir*$_{10}$ *= su*$_{3}$*-gir*$_{5}$*-gir*$_{5}$ *= tauchendes „Nagetier"*

C) Quellenhinweise

Hier werden nur die ausdrücklich erwähnten Quellen aufgeführt. Wenn im Haupttext der wissenschaftliche Fußnoten- und Verweisungs-„Apparat" vermieden wird, dann geschieht dies, um das Buch für den normalen Interessenten, dem auch so schon sehr viel zugemutet wird, halbwegs lesbar zu erhalten. Sumerologen dürften wissen, worauf bei Hinweisen auf nicht genau zitierte Quellen jeweils Bezug genommen wird. Wenn nicht, dann sind sie freundlichst zum Beweis des Gegenteils eingeladen - und wenn ihnen das nicht gelingt - zu einem *persönlichen* Dialog ...

(1) Zimmern, H., Ein Zyklus altsumerischer Lieder auf die Haupttempel Babyloniens, Zeitschrift für Assyriologie, N.F. V, S. 245-276, 1930

(2) Sjöberg, A.W., und Bergmann, E., The Collection of The Sumerian Temple Hymns, J.J. Augustin Publisher, Locust Valley, N.Y., 1969

(3) Krecher, J., und Jagersma, B., Sumerian Temple Hymns, ursprünglich 1996, leicht weiterentwickelt in „The Electronic Text Corpus of Sumerian Literature" (www-etcsl.orient.ox.ac.uk/section4/c4801.htm)

(4) Falkenstein, Adam, Sumerische Götterlieder, Teil I, Abhandlungen der Heidelberger Akademie der Wissenschaften, 1959; Teil II, bearbeitet von J.J.A. VAN DIJK, Heidelberg 1960

(5) Römer, Willem H. Ph., Das sumerische Kurzepos Bilgamesch und Akka, Neunkirchen-Vluyn, 1980

(6) Gurney, R., Journal of the Royal Asiatic Society, Jahrg.1935, S.459-466

(7) Sjöberg, A.W., Journal of Cuneiform Studies, Bd. 21, S. 278

(8) Römer, a.a.O., S. 28, und Cavigneaux/Al-Rawi: Textes magiques de Tell Haddad, Zeitschrift für Assyriologie, Bd. 83, S. 178

(9) Tafel NBC 7799; vgl. Fußnote 22 bei: Beginning and End of the Sumerian King List, in: Journal of Cuneiform Studies, Vol. 17, Chicago, S. 85-89

(10) Deimel, Anton, Pantheon Babylonikum, 1914, No. 2971

(11) Sollberger, E., JCS XVI, S.40 ff

(12) TCL XVI, Nr.7311

(13) Deimel, Anton, Sumerisches Lexikon, Rom, Verlag des Päpstlichen Bibelinstituts, 1925, Heft 1, Vollständiges Syllabar

(14) Labat, René, Un calendrier babylonien des travaux, signes et des mois, Librairie Honoré Champion, Paris, 1965

(15) Langdon, Stephen, A sumerian grammar and chrestomathy with a vocubulary of the principal roots in sumerian and a list of the most important syllabic and vowel transcriptions, Librairie Paul Geuthner, Paris, 1911

(16) Jestin, Raymond-Riec, Notes de Graphie et Phonétique Sumeriennes, Librairie Honoré Champion, Paris, 1965

(17) Sjöberg, Ake, Der Mondgott Nanna-Suen in der sumerischen Überlieferung, I. Teil: Texte, Almquist & Wiksell, Stockholm, S. 123-131, Das Tempellied auf das Heiligtum Ekischnugal in Ur; S. 137-139, Das Templlied auf das Heiligtum in u-ru-um ki

(18) Zgoll, Annette, Der Rechtsfall der En-chedu-Ana im Lied nin-me-sara, Bd. 246 Alter Orient und Altes Testament, Ugarit-Verlag, Münster, 1997, S. 108

(19) Krecher, J., ASJ 9 (1987), 77

(20) Westenholz, J.G., Enheduanna, En Priestes, Hen of Nanna, Spouse of Nanna, in: Festschrift Sjöberg, Philadelphia, 1989, S. 539-556

(21) Woolley, C.L., AJ 6 (1926), Abb. LIVb

(22) Frayne, D.R., Sargonic and Gutian periods, The Royal Inscriptions of Mesopotamia, Early Periods, vol.II, Toronto-Buffalo-London, 1993, S.35 ff

(23) Zgoll, Annette, En-hedu-Ana: Tochter Sargons – Gemahlin des Mondgottes, in: J.Kügler – L.Bormann(Hg), Töchter(Gottes), Studien zum Verhältnis von Kultur, Religion und Geschlecht, Bayreuther Forum 8, Münster (2008), S.7 ff

(24) Der Dank geht an alle uns bekannten Umschreibungen, die – im Rahmen der Konventionen der Disziplin – Grosses geleistet haben. Ehre, wem Ehre gebührt! Neben kleineren Unterlagen handelt es sich insbesondere um

** die von Zimmern (1) gelieferte Umschrift der Kopie von Radau;*

** die in (2) enthaltenen umfangreichen Lesungen des 1965 verstorbenen*

Dr. Bergmann;

* *die umfassenden Arbeiten von Prof. Sjöberg in (2);*

* *Lesungen und Kommentare von A. Falkenstein und J.A. van Dijk in (4)*

* *aber auch alle entsprechenden Umschriften von Prof. Sjöberg in (17)*

* *und, elektronisch überliefert,*

- Civil, Miguel (COR 11.SPI, 1989), integriert in

- Krecher und Jagersma in (3).

(25) Borger, Rykle, Mesopotamisches Zeichenlexikon, Alter Orient und Altes Testament, Bd. 305, Ugarit Verlag, Münster 2004

(26) Sitchin, Zecharia, Das verschollene Buch Enki, J. Kopp Verlag, Rottenburg 2010

(27) Ermel, Gisela, Das Heilige Bündel der Azteken, Ancient Mail Verlag, 2007

(28) Meador de Shong, Betty, Princess, Priestess, Poet, The Sumerian Temple Hymns of Enheduanna, University of Texas Press, Austin 2009

(29) ETCSL, The Electronic Text Corpus of Sumerian Literature, University of Oxford; Homepage: etcsl.orinst.ox.ac.uk

(30) Edzard, Dietz Otto, Sumerian Grammar, Society of Biblical Literature, Atlanta; Lizenzdruck von Band 71 des Handbuchs der Orientalistik, Erste Abteilung, Boston, Brill, 2003

(31) Halloran, John A., Sumerian Lexicon, Version 3.0, unter: www.history-world.org/Sumerian(1).pdf

(32) ePSD; Homepage: psd.museum.upenn.edu/epsd/nepsd-frame.html

(33) Burgard, Dr. Hermann, Encheduanna: Geheime Offenbarungen, Ancient Mail Verlag Werner Betz, Groß-Gerau, 2012

(34) Jacobsen, Th., The Sumerian King List, Oriental Institute oft the University of Chicago, Assyriological Stdies – NO. 11, University of Chicago Press

(35) Jacobsen, Th., The Eridu Genesis, Journal of Biblical Literature, 100 (1981), S.513 – 529

(36) Jelitto, Dr. Hans, Pyramiden und Planeten, Wissenschaft & Technik Verlag, 1999

(36) Muck, Otto, Atlantis – die Welt vor der Sintflut, Walter Verlag, 1956

(37) Bremer, Dieter, Atlantis und das Altersparadoxon, Edition Winterwork, 2009

D) Endnoten für Sumerologen

[1] Siehe die eingehende Begründung in Teil I, S 203 – 207.

[2] Die nächste Stolperstelle für einen orthodoxen Übersetzer haben wir mit den beiden sumerischen Worten *cha mun* vor uns, was uns indessen nach den Überlegungen in Teil I zu TH 27, Z 340 nicht mehr schrecken kann. Die in den Begleitkommentaren der bisherigen Übersetzer angebotenen Bedeutungen wie etwa *verschiedene Sprachen/gegensätzliche Meinungen/gespaltene Zungen* machen auch hier keinen Sinn. *cha* heißt nun mal ursprünglich *mehrere* und für *mun/MUN* ist auch *Skorpion/Brenner* im Sinn von Fluggeräten erlaubt.

[3] Die babylonischen Abschreiber der sumerischen Keilschrifttafeln verstanden schon nicht mehr so ganz genau, was sie kopierten, oder die modernen Zeichenleser begriffen die Zusammengehörigkeit der Zeichen falsch. *la-za* hat wie in Z 6 der TH 1 als ein einheitlicher Begriff zu stehen, wobei das *za* eine sogenannte Nomenandeutung darstellt.

[4] *ni*$_2$-*ku*$_4$-*ku*$_4$/*ni*$_2$-*gu*$_7$-*gu*$_7$ ist etwas unter Wasser Schwimmendes, spezieller ein Fisch. Statt *nu-Di-dam* muss man *nu-di-te-am*$_3$ verstehen. Statt *silig-ge* sollte *SCHIL.IG.GI* geschrieben worden sein = *ohne vorher sichtbaren Aufenthaltsort.*

[5] Auch in Z 254 kommt wieder angeblich eine Stelle für Trinkgelage der *Dingir* vor, weil von den alten Kopierern *tin* statt *te en* gehört worden war. Richtig verstanden wird daraus eine *Annäherung des Herrn.* Da durch *am*$_3$ in Z 253 ein *immer wieder* angesagt wird, bringen wir dies in der gesammten Konstruktion der drei Zeilen zum Ausdruck.

[6] Das Verbum *lu* hat hier die Bedeutung *durcheinander wirbeln.* Zu Encheduannas Zeiten hat man für *u*$_{18}$ genauer *GISCH.GAL* geschrieben. Dessen häufigste Übersetzung *Versammlungsraum* führt aber in die Irre. Die wörtliche Aussage *Großes Gerät* hilft weiter. Der rätselhafte Ausdruck bezeichnet demnach nicht einen „rasenden Sturm", sondern betrifft *ein großes Gerät, das durcheinander wirbeln kann.* Dieses Gerät wird an vielen anderen Stellen bisher **konventionell** als *Südwind* genommen. Der sogenannte *Südwind* war gemäß der *Adapa*-Erzählung eindeutig ein Flugapparat!!! *u*$_{18}$-*lu* muss dann noch als Nispe erkannt werden, damit klar wird,

dass wir eine Bezeichnung für *Nin.gir$_2$.su* vor uns haben: *Der mit dem großen Flugapparat, der durcheinander wirbeln kann.*

[7] Bei *a$_2$-pa$_3$-da* ist das angehängte *-da* eine Nomenverstärkung. *pa$_3$* bringt *Krümel/Fetzen/das Zerkleinerte.* Wenn man den Ausdruck als eine Nispe in Apposition begreift, wird daraus wörtlich *Der mit der Kraft des Zerkrümelns/des in kleine Stücke Reissens.* In der vorgestellten Übersetzung wird in der *Kraft* eine *Fähigkeit* gesehen, die durch *kann* aufscheint.

[8] Sumerologen werden auf Teil I verwiesen, wo zu Z 169 in TH 13 ein **Hörfehler** aufgedeckt worden ist. Dort war *dalla* als *dal-la* zu lesen. Hier ist *dalla* richtig als *sichtbar* zu begreifen.

[9] Wütend wird trotzdem der Einwurf orthodoxer Sumerologen kommen, an vielen anderen Stellen in der Literatur handele es sich vom Kontext her aber eindeutig auch ohne den erwähnten Zusatz um eine Person. Kein Problem: Sie sollten daran denken, dass - wie so oft bei Personenbezeichnungen - eine Nispe vorliegen kann. Dann aber ist die Nugig *Die von der Flugapparat-Umkehrstelle.* Das ist dann ein Titel, der ursprünglich nur *Dingir*-Damen zukam, **später** aber auch einer wichtigen Klasse von Priesterinnen zuerkannt worden ist.

[10] Mal wird dieser *Dingir* - es soll sich um einen Sohn der Tempelherrin handeln - uns einfach in den englischen Texten als *Ash.gi* präsentiert, mal genauer als *Ash$_7$.gi$_4$,* mal als *Ash.SHIR.gi$_4$,* wobei den Leser nicht verwirren sollte, dass wir auf Deutsch statt des englischen *sh/SH* normalerweise *sch/SCH* setzen. Zimmern glaubt, *asch.schir.gi$_2$* (unsere Schreibweise) angetroffen zu haben. Extreme Übersetzungen sind denkbar: *Der mit Feuer und Wellen zurückkehrt* oder *Der bei Feuer und Flut funktioniert* oder *Der ausschließlich vor der Flut Funktionierende.* Letzteres würde ansagen, dieser *Dingir* habe seine Funktion nur vor einer Flut ausgeübt. Die Funktion wird sofort geliefert mit: *Dingir von Adab.*

[11] Vordergründig kann in dieser Zeile *tusch* sicherlich als *Heim/ Wohnstätte* verstanden werden, obwohl darin auch *annähern/einbringen* steckt. Vom Kontext her, unterstützt durch Wortwurzeln und Varianten, optieren wir für *Heimathafen/Heimatbasis.* Die blumigen Eigenschaften dieses Platzes in den bisherigen Übertragungen erklären sich aus einem *sukud,* das als *groß machen* etc. nicht in den Text passt und deshalb bisher äußerst liebevoll ausgemalt worden ist. Wenn man aber annimmt, die Schreiber hätten im

Altertum zwar richtig gehört, aber wieder einmal falsch verstanden, dann kommt Sinn auf: *sukud₂* hätten sie, mit einem anderen Zeichen, schreiben müssen, um den gewünschten Sinn zu treffen – *hell leuchten/aufleuchten*. Dann wird auch offensichtlich, man muss *Flugapparate* sehen und nicht „Name" begreifen

[12] Schließlich half unsere eigene Wortliste weiter, die wir seit Teil I fortlaufend geführt, aber damals noch nicht veröffentlicht haben. Zu Z 98 fanden wir eine Erläuterung des *Dingir*-Namens *A.ru.ru*, wobei wir auf *RU* hinwiesen. Wir hatten gefunden, dass *RU* auch den Wert *TIL* = *Leben* haben kann. Dann wurden hier von uns nach bewährter Manier alle Varianten von *bu/bur/buru* durchforscht, ob sie zu *Leben* passen und im Kontext einen Sinn ergeben. Der Fund lautete $bu_{3\ oder\ 6}$/ bur_{12} = *abschneiden/ wegnehmen*.

[13] Sumerologen werden bemerken, dass die bisherigen Übersetzungen das Ende der Z 458 entweder nicht bringen oder eine Mehrzahl von „Göttern" entdecken, die in einer Version sogar etwas **nicht** tut. Die Schwierigkeiten kommen von dem eingefügten *–re-*, mit dem man nichts anzufangen wusste. Es kann schlicht u.a. auch den Dativ, Akkusativ oder Terminativ ansagen, was in unserer Fassung genutzt wird.

[14] Er verzeichnet für den sumerischen Lautwert *mes* auf S.174 zwei Keilschriftzeichen, die er vorher bereits auf S. 22 bzw. 46/47 behandelt hat.

Auf S. 22 finden wir für die Zeichenform 138 unter 9) einen von den Babyloniern überlieferten Zeichennamen *KI-SCHI-IB*. Diese Kombination haben wir bei den Z 71 bzw. Z 266 schon untersucht und als *fauchende Auflösung* oder auch *brodelnde Trennung* kennen gelernt. Unter 10) findet man *SU-MU-UG*, in dem *befeuchten+Kleidung+Hitze* stecken. Dies weist darauf hin, dass die *Hitze* in der Nähe der erwähnten *Auflösung/Trennung* nur mit *befeuchteter Kleidung* auszuhalten ist.

Auf S. 47 finden wir bei Deimel für die Zeichenform 314 IV unter 1) ebenfalls KI-ISCH-IB und unter 3) *SA-MA-AG = rösten + fließen + machen*.

[15] Schon Zimmern (1), S. 270, hat in einer Fußnote Schwierigkeiten beim Lesen der Keilschriftzeichen anklingen lassen. Er erwähnt eine Schreibung *ab₂-udu* anstelle der modern anzutreffenden „Lesung" *ab₂-lu* (= Viehbestand) und meint man müsse eher *utul* lesen. Offensichtlich ging da schon vor rd. 4.000 Jahren beim Kopieren einiges beim *Hören* und Ver-

stehen daneben, denn das Homophon *utul*$_5$ bringt uns *Schüssel*. Die aber war schon bei Z 332 als *Himmelsschüssel* aufgetaucht.

[16] Die entsprechende Partitur:

SB:	mes$_2$	e	NE	schu	gal$_2$	X
KJ:	mesch$_3$	e	giri$_{17}$ (ms: NE)	schu	gal$_2$	X
Sj (17):	MES	E	NE	schu	g(al$_2$)	X

Während bei SB nur ein Wortzeichen erscheint und KJ dieses gar mit dem Lautwert *giri*$_{17}$ „lesen", bringt Sj (17) in seiner Umschrift drei Wortzeichen. Sj engt somit durch eigene Interpretation die Wortzeichen **nicht** zu Lautzeichen ein, wie dies unerlaubterweise die anderen tun! Man kann sogar vermuten, dass auch das Zeilenende in der Keilschrift mit Wortzeichen geschrieben ist.

Dieses Ende ist für konventionelle Altorientalisten so oder so ungenießbar. Wir können uns auf Z 71 und auf Z 308 für *schu* = *Rauch/Gas* beziehen und auf Z 42/43 bzw. 433 für *gal*$_2$ = *voll sein mit/aufbewahrend/Aufbewahrer von*. Am Zeilenende steht demnach hier so etwas wie *Gas Aufbewahrendes/ zur Gasfreisetzung Geeignetes*. Wer TH 42 kennt und unsere Überlegungen zu Karbid-Gas/Azetylen, denkt sofort an Karbid-Körner/-Pulver **oder** an Azetylen, das in einem Ölderivat aufgelöst ist.

Was hinter dem ersten Zeichen stecken könnte, zeichnet sich nach dieser Überlegung auch ab. Man denke an Z 366, wo wir *mesch*$_3$ = *„schwarzes Holz"* = *Ölderivat* enttarnt haben. Für *E/e* könnte im Kontext *hineinbringen* passen.

Bleibt *NE*, das bei der Priesterfürstin manchmal einen *„Glänzer"* vorführt. Das kann hier nicht zutreffen. Suche in neuen und alten Listen. Plötzlich und unerwartet: auch *trocknen, getrocknet, Getrocknetes*.

[17] Der Kommentar bei SB zeigt drei sumerische Varianten. Der Blick blieb mitten im Text bei *che*$_2$*-em* hängen, das von den Bemühungen um *En.ki* als Erbauer von Wasser-Hort und U-Boot her bekannt war. Dort hatten wir uns bei Zeile E 419 zunächst für *Fische-Ton* entschieden. Ein modernes Wörterverzeichnis bot „Steinart" an. Im sumerischen Text folgte *mi-ib*, wobei *ib* = *fauchend/brodelnd* zu setzen war. Eine Vokal-Assimilation konnte vorliegen: statt *mi* eher *me*. Das hatte dann *mit Verfeinerbarem* und *fauchend* etwas zu tun. Welche Tätigkeit? *tum*$_2$*-mu* = *passend brennen*. Was soll

mit dem *Fische-Ton* geschehen? Das steckt in *ul* = *mahlen*. Wer handelt? Die Tempelherrin!

Zweiter Teil der Zeile daher möglicherweise: *sie mahlt „Fische-Ton", um „Fauchend-Verfeinerbares" passend zu brennen.* Wenn *„Fauchend-Verfeinerbares"* durch *brennen* erzeugt wird, dann ist das Karbid-Erzeugung auf *Kalkstein*-Basis. **Die „Steinart" demnach Kalkstein!**

Der Anfang der Zeile ergab sich aus dem Kontext. *men* war nicht „Krone", sondern *leuchten/ aufleuchten.* Daher: *An deinem Bauwerk steigt das Leuchten auf.*

Die ganze Zeile steht in einem logischen Zusammenhang, den man auf Deutsch durch eine *„...wenn, dann..."*- Konstruktion herausarbeiten kann.

[18] Vorweg darf man grundsätzlich immer in Frage stellen, ob die Bindestriche zwischen den zitierten Keilschriftzeichen berechtigt sind, da sie bereits eine im Original nicht vorhandene Interpretation des Bearbeiters darstellen, der die Umschrift angefertigt hat. Sodann war sa_7 *ga* schon öfters im Wortschatz der Priesterfürstin aufgetaucht: Z 245, 295. Jedesmal ging es um *abbrennen/rösten.* Außerdem stand unmittelbar vorher das Zeichen *esch* für *Tempel.* Wenn *Verfeinerbares* = *Karbid* explodiert war, dann war *der Tempel durch Brennen/Brand zerstört* worden.

Zudem deutete das Fehlen von *le* auf einer Original-Tontafel auf Verständnis- oder Hörfehler hin. Wegen des nachfolgenden Anfangs-*e* von *esch* konnte daher bei Encheduanna ursprünglich auch *la* oder *lu* oder *li* geschrieben gewesen sein.

Es lag angesichts der *Explosion* und des *Brandes* unter den üblichen Kontexterwägungen nahe, bei *chu* und *ul* Bedeutungen zu bevorzugen, die in die gleiche Richtung gingen. Für *chu* fanden wir *ausgraben/ zusammenkratzen* und für *ul* auch *mahlen* = *zermalmen* wie schon in Z 497. Sofort konnte man fragen, wer oder was *zusammengeschlagen und zermalmt* worden war. Da kam anstelle des fragwürdigen *le* doch eher *la* ins Spiel gleich *Reichtum.* Und dann durfte das zweite *chu ul* mit *einst aufgehäuft* übertragen werden.

Noch Fragen zur Begründung der angebotenen Übersetzung? Wohl kaum. Aber man denke mal über den sprachlichen Rhythmus und die

Formulierungsdichte nach, die in der besprochenen sumerischen Textstelle steckt.

[19] Wir haben die Aussage betreffend die überaus großen Kenntnisse als Faktum hingestellt, doch steht im Original eine Konstruktion, die genau genommen auf Hörensagen hinausläuft: „die derartige Kenntnisse bekommen habend Gesagte"… also eher „gehabt haben soll".

[20] Die beiden zuletzt erwähnten Bezeichnungen machen die Überlegungen nicht einfacher. Es wird behauptet, mit *Gestirn des An* seien die Plejaden gemeint, während bei der Vieldeutigkeit der Überlieferungen auch deshalb der *„Himmel"* angesprochen sein kann, weil das *Dingir*-Determinativ fehlt - was allerdings andererseits bei dem *Dingir-Obersten* normalerweise ebenfalls zutrifft. Schließlich könnte *munus-mul-mul-la* sowohl *„Die Frau, die die Ausbreitung/Verbreiterung des Fundamentes überwacht"* hergeben oder *„…die zum verbreiterten Fundament führt"* als auch besagen *„Die Frau, die sich in den Plejaden gezeigt hat"* oder gar - wie auch übertragen worden ist - *„…geoffenbart hat"*. Eine Erklärung könnte in einer vielleicht späten Entstehung dieser Bezeichnungen zu finden sein.

[21] Bei Deimel (13) wird das sumerische Keilschriftzeichen für *mun* unter Nr. 111 behandelt. Er liefert dafür u.a. die babylonischen Zeichenwerte *MU-UN = Oben-Lärmender, BU-RU=Leben Auslöschender, SCHA=Vogel, SCHI-IL = Unter Ausströmen sich Erhebender* oder *BUR-DI-ISCH = Zerstörende Urteils-Schale*. Das ist der *IM.DU.GUD*, das *„Licht"* !!! Gräbt man weiter, findet man, dass das sumerische Keilschriftzeichen für *numun* bei Deimel als Nr. 72 geführt wird. Babylonischer Zeichenname: *NU-MU-UN = sich schnell drehender Oben-Lärmender*.

Literatur zu den Rätseln der Geschichte dieser Welt und weiteren faszinierenden Themen finden Sie im Verlagsprogramm des Ancient Mail Verlags:

Tagungsband zum One-Day-Meeting der Forschungsgesellschaft für Archäologie, Astronautik und SETI in Dresden 2012

978-3-944198-54-5, Din A5, Paperback, 131 Seiten, 21 s/w-Abbildungen, € **11,50**

Mit den Vorträgen aller Referenten des Meetings:

Peter Fiebag: Träger des bewegten Gottesnamens / Marie-Marthe Rennel und Wolfgang Siebenhaar: Geheime Zeichen in Südamerika / Alexander Knörr: Unmöglich! Technologietransfer in der Vorzeit / Daniela Machnitzke: Totenkult und Auferstehungsglaube-Erinnerungen / Hans-Dieter Gau: Cart Ruts auf den Azoren / Dr. Detlef Hoyer: Faszinierende Objekte ungeklärten Ursprungs auf der marsoberfläche / Angelika Jubelt: Monstrum Humanum Rarissimum – Alien oder Missgeburt / Lars A. Fischinger: Neues zu Objekt „M“ von Tallinn / Dr. Algund Eenboom: Verborgene Einsiedler und fliegende Wagen / Luc Bürgin: Neue Rätsel im Mysteries-Land

Tagungsband zum One-Day-Meeting der Forschungsgesellschaft für Archäologie, Astronautik und SETI in Ulm 2013

ISBN 978-3-95652-054-9, Din A5, Paperback, 189 Seiten, 47 s/w-Abbildungen, € **11,50**

Mit den Vorträgen aller Referenten des Meetings: StD Peter Fiebag: 40 Jahre A.A.S.: Unsere Forschung geht weiter! / StR i.R. Willi Grömling: Paläo-SETI-Elemente in der germanischen Mythologie / Dipl.-W.-Inf. Donny Gschwind: Künstliche Strukturen auf dem Mars? / Dipl.-Ing. Paul H. Krannich: Das letzte Geheimnis der grünen Scheibe? / Dipl.-Bibl. Ulrich Dopatka: SETI – Impulse für Paläo-SETI / Korbinian Rubenbauer: Interstellare Raumfahrt – Problematik und Antriebe / Dipl.-Ing. Helmut A. Gießer: Aus heiterem Himmel / Annett Friedrich: Die Geheimnisse von Balis alten Göttern / OStR. i.R. Peter Kaschel: Hesekiel und der Zeitgeist : Worte im Wandel / Hartwig Hausdorf: Ancient Aliens in Australien / Reinhard Habeck: Die Astronauten von Zurla und andere alpine Steinrätsel / Wolfgang Siebenhaar: 40 Jahre A.A.S. – Die frühen Jahre

Dr. Hermann Burgard

Encheduanna

Geheime Offenbarungen

Oberflächlich als Tempelhymnen bezeichnete 4.300 Jahre alte Berichte einer sumerischen Priesterfürstin über Personen, Bauten, Ereignisse und Errungenschaften aus einer schon für sie selbst fernen Vorzeit mit dem Originaltitel "Bewunderswert aufragend ..."

Entdeckt, entschlüsselt, übersetzt und kommentiert von Dr. Hermann Burgard

ISBN 978-3-943565-03-4, Paperback, Din A5, 292 Seiten,
€ 17,80

Verschlüsselte Keilschrifttexte einer sumerischen Priesterfürstin und Königstochter, seit Babylon verschollen und verkannt, enthalten zahlreiche durch andere Quellen unterlegte Tatsachenhinweise, die für die Zeit vor und nach einer Großen Flut unser Geschichtswissen fundamental ergänzen, die keineswegs „göttlichen", vielmehr ernüchternden Hintergründe der damaligen Staatsreligion aufzeigen und umfangreiche Eingriffe vom Firmament her belegen. Sie beschreiben außerdem für diese Vorzeit bildhaft mit genauen Einzelheiten technologische Errungenschaften, deren erneute Realisierung uns erst im letzten Jahrhundert gelang oder gar heute noch in der Zukunft liegt.

Werner Betz

Kräfte aus dem Nichts?

Geheimnisvolle Orte und rätselhafte Energien

ISBN 978-3-95652-056-3, Hardcover,
Din A5, 206 Seiten, über 70 Farb-Abb.,
€ 19,50

Warum wurde die Kathedrale von Chartres genau an dem Platz erbaut, an dem sie heute steht und warum finden wir in der Bretagne kilometerlange Reihen von Menhiren, die einst unter großem Aufwand dort errichtet wurden? Wie entstand in einem Megalith-Bauwerk eine Temperatur von 2.000° C, so dass die Oberflächen der Steine verglasen konnten?

Bei diesem Buch handelt es sich um die Geschichte einer Entdeckung. Auf der Suche nach der Ursache der Kräfte, die an besonderen Orten wie Kultstätten oder Wallfahrtsorten wirken, haben Werner Betz und Sonja Ampssler Zusammenhänge aufgedeckt, die nahe legen, dass hier tatsächlich eine Energie im physikalischen Sinn im Spiel ist. Zu diesem Zweck haben sie eine Messmethode entwickelt, mit der sie nachweisen können, dass der Ausschlag einer Wünschelrute nichts mit „Esoterik" zu tun hat, sondern das Ergebnis einer messbaren Kraft ist. Die hierfür benötigten Hilfsmittel sind einfach zu beschaffen und das Verfahren kann von jedermann ohne großen Aufwand angewendet werden. Überraschungen erlebten die beiden auf ihren Reisen in Europa immer wieder vor allem in traditionsreichen Kirchen und Gebäuden, aber auch bei Menhiren, Dolmen und Megalith-Bauten. Damit können sie belegen, was bisher nur vermutet wurde, nämlich dass diese in einem unmittelbaren Zusammenhang mit einer Energie stehen, die von den Menschen vielleicht bald wirtschaftlich genutzt werden kann. Damit kann die so genannte „Freie Energie" von Forschung und Wirtschaft nicht mehr ignoriert werden, denn sie ist mit Instrumenten nachweisbar, womit die Voraussetzung für eine systematische Erforschung und spätere Nutzung dieser Energiequelle gegeben ist.

Der Weg zu dieser Erkenntnis war spannend und hat viele neuen Fragen aufgeworfen und einige davon sogar beantworten können. Alle Schauplätze, an denen die Autoren recherchiert haben, sind durch zahlreiche Fotos dokumentiert und anschaulich vorgestellt.

Was wussten unsere Vorfahren von Energien, die uns heute noch Rätsel aufgeben? Werner Betz und Sonja Ampssler hoffen, dass ihre Erkenntnisse einen Anstoß dafür geben, dass die Wissenschaftler diese Rätsel in absehbarer Zukunft lösen können und das Wissen unserer Ahnen neu entdecken.

Hans-Werner Sachmann

Archaische Dokumente

Fragen der Menschheit – Erneut gestellt!

ISBN 978-3-935910-72-9, Din A5, Paperback,
109 Seiten, 16 s/w-Abb., **€ 9,80**

In welcher geographischen Gegend könnte der versunkene Kontinent Atlantis gelegen haben?

Wie viel an derartigen Spekulationen ist in den vergangenen Jahrzehnten zusammen gekommen, und auf welche Bereiche konzentrieren sich derartige Forschungen mittlerweile in den entsprechenden Fachkreisen? Was sagen die ältesten Überlieferungen aus China, Indien und faszinierende Funde aus Ägypten über die „Götterastronauten" und ihre Attribute?

Zu welchen Erkenntnissen könnten technologische Neuerungen führen, wenn man die Fantastik nicht von vorne herein ausklammern würde, sondern ohne Einschränkungen wissenschaftlich zuließe?

Hans-Werner Sachmann, geboren 1951, der zu den Experten der deutschen Paläo-SETI-Szene gehört, ruft in diesem Buch alte Fragestellungen der Prä-Astronautik in Erinnerung, die sich auch um mythologische Gestalten wie die altgriechische Göttin Aphrodite und den judäischen König Salomo ranken, und stellt zwei neue Abhandlungen vor, die vielleicht zur Auflösung obiger Menschheitsrätsel beitragen könnten. Von Sachmann sind außerdem im Ancient-Mail-Verlag erschienen: „Die Suche geht weiter" (2001) und „Operation Sigiburg" (2002).

Roland Roth (Hrsg.)

Terra Enigma

Mysteriöse Spuren und Grenzfälle der Geschichte

ISBN 978-3-935910-68-2, 243 Seiten,
63 s/w-Abbildungen, Din A5, Pb, € **18,90**

Finden wir bald die geheimnisvolle Weiße Stadt? - Zeigen merkwürdige Ikonografien aus Mittelamerika raumfahrttechnische Details? - Was verbirgt sich wirklich hinter der Giza-Mauer? – Existiert das wahre Sakrileg in Deutschland? - Gab es die ägyptischen Schädeldeformationen auch bei den wilden Hunnen? - Stand Moses bei seinen Erscheinungen unter Drogeneinfluss? - War Jesus ein Zeitreisender? - Welche Geheimnisse ranken sich um die Madonna von Syrakus? - Was verbirgt das rätselhafte Schweißtuch von Oviedo? - Gibt es auch böse Außerirdische? - Kommt 2012 nun der Weltuntergang oder nicht? - Verkünden alte Schriften unsere Zukunft im All? – Hat der Mond noch Geheimnisse? - Was verbindet Edgar Cayce mit der globalen Erwärmung? ... Diese und viele weitere spannende Themen erwarten Sie in >>TERRA ENIGMA – Mysteriöse Spuren und Geheimnisse der Geschichte<<.

Die fachkundigen Autoren Walter-Jörg Langbein, Lars A. Fischinger, Gisela Ermel, Thomas Ritter, Alexander Knörr und Roland M. Horn haben sich unter der Projektleitung von Herausgeber Roland Roth auf die Spurensuche nach den wahren Rätseln dieser Welt aufgemacht und erstaunliche Fakten zutage gefördert die belegen, dass unsere Welt noch voller phantastischer Rätsel ist!

Tauchen Sie ein in die realen Geheimnisse der Geschichte! Lesen Sie seriöse Recherchen und Fakten zu den letzten Rätseln der Menschheit!

Willi Grömling

Tibets altes Geheimnis – Gesar – Ein Sohn des Himmels

ISBN 3-935910-23-1, 334 Seiten, Hardcover, € **28,90**

Gesar ist der Held des gleichnamigen tibetischen Nationalepos. Es wird berichtet, dass sein Vater, der oberste Himmelsgott, ihn auf die Erde sandte, um nach dem Rechten zu sehen. Bereits bei der Geburt des späteren tibetanischen Nationalhelden hätten sich, so heißt es in den Legenden, seltsame Ereignisse abgespielt. Neben vielen anderen mysteriösen Begebenheiten, die sich „auf dem Dach der Welt“ abgespielt haben sollen, erfährt der Leser in diesem Buch auch etwas über Gesars Waffen sowie seine übernatürlichen Kräfte, die viel Aufmerksamkeit erregt haben sollen. In diesem Werk wird zum ersten Mal der Versuch unternommen, den Stoff populärwissenschaftlich im Sinn der Paläo-SETI-Hypothese zu untersuchen und nachzuforschen, ob die erstaunlich realistischen Erzählungen nicht wörtlicher genommen werden könnten.

Wer also eine ganze Menge über Tibet, Gesar und die Entmythologisierung der detailreichen Berichte über den Sohn der Götter erfahren möchte, sollte sich unbedingt mit diesem Buch auseinandersetzen.

Unsere Geschichte ist voller Rätsel –
Wir wollen helfen, sie zu lösen !

Bücher und Informationen zu den Themenkreisen Archäologische Rätsel dieser Welt, Paläo-SETI, Grenzwissenschaften, Sagen und Mythen.

Fordern Sie einfach *kostenlose* weitere Informationen an – per Postkarte, Fax, Telefon oder eMail beim

Ancient Mail Verlag • Werner Betz
Europaring 57, D-64521 Groß-Gerau
Tel. 0 61 52 / 5 43 75, Fax 0 61 52 / 94 91 82
eMail: ancientmail@t-online.de
www.ancientmail.de